知其然 更要知其所以然

西安所以然
——文佑谝西安 下部

李文佑 著

民主与建设出版社
·北京·

第六篇章　西安　誉满神州的美食名吃

第一讲　西安叫泡不泡的羊肉泡 ………………………………… 427
　第一节　何为叫泡不泡的羊肉泡 ………………………………… 427
　第二节　西安羊肉泡的"泡"从何来 …………………………… 429
　第三节　西安羊肉泡的中外大名 ………………………………… 431
　第四节　吃西安羊肉泡的"五要一不条件" …………………… 433
　第五节　品西安羊肉泡的"六大特殊功能" …………………… 435

第二讲　西安没有葫芦的葫芦头 ………………………………… 439
　第一节　葫芦头泡馍为什么不见葫芦 …………………………… 440
　第二节　葫芦头与羊肉泡的八大不同 …………………………… 442
　第三节　经典考究极度诱人的葫芦头 …………………………… 444
　第四节　西安人对葫芦头的深情厚爱 …………………………… 447
　第五节　葫芦头对外地人的特殊魅力 …………………………… 449

第三讲　西安肉不夹馍的肉夹馍 ………………………………… 452
　第一节　美媒认定的"汉堡"祖宗肉夹馍 ……………………… 452
　第二节　肉夹馍之首："腊汁肉夹馍" …………………………… 455
　第三节　肉夹馍之花："腊牛肉夹馍" …………………………… 457
　第四节　肉夹馍之星："潼关肉夹馍" …………………………… 459

第五节　肉夹馍与秦王李世民的奇遇 …………………………… 462

第四讲　西安无处不在的凉皮子 ………………………………………… 465
　　第一节　西安凉皮的四大花旦 …………………………………… 465
　　第二节　西安凉皮的老陕情结 …………………………………… 468
　　第三节　国人钟爱的西安凉皮 …………………………………… 470
　　第四节　老外追捧的西安凉皮 …………………………………… 472
　　第五节　无处不在的西安凉皮 …………………………………… 474

第五讲　西安字不会写的 biangbiang 面 ………………………………… 477
　　第一节　**biangbiang** 面字难写音难发但大名鼎鼎 …………… 477
　　第二节　**biangbiang** 面的名字是以声取名 …………………… 480
　　第三节　**biangbiang** 面的地位是面食老大 …………………… 483
　　第四节　做 **biangbiang** 面是关中媳妇的拿手戏 ……………… 486
　　第五节　吃 **biangbiang** 面是关中汉子的基本功 ……………… 487

第六讲　西安音不会读的老鸹撒 ………………………………………… 491
　　第一节　写出读不出的老鸹撒 …………………………………… 491
　　第二节　汉武帝赐名的老鸹撒 …………………………………… 493
　　第三节　"好吃懒做"的老鸹撒 ………………………………… 496
　　第四节　"离家出走"的老鸹撒 ………………………………… 498
　　第五节　"丑名远扬"的老鸹撒 ………………………………… 500

第七讲　西安点"食"成金的饺子宴 …………………………………… 503
　　第一节　饺子历史悠久　全国各地到处都有 …………………… 503
　　第二节　西安精研深钻　千年饺子变身成宴 …………………… 505
　　第三节　饺子宴出则不凡　十大突破前所未有 ………………… 507
　　第四节　饺子宴一鸣惊人　数百品种精彩亮相 ………………… 510
　　第五节　饺子宴点"食"成金　唱响中国走向世界 …………… 512

第八讲　西安吃之不尽的名小吃 ········· 516
第一节　西安小吃　数之不清 ········· 516
第二节　西安小吃　吃之不尽 ········· 519
第三节　西安小吃　风靡中国 ········· 520
第四节　西安小吃　享誉世界 ········· 522
第五节　西安小吃　改变人生 ········· 524

第九讲　西安美食天堂的永兴坊 ········· 529
第一节　唐代永兴坊　今日非遗街 ········· 529
第二节　登上古城墙　高赏永兴坊 ········· 532
第三节　走进永兴坊　吃遍全陕西 ········· 534
第四节　喝个摔碗酒　好运跟着走 ········· 537
第五节　西安永兴坊　中国独一家 ········· 539

第十讲　西安小吃王国的回民街 ········· 543
第一节　享誉全国的美食街区回民街 ········· 543
第二节　媒体热捧的中国品牌回民街 ········· 546
第三节　让吃者不顾减肥放开胃口的回民街 ········· 549
第四节　让来者意犹未尽改变行程的回民街 ········· 551

第七篇章　西安　得天独厚的高校基地

第一讲　西安　独具优势的高等教育资源 ········· 557
第一节　西安　世界最早的国立大学 ········· 557
第二节　西安　中国重要的高教基地 ········· 559
第三节　西安高校　本科数量位列全国第二 ········· 561
第四节　西安高校　重点数量排名全国前三 ········· 564

第二讲　西安　中国第二的军事学府基地 ········· 569
第一节　北京与西安　全国最大的军事学府聚集地 ········· 569

第二节　中国军改前　西安军校占全国的十分之一 …………… 571
　　第三节　中国军改后　西安军校占全国的七分之一 …………… 573
　　第四节　分类对比看　西安占据了各类军校制高点 …………… 577

第三讲　西安　中国民办高校的领军城市 ……………………………… 580
　　第一节　中国民办高校的"西安奇迹" ………………………… 580
　　第二节　中国民办高校的西安数量 ……………………………… 583
　　第三节　中国民办高校的西安名气 ……………………………… 586
　　第四节　中国民办高校　西安敢撞南墙 ………………………… 587
　　第五节　中国民办高校　西安首吃螃蟹 ………………………… 591

第四讲　西安　中国九校联盟的西安交大 ……………………………… 594
　　第一节　九校联盟　中国顶尖大学的联盟 ……………………… 594
　　第二节　西安交大　一百二十多年的历史 ……………………… 596
　　第三节　西安交大　自沪西迁的历史背景 ……………………… 598
　　第四节　西安交大　西迁之后的花开两家 ……………………… 602
　　第五节　五大指标　西安交大的实力依据 ……………………… 605

第五讲　西安　中国卓越联盟的西北工大 ……………………………… 608
　　第一节　卓越联盟　中国卓越大学的合作联盟 ………………… 608
　　第二节　三航合一　中国独此一家的国防高校 ………………… 609
　　第三节　西北工大　中国三航领域的领头羊 …………………… 611
　　第四节　西北工大　中国领先世界的无人机 …………………… 614
　　第五节　西北工大　中国国防工业的顶级群体 ………………… 616
　　第六节　西北工大　中国最为低调的工业大学 ………………… 618

第六讲　西安　中国老牌名校的西电科大 ……………………………… 621
　　第一节　瑞金时期　毛泽东亲手创建的红军通校 ……………… 621
　　第二节　解放之后　新中国资格最老的军事院校 ……………… 624
　　第三节　五十年代　中国首批20所重点高校之一 ……………… 626

第四节　西安西电　中国电子信息领域的领军高校 …………… 628
　　第五节　西安西电　历年以来连连不断的"中国第一" …………… 630

第七讲　西安　中国肩负重托的西北农大 …………………………… 634
　　第一节　西农大的驻地　中国农耕文明的发祥之地 ………………… 634
　　第二节　西农大的整合　从十农共舞到今一统天下 ………………… 637
　　第三节　西农大的崛起　撑起中国最大的农科新城 ………………… 639
　　第四节　西农大的地位　中国一流高校的农大双星 ………………… 642
　　第五节　西农大的使命　中国半壁国土的现代后稷 ………………… 643

第八讲　西安　中国享誉中外的空军医大 …………………………… 646
　　第一节　创建最早　最受信赖的军医大学 …………………………… 646
　　第二节　名为第四　实力领先的军医大学 …………………………… 648
　　第三节　领先中国　赶超世界的军医大学 …………………………… 650
　　第四节　大爱无疆　情系百姓的军医大学 …………………………… 652
　　第五节　誉满中外　人民最爱的军医大学 …………………………… 654

第九讲　西安　门类众多的军队最高学府 …………………………… 659
　　第一节　空军的最高学府　西安空军工程大学 ……………………… 659
　　第二节　火箭军最高学府　西安火箭军工程大学 …………………… 662
　　第三节　武警的最高学府　西安武警工程大学 ……………………… 665
　　第四节　军委的最高学府　国防大学西安校区 ……………………… 667

第八篇章　西安　国之中心的战略中心

第一讲　西安　中国最大的航空工业基地 …………………………… 673
　　第一节　中国航空工业的核心中枢　西安阎良 ……………………… 673
　　第二节　中国飞机工业的领军航母　"中航飞机" …………………… 676
　　第三节　中国最大的飞机制造企业　西飞集团 ……………………… 677
　　第四节　中国"大国重器"的空中预警机 …………………………… 679

第五节　中国"大国重器"的空中加油机 …………………… 681
　　第六节　中国"大国重器"的战略运输机 …………………… 683
　　第七节　中国"大国重器"的远程轰炸机 …………………… 685

第二讲　西安　中国最大的航天产业基地 ……………………… 687
　　第一节　中国唯一的"航天经济技术开发区" ……………… 687
　　第二节　中国最大的国家级航天产业基地 …………………… 689
　　第三节　西安航天的国家顶级群体 …………………………… 692
　　第四节　西安航天的军民融合发展 …………………………… 696
　　第五节　西安航天产业的世界地位 …………………………… 697

第三讲　西安　中国国防尖端的诸多唯一 ……………………… 700
　　第一节　中国唯一的飞机设计研究院 ………………………… 700
　　第二节　中国唯一的飞机强度研究所 ………………………… 702
　　第三节　中国唯一的飞行试验研究院 ………………………… 703
　　第四节　中国唯一的火箭发动机生产基地 …………………… 705
　　第五节　中国唯一的航天器测轨控制中心 …………………… 706
　　第六节　中国唯一的"大地原点"西安坐标 ………………… 708
　　第七节　中国唯一的"北京时间"西安发出 ………………… 710

第四讲　西安　中国的国际内陆港龙头 ………………………… 713
　　第一节　内陆港概念的相关定义 ……………………………… 713
　　第二节　内陆港理论是西安首创 ……………………………… 714
　　第三节　内陆港样板由西安缔造 ……………………………… 716
　　第四节　西安内陆港的三大基石 ……………………………… 718
　　第五节　西安内陆港的中国龙头 ……………………………… 720
　　第六节　西安内陆港的中国效应 ……………………………… 722

第五讲　西安　中国的现代硬科技之都 ………………………… 725
　　第一节　全球硬科技的宣言书 ………………………………… 725

第二节　西安硬科技的八路军 …………………………… 727

　　第三节　西安硬科技的西高新 …………………………… 729

　　第四节　西安硬科技的经开区 …………………………… 730

　　第五节　西安硬科技的科学城 …………………………… 731

　　第六节　西安硬科技的中科院 …………………………… 733

　　第七节　西安硬科技的孵化器 …………………………… 734

　　第八节　西安硬科技的记录仪 …………………………… 736

第六讲　西安　中国最密的高速公路枢纽网 ………………… 738

　　第一节　公元前的大秦直道　使西安成为中国高速公路的鼻祖 … 738

　　第二节　九零年的西临高速　让西安跨入中国高速公路的前三 … 740

　　第三节　中国的西部开发　助推了西安高速公路的领先 ……… 742

　　第四节　中国的最大陆港　加密了西安高速公路的网络 ……… 745

　　第五节　独有的战略地位　决定了西安高速公路的中国最密 … 747

第七讲　西安　中国最大的高速铁路枢纽站 ………………… 750

　　第一节　中国高铁枢纽站　国家规划核定全国只有八个 ……… 750

　　第二节　西安最大枢纽站　大在了西安的轨道站台最多 ……… 752

　　第三节　西安最大枢纽站　大在了西安的高铁线路最密 ……… 755

　　第四节　西安最大枢纽站　得益于西安红火的旅游城市 ……… 757

　　第五节　西安的国之中心　决定了西安必然的交通枢纽 ……… 760

第九篇章　西安　与时俱进的城市地位

第一讲　中国第三个国际大都市定位西安 ………………… 765

　　第一节　中国大城市的分布与中国国际大都市的定位 ………… 765

　　第二节　2009 年国家正式认定西安建设国际化大都市 ………… 767

　　第三节　2018 年国家再度重申西安建设国际化大都市 ………… 769

第二讲　中国第四个"双科中心"花落西安 ············ 773
第一节　两个"中心"概念的提出及发改委的名词解读 ··· 773
第二节　西安是全国五大"国家科学中心"之一 ········ 776
第三节　西安是全国六大"科技创新中心"之一 ········ 778
第四节　西安是全国三大"双科中心"城市之一 ········ 779
第五节　西安全国双中心唯一"一肩挑"的丝路科学城 ·· 782

第三讲　西安城市地位与时俱进的八大优势 ············ 786
第一节　西安是华夏文明之源 ························ 786
第二节　西安是中国古都之最 ························ 788
第三节　西安是古代世界中心 ························ 790
第四节　西安是丝绸之路起点 ························ 791
第五节　西安是中华文化之都 ························ 792
第六节　西安是世界旅游大城 ························ 794
第七节　西安是科教军工重镇 ························ 795
第八节　西安是承东启西支点 ························ 797

第十篇章　西安　幸福自豪的西安市民

第一讲　西安市民的交通出行　优势尽显 ············ 803
第一节　西安的航空机场　世界机场五十强 ············ 803
第二节　西安的高速公路　"米"字枢纽多三画 ········ 806
第三节　西安的高速铁路　"中国之最"有四个 ········ 807
第四节　西安的地铁线路　纵横交错十条线 ············ 809
第五节　西安的地上公交　全程只要一块钱 ············ 810
第六节　西安的国之中心　东西南北路最短 ············ 813

第二讲　西安市民的医疗资源　同比一流 ············ 816
第一节　中国的三甲医院　西安人均全国领先 ·········· 816

第二节　中国的"百强医院"　西安数量全国第四 …………… 819

　　第三节　西安的西京医院　连续七年全国第五 ………………… 822

　　第四节　西安的口腔医院　全军唯一口腔医院 ………………… 824

　　第五节　西安的顶尖医院　中外首例连连不断 ………………… 826

第三讲　西安市民的子女高考　利惠多多 ………………………… 830

　　第一节　西安高等院校多　数量质量位居全国前茅 …………… 830

　　第二节　西安高等院校多　诸多名校中国西安仅有 …………… 832

　　第三节　西安高等院校多　本地考生选择范围大得多 ………… 834

　　第四节　西安高等院校多　本地考生录取比例高得多 ………… 835

　　第五节　西安高等院校多　本地考生免费上学指标多 ………… 839

第四讲　西安市民的旅游名胜　比比皆是 ………………………… 842

　　第一节　西安遍地是名胜　扎堆成片处处都有 ………………… 842

　　第二节　西安免费景区多　星罗棋布个个经典 ………………… 845

　　第三节　外国姑娘嫁西安　西安的旅游名胜红娘牵线 ………… 847

　　第四节　同学聚会选西安　西安的旅游名胜最大选点 ………… 848

　　第五节　外国元首访西安　西安的旅游名胜品质独特 ………… 850

　　第六节　亲朋好友来西安　西安的旅游名胜最撑脸面 ………… 852

第五讲　西安市民的美食名吃　三餐尽享 ………………………… 855

　　第一节　西安的美食名吃　西安人大街小巷如影随形 ………… 855

　　第二节　西安的美食名吃　西安人出门在外个个恋家 ………… 857

　　第三节　西安的传统家庭　老婆都有十八般厨艺 ……………… 860

　　第四节　西安的风味餐馆　老板都是资深的吃家 ……………… 861

　　第五节　西安的美食名吃　西安人顿顿轮换不重花样 ………… 863

　　第六节　西安的美食名吃　西安人招待外客春风得意 ………… 865

第六讲　西安市民的休闲健体　资源独特 ………………………… 868

　　第一节　环城公园水围城　打拳跳舞入仙境 …………………… 868

第二节	皇家温泉比比是　沐浴尽在御汤中	870
第三节	沿山峪道一串串　爬山赏景两方便	872
第四节	登上主峰观秦岭　脚跨南北分界点	873
第五节	夏季避暑不远走　南山民居吃住游	874
第六节	雁塔广场度周末　逛完广场看喷泉	876
第七节	城墙上的马拉松　世界没有西安有	877
第八节	不夜城的夜生活　难分大唐和今天	879

第七讲　西安市民的醉美西安　知足常乐 …… 881

第一节	西安的生活用水　秦岭山泉	881
第二节	西安的汽车让人　温情暖心	883
第三节	西安的厕所革命　城市驿站	885
第四节	西安的环卫管理　人性个性	887
第五节	西安的群众办事　跑腿最少	889
第六节	西安的古都大年　最最中国	891
第七节	西安人对比全国城市　追赶超越优势独享	893
第八节	西安是全球宜居城市　醉美西安幸福常在	895

结束语 …… 897

后　记 …… 898

第六篇章

西安 誉满神州的美食名吃

  西安是中华文明的发祥地，是1000多年的历史名都，是汉唐时期的世界中心，是华夏最早的天府之国，积淀了厚重的饮食文化。千百年来，西安人以自己的聪明智慧，把外来饮食的精华与本土诸多的名优有机融合，创出了门类众多、个性突出、数之无穷、吃之不尽的美食名吃，达到了数十个类别、2000多个品种。致各地游客纷至沓来，不论远近，专门品吃，形成了西安独特的"美食旅游"。2017年12月，世界中餐联合会，正式授予了西安"国际美食之都"的称号，使西安这一中国的美食之都，又加上了一个"国际"的头衔。本篇章所说的西安美食名吃，不包括任何的菜品，纯粹只是指传统的面食小吃，而且仅仅是西安2000余种面食小吃中的九牛之一毛，沧海之一粟。

第一讲　西安叫泡不泡的羊肉泡

　　羊肉泡，一个国人尽知的名字，一个听起来就会令人垂涎欲滴的美食。它是西安名吃的龙头老大，是外地人惦念的舌尖诱惑，是古代皇帝喜爱的宫廷佳肴，是如今招待外宾的中国美食。羊肉泡，不仅历史久远、文化厚重，而且故事离奇、吃法别异。更关键的是，贫富都爱吃、男女均喜欢、老少皆可为。其烹制精细、料重味醇、肉烂汤浓、肥而不腻、香气四溢、营养丰富、诱人食欲、回味长久，深受中国人包括外国人的喜爱。在西安，尽管羊肉泡的馆子遍地都是，但遍地都是的羊肉泡馆子，却家家都是座无虚席，顾客满满。

第一节　何为叫泡不泡的羊肉泡

　　西安的羊肉泡绝不是羊肉泡！乍一听，是谁如此的胆大，敢于诋毁西安的羊肉泡？其实，无人诋毁，西安的羊肉泡的确不是羊肉泡！

　　羊肉泡羊肉泡，关键在于最后一个"泡"字。按说，"羊肉泡"是将饼子掰成大块泡在汤中，看上去饼在汤中泡，肉在碗中漂，吃起来有饼有肉有汤，连吃带喝带捞。如此的羊肉泡并不少见，离西安近的，有西府的羊肉泡，有渭北的水盆羊肉；离西安远的，有兰州的羊肉泡，有陇东的羊肉泡饼。而且，以上羊肉泡的饼子，绝对是发面或半发面，是专门为"泡"而烙的饼子。

但西安的羊肉泡，并不是羊肉泡，其实它是"羊肉煮"，是中国独有的"叫泡不泡的羊肉泡"。一泡一煮，二者的概念大不相同。西安叫泡不泡的羊肉泡，归结一下，主要有着自己的五大特别之处。

一是饼子特别。不同于其他羊肉泡的发面饼，西安羊肉泡的饼子是死面的，是专门为煮而制的饼子。厚度约2厘米，直径约10厘米，用精白面粉烙制而成，俗称"饦饦馍"。经猛火烹煮，既不吸汤，又不胀大，且外软内筋、口感极佳。

二是要求特别。其他羊肉泡，饼子掰多大由客人随意。而西安羊肉泡则是慢工细活，必须用拇指和食指的指尖将饼子一点一点掰成豌豆般的碎块，说是掰其实是掐，是纯粹的指尖功夫。吃羊肉泡最好不要用切馍机替代，否则，饼渣太多，糟蹋了大厨的手艺。对此，一定要记住，饼子掰得地道，大厨则会对你特别的关照。

三是做法特别。其他羊肉泡是用锅中的汤浇碗中的饼，或是先将汤盛碗中，再将饼泡汤中。而西安的羊肉泡，则是将碎碎的饼块倒进翻滚的羊汤锅中，蓝焰大火，猛滚猛煮，然后再加入各种佐料，然后再起锅盛入大碗，和"泡"没有任何的关系。

四是种类特别。其他羊肉泡，是一碗泡馍，连饼带汤，连吃带喝，简单利索。而西安的羊肉泡，则根据喜好，可有多种选择：一种是"干捞"，即出锅的煮馍，汤饼糊为一体，碗中没有余汤；另一种是"口汤"，即碗中的煮馍，干中有汁，馍吃完仅剩汤汁一口；再一种是"水围城"，即所谓的汤宽，馍块在中心漏尖，汤水在一圈包围，但仅仅只限漫过稍许。但不管是哪一种，端上桌的羊肉泡，碗中都是四个层次：碗底是饼块铺垫，二层是粉丝环绕，三层是长方的肉片，最上是翠绿的香菜蒜苗，色形俱佳、香气四溢。

五是吃法特别。西安羊肉泡的吃法若是不对，等于埋没了西安的羊肉泡。

面对扑鼻而来的香味：第一，绝对不能随意翻搅；第二，只能蚕食而进；第三，先用筷子在碗边拨出一个剖面；第四，再沿着剖面一层一层地刨入口中。切记，吃西安的羊肉泡，务请按照以上程序进行，否则，你会招来周围的目光，人们会认为你是一个十足的外行。

西安的"水围城"羊肉泡

然而，西安的羊肉泡再好，但总有点"名不副实"——叫泡不泡。不过，自始至终，却从未有人提出过异议，更没有人说过它是"挂着泡馍卖煮馍"。西安叫泡不泡的羊肉泡，一直从古叫到今，一直连续叫了1000多年。至于明明是羊肉煮，为何非要叫作羊肉泡？当然，叫煮为泡，绝不是随意为之，而是事出有因，并且是出自于皇上的金口玉言。

第二节　西安羊肉泡的"泡"从何来

西安羊肉泡作为西安美食的龙头老大，不仅因为它的名气最大，而且因为它的资格最老，距今已有了3000多年的历史。在西安成为西周都城镐京时，它就已经是宫廷的礼馔了。只不过，按史书的记载，那时的羊肉泡名字还叫作"羊羹"，但始终都被历朝历代官民所喜爱。一直到了宋代，是宋太祖赵匡胤吃过之后，才叫出了"羊肉泡"的千古大名。

其实，赵匡胤"命名"羊肉泡，是有前因后果的。相传，胸怀大志却屡不得志的赵匡胤，生活贫困，流落长安。一天，正值隆冬大雪，赵匡胤衣衫单薄，饥寒难耐，但身上仅剩区区的两块冻饼，既干又硬实在无法下咽。恰逢路边有一家羊肉铺正在煮肉，便恳求店主能否给其一碗肉汤，以便泡软冻饼抵御饥寒。善良的店主见赵匡胤可怜，便给他拿了一个碗，让他掰碎了干饼，随手浇了一勺滚烫的肉汤，顺便再给压上了两片新煮的羊肉，顿时，浓烈的香味扑面而来。赵匡胤顾不上道谢，抱住了泡馍碗，狼吞虎咽地大吃起来。一时间，吃得他浑身发热、饥饿全无，且舌头直添嘴唇。感激不尽的赵匡胤虽然身无分文，不能酬谢，但走时却信誓旦旦地留下了一句话："今欠一碗羊肉泡，来日定还百两银。"

十多年后，天下改姓。公元960年，宋朝建立，开国皇帝便是当年饥寒交迫，流落长安，街头吃过羊肉泡馍的赵匡胤。

赵匡胤虽然当了皇帝，但知恩图报，他并没有忘记当年的承诺，借着出巡长安的机会，专程来到那家羊肉铺。此时的店主仍然还是原店主，仍然还在卖羊肉。赵匡胤下车上前，并不讲明真相，只说要一碗羊肉泡馍。这一"要"吓出了店主一身冷汗！皇帝登门，岂能儿戏？但该店只是卖羊肉的，并不是卖饭的，何来的羊肉泡馍？现在皇帝来了，怎敢回绝，赶忙吩咐妻子和面烙饼，自己则准备各种配料。但饼虽烙好，却是死面的，如何能够泡开？情急之中，夫妻二人急忙在厨房把饼掰的细细碎碎，犹如黄豆大小，并在锅中连汤带饼煮了又煮，闷了又闷，然后才放上大片的羊肉，加上配好的调料，撒上青青的蒜苗，战战兢兢地端给了当朝的皇上。赵匡胤一闻，二话没说，先拿起筷子尝了一口，顿时，眉飞色舞，好似找到了当年的感觉。于是，皇帝的尊严也不要了，天子的架子也不端了，在众多大臣护卫的注视下，连吃带刨，头不抬、手不停，一口气吃完了一碗羊肉泡！正在店家瞪大眼睛愣神之际，赵匡胤令随从拿出了白花花的一百两银锭，并说明了自己就是十多年前被店家照顾过的饥寒路人，今天是专门前来兑现承诺的。并连连称赞："好、好、好，今天的羊肉泡比十年前的羊肉泡更香更美更好吃！"恍然大悟的店掌柜，虽然庆幸万分，但心中的余惊并未全消，仍旧不住地频频叩头："谢皇上龙恩，谢皇上龙恩。"

第二天，宋太祖在长安吃羊肉泡的奇闻不胫而走，传遍全城，人们纷纷慕名而来，都想尝一尝皇帝吃过的羊肉泡。然而，这里只是个卖肉的肉铺，根本不是卖饭的饭馆。店主倒是想改肉铺为饭馆，但无奈心中没底，因为，皇帝吃过的羊肉泡，他压根就不知道是个什么味道。于是，又专门让妻子烙了一次死面饼；于是，又专门按给皇帝煮馍的程序做了一次"羊肉泡"。然后，二人端碗一尝，哇！果然非同一般，味美无比！再于是，羊肉铺就改成了羊肉泡，宋太祖就成了活广告；再于是，每天都是人满为患、应接不暇。从此之后，长安城的"羊肉泡"就越开越多，"羊肉泡"的名气也越来越大，传遍了陕西，传到了全国。虽然，各个馆子都是煮馍而非泡馍，但皇帝的金口一言九鼎，谁敢改变？故而，叫泡不泡的"羊肉泡"，就从宋朝一直叫到了今天。

第三节　西安羊肉泡的中外大名

西安羊肉泡3000多年的历史以及作为历代宫廷的礼馔，在诸多的文献中都有对西安羊羹、羊肉泡的不少记载。北宋大文学家苏东坡也有"陇馔有熊腊，秦烹惟羊羹"的著名诗句。从古到今西安一直都有专门的东羊市、西羊市（现在仅为街巷名称），为西安羊肉泡的发展兴旺提供了必要的条件和充分的历史佐证。

西安羊肉泡的老字号,莫过于明崇祯年间桥梓口的"天赐楼",生意红火、食客盈门、誉满古城、名扬全国。后又有诸多的"楼"字号、"堂"字号、"祥"字号、"春"字号、"家"字号等字号出现在西安城内,其名气大、味道好、倍受食者推崇。有些馆子甚至只卖到下午一点,到时即停止营业,是西安羊肉泡的第一梯队。古代的皇帝大臣,民国的总统高官,新中国的国家领导,来西安的外国首脑,以及中央、省、市接待的重要宾客,凡到西安,都要品吃羊肉泡;凡吃羊肉泡,都要选择这些百年老店。

清朝末期,八国联军攻入北京,慈禧太后携光绪皇帝避难西安,常常慕名到"天赐楼"品吃羊肉泡;当时在西安电报、邮政等部门协助工作的外籍侨民,吃羊肉泡也选择的是"天赐楼";西安"满城"中的八旗子弟更是"天赐楼"的常客,几乎每天都有满城的满人坐满了"天赐楼"的雅座。

新中国成立后,周恩来总理曾先后两次分别在西安宴请尼泊尔的国王马亨得拉、越南的主席胡志明,请的都是羊肉泡;还有中国的元帅贺龙,宴请英国的元帅蒙哥马利,两国的元帅来西安,张口点名要吃的,都是西安的羊肉泡。

2013年2月,是西安羊肉泡的又一次吸引了世界的眼球。根据媒体的

刘华清为西安老孙家羊肉泡的题词

报道：中国共产党和中国国民党首脑继"胡连会"之后又一次的历史性大会面，习近平总书记招待来自台湾的国民党主席连战一行。虽然地点未在西安，但习主席在北京设的却是家宴，上的却是陕饭，吃的即是西安的名吃三大件，其中的第一道，便是大名鼎鼎的羊肉泡馍。更妙的是，两党的首脑、西安的乡党（连战生于西安长于西安），二人不仅吃的都是西安的羊肉泡，而且说的都是地道的陕西话。

西安羊肉泡，虽然好吃，虽然人人爱吃，但是，即便是人在西安，即便是到处都是羊肉泡，也不是谁想吃就能吃的。吃羊肉泡得具备一定的条件，否则，你只能是另行选择了。

第四节 吃西安羊肉泡的"五要一不条件"

吃西安羊肉泡的条件，就是"五要一不"。其实，"五要一不"并不十分苛刻，只要了解了具体路数，一般人都能自行解决。

一要是要牙口好——一句广告词，人人都熟悉："牙好，胃口就好，吃嘛嘛香，身体倍棒。"在这里咱不涉及身体棒不棒，只说牙口好不好。

叫泡不泡的羊肉泡是煮不是泡，烙的是死面馍，煮的是死面饼，所要的，就是个嚼起来有劲、筋道。如果你牙不好，你嚼不动，或者嚼不出真正的味道，还不如吃那"叫泡也泡的羊肉泡"，泡的是发面饼，饼能泡软，也能泡胀，连没牙的人都能吃。

二要是要有指甲——死面饼，要一块一块掰成豌豆般的大小，其实，掰馍时根本不是用手掰，而是在用指甲掐。如果刚刚剪了指甲，或者指甲留得太短，单靠拇指和食指两个指尖上的肉，那你试一试，能不能掐下这死面饼？更何况，一碗羊肉泡，两个死面饼，这要掐出近千粒的"豌豆粒"，凭你的两根指头上的两块软肉，你能够受得了吗？

西安人吃羊肉泡掰的馍粒小如蜂头

三要是要耐得住性子——掰羊肉泡的饼,一般喜欢钓鱼的人都比较到位,因为能耐得住性子。按普通的饭量,要想把两个饼子甚至三个饼子掰得精细,几乎需要40分钟到一个小时。要先掰小,再揸碎,而且看上去大小很均匀,只有这样,后边的大厨才会对你格外眷顾,另眼看待。耐不住性子的人,急急躁躁,或饼块太大,或大小悬殊,别说后厨看着不顺眼,就连自己也吃不出应有的享受。

四要是要同伴谝得来——吃羊肉泡,一人前去的极少极少,因为,一顿便饭,光掰饼最少需要40分钟,但这长长的40分钟,手在忙着,嘴却在闲着。故凡吃羊肉泡的,大多都是一拨一伙提前约好,最少也在两人以上,而且基本上都是聊友,能说得来谝得来,有共同语言。一边掰饼,一边聊天,不知不觉,饼已掰完,谝还未谝够,喷香刺鼻的羊肉泡已端到了你的面前,以至于彼此还都觉得谝得时间太短。

五要是要避开工作日——羊肉泡实在,一顿羊肉泡可管一天饱,故羊肉泡几乎都在中午吃。但吃羊肉泡不像吃其他饭,票一买等一会就端上来,吃羊肉泡需要长时间的掰饼,如果是工作日,那中午的吃饭时间,连来回走路,连掰饼吃饭,时间根本不够。如果你不是老板,如果你不是领导,最好还是避开工作日,不要因为一顿羊肉泡,而扣了你的工资,而记了你的迟到。更何况,既吃羊肉又吃糖蒜,口中的余味太浓,也让你上班多有不便。

吃羊肉泡五要一不的"一不",是千万不要带小孩——吃羊肉泡的掰饼,不仅是慢工细活,而且需要两只手四个指头不停地操作。如果你抱着一个不会走的婴儿，你需要始终的抱着不能离怀；如果你领着一个刚会跑的孩童，他会围着你一个劲的玩耍淘气；如果你带的是一个五六岁的大孩，他更会在店内转圈圈地到处乱跑，反正你都不能坐在那里安心地腾出双手去掰饼。是一顿羊肉泡重要？还是自己小宝贝的安全重要？

以上的"五要一不"，并不是非此不行，若要真的想吃羊肉泡，西安都能满足你的要求，只不过进不了那些羊肉泡的大牌馆子。稍偏一点、稍小一点的羊肉泡馆，不少都有电动切饼机，虽然逊色于手工掰饼的口感，但味道绝对还是西安羊肉泡的味道。

第五节　品西安羊肉泡的"六大特殊功能"

西安羊肉泡各个馆子的顾客满满、座无虚席，不仅因为羊肉泡最富传奇色彩，最具地方特色，最能诱人食欲；而且，羊肉泡独有的、长时间的、被人视为特殊享受的掰饼过程，让西安羊肉泡拥有了任何美食都难以拥有的六大特殊功能，并博得了不同人群的特别钟爱。

一是谈情说爱的功能——不论是未婚青年的初恋见面，不论是离异男女的再恋约谈，二人都愿意来吃羊肉泡，边掰饼，边交流，是最好的约会方式。既很随意，又不拘谨，还可以不断插进羊肉泡的话题，而且，两人手中都有事情可干，避免了相互间的诸多尴尬。

二是商务洽谈的功能——一单小生意，一次小合作，不论是初次接头，不论是二次再议，掰着饼，谈着判，氛围轻松，环境特别，比在谈生意的茶秀，比在公务房的酒店，既节俭方便，又淡化了规矩，谈成谈不成，仅仅一顿羊肉泡，双方都便于接受，倍感喜欢。

三是朋友小聚的功能——两三个朋友，四五个同学，多日不见，吃个便饭，最合适的就是羊肉泡。电话一叫，随时就到。一碗泡馍，一瓶啤酒，手掰饼子细细碎碎，嘴说古今海阔天空。个把小时，一顿便餐，既过了朋友相聚的瘾，又解了羊肉泡馍的馋，还没有占用太多的时间。

四是招待外客的功能——西安人招待外地客人，当然大餐是一定要吃的，但是，对于西安的美食，不用猜，首选的必然会是羊肉泡。不仅因为羊肉泡能为主人大撑脸面，还因为羊肉泡有充足的炫耀时间。一边掰饼，一边介绍：讲赵匡胤的故事，讲羊肉泡的大名，讲周总理羊肉泡招待贵宾，讲习主席羊肉泡招待连战，以表明主人对客人的独到盛情。

五是辅导作业的功能——西安的羊肉泡馆子，经常会见到一个特别的场景：两个大人，一个小娃，大人掰着饼子，小娃写着作业。写作业的一边写一边问，掰饼子的一边掰一边说，什么"人之初性本善"，什么"地球围着太阳转"，都是经常听到辅导作业时的内容。一家三口，其乐融融，一举两得，既享受了泡馍的美味，又完成了孩子的作业。

六是观看大片的功能——一般在餐馆的等饭时间，都会拿出手机消遣，

一个坐在角落的女士，边掰饼边聚精会神地观看着手机中的节目

但这时间太短，只不过听个段子，看个"抖音"。而吃羊肉泡则大不相同，掰饼的时间，最少可看一集电视剧。很多人掰饼时都要打开手机，搜出大片，撑开支架，放好地方，然后，两手掰饼、双眼看片。这时，你细观他们的面部：有的满脸堆笑，有的紧锁眉头，有的怒目圆睁，全身心地都进入了剧情。但是，你再看他们碗中掰出来的饼子，却都是天女散花，大小均匀，一看就知道是羊肉泡的真正吃家。

　　六大功能，涉及的是六个不同的人群，其年龄、性别、职业、性格各不相同，在掰饼中所从事的"工作"也是五花八门。然而，只但当煮好的煮馍分别端到各自的面前，所有不同的人群，都像接到命令似的停止了不同的工作，齐刷刷地展示出一种只有吃西安羊肉泡时才能见到的千人一面的特殊吃相。

　　当热气腾腾、香味扑鼻的羊肉泡端上饭桌，所有食客的第一轮动作，均是先挖上一勺辣椒酱，剥开几颗淹糖蒜，轻轻放入碗中。然后，每个人都拉开了架势：手拿双筷，眼盯碗中，停止一切活动，排除所有干扰，不抬头、不斜视、不说话、不交流，相互间刚才还在海阔天空，瞬时后即成了陌生路人。一双筷子高频率地从碗边的突破口开始，一堆一堆地刨，一口一口地吞，连馍带肉，连菜带汁，秋风扫落叶，统统都是刨着入口的。动作快捷而方寸不乱，蚕食跟进而吃法娴熟。只听得呼哧呼哧地直喘，只看见脸上的汗珠子直冒，天大的事情早都抛到了一边。整个"吃战"，一直要持续到碗中的馍完肉完汤完方才为止。如此展示，自始至终，不论任何身份的人，从未顾及过自己的斯文儒雅，因为在座的所有人都是如此这般地在表演着自己的经典吃相。

　　"吃战"刚刚结束，紧盯着客人饭碗的服务员，立马会端来一小碗清口的高汤。不过，客人则全然不理，一支香烟已经加在了二指的中间——动物油挂住的肠道，糊住的口腔，致使此时吸烟最香最香。只见食客跷着二郎腿，旁若无人，过起了烟瘾：吸时，是大口大口带着丝丝的声响，呼时，是仰头眯眼看着吐出的青烟。"饭后一支烟，胜似活神仙"，而羊肉泡后的一支烟，则是活脱脱的神仙他爷！但是，人所共知，这个场景只是很早的过去式，如今的西安，早已实施了公共场所的全面戒烟，羊肉泡的饭后一根烟，留给那些烟民的，只是一个美好的回忆而已。

羊肉泡是中国美食的奇葩，"六大功能"则是羊肉泡独具魅力的奇能。长期以来，西安各大小羊肉泡的馆子，都在持续地上演着"六大功能"的喜剧，凡进馆子的食客，既是观众，更是演员，而且自导自演，新人辈出，前赴后继。

西安是"世界美食之都"，羊肉泡是世界美食之都众多众多美食的龙头老大。羊肉泡有着3000多年的历史记载，有着历朝御宴的显赫资历，有着众多有趣的名人轶事，有着诸多国家政要的特别钟爱，有着全国人民的热情追捧，有着独具魅力的"六大功能"，在所有的美食名吃中，恐怕很难再找出一个能和西安羊肉泡比肩看齐的地方名吃了。

第二讲　西安没有葫芦的葫芦头

　　"葫芦头"也即西安的"葫芦头泡馍"。西安美食有几十大类别，每大类别都有数十个品种。广义的泡馍只是西安美食中的一大类别，并且分为了"煮馍"和"泡馍"两支大军，旗下又拥有名目繁多的煮兄泡弟。煮馍泡馍是陕西独有的美食，爱吃煮馍泡馍，是陕西人的一大特点。陕西煮馍泡馍的

汤汤水水的葫芦头

两支大军，羊肉泡是"煮"军中的军旗手，葫芦头是"泡"军中的排头兵。二者都是西安誉满中外的经典名吃，而且都极具特色、都超凡脱俗。羊肉泡是"叫泡不泡"，而葫芦头则是满碗的泡馍，但却根本看不见哪里有过什么葫芦？

第一节　葫芦头泡馍为什么不见葫芦

不是葫芦头泡馍不见葫芦，而是葫芦头泡馍中压根就没有葫芦！西安名吃的名字，大多都是稀奇古怪、虚实难分，让人云里雾里摸不着头脑。

西安的历史悠久，西安的美食也大多都贴上了历史的标签，都有着悠久的历史渊源。葫芦头泡馍诞生于唐代，距今已经1300多年。葫芦头之所以叫作"葫芦头"，起根发苗，还来自于唐代时药王孙思邈的"药葫芦"。

唐代神医孙思邈，生于陕西耀州，但长时间都在京城行医，居住在长安城西区三街的光德坊。虽然已到九十多岁的高龄，但仍然每日出诊，上门行医，深受百姓的敬爱。其随身不离的标志，就是腰间所挂的一个药葫芦，金黄闪亮，形态美观。长安城的官官民民，人人都见过神医孙思邈，个个都认识这个药葫芦。

孙思邈的住宅旁边，有一家小小的饭馆，打出的招牌是"玉肠汤"。玉肠汤听名字倒是十分的高雅，实际上即是以猪肠为主要原料，所做成的猪杂碎肉汤泡馍。虽然饭馆开业时间并不长，但孙思邈却是这里的常客。一则，有时出诊走得急，二则，有时救人回家晚，只要赶不上饭点，全都是在这里充饥饱肚。然而，由于饭馆掌柜敬慕孙思邈的大名和医德，却自始至终都坚决不收他的饭钱。

其实，孙思邈在此吃饭，倒不是因为这里的饭好吃，而纯粹是为了行医的方便。他明白，这家饭馆的玉肠汤并未得到多数人的喜欢，故生意冷清、食客寥寥。半年以来,自己在此吃过多少饭,共计该付多少钱,他都记得清清楚楚。一天,孙思邈又来到小饭馆,吃完饭后,掏出了长长的一串铜钱,要一次性地结清饭钱,并执意叮嘱店掌柜,请务必悉数收下。

然而,一个坚决要给,一个坚决不收!饭馆的掌柜更是言之恳切:你老人家给穷苦人治病,从未收过一分一文,我不要你的饭钱,只不过表达了我的一份敬意,也可算作我替穷人代付的一点诊金。更何况,"玉肠汤"名字虽好,但味差腥大,稍有身份的人,都不会进我的饭馆。你老能来,使我的饭馆蓬荜生辉,使我才有了干下去的信心,我感激还来不及,怎么能收你的饭钱?如果你硬要给钱,折杀我也,我一定会今天关门,明天就离开长安!店掌柜的话,彻底噎住了孙思邈,碰到如此执拗但却厚道的店家,孙思邈只有作罢,不再提给钱一事。

十天之后,"玉肠汤"的店掌柜收到了一个陌生人捎来的包裹。店掌柜莫名其妙,打开一看,里面有一封信、一个药葫芦。信是孙思邈亲笔所写,药葫芦则是孙思邈身上所挂的、长安城人人都熟悉的药葫芦。店掌柜急切地拆开信件,但他万万没有想到,信中的内容居然是孙思邈专为"玉肠汤"所开的"八珍方"!孙思邈为了回报店掌柜,针对"玉肠汤"配出了配方,专门去腥调味提升口感。而"八珍方"的八剂调料药物,全部都装在送来的药葫芦之中。孙思邈连配方、连操作方法、连自己的药葫芦,一并都送给了厚道仁义的饭馆掌柜。

饭馆掌柜好生高兴,于是当即按照孙思邈的办法操作,首先,取掉了猪肚等杂碎,专门做猪肠泡馍;其次,只选精肠,只要猪大肠与猪小肠之间仅一尺余的大肠头;第三,按照孙思邈的要求,用孙思邈的配方,增加了数道清洗工序,洗深洗透洗精洗净;第四,煮肉时加入了孙思邈的药物,出锅时加入了孙思邈的调料。整个程序全部都进行了脱胎换骨。

改良后的"玉肠汤",端起碗来一闻,香气扑鼻,腥味全无;拿起筷子一尝,肉鲜汤美,油而不腻。店掌柜大喜过望,庆幸自己三生有幸,庆幸自己遇到贵人。随即，把孙思邈的药葫芦红绸绑扎，高高悬挂在饭馆大门门首的正中，以铭记老人家对自己的大恩。

为什么要把孙思邈的药葫芦挂在"玉肠汤"的大门前？因为，这是一个最有效的悬念广告，凡看见的人都要好奇地进来一探究竟。当闻到满屋子的浓烈香味，不约而同地都要来上一碗。喝了汤，吃了肉，泡了馍，再一听店主的介绍，大家除了赞扬有加、爱不释口外，都有个一共同的建议：玉肠汤已经脱胎换骨，就应给这个美食重起一个新的名字。店掌柜想了又想，既然是药葫芦调出的美味，既然是大肠中最精的肠头，新名字最终就定为了三个字的"葫芦头"。

高雅动听的"玉肠汤"，变成了既土又俗的"葫芦头"，反而吸引了更多更多的食客。有大量的平民百姓，有诸多的贤达富贵，就连最有身份的王公大臣，也会时不时地到此品尝。"葫芦头"，从此即成了长安城又一个广受欢迎的风味美食。

"葫芦头泡馍为什么不见葫芦？"因为葫芦不在碗中而在门外；因为葫芦不是外观而是内涵；因为葫芦头的美味来自于葫芦。

第二节　葫芦头与羊肉泡的八大不同

葫芦头与羊肉泡，作为西安美食名吃"泡馍"系列的两大巨头，二者对比，有相同之处，更有不同之处。相同之处只有一点，那就是同为西安名扬中外的传统美食，同为西安名吃的"非遗"品牌；而不同之处，则是特色凸显、个性独具、八大不同。

第一大不同：一个是煮，一个是泡——羊肉泡是要把饼子掐细掐碎，是要把饼子必须倒入锅中，而且要猛火猛煮，翻滚咕嘟后才能出锅；而葫芦头，则只需把饼子掰成大块，只需把饼子放在碗中，只需用滚汤余冒两遍即可，是用汤泡饼子，根本不需进锅烹煮。

左为羊肉泡，右为葫芦头，二者掰馍的大小相差悬殊

第二大不同：一个没汤，一个有汤——羊肉泡，不管是"干捞"，不管是"口汤"，不管是"水围城"，所谓的汤都是相对的一丁点浓浓的汤汁，要想喝汤，只能是最后端上来的高汤；而葫芦头，则每一碗中，都是饼是饼，汤是汤，汤淹着饼，饼泡于汤，可以吃，也可以喝，更可以连吃带喝。

第三大不同：一个是羊肉，一个是猪肉——羊肉泡羊肉泡，主要是羊肉，也可以是牛肉，但绝对不会再有其他肉；而葫芦头，只能是猪肉，而且只能是猪肉中的猪肠，如果再加上别的"下水"，那不叫葫芦头，只能叫猪杂碎。

第四大不同：一个是回民，一个是汉民——凡在西安开羊肉泡的，肯定是回民，如有汉民的羊肉泡，那是纯粹的"水盆"。西安羊肉泡的馆子，店内都有曲里拐弯的回民文字，门外都有告知食客的"外菜莫入"；而葫芦头，则绝不会有其他民族开店，绝对都是汉民师傅在掌店掌勺，绝对什么菜都可以随便进入。

第五大不同：一个是吃糖蒜，一个是吃生蒜——羊肉泡和葫芦头都要吃蒜，不过，羊肉泡吃的是糖蒜，是用糖和醋腌制略微带甜的蒜，在西安，糖蒜是专门配羊肉泡的；而葫芦头，虽也吃蒜，但吃的是生蒜，葫芦头要的就是那个特殊的辛辣味,而且,绝对是提前剥够,绝对不能在吃的中间再去剥蒜而影响吃时的享受。

第六大不同:一个是死面饼,一个是发面饼——羊肉泡的饼子是死面饼,是半生的;而葫芦头,饼子是发面的,两面还带着一圈一圈的焦黄圈。如果是刚出炉的饼子,掰馍时绝对带响,手指一捏,"咔嚓"一声,焦脆的馍皮被捏破,散发出一股浓浓的面香,掰一块放在口中,同样"咔嚓"一声,手中"咔嚓",嘴里"咔嚓",葫芦头的饼要的就是这个"咔嚓"的声响。

第七大不同:一个是时间长,一个是快得很——羊肉泡的掰饼,细工慢活,大约需要40分钟;而葫芦头,发面饼子,既好掰,饼块又大,三下五除二,甚至只要一分钟,即可全部搞定,然后,坐在那里等饭剥蒜。只泡不煮的葫芦头,仅仅三两分钟,几颗大蒜还未剥完,一碗色香味形俱佳的葫芦头泡馍已经端到了你的面前。

第八大不同:一个是吃时要一口一口地刨,一个是吃时要大块大块地捞——羊肉泡的饼子,是豌豆块般的小粒,比米饭稍大一些,要一口一口地刨着进口,要一层一层地蚕食而进;而葫芦头,则是红油漂于汤面,肠饼浸泡汤中,你用的是筷子吃饭,你吃的是汤中之物,必须大块大块的捞,大口大口地嚼,方能解馋过瘾,方能吃出葫芦头的味道。

葫芦头与羊肉泡的八大不同,各有特色,各具优势。对于外地客人来说,界定了二者的概念,细分了二者的特点,使人们在品吃西安名吃之时,萝卜青菜,各选所爱,或仅选其中之一,或前后两种都吃不空。

第三节　经典考究极度诱人的葫芦头

"想起葫芦头,口水往外流",这句俗语没有人知道起源于什么时代,反正,西安人对这句话深信不疑并人人念叨。葫芦头泡馍,经典考究、极度诱人，遍布了西安的大街小巷，任何一家店馆，只要打的葫芦头名字，都可以满足人们的食欲。特别是葫芦头的百年老店——西安南院门的"春发生"，更是独树一帜、遐迩闻名。西安葫芦头，以它极强的名字悬念，极精的选料标准，极严的操作程序，极佳的色香味形，赢得了全国各地食客的广泛喜爱。

葫芦头的名字悬念极强。乍一听，谁也不会把葫芦头和猪大肠联系起来。葫芦头究竟是什么？能入口的葫芦，无非就是菜葫芦和西葫芦两种，但一种是圆的，一种是长的，想来想去也想不出，这样的葫芦，哪里能有什么"头"？哪里能有什么"尾"？再一联想，西安人素有魔术般的厨技手艺，只有你想不到的，没有他做不到的，这有"头"的葫芦肯定是大有奥秘。随即再详细打问，我的神！原来葫芦头就是猪大肠！而且是闻名遐迩的西安美食！而且是西安人想一想即涎水直流的口中宠物！一个"曲曲"的猪大肠，能让最会吃的西安人如此着迷，还有谁不想来品尝一下？

葫芦头的选料标准极精。葫芦头就是猪肠子，但它是猪肠中的肥肠，是肥肠中的精肠，是"飞机中战斗机"，在整个肠子中只占极少的一部分。一头猪的肠子，连大肠带小肠，总长高达十几米，而西安葫芦头，只选大肠和小肠之间仅仅50厘米的一段。此处的肠子，光滑丰满，壁厚柔软，做出来口感最佳。十几米的长度，仅仅选择50厘米，不能说不是猪肠中的精中之精。如果你害怕你吃不到真正的精肠，别的我不敢保证，但只要你到了那些名牌大店，你一定会吃到那"50厘米"的地方。

葫芦头的清洗程序极严。在葫芦头的店中，清洗猪肠是一项专门的工作，有极为严格的操作程序。特别是那些老字号，有"孙思邈"传给的清洗方法，有"孙思邈"密授的清洗配料，有高工资养着的高级洗工。清洗猪肠要经过繁琐复杂的十二道工序：有挼、有刮、有翻、有捋、有灌、有回、有笊、有洗，等等，一定要把肠子洗了个里外通透，因为它直接关系到葫芦头的去腥减腻以及最终的味道，是西安葫芦头各大牌店家的秘密绝技。有的老字号的老资格洗肠工，甚至一干连续就是二三十年，每天都在重复着相同但却至关重要的工作，店里根本舍不得让走。对于食客来说，端到餐桌上的葫芦头，早已不是猪身上的零件，而是人间最美最美的美味了。

西安"中华老字号"的春发生葫芦头

葫芦头的色香味形极佳。色香味形，是衡量名吃美食的四大要素。葫芦头的色香味形，则样样都是超凡脱俗。一看葫芦头的色：白、黑、红、绿、粉、黄、蓝共七种颜色。白是白色的馍块，黑是黑色的木耳，红是汪汪的红油，粉是粉色的肠肉，绿是绿色的香菜，黄则是粉色的肠肉半浸在红汤中透出的金黄颜色，至于蓝并不是饭菜的本色，而是专配的蓝花瓷碗勾勒在红汤四周的蓝色图案。一碗葫芦头，七彩相争艳！二看葫芦头的形：细瓷碗中的葫芦头，其形状好似一层一层越上越小的金字塔。塔基是浸在似透非透红汤之下的饼块；第二层是环环相连的环形大肠覆盖在汤饼之上；第三层是纯白色的粉丝绕成的一个圆圈，网住了环形的肠肉；再上一层是翠绿的香菜堆成一堆，堆在粉丝网的圆心中央；最后的塔顶，则是三粒鲜红鲜红的枸杞，三角形的点缀在翠绿翠绿的香菜之上；再加上漂浮游动的红油，简直就是一幅既静又动的立体图画。三看葫芦头的香：见了葫芦头的色，看了葫芦头的形，早已令人口中生津，不用低头去闻，仅仅鼻子一耸，葫芦头特有的香味直扑而来，沁人心脾，口中的涎水已经溢出；四看葫芦头的味，葫芦头的味，其实这时早已先入为主，刻在了心中，待拿起筷子，待吃于口中，哇！西安的葫芦头，肥肠瘦肠，无须细究，其味，真乃天下绝佳，回味无穷！

葫芦头的"四极"，从葫芦头的名，到葫芦头的料，从葫芦头的洗，到葫芦头的色香味形，让人们特别是外地的客人对西安的葫芦头有了一个透彻地了解。人在不在西安无所谓，吃没吃过葫芦头也不要紧，当你"想起了葫芦头，口水往外流"的时候，再来西安也不晚。你到西安那些大牌的葫芦头馆子，不仅能吃到那"50厘米"的精肠葫芦头，还可以吃到那50厘米之外味道同样鲜美的普通葫芦头。

第四节　　西安人对葫芦头的深情厚爱

"想起葫芦头，口水往外流"，西安人对葫芦头的深情厚爱，外人是根本无法理解的。因为，从某种意义上来说，不论城乡，西安的几乎一代人，从小都是吃着葫芦头泡馍长大的。

泡馍，是陕西人特有的一种饮食。在长达几十年的计划经济时期，发展滞后，市场匮乏，当时的泡馍，而且是开水泡馍，在西安、在关中，完全就是一顿饭！城里的市民，早上的早饭是开水泡馍；学生上学，中午的中饭是开水泡馍；郊外的农村，夏秋农忙，一天吃饭四顿，其中的早晚两顿，都是开水泡馍。条件好的，还能佐以季节的时令蔬菜，条件差的，就只能辅以简单的腌制菜品。而学生在校的泡馍，除了自带的蒸馍外，再有的配"菜"，就仅仅是咸盐和花椒面了。这样的泡馍，一直吃到了改革开放以后，伴随着一代人的从小到大，吃出了诸多的酸甜苦辣、喜笑愁乐。

饭食寡淡，胃肠没油。但在当时，即便你有钱，也难以改善自己的生活。计划经济，市场买肉，要凭肉票，外边吃饭，要拿粮票。于是，去食堂只买

"肉菜"不买主食,便成了一个小小的可钻的空子。而葫芦头,有汤有肉,且汤是煮肉的汤,肉是肥腻的肠,油大肉肥最能解馋。端一锅回家,连汤带肉,泡上自己的蒸馍,全家人都过一次肉瘾。孩子们最高兴的就是妈妈拿锅出门,而出去端回的一准是香喷喷的葫芦头。因为计划经济,国营食堂寥寥无几,个体饭馆一概没有;因为在当时的肉汤之中,葫芦头是猪"下水",比正儿八经的羊肉汤要便宜得很多。故家里的孩子们只要嘴馋了,喊叫的也一定是全家共享的葫芦头。

小时候在家"解馋",吃的是葫芦头,成人后到食堂"改善",吃的还是葫芦头——没有粮票到食堂别的饭统统都不能吃,唯有葫芦头可以带上自家的馍到食堂去享用。于是,葫芦头的食堂形成了西安独有的一景:自己端碗,自己排队,众多的人汇聚于此,常常从店内的取饭窗口排到了人行道上。弯曲不直的队伍,高低不一的食客,形态各异的表情,每人端着的大碗,碗里是各种各样的馍块,有白的小麦面馍,有黄的玉米面馍,有黑的豌豆面馍,有黄白两层的金银花卷,等等,五花八门,各不相同。唯有一点是相同的,那就是都在排队,都在焦急地等待着要吃葫芦头。这样的情景一直持续了二三十年。

一直到了改革开放以后,经济活跃了,粮票取消了,个体经营放开了,各种美食都出来了。但是,西安人对葫芦头几十年来那一种特殊的情感却不减反增。隔三岔五地单品,同学朋友的小聚,一家数口的集体解馋,当然必不可少。更有诸多的痴情者,在新时期表现出的令人既瞠目又结舌的"葫芦头情结",把西安人与葫芦头的深情厚爱展示得淋漓尽致、一览无余。

西安一个单位20人的旅游团到欧洲15日游,回国时全票通过的"解散"食谱,葫芦头即名列其中;西安的一对控制脂肪、根本不吃肥肉的中年姐妹,却唯对大油大脂的葫芦头情有独钟,开了绿灯;一个在郑州工作且妻子也在郑州的西安小伙,每两星期回西安一次,原因就是离不开西安的葫芦头;一位在上海教书的西安教师,因吃不到葫芦头,不惜让母亲千里迢迢把肥肠从西安寄到上海，按照网上的步骤自己边学边做；西京医院整形科的一名伤者，手术住院整整一月，当揭开全面包扎的纱布，家属问其想吃什么？伤者不加思索的回答："我想吃一碗葫芦头"；西安某一中学20年前高中毕业的同学聚会，来自12个省份的全班同学，聚会共计四顿饭，前一顿后一顿均为喝酒的大餐，而中间的两顿，一顿是羊肉泡，另一顿就是葫芦头；《红高粱》的电影刚一上映，张艺谋的首贺之餐便是一大碗的葫芦头；《白鹿原》的大作刚一出版，陈忠实对自己的犒赏，就是南院门的精肠葫芦头。还有，连西安人都琢磨不透，高兴了要吃葫芦头，烦恼了也要吃葫芦头：我的一位朋友，在西安某公司做策划总监，辛辛苦苦忙碌一个月，自信地把两万多字的策划方案交给老板，不料因理念不和而被老板无情枪毙，极度懊恼。而朋友约我诉说，居然去吃葫芦头，而且居然是三个饼子，而且居然吃后大发感慨：何以解忧愁，唯有葫芦头！

"想起葫芦头，口水往外流"。葫芦头对于西安人来说，可以受诸多条件影响让他暂时不吃，但任何条件都不可能挡住让他不想，想了就要创造条件去吃，最终，不吃是无论如何都不行的！

第五节　葫芦头对外地人的特殊魅力

世界之大，无奇不有。西安人能把猪"下水"做成精品，创出奇葩，而美国人则对猪下水视为劣品，一概排斥。其实，不是他们不爱吃，而是他们没吃过，不会做！西安的葫芦头泡馍、杂肝汤泡馍、粉汤羊血泡馍等等，都是猪羊下水的杰作，都是西安的传统美食。对此，美国的、欧洲的在西安的留学生，照样是大吃特吃，趋之若鹜。而中国，地域辽阔，民族众多，南北差别很大，生活习惯迥异，但各地的人们，对于西安的葫芦头，照样是不吃不知，吃之不舍，演绎出了诸多的"葫芦头故事"。

九一八事变后，东北军调到西安，诸多士兵因水土不服、饮食差异，出现了各种疾病，感冒，腹泻，腰酸腿痛，浑身乏力，食欲骤减。两个有病的士兵来到临近的"春发生"，想吃一碗葫芦头开开胃口，不料，反打正着，一碗葫芦头下肚，顿觉浑身发热、四肢轻松，身上的症状好了许多。消息传出，军中的病号纷纷请假，争往"春发生""治病"，且吃一拨好一拨。其实，这是中医"以脏补脏"的食疗在起作用。张学良获知，深感惊奇，随即下令：将"春发生"的葫芦头列为军中的"病号饭"，每天发放20份的牌子，凡"病号"统一到"春发生"去吃葫芦头。从此以后，西安东北军的所有士兵，几乎都得过这种"病"，几乎都吃过"病号饭"的葫芦头。

西安的国家级大腕不少，名人更多。对于葫芦头，不仅名人本人钟爱，且在西安招待全国朋友，绝对也少不了葫芦头。张艺谋、陈忠实、贾平凹等都在西安把葫芦头"兑现"给全国同仁；西安籍的大牌影视明星，在西安招待来自全国的同行，全都离不开葫芦头。所有吃过西安葫芦头的名家，不论北方的，不论南方的，不论港澳地区的，都是赞不绝口、念念不忘，都成了西安葫芦头的义务宣传人。特别是南方人对葫芦头的感知转悟，贾平凹专门写在了书中："南方人初见葫芦头，皆大骇，以为胃不可克，勉强食之，顿觉鲜香，遂大嚼不要命。有广东人在羊城依法炮制，味则不及。"南方人究竟喜不喜欢葫芦头？"遂大嚼不要命"！就是最形象的写照。

"葫芦头对外地人的特殊魅力"，这里的"外地人"其实主要指的是生活习惯与北方人大不相同的南方人。既然南方人见葫芦头"遂大嚼不要命"，既然最为南方人的广东人"在羊城依法炮制"葫芦头，那么葫芦头对外地人的特殊魅力即已得到最后的例证。因为依法炮制西安葫芦头的，不仅仅是广东，在中国广大的北方南方各大中城市，葫芦头早已炮制成功，且事实证明广受追捧、红火兴隆。

西安的葫芦头，在中国找不到重名重姓，在世界找不到同质同种。葫芦头能成为东北军的"病号饭";能叫根本不吃肥肉的女士打破了禁忌;能使一概拒绝动物"下水"的西方人大开绿灯;不少的文学大家为它而重笔书写,诸多的影视明星为它而代言发声;"尊贵"的人吃它时从不顾什么吃相,普通的人吃它时个个都虎咽狼吞。然而,西安大名鼎鼎的葫芦头,从头吃到尾,一直吃到饭光碗净,却始终不见"葫芦"的任何踪影。葫芦头、葫芦头,奇哉、妙哉,一个神秘怪异的西安名吃!

第三讲 西安肉不夹馍的肉夹馍

肉夹馍，是西安的又一大美食，同样是享誉中外的名吃，它是由特制的馍和特制的肉组合而成。馍饭，馍饭，在西安，馍和饭是平起平坐的主食：饭是碗里盛的食物，馍是手中拿的干货。西安人的饭，可以做出数之不尽的花样；西安人的馍，可以吃出名目繁多的品牌。一句话，西安人永远都离不开"馍"！肉夹馍即是西安"馍文化"中最为杰出的经典代表，是百吃不厌的小吃极品；是习主席招待连战的"三大件"之一；是美国媒体报道的"西方'汉堡'的渊源祖宗"。一个肉夹馍，牵着万人心；吃了肉夹馍，满口留香味；只吃不带拿，对不起家里人。这是各地客人对西安肉夹馍的普遍评价。

第一节 美媒认定的"汉堡"祖宗肉夹馍

长期以来，有些肉夹馍的经营者善于把自己的肉夹馍比作"中国式的汉堡"，以抬高肉夹馍的品位。人们不明白，中国有着数千年厚重的饮食文化，为什么非要用并没有历史的西方快餐为中国的传统美食作标榜呢？在此，应该予以澄清：陕西的肉夹馍、西安的肉夹馍，不是"中国式的汉堡"，而是西方"汉堡"的祖宗！这话不是我说的，这是美国的著名媒体《赫芬顿邮报》

公开报道的。

是谁发明了汉堡？美国《赫芬顿邮报》2015年4月8日认定，汉堡的"祖宗"就是中国的肉夹馍！该报称：

> 世界上第一个汉堡来自哪里？大大出乎美国人的想象——它不是美国的创造，更不是发源于德国，世界上第一个汉堡来自于古老的中国。如果你不相信，不相信的不是你一个人，但中国的汉堡真的存在而且大大早于我们美国本土的汉堡。在中国一直被称为"肉夹馍"，是世界汉堡的真正祖宗。

《赫芬顿邮报》称：

> 中国早在秦朝时期（公元前221—公元前207年），老百姓就把切碎的肉夹在一种开口的圆饼中作为快餐来吃，名字就叫"肉夹馍"。虽然中国这种街头小吃和美利坚的汉堡有着差异，但中国的肉夹馍的确是世界最早的汉堡包。

《赫芬顿邮报》还对肉夹馍的相关细节进行了具体到位的描述：

> 中国的肉夹馍起源于陕西省，如今已是遍布全国的代表性小吃，各个城市的大街小巷都能看到卖肉夹馍的店和吃肉夹馍的人。肉夹馍的肉，做法略有差异，但肉夹馍的馍，做法则大致相同。即由面粉清水和成面团，有时也许会加些酵母。按传统的做法，馍是放入土灶火烤，如今则多用平底锅烙制。馍里的肉，有的用猪肉，也有的用牛肉，但都会加入多种香料炖制而成。总之，都是吃起来软糯可口、唇齿留香。

除了上述《赫芬顿邮报》的报道，让我们再来看看辞典对"汉堡"的相关解释："汉堡，原是德国汉堡地区的一种油炸牛肉饼，19世纪末由德国移民传入美国。到了20世纪，美国人对汉堡进行了改良，变了样子，成了美式的"肉夹馍",成了快餐厅的快餐主角,随之汉堡也即在世界风靡起来。"

以上的美媒报道、辞典解释,概念非常明确:不仅定义了肉夹馍是汉堡的"祖宗";而且定义了一个高达2000多年的历史,一个只有100多年的时间;同时还明确了一个说法——美国汉堡是"美国式的中国肉夹馍",而不是中国肉夹馍是"中国式的美国汉堡包"!

美国的媒体写的虽然是陕西的肉夹馍,但它无疑是身在西安得出的真实感受。作为3000多年前的历史大都,作为1000多年的陕西"省会",三秦的、关中的名目繁多的"馍文化",均在西安汇集一起,且百花争艳,各显其能。当然,肉夹馍也概莫能外,优胜劣汰,去粗存精,铸就了西安市场大同小异的肉夹馍三大经典品牌,不仅在西安各领风骚,而且占领了全国各地独坐天下的肉夹馍市场。

另外,在此还需要说明一个问题,即西安肉夹馍"肉不夹馍"的问题。长期以来,诸多的外地客人都有一个疑问:西安的肉夹馍,明明是馍夹肉,为何叫作了"肉夹馍"?西安人的回答大多都是:肉夹馍是古汉语,是"肉夹于馍"的简称。不过,此回答并未解了人们的质疑:一个街头小吃的肉夹馍,用的什么古汉语?八竿子都打不着!其实,这就是不知者不为怪了。作为数千年的古都所在,作为数百年的世界中心,西安的官话,甚至西安的"土话",即是当时的国语,由于悠久的历史,融入了太多太多的古汉语,且各种语例,举不胜举:西安话谝闲传的"谝",咥泡馍的"咥(die)",嫽的太的"嫽",倩蛋蛋的"倩",都是古汉语;西安话把抱娃叫"携娃",把完了叫"毕了",把钉钉子叫"楔钉子",把趁早走叫"闻早走",都是古汉语;就连西安话的"粗话"都是文绉绉的:两个人说话说崩,一个怒骂对方的"滚滚滚",西安人都不用这三个字,而用的都是古汉语极文雅的"避避避(pi)"。以上所有的用语都有出处,都有据可查。既然西安话如今还都有如此之多的古汉语,那么,来自于古代肉夹馍"肉夹于馍"的古汉语名字,显然,不是故作高雅,而是历史厚重!对此,任何人也就不足为奇了。

西安肉夹馍的三大品牌，也被人们称为了"三大金刚"，即腊汁肉夹馍、腊牛肉夹馍、潼关肉夹馍。三大金刚有同有异：相同的是，都是名吃肉夹馍，都是烧饼夹着肉，都是用的古汉语；不同的是，馍有不同，肉有不同，夹馍的手法也各有不同。在西安，三大金刚，三足鼎立，对于所有的西安人、外地客来说，同样是萝卜青菜，各选所爱。

第二节　肉夹馍之首："腊汁肉夹馍"

西安肉夹馍的"三大金刚"，之所以称腊汁肉夹馍是"肉夹馍之首"，是因为腊汁肉夹馍是最早最早的西安肉夹馍，是最具代表性的西安肉夹馍，是创出"西安肉夹馍"这个誉满中外美食品牌的西安肉夹馍。

肉夹馍听起来简单，不过就是馍和肉的组合而已。但是，如果真的如此简单，那就不是西安"肉夹馍"了。三大金刚的肉夹馍，不论是馍的烙制，不论是肉的加工，不论是夹馍的方法，不论是吃馍的技巧，都有严格的程序，都是非常的精细、复杂、微妙、讲究。

先说腊汁肉夹馍的馍。腊汁肉夹馍的馍，也即"白吉饼"，用的是精粉发面，使的是铁鏊烙成。白吉饼的特色，主要是在烙饼环节。一般的烧饼，面坯都是平的，而白吉饼则别出心裁，在面坯上鏊时要擀成瓢状，烙制时，瓢口向上，瓢底朝下，也即只有面坯的中心着鏊，一圈悬空。只要掌握好火候，烙出来的饼，就是一幅图案：最外的一圈边沿，未受烙烤，洁白如雪；靠内的一个圆环，火色焦黄，规规整整；再向里是饼子的中心，由一片火焰的黄豆大小的焦黄斑点组成，密密麻麻，均匀分布，形成了白吉饼特有的"银圈虎背菊花心"。看起来非常漂亮，咬一口皮焦瓢软，品一品满嘴面香，即使不夹肉，也绝不亚于北京皇宫御宴上的"精品火烧"。

再说腊汁肉夹馍的肉。腊汁肉夹馍的肉，就是腊汁肉。不光要选上好的肉，而且要用老汁的汤。一口直径三尺余的大锅，锅中的老汤浓稠酱红，大块大块的条子肉，不仅要埋入汤中，还要盖上镂空的木板，还要压上沉重的青石，要死死地将肉压入汤中，让它根本不能翻身。然后，就是要用文火慢慢地炖，缓缓地焖。总共需要多长时间？连炖带焖，整整一夜。至于汤中的调料，除了人们都知道的桂皮、丁香、八角、茴香、大料外，还有其他人们不知道的佐料二十多种。更意想不到的是，炖肉还要放糖，并不是普通的白糖，而是大块大块的冰糖！如此这般，炖出来的腊汁肉，软若脂膏、饱含汁汤、色如翡翠、光鲜油亮。切上小小的一块放入嘴中感受，哇！真乃人们常说的：肥肉进口不腻口，瘦肉无渣满嘴油，不用牙咬肉自烂，余香不走口中留。

西安的腊汁肉夹馍和腊汁肉夹馍的白吉饼

三说腊汁肉夹馍的夹馍方法。凡腊汁肉夹馍，跟前都有一个不大的肉锅，锅里是肉汤，肉汤中浸泡着红肉。夹馍时，先捞出热气腾腾的肉，切成块、再剁碎；然后，再拿出热气腾腾的馍，馍平放，左手压馍，右手持刀，对准馍的边楞，利开一个缝子；再然后，手一捏，馍缝张开大口，热气一喷而出；再然后，用刀平铲，铲起剁好的碎肉，塞进张开的馍缝；再再然后，左手一压，右刀一抽，肉，即夹在了馍中。还有最后一道工序：拿起汤勺，舀上稍许的汤汁，均匀地灌在馍缝之中。就此，腊汁肉夹馍的夹馍程序全部完成，而站在旁边的客人，则早就口舌生津，迫不及待了。

四说腊汁肉夹馍的吃馍技巧。乍一听，吃肉夹馍谁不会吃，还要技巧？是的，是需要技巧。老吃家是平端着吃，新吃家则是竖拿着咬。如果是竖着拿馍去吃肉夹馍，这样，特别是夏天，你可能要演出一个"吃肉夹馍油脊背"的小小喜剧：夏天，男士穿着短袖衫，女士穿着吊带裙，吃肉夹馍时，由于馍中灌着油油的汤汁，竖着吃馍，油汁势必从馍底流到了你的手腕；而当你用左手去擦右腕的油汁时，右手一抬高，油汁则又顺着胳膊流到了你的胳膊肘；而当你再抬高胳膊擦你的胳膊肘时，手中的肉夹馍已经高过了肩膀，倒向了肩后；这时，馍中的油汁，自然而然就流在了你的后背之上。不信，你做个空手道试试一看！"吃肉夹馍油脊背"，听起来有些夸张，但细细一想，又确是这个道理。所以，人们吃肉夹馍，一定要平端着吃，即便不是夏天，也最好不要因为吃肉夹馍而油污了你华贵的衣服。

对于外地人来说，要选吃西安的腊汁肉夹馍，需要记住其的四大特点：一是馍是发面白吉饼，吃起来外焦内软；二是热馍夹热肉，肉是现从小汤锅里往外捞；三是夹馍时肉要剁碎，且夹的是连肉带汁；四是腊汁肉夹馍夹的是猪肉，腊牛肉夹馍夹的是牛肉。记住了以上四大特点，你选吃腊汁肉夹馍就一定不会搞错。

第三节　肉夹馍之花："腊牛肉夹馍"

腊牛肉夹馍与腊汁肉夹馍虽然仅仅一字之差，但却有着不同的渊源，即一个是回民的食品，一个是汉民的食品。其他地方的回民，我不得而知，但是西安的回民，的的确确是一个最善于创造美食的民族群体。人所共知，西安有大量的回民，更有大量的回民名吃。西安的汉民创造了腊汁肉夹馍，西安的回民则创造了腊牛肉夹馍。之所以称其为"西安的肉夹馍之花"，是因为腊牛肉夹馍是西安肉夹馍百花齐放的产物,而且是西安肉夹馍百花齐放的花中之花!当然,回民的腊牛肉夹馍,不仅回民爱吃,汉民也爱吃,更重要的是,它受到了全国人民的广泛喜爱。

西安的腊汁肉、腊牛肉夹馍都是用刀往馍里夹肉

归整以下腊牛肉夹馍和腊汁肉夹馍的异同特点,二者的区别是:"四同五不同"。

先说五个不同。一是肉不相同,腊汁肉是大肉,腊牛肉是牛肉,腊汁肉夹馍夹的是有肥肉有瘦肉,而腊牛肉夹馍夹的则是无肥肉纯瘦肉;二是馍不相同,腊汁肉夹馍的馍是传统的"白吉饼",而腊牛肉夹馍的馍则是回民的"饦饦馍",只不过是把羊肉泡的死面饦饦变为了肉夹馍的发面饦饦;三是吃的地点不同,吃腊汁肉夹馍可到遍处皆有的肉夹馍店,而吃腊牛肉夹馍则只能去两个地方,要么是卖肉丸胡辣汤的回民店,要么是清真美食集中的回民街;四是吃的人群不同,腊汁肉夹馍是汉民吃,回民绝对不吃,而腊牛肉夹馍则是回民吃,汉民也吃,而且汉民比回民吃的人数更多更众;五是肉夹馍的价格不同,腊汁肉用的是猪肉,猪肉便宜,腊汁肉夹馍的售价也便宜;而牛肉要比猪肉贵,故腊牛肉夹馍要比腊汁肉夹馍贵出好几元。

再说四个相同。一是不论白吉饼,不论饦饦馍,两个都是发面馍;二是不论腊汁肉，不论腊牛肉，二者都是炖的肉；三是夹馍时，两种肉夹馍的肉都是现从汤中捞；四是夹完馍，两种肉夹馍都要给馍中浇汤汁。

腊牛肉夹馍与腊汁肉夹馍虽然有"四同五不同"，但同为西安土生土长的肉夹馍，本质上还是小异大同，都是西安独有的中国名吃。

腊牛肉夹馍的集中地点是在西安的"回民街"，回民街的腊牛肉夹馍店，要想吃，大多都要排队购买。更绝妙的是，有的店铺连夹馍的案子都用不锈钢的钢皮半圆形的围挡起来。排队的吃客，只能看见夹馍师傅的脸，却看不见案板上的肉，也看不见案板上的馍，更看不见夹馍师傅的夹馍动作，只能看见他不断转动的两个眼球及忙碌操作的面部表情。如此的"暗箱操作"，更增加了西安回民街腊牛肉夹馍的神秘色彩。本人曾尝试从侧面踮脚观看，不想被师傅以"谢绝参观"给予了提醒。看来，腊牛肉夹馍连夹馍的程序方法都是各自保密、不予对外公开的。

第四节　肉夹馍之星："潼关肉夹馍"

潼关肉夹馍，并不是土生土长的西安肉夹馍。而是独立诞生于古长安京畿之地的古潼关，距今至少已有1300多年的历史，是改革开放的大潮使它加入了西安肉夹馍的行列。之所以称其为"肉夹馍之星"，是因为它是西安肉夹馍的一颗新星，而且是一颗璀璨的新星，博得了更多人的钟爱和喜欢。

潼关肉夹馍与久负盛名的腊汁肉夹馍、腊牛肉夹馍相比，绝对是另外的一种风格，全新的一种口味，突显出了自己独到别异的个性特点，以及五个不一样：

潼关肉夹馍的馍不一样——腊汁肉夹馍、腊牛肉夹馍的馍，都是发面馍，是外焦内软。而潼关肉夹馍是独有的死面馍，是外焦内筋，而且，是旋的一层一层的千层饼，是刻有年轮一样的馍圈圈，是出炉后的中间空心两面鼓起，是吃的时候咔擦带响直掉馍渣。仅仅从馍上来说，不论是看不论是吃，都是一种全新的感受。

潼关肉夹馍的肉不一样——腊汁肉夹馍、腊牛肉夹馍的肉，都是炖成的肉，是肉中带汤，是入口即烂；而潼关肉夹馍的肉，是卤制而成，且绝对不泡在汤锅之中，其瘦肉吃起来爽口不柴，其肥肉吃起来柔滑绵软，不论肥肉瘦肉都特有"肉"感，而不是入口即烂，是要在嘴嚼之中方能够感受出来肉的特色的。

潼关肉夹馍是热馍夹凉肉——腊汁肉夹馍、腊牛肉夹馍，都是热馍夹热肉，且要把肉切小剁碎；而潼关肉夹馍是热馍夹凉肉，且把肉只切成肥瘦相间的薄薄小片，因为潼关肉夹馍的肉是卤制而成，肉的周围不是汤汁，而是凝结着一层大油，当凉肉夹进烫手的热馍，大油瞬间融化，此时，馍夹着肉，肉化着油，油浸着馍，三位一体，你感受一下，看它是何样的味道？

潼关肉夹馍的馍是死面的、鼓起的、带圈圈的

第六篇章　西安　誉满神州的美食名吃

潼关肉夹馍夹馍方法不一样——腊汁肉夹馍、腊牛肉夹馍，夹馍时都要先把馍放平，再一手压馍一手开口，然后再用刀铲肉夹入馍中；而潼关肉夹馍，是一次手捏三个饼，是竖着立在肉墩上，然后右手持刀，一刀一个口，三刀三个口，然后撑开馍口，因为肉是块状，且没有汤汁，故不须用刀铲肉，而是手戴手套直接抓肉，夹在热馍之中。

潼关肉夹馍最后绝对不浇汤——腊汁肉夹馍、腊牛肉夹馍，最后都要浇上一点热汤，因为是发面馍，因为是剁碎的肉，浇上一点原汤，碎肉加肉汤，味浓，软馍吸肉汤，口爽；而潼关肉夹馍绝对不浇汤，一则，肉是卤的肉，浑身大油，浇汤不搭调，二则，馍是死面馍，根本不吸汤，如果浇了汤，"吃肉夹馍油脊背"的笑话，就更是甚之有甚了。

西安的潼关肉夹馍与腊汁肉夹馍、腊牛肉夹馍，馍不同肉不同夹馍的方法也不同

如今，潼关肉夹馍已经遍布全国各大城市，店铺数万家，年营业额十几亿元。2013年12月，我与妻子赴澳洲度假，在澳大利亚的布里斯班居然见到了一家潼关肉夹馍！一问店主，原来是位山西人。吃了该店的肉夹馍，看了

该店的制作方法，实在不敢恭维，但人家却是顾客盈门。潼关肉夹馍的热卖，经济利益的驱使，致各地出现了诸多的潼关肉夹馍培训机构，致全国出现了数不清的潼关肉夹馍加盟分店，致整个潼关肉夹馍市场鱼龙混杂、良莠不分，就连有些培训机构都是以讹传讹，培训的都是走样的潼关肉夹馍。包括国家级的大媒体，在其专题的栏目中介绍的"潼关肉夹馍"，也是馍不对、肉不对，甚至连馍中夹的内容，除了肉，竟然还配有绿色的蔬菜！委实让人啼笑皆非。

改良版的潼关肉夹馍，对于不熟悉潼关肉夹馍的人来说，并不见得不习惯，但是，它让正统的潼关肉夹馍蒙受了不少的冤屈。喜欢潼关肉夹馍的人们，如果想要吃到真正的潼关肉夹馍，你只要认准以上的"五个不一样"，你吃到的就一定是正宗地道的潼关肉夹馍。

第五节　肉夹馍与秦王李世民的奇遇

西安的美食名吃，大多都有历史，都有渊源，都有自己的传说故事，肉夹馍当然也不例外。西安肉夹馍的相关故事，比较而言，以潼关肉夹馍的故事最为系统最为经典，不仅有李世民吃潼关肉夹馍，而且有李世民爱潼关肉夹馍，更有李世民为潼关肉夹馍"开"了一个店的相关传说。

潼关肉夹馍在唐代之前，就一直是家厨中的手艺。因为潼关自古以来就是"军城"，几乎家家户户都有当兵的，肉夹馍是父母、是妻子为当兵的儿子或丈夫上战场时携带的饱含亲情的特殊食品。

公元618年，唐朝刚刚建立，中原的反唐势力蠢蠢欲动。李世民作为秦王，就率兵驻扎于长安城的东大门潼关、一个现在叫作"秦王寨"的地方。而李世民军中的潼关人不少，家中的肉夹馍很自然就被带到了李世民的军中。当军中的外地官兵吃了潼关的肉夹馍之后，总会时时思念、欲罢不能。于是，要好的战友常常会隔三岔五地到条件较好的潼关士兵家中蹭吃解馋。当然，肉夹馍的美味慢慢也就传到了李世民的耳朵之中。

当李世民第一次听到了肉夹馍的名字，知道了肉夹馍的美味，颇为好奇。试想，作为皇帝之子，什么样的珍味佳肴不曾吃过，这肉夹馍有何等的魅力？李世民是一个随和亲兵的统帅，于是，当即召来一个潼关的士兵，直言提出："可否将你家的肉夹馍带来尝一尝鲜？"士兵一听，受宠若惊，求之不得，忙说："行行行，行行行，不过，秦王有所不知，潼关肉夹馍只有热吃才为最佳，不如请秦王屈尊到小人家中，现做现吃，岂不更好？"李世民慨然应允。第二天，秦王如约来到士兵家中，士兵的父亲还特为李世民备了几样小菜、一壶烧酒。待李世民拿起一个焦黄酥脆、喷香扑鼻的肉夹馍，仅仅稍加端详，便一气吃光。然后，频频点头，大发感慨："吾李世民身为秦王，征南战北，竟不知民间还有如此之美食！妙哉，妙哉。"说罢，连那酒菜看都未看，竟然一连再吃了两个！末了，李世民兴致勃勃，向士兵的父亲问道："老伯，肉夹馍好吃，确实好吃！只是这分明是馍夹肉，为何却叫作了肉夹馍？"士兵父亲笑言答道："这是文人口中的'肉夹于馍'，我等无知小民，随口就把它简为了'肉夹馍'。秦王在上，不妨为我们的肉夹馍赐一雅名？"李世民听后则连连摆手："不不不，肉夹馍，肉夹于馍！好名字、好名字，别具特色！"李世民连着的两个"好名字"，不仅肯定了肉夹馍的美味，而且肯定了"肉夹馍"的称谓。

第二天，李世民即把这名潼关士兵叫进帐中询问："潼关乃水旱码头，既然你家有如此美食，何不开一家店铺，专营肉夹馍，既能让更多的人吃到这一特产，也能给你的家中增添收入，不好吗？"士兵答曰："大人说得极是，是应该让更多人都能吃上肉夹馍，只是家中开店，嗯……时机尚不成熟。"这时李世民已经明白意思了，遂说："好了，我知道了，你下去吧，让你的父亲十天之后在家等候。"

十天一到，在潼关城最繁华的街道上，一处即将开业的商铺出现了。除门口两个大红鲜艳的灯笼外,最引人注目的,是店铺门额上高悬的一块崭新闪亮的牌匾,上边刻有李世民亲笔题写的五个苍劲有力的金色大字"潼关肉夹馍"。李世民亲手把店铺的钥匙交给了士兵的父亲,并特意交代:"从今天起,这个铺子就归你了。潼关肉夹馍好吃,但不能光你们潼关人吃,开个铺子,让外来的人都能吃到肉夹馍。"

李世民的"肉夹馍店",一花引来百花开,时间不长,十余家肉夹馍店在潼关城陆续开业。从此,潼关肉夹馍这一独特的风味小吃,终于从个人、从家庭、从军营,走向了市场,并逐渐成了一个远近闻名的品牌美食。而李世民则成了这些肉夹馍店的常客。

正是因为潼关肉夹馍的历史,潼关肉夹馍的品质,才使得潼关肉夹馍在1000多年之后又成了西安肉夹馍市场中的一颗耀眼的新星。

肉夹馍是西安2000多种小吃中的一个大类,除了上述腊汁肉夹馍、腊牛肉夹馍、潼关肉夹馍三大领衔的金刚品牌之外,西安肉夹馍还有诸多的兄兄弟弟。如牛舌头肉夹馍、月牙饼肉夹馍、合页饼肉夹馍、粉蒸肉夹馍、米粉肉夹馍、孜然肉夹馍、猪头肉夹馍、臊子肉夹馍、肘子肉夹馍、笼笼肉夹馍、葫芦头夹馍、羊肉串夹馍,等等。都跻身于西安的大街小巷中,给了多种人群以多种不同选择。而所有这些西安的肉夹馍,其名字都是古汉语的语法,都是"肉不夹馍的肉夹馍"。

第四讲

西安无处不在的凉皮子

凉皮虽小，名气特大！对于陕西以外的人来说，吃过没吃过，但一定听说过。它是西安最普通又最不普通的食品。说它最普通，是因它街头巷尾到处都有，男女老少人人都吃，是路摊经营的平民小吃；说它最不普通，因它是高端酒店的特色菜品，是风靡中外的西安名吃，是招待外国总统的中国美食。然而，不管它是最普通还是最不普通，对于西安人来说，凉皮则是他们难分难舍的"铁哥们"，自始至终陪伴着西安人，从小到老，一直陪伴了一辈子！

第一节　西安凉皮的四大花旦

西安的肉夹馍有"三大金刚"，西安的凉皮子有"四大花旦"。但不论三大金刚、四大花旦，都是中国美食舞台上红得发紫的小吃名角。

西安凉皮的四大花旦分别为：秦镇凉皮、麻酱凉皮、岐山凉皮、汉中凉皮。但严格地说，四大花旦中真正属于西安的本土凉皮只有秦镇凉皮和麻酱凉皮两种，而岐山凉皮和汉中凉皮，则也是随着改革开放的大潮，从陕西的宝鸡和汉中迁入西安的小吃"移民"。四大花旦，从类别上看，又分为米皮和面皮两类，秦镇凉皮和汉中凉皮为米皮，麻酱凉皮和岐山凉皮为面皮；从做法上看，两种米皮、两种面皮又各具特色，独成一派。四大花旦，四种"唱"法，唱红了整个西安、整个中国的凉皮大舞台。

人见人爱的西安凉皮

先说秦镇凉皮。秦镇是西安南郊的一个镇，自秦代以来就产大米，而且米质极好，是向秦始皇上贡的贡米。传说有一年大旱绝收，无新米纳贡，乡民恐遭降罪，四处求告。有一个名叫李十二的乡绅献计，将该地流行的用陈年大米浸泡过夜、碾磨成浆、上笼蒸制、精做而成的小吃凉皮，代米上贡，皇上一定喜欢。果不然，秦始皇吃罢，绵筋柔滑、酸辣爽口，连声称好，随即免了秦镇的赋税，勒令以后专贡该地的凉皮。秦镇凉皮的最大特点，不仅是绵筋柔滑，更重要的是其秘制的红油辣椒，配料怪异，制法独到。它是把碾细的辣椒面和多种相关的大料中药严格配比，上锅用小火反复熬制，那是越熬越辣、越熬越香、越熬越红、越熬越亮，把这秦镇的凉皮调了个观之最美、食之最香！

再说岐山凉皮。岐山凉皮又称岐山擀面皮，原产于西安以西的宝鸡岐山县。岐山凉皮是小麦面皮，相较于其他三大凉皮，岐山凉皮有两大特点：一是其他凉皮均是用米粉面粉打浆蒸制，而唯有岐山凉皮是擀面皮，是先把面粉和成面团，再擀成圆片，再上笼蒸制，故岐山凉皮吃起来筋道、带劲、质感强、有嚼头；二是岐山凉皮配有其他凉皮都没有的西府面筋，蜂窝一般，饱含料水，吃进嘴满口辣香。岐山凉皮，最受年轻人的欢迎，是独具一格的西安凉皮。

还有麻酱凉皮。麻酱凉皮又称清真凉皮，是西安当地回民的祖传，主要集中于回民街一带。其最大的与众不同，是除过其他的多种调料外，麻酱凉皮以麻酱出头。一碗凉皮，半碗料汁，既色彩养眼，又麻香喷鼻，入口的味道更是非同一般，是西安凉皮中的"少数民族"，是西安凉皮中的经典品牌。

再有汉中凉皮。汉中凉皮，又称汉中米皮，源于陕西汉中。同样是米皮，汉中凉皮与秦镇凉皮比较，蒸的稍软，切得稍宽，红油辣椒也另有其个性的味道。最独特的一点是，汉中凉皮可凉吃还可热吃。热吃时，凉皮切成大片，泡在美味的汤中，皮柔汤浓，连吃带喝。此时的凉皮，又称之为"热米皮"，是西安凉皮四大花旦中又一个独门的角色。

西安凉皮，四大花旦，唱出了陕西，唱遍了中国，唱到了世界。不过，在西安，四大花旦一直用的都是各自的名字；但是到了省外，四大花旦打的却全都是西安的招牌。按道理，到了国外，则应该统统以"中国凉皮"的名字出现，然而，在任何一个国家，四大花旦的招牌并未改变，仍然是西安的凉皮。为什么？因为谁都明白，不论是中国人，不论是外国人，他们认定的，无疑都是"西安凉皮"这个大名鼎鼎的金字招牌！

第二节　西安凉皮的老陕情结

说凉皮和西安人是难分难舍的"铁哥们",一点也不过分。西安人吃凉皮,是从小刚会吃饭开始,一直吃到老了吃不动为止,是实实在在地吃了一辈子。

现在的大街上到处都是卖凉皮的,但在改革开放前,满街道根本就找不到凉皮,凉皮纯粹是家庭里的"改样饭",是妈妈为孩子做的"好吃的"。但是,这个好吃的,却极其简单,极其廉价,只需要面和豆芽,只需要油泼辣椒,在当时物资极度匮乏、缺肉少菜的年代里,是再穷的家庭也能吃得起、做得来且经常都做都吃的上档饭食。

如今的商户卖凉皮,因是统一供应,用的都是蒸笼蒸。而过去家庭做凉皮,只有仅仅几个人,用的都是开水煮。当时的家家户户都有两个专门煮凉皮的铁皮面罗。做凉皮工艺严谨但工序简单,先把面粉打成面糊,再把面糊倒入面罗,再摊成均匀的薄薄一层;然后将面罗放在开水锅中,盖上锅盖,大火猛煮,仅仅两三分钟即告成功;再将面罗漂浮于存水的大水缸内,用冷水冰凉;然后再端出、再揭下、再切条、再凉拌。这样,两个面罗,一煮一冰,轮换交替,互不耽误。每到此时,就是孩子们最高兴的时候,不仅是在等着吃,而且还在等着看:开水锅前那是不能去的,几个孩子则都围在水缸一周,大的踮起脚尖,小的踩上板凳,扒着缸沿,低头盯着水中的面罗,几张小嘴都在高声数着数字替妈妈计时。只要时间一到,大家不约而同,都会齐刷刷地坐到了小桌旁,待妈妈调好了凉皮,放到了各自的碗中,这时,整个家庭瞬间即停止了喧嚣,每个孩子都端起了自己的小碗,一声不吭,忙起了自己的事情。

过去,西安人小时候都是在家中吃凉皮的。后来不同了,大街小巷到处都有,家做的凉皮早已绝迹。然而,后来西安的孩子比原来西安的孩子吃凉皮的资历却要早得多,两三岁时就在父母的怀中学会了吃凉皮。再大一两岁,

第六篇章 西安 誉满神州的美食名吃

多数的父母则会直接带着小朋友，坐在凉皮摊上，而且和大人一样，单人单碗，更和大人一样，少不了辣椒！西安人从小就跟着爸妈练就了一个不怕辣的凉皮胃口。

凉皮对于陕西人、西安人来说，就是一幅美食风情图画，就是一个终生断不了的魔瘾。望梅可以使人止渴，想起凉皮则能叫你口舌生津。不论冬夏，在西安始终都能见到凉皮摊上那一幅令人欲罢不能的景观：一辆小车、一张案板，小车上摆满了大小一律的调料碗，五颜六色，十好几个；案板上立栽着明光闪闪的大铡刀，长有二尺，宽有五寸，重量都在好几公斤。看见如此大的铡刀，不免令人毛骨悚然！但是请予放心，持刀人并不杀气腾腾，而是满脸堆笑，头上戴着白帽瓢，嘴上捂着大口罩，在锋利的铡刀下，其实只是一张大大的凉皮。切凉皮的根本不看凉皮，只顾招呼客人，但却刀不停，手不乱，嘣嘣嘣嘣蹦蹦蹦蹦，一大张的凉皮瞬间便被切成了宽窄一律、筷子粗细、整整齐齐的长条条。

永兴坊的大刀师傅刀重手准，条条不乱

切凉皮的是丈夫，调凉皮的则是妻子。这老板娘更是动作娴熟、手脚麻利，五个指头一捏，准准的一碗凉皮。然后，同样是眼不看、手不停，一样一样的调料，带水的、不带水的，次序不乱、节奏均匀，都不多不少地调了个刚好。最后一个料碗最大，那是凉皮的灵魂辣椒油，但是，油碗里既无勺又无筷，拿什么来浇？客人们正在纳闷，只见老板娘从容地在案子上抓起两根长长的凉皮，在红艳的辣椒油中一浸一转，然后再高高提起，一个优美的动作，盘在了凉皮的碗中。顿时，辣椒红油，四散而开，白玉般的凉皮，被这亮红的辣油一染，红白相间，晶莹剔透，再加上黄瓜丝、绿豆芽的颜色点缀，尤为美观，倍加馋人，任何人在场都会直咽口水，迫不及待。

小小凉皮，美味万千，西安人的凉皮情结，实在是根深蒂固。

烈日酷暑，下班回家，妻子问老公："吃啥饭？"老公连想都不想："热死了，吃凉皮。"写字楼里，公司加班，需要外卖送餐，秘书问经理："都让送啥？"经理连问都不问，直接说道："大碗凉皮，一人一份。"儿媳妇生孩子，吃了一个月的月子饭，刚刚满月第一天，婆婆问媳妇："我娃想吃啥？"媳妇不好意思，抿嘴一笑："妈，我就想吃一碗凉皮。"90高龄的生日宴，儿子给老爸点了长寿面，老爸则说："我不要，平日想吃不让吃，今天90岁的生日，我的生日我做主，来一碗酸辣凉皮！"一番话，令在座的满堂儿孙，面面相觑，无言以对，最终，只有顺了老寿星的生日愿望。

诸如以上的列举，实在是太多太多，每一件的每一例，都充分证明了西安凉皮在西安人心目中的地位和分量。

第三节　国人钟爱的西安凉皮

西安凉皮，在刚刚走向全国的时候，国人不仅懒得关注，更多的则是不以为然！一个小小的西安凉皮，说菜不是菜，说饭不算饭，外形和普通的面条相差无几，配菜也仅仅是绿豆芽和黄瓜丝，而且黄瓜丝还是生菜生切，绿豆芽只是开水一冒。整个凉皮和配菜，没有复杂的制作技术，没有独到的烹调工艺，最多只有那一汪红红的辣椒油，给凉皮上了点颜色而已。如此的地摊小吃，西安凉皮有什么亮点值得秦人称道？有什么底气敢于打向全国？

此问，问得到位，但却大错特错！西安凉皮，不仅有独到的工艺，更重要的，恰恰就是这红红的辣椒油，红得神奇，红不可测，红出了凉皮的神奇，红出了凉皮的奥秘，红出了凉皮的百味，红得让东西南北的中国人一吃难忘、四处追寻。

西安的高校众多，外地人吃西安凉皮最大的群体就是各大高校的学生。只要是开饭时间，学校食堂的凉皮窗口，总是队伍最长；周围巷子的凉皮小店，总是学生最多。西安电子科技大学一位河北保定的硕士生，毕业后供职于成都某高校。每逢寒暑假携妻子回老家，都要专门停经西安，特意寻找学校后边巷子里那家难以忘怀的凉皮小店，饱餐一顿后，方才转乘西安到北京的高铁踏上归途，且绝对还要打包两份，带给家中的父母。把西安凉皮义务宣传到了全国各地的，就是这些每年高达数十万的来自全国各地的西安大学毕业生。

西安是旅游胜地，外地人吃西安凉皮的又一大群体，是蜂拥西安的全国游客。所有的旅游团，都安排有自由餐，凡来西安旅游的客人，几乎都提前对西安的美食做足了功课，都受到了本地导游的熏陶感染。尽管西安的美食很多很多，但大家深知合理优选，先吃凉皮，既美味，又经济，又省时，又能留出更多的肚子空间，以继续装填其他的西安美食。故凉皮成了外地旅游团自由餐的首选、必选，以及人人不空的共选。

西安不仅是中国的旅游胜地，更是中国的美食之都、世界的美食之都。全国各种各样的专业会议，都喜欢选择在西安召开。这各种会议的各种餐宴，西安美食唱的都是主角，让参加会议的各界精英，无不对西安的美食赞叹不已。而其中的凉皮，每每会议都受到大家的每每热捧，甚或制造出各种不同的会议"花絮"。1996年，凉皮并未在全国广泛普及，当时中国著名的四通集团董事长段永基率团来西安开会，席间的一大盘凉皮，让二十多位四通的

IT 高管个个呼好，连喊再要。谁也料想不到，段永基在回北京的同时，直接向酒店一次性订购了 500 份的西安凉皮，专门带给北京总部的同事及要好的朋友进行分享。从西安到北京，前所未有的 500 份凉皮长途大转运，一时间，成了众媒体热议的时事新闻。

地方美食，是否受到国人的钟爱，是否被各省普遍接受，最明显的标志，就是在全国设有网点的多少。截至目前，西安凉皮已在全国的大小数百个城市开店设点数万家，而且各个城市都是中央配送，主材料均为统一供应。从海南的三亚，到东北的漠河，从最西端的新疆塔县，到最东端的连云港市，神州大地的省省市市，到处都有西安凉皮的卖点，到处都飘着西安凉皮的辣香。在北京儿子所住的小区，其大门外左右两侧仅仅不足 50 米的距离，就共有三家的西安凉皮。每次犯了馋瘾，只需坐在家里，一个电话，三五分钟，我即可听到"西安凉皮"送餐的门铃响声。

西安有家捷尔泰凉皮公司，创始人名叫贾亚芳，是西安的下岗女工。她从 1999 年蹬三轮卖凉皮起步，到如今已经拥有了 200 多家凉皮分店，遍及全国数十个大中城市，被人们誉为了"西安凉皮状元"。2004 年，贾亚芳荣获"中国十大经济女性年度人物"，一举登上了人民大会堂的领奖台。一个小小的凉皮，成就了一个下岗女工的国家级荣誉称号。然而，我们反过来想一想，如果当初贾亚芳创业时选择的不是这个几乎不用投资且又广为各地人们喜爱的西安凉皮，那么，能不能从小到大，能不能在全国开出 200 多家分店，也许将会是一个另外的结果。

第四节　　老外追捧的西安凉皮

西安凉皮，撩动的不仅是中国人的心，对于外国的吃货来说，西安凉皮就像中国的熊猫，不论是在自己国内，还是在世界范围，同样都具有极强的诱惑力，令各国的老外千般寻觅、万般追捧。

从网上百度"西安凉皮与外国人"，各种各样的标题一定会让你目不暇接："一碗西安凉皮征服整个世界"；"外国人西安拜师，学做中国凉皮"；"西安凉皮叫外国人欲罢不能"；"吃西安凉皮外国人称'重获新生'"；"老外为吃凉皮，千里迢迢来到西安"；"西安凉皮让外国留学生永远留在西安"；"比利时姑娘最爱凉皮，要做'新的西安人'"；"因凉皮结缘，澳洲美女远嫁西安"；"日本夫妇西安猎奇美食，秘制凉皮吃后大呼解馋"；"德国吃货带爸妈到西安品吃，一碗凉皮引出一个故事"；"墨西哥小伙子西安吃凉皮，连吃三碗不过瘾"；"法国学生留学西安，毕业回国开起了凉皮店"；以及"西安小吃走红纽约，美国人争吃西安凉皮"；以及"老外排队竞相购买，西安凉皮火了欧洲"……如此内容，等等等等，翻了一页又一页，不断翻不断有，再翻都翻不到头，看不到结尾。

以上的内容太多太多，看不过来，也讲不过来，不如打开腾讯视频，看一看老外吃凉皮的吃相。这是一家加拿大人在加拿大新开的中国餐馆，老板专请朋友来品评他的各种中国美食，请来的朋友即是一位名叫阿不多的当地吃货。老板告诫：每上一道小吃，都不能吃完，因为后边还要陆续再上，要一个一个地分别品评。殊不知，最先端上来的小吃，竟是一盘凉皮！阿不多一看："哇！凉皮，好有食欲。"随即拿起叉子，不断吃，不断"噢喔"。刚刚吃出了劲头，就被老板拦住。紧接着，第二道、第三道、第四道、第五道小吃先后端上（请允许在此省略了名字），四种不同的中国小吃，摆在阿不多面前，阿不多对第二第三道小吃，分别吃了两口，对第四第五道小吃，则仅仅尝了一尝。然后，啥话不说，扭身拉过了刚才的凉皮盘子，又狼吞虎咽起来。在嘴里不断"噢喔、噢喔"的同时，一连说出了："太美了！太棒了！超级的好吃！"三个赞美词。当老板问起与其他几道小吃的比较，阿不多头也不抬，边吃边说："凉皮好吃多了！拜托，拜托。"老板再问："究竟哪个最好吃？"阿不多仍然头也不抬，边吃边说："凉皮一级棒！不骗你，不骗你。"与此同时，剩余的凉皮一扫而光，然后，阿不多面对老板，不好意思地说："能否再来一盘凉皮？"其实从视频上看，这家外国凉皮店做的凉皮并不正宗，然而，料想不到，却如此地迷倒了这个外国的吃货！

2004年9月，四川省在成都川大举办的"国际李白文化与旅游研讨会"，我有幸受邀参加并被指定发言，有幸因发言而结识了一位韩国学者。十年后的2014年，这位韩国朋友来西安旅游，在我的陪同下品吃西安美食，我没有想到，熟悉中国文化的韩国朋友第一个点名要吃的就是西安凉皮，而且强调绝对要吃正宗的！因为他在首尔，西安凉皮就是他的最爱，绵滑爽口，印象极深，几乎每周一吃。这次到中国，一定要在凉皮祖地的西安品尝西安凉皮，否则，他对不起自己的肚子，对不起自己的西安之行。韩国朋友的话，至今令我记忆深刻。看来，开在首尔的西安凉皮店，还难以满足这位韩国学者对凉皮的痴情真爱，直接追根溯源，追到了西安。

西安凉皮走向世界，是西安人的夙愿，是外国人的呼声，是各国市场的需求。如今，西安凉皮早已遍及了亚洲、欧洲、美洲、澳洲以及遥远的非洲。各种规模的凉皮店在全球不计其数，有中国人开的，有外国人开的，还有中外人士合作开的。每个国家的每个凉皮店，都是从早到晚，顾客盈门。特别是纽约的"西安凉皮"，红遍了纽约，惊艳了美国，就连超市里真空包装的西安凉皮，都是供不应求。不论中国人，不论外国人，大家根本不曾想到，中国人钟爱的凉皮，在不同文化的世界各国，竟然也是如此地吃香、如此地赚钱！

第五节　无处不在的西安凉皮

作为名吃，凉皮的体量最小，小到用陕西最小的饭碗都不能装满；作为名吃，凉皮的舞台最大，大到在西安的美食之都竟然会无处不在！西安凉皮，任何地方都有,任何人都喜爱,任何情况下都能看到它的存在。

它不分人群的贫富。午餐时间需要叫外卖,坐在豪华办公室的老板叫的是凉皮,穿着工服打扫卫生的保洁叫的也是凉皮。

它不分地位的高低。在西安,国家主席习近平接待印度总理莫迪,那是国家礼仪,而平民小吃的西安凉皮,赫然走上了国宴的餐桌。

它不分场所的档次。西安的街头巷尾,有摆地摊卖凉皮的,有蹬三轮卖凉皮的;但西安的高档饭店,不论何种宴席,凉皮则是一个特色的菜品。

它不分时间的早晚。对于西安人来说,凉皮没有早晚之分,早餐可以吃,午餐可以吃,晚餐也可以吃,即便是加班的夜宵,凉皮也是经常的选择。

它不分季节的寒暑。凉皮凉皮,生来为凉而吃。但西安的凉皮,夏天为凉而吃,冬天则为冷而食,数九寒天,西安人不仅凉皮凉吃,而且还要加上一瓶更凉的"冰峰"。

它不分地盘的权属。西安凉皮想到那就到那,走出了西安,走出了陕西,走向了全国,打向了世界。其诱人的美味,无以抵挡,不可抗拒。

提起两条涮满红油的长长凉皮,顺手一盘,辣椒油即红遍了全碗

西安凉皮就像流水，到处漫流，无孔不入：豪华的酒店，官方的宾馆，学校的食堂，医院的餐厅，小区的门外，景区的商街，流动的三轮车，固定的小吃摊，工地的员工灶，街巷的路边店，超市的货架上，外卖的餐盒中，办公区的午餐供应，商业楼的饮食楼层，以及各种各样的夜市、灯会、庙会，美食街、美食城、美食楼，以及地铁站、火车站、高速路的服务区、飞机场的航站楼，等等，凡是有人吃饭的地方，就有西安凉皮的存在。细想一下，作为一种民间的小吃，作为一种传统的美食，在中国千千万万的食品当中，还有哪一种能够像凉皮一样，如此的铺天盖地，如此的无处不在！

西安凉皮，"四大花旦"，不论是秦镇的、麻酱的、岐山的、汉中的，都各具特色。然而，离开了陕西，四大花旦，四合为一。虽然没有了四大花旦的名字，但各自的特色，则尽在其中：有米皮有面皮，有宽的有细的，有酸的有辣的，有凉的有热的，即便你想吃麻酱的，也可以根据自愿，给你来上一勺。总之，在陕西家中，四大花旦，各唱各调；若走出家门，兄弟四个，一致对外。不论打到哪里，都是一个整体——西安凉皮！

第五讲
西安字不会写的 biangbiang 面

biangbiang 面的"biang"字，当诸多的外地人初到西安、初见这个字时，第一反应，是惊愕，第二反应，是发声——哇！这是字吗？看一看块头，它比所有字都大得多；数一数笔划，它比任何字都多得多；翻字典查看，查拼音，不知道咋念，查部首，不知道咋分；找同行的人请教，看到的全是一脸茫然，听到的都是啧啧之声。好不容易才想起，要问的应该是西安的当地人，这一问，始得指点迷津：喝！原来，这就是那如雷贯耳、只听说过、但没见过、更没有吃过的"西安 biangbiang 面"。

第一节　biangbiang 面字难写音难发但大名鼎鼎

biangbiang 面的"biang"字，是中国最难写的字，是中国最难念的字，是中国笔画最多的字。若要查字典，不会写、不会念，你拿什么去查？即便你好不容易、照猫画虎、一笔一划地写了下来，你仍然还是查不出来！为什么？因为，在所有的字典中，包括《新华字典》《汉语辞典》《康熙字典》，包括网上的"百度"、"搜狗"和"谷歌"等等，既没有这个字，更没有这个音。要想真正查到这个"biang"字，除非在《中国谚语集成·陕西卷》中才能找到，不过，你需要费很大很大的功夫。

Biangbiang 的 "biang" 字，笔划究竟有多少？简笔字笔画 42 画，繁笔字笔画 56 画。biangbiang 面的 "biang" 字，写起来究竟有多难？有一首口歌即可概括："一点飞上天，黄河两边弯，八字大张口，言字往里走。东一扭，西一扭，左一长，右一长，中间夹个马大王。心字底，月字旁，留个勾勾挂麻糖，坐个车车逛咸阳"。biangbiang 面的 "biang" 字，笔顺究竟咋样写？先写穴字头，再写幺、言、幺，再写长、马、长，然后再写左边月，然后再写右立刀，完了再来一个心字底，最后再写一个走车车。biangbiang 面的 "biang" 字，写是写完了，但该字的写法和笔画，完全可以断定：这一次记住了，下一次又忘了，下一次记住了，下下一次又忘了。反正，你不下功夫记，你绝对记不住！biangbiang 面的 "biang" 究竟是个啥样子？请看旁边的具体字形。

biangbiang 面的字难写不难写？在西安还有一则奇闻。西安一所独立学院的班主任，在学生迟到屡屡得不到改变的情况下，使出了一个绝招：谁迟到，罚写 "biang" 字一千个。哇！1000 个 biangbiang 面的 "biang" 字，每字 56 画，1000 字 56 000 画，且这不是仅仅 56 000 个笔画，而是要组成中国最难写的汉字。本人试过，连看带写，每个字写成大约需要一分钟，1000 个字最少需要 16 个半小时！我的神呀，真乃绝招。此招一出，全班哗然，立马见效，迟到现象彻底改观！

话说到此，一定会有人问，这个 "biang" 字虽然难写，但总归能写出来，为什么在所有的 biangbiang 面相关记载中，所有的 "biang" 字全部用的都是拼音，而一概不用文字呢？是否有些故弄玄虚？不，不，不，这完全是个误解。西安 biangbiang 面的 "biang" 字，确实有个怪现象：所有大街小巷 biangbiang 面馆的匾额上，都刻的是 "biangbiang 面" 三个超大的金底汉字，认识不认识，它就是招牌，谁都不会注拼音。而反过来，在所有的包括纸质的、电子版的文章中,只要出现了"biangbiang面",则统统则用的都是拼音,从未见用过汉字。形成了西安的biangbiang面,在匾额上只能看到汉字,在文章中只能读到拼音;而看到的汉字却读不出音,读到了拼音则写不出字!外地人一直搞不明白这究竟是啥原因?其实,原因很简单:匾额上有汉字,都是用手工刻出来的;而文章中只用拼音,是因为电脑中根本就没有这个字。若用软件另写,但该字笔画太多,字块太大,电子版根本排不进去!故所有文章中biangbiang面的字都用拼音来替代,实属无奈——不是西安人民写不出,而是目前的电脑做不来。本书也是一样,"biang"字只能用拼音。

读出写不出的biangbiang面

然而,尽管biangbiang面的字,字典上查不到,电脑上排不了,本地人大多不会写,外地人根本不认得,但它却丝毫都不影响本地人、外地人包括外国人对西安biangbiang面的追捧。西安人不吃biangbiang面,三天心中就发慌。外地人只要到西安,满街寻找biangbiang面,不论吃后喜欢不喜欢,尝则是一定要尝的,因为西安的biangbiang面实在是如雷贯耳,实在是名气太大了。网上疯传的一张西方美女大吃biangbiang面的特写照片:一位金发女郎,站在饭馆门外,左手端碗,右手挑面,脸部高高仰起,一张樱桃小口,旁若无人地撕扯着一根沾满红油的biangbiang长面。极度诱人,极度经典,充分彰显了biangbiang面对外国人的巨大魅力!

西安biangbiang面,说的再神,没见过的照样没见过,没吃过的照样没吃过。biangbiang面的神奇,究竟有多奇?biangbiang面的奇名,究竟咋样来的?对此,太多太多的人们都是一个谜,都急于想探究这其中的玄秘。

第二节　biangbiang面的名字是以声取名

陕西人把摔杯子,叫作"biang"地一摔;陕西人把拍桌子,叫作"biang"地一拍;陕西人把甩鞭子,叫作"biang"地一响;陕西人把滑倒了,叫作"biang"地的一跤;陕西人把放鞭炮,叫作"biangbiang"炸得脆响;陕西人把打耳光,叫作"biangbiang"两个耳光……"biang"是陕西人一个纯粹的响声词,如今却用在了面食上,其"响",不知响在了什么地方?

陕西的"biang"字,不仅是一个纯粹的响声词,而且是陕西独有的响声词,除了表示形象的声音之外,再无其他第二种字义词义。西安的biangbiang面,不会改变该字的固有含义,是地地道道的"以声取名",而且,就像上述的加重语气一样,一连用了两个"biang"的声响,其响,就响在了biangbiang面的基本做法上。

这又是一个妙趣横生的西安美食故事。相传,古时一位怀才不遇、穷困潦倒的秀才,迫于生计流落咸阳城街头。一天路过一家饭馆,却被店内不断传出的"biangbiang"之声留住了脚步,该声音清脆响亮,且不绝于耳,莫不是店家与客人发生了事端?虽然此时的秀才已经身无分文,但好奇让他信步走进了饭馆。进得店门,搭眼一看:好傢伙,三间门面的馆子,竟然满满当当、座无虚席!搜寻那"biangbiang"之声的来源,才知是一位后厨的师傅,双手扯着一根又厚又宽的长面，在案板上使劲地上下摔打，而且每根面都是"biangbiang"两下，既声音脆响，又动作潇洒。此时，秀才更加纳闷了，是何种怪异的吃食，竟然还要如此地"连摔带打"？

回过头来，再看店里的人群：所有的食客，每人的手中都端着一个老大的海碗，每人的筷子上都挑着一根宽厚的长面；再看碗中的东西，有辣椒，有红油，有葱花，而面则很长很长，且吃的时候，半截在碗内，半截在空中，半截在嘴里；再看吃者的吃相，个个都是手挑长面，满头是汗，连拽带咬，闲事不管。更有这一股股的葱油香味，直刺人的口鼻，让人实在难以抗拒。秀才看罢，不由得吸了吸鼻子，咽了咽口水，遂向店小二打问："此面称作何名"？店小二回答："此面即远近闻名的biangbiang面。"秀才再问："此面为何叫作biangbiang面？"店小二再回答："因为此面要在案板上将面剂摔薄、摔长、摔筋道，摔得biangbiang脆响，故以声取名，就叫作了biangbiang面"。说话间，biangbiang声仍然不断，葱油香仍然刺鼻。穷秀才正值饥肠辘辘，忘掉了一切，随即大喊一声："店家，给我也来一碗biangbiang面！"

少许，一大碗热气腾腾的biangbiang面即端了上来，一看，果然非同一般。此时的秀才已经顾不上欣赏该面的色香形态，一手端碗，一手抄起筷子，照着众人的吃法，三下五除二，便吃了个碗中干干净净，满头大汗淋漓。然后，又是一声大喊："店家，给本人结账！"这一喊不要紧，当秀才的手伸进口袋，妈呀！方才想起，自己一时得意，竟然忘了口袋早已空空如洗。顷刻间，头上的热汗变成了冰凉冰凉。而这时，等在一旁收钱的店小二已经看出了端倪，直言说道："客官，本店小本生意，万万不可赊欠。"好像秀才要赖账似的。

秀才毕竟是秀才，应付一个店小二那还是绰绰有余。看着小二不依不饶的眼神，秀才反问道："我何时说过要欠你的账？"秀才的这一问立马把店小二给震住了。秀才接着说道："第一次吃这biangbiang面，我只是想知道一些情况。请问，既然叫的biangbiang面，又如此地顾客盈门，为何不在门口挂个

biangbiang面的牌子呢？"秀才的第二问，一下子就戳中了店家的软肋。店小二支吾着回答："biangbiang面，是根据响声叫出来的，自古以来都没有这个字，本店当然也造不出来这个'biang'字。"秀才一听，诡异地一笑，顿时有了主意，随之，大腿往二腿上一压说："好了，不说了，去把你们掌柜的叫来，本秀才今天给你们把这个'biang'字写出来"。店小二听罢，连说好好好，立马去找店掌柜。而这时的秀才，明知这个"biang"字，店家是求之不得，于是，脑子便开始飞速运转：这个biang字，要写，就要写得奇，写得特，写得叫别人写不出，写得挂到门外就是个引人的招牌！穷秀才虽然穷，但才气却是无穷的，瞬间，一个"biang"字便构想而成。当店掌柜赶过来恭恭敬敬地求字时，秀才一声喝道："拿笔来！"，这一声，显然是喊给所有吃面的客人而听的。待店掌柜二次返身拿来笔墨纸砚，店中所有的客人都围在了秀才的周围，等着观看这个从未见过的biangbiang面的"biang"字。

这时，只见秀才拿起大笔，饱蘸浓墨，口中边唱，手中边写："一点飞上天，黄河两边弯，八字大张口，言字往里走；东一扭，西一扭，左一长，右一长，中间夹个马大王；心字底，月字旁，留个勾勾挂麻糖。"写到这里，秀才放下了笔。至此，一个所谓的"biang"字，龙飞凤舞，一气呵成，顿时博得了满堂喝彩。然而，秀才并不满意，你想，以上写的，仅是一个多字组合而已，并未构成一个整体。秀才心想，今天来此吃面，身上空空如也，十年后再来吃面，一定要坐着车子来吃。于是，对着大家说道："诸位不急喝彩，此字并未写完"。然后，又继续拿起笔，并高声唱道："留个勾勾挂麻糖，坐个车车逛咸阳。"与此同时，手中的笔则写出了一个大大的"走车"，把上述名字的组合，瞬间即全部统进了"走车"之内，形成了一个工整秀美、结构紧凑的大大的"biang"字。秀才的笔刚一放下，整个面馆掌声四起，呼声连连，纷纷对这个奇特的"biang"字大加赞赏。从此，这个只是因声而叫的biangbiang面，终于有了自己的文字形象。

至于十年之后，秀才是否坐着车子来此吃面，传说中再无涉及，我也是不得而知。但有一点是肯定的：从此，秀才即被奉为该面馆的贵人；从此，秀才来此吃饭，不仅热情有加，而且分文不取；从此，"biangbiang 面"馆即挂上了金色的招牌；从此，"biangbiang 面"这一美食，即传遍了三秦大地，一直传到今天，都是长盛不衰，人吃人爱！

一个旅游团，西安同吃 biangbiang 面，看谁吃得快，吃得多

第三节　biangbiang 面的地位是面食老大

在古代，关中是有名的"天府之国"，盛产优质的小麦。故吃饭的粮食主要就是面粉，各样的美食，也主要就是面食。在西安，面食有广义和狭义之分，广义的面食，是指用面粉做成的所有面食；狭义的面食，则专指面条类的面食，也即西安人平常所说的"吃面"的面食。西安广义的面食，浩如烟海，有一两千种几十个大类；而狭义的面食，仅仅只指以"面"字为名的，就高达七八十种之多。

西安人嗜面如命，就像南方人离不开米饭一样。若每天中午都吃面条，西安人至少可以两个月不吃重样。有的面以做法不同而起名；有的面以形态不同而称呼；更多的面则是以辅料不同而变化无穷。西安的任何人，随便都可以报出几十种面的名字：有铡刀面、拨刀面、剪刀面、利刀面、刀削面、刀剁面；有棍棍面、搓搓面、旗花面、马蹄面、饸饹面、柳叶面；有油泼面、臊子面、剁椒面、炸酱面、菠菜面、豌豆面；有酸汤面、摆汤面、骨汤面、浆水面、涎水面、蘸水面、蒜蘸面、麻酱面、糊涂面、连锅面；以及煮面、蒸面、烙面、炒面、卤面、焖面、烩面、拌面、旋面、粘面、扯面、擀面，等等，数之不尽、记之不全。而最为独特的biangbiang面，就是这如此之多、数之不尽的面食中的当之无愧的龙头老大！

说"biangbiang面"是西安所有"面"食中的龙头老大，主要体现在以下三点：

一是biangbiang面的尺寸最大。陕西关中的"十大怪"全国闻名，而biangbiang面则名列"十大怪"的第一名，即"面条像裤带"，说的就是奇特怪异、与众不同的biangbiang面。作为需要吃入口中的biangbiang面，一寸多宽、一米多长，薄厚也在二三毫米，绝不夸张，其宽其长其厚，真的不亚于今天的牛皮腰带。

二是biangbiang面是"百面之母"。既宽又长又厚的biangbiang面，不仅形态奇异，更可以衍生出诸多的特色面食。从体态上来说，它既可以拉长，又可以揪短，既可以扯厚，也可以扯薄；从形式上来说，它可以做出多种不同的汤面，也可以做出多种不同的干面；从花样上来说，它既可以用各种各样的汤水来吃，又可以用各种各样的辅料来拌。一个biangbiang面，吃法几十种，除了biangbiang面，老大还有谁？

三是biangbiang面的名气最大。在中国，不论是北京，不论是上海，不论是北方，不论是南方，只要一提到西安的"面食"，人们第一个想到的一定会是biangbiang面。在外国，不论是亚洲邻国，还是欧洲美洲，在不少的大城市,都有名为"主题餐厅"或"西安风味"的 biangbiang 面馆,且从来都是顾客盈门。习主席招待重要客人,数以千计的西安名吃仅仅选了三种,biangbiang 面就有幸入选其中。并被全国各地的商家,以"习连会套餐"的名义,亮相在各大城市的大街小巷。

走遍西安的街街巷巷、区区点点,凡是卖 biangbiang 面的,其悬挂的招牌,几乎全都一模一样:金色的底,橙色的框,黑色的大字,而且绝不凑合,都是精心刻制出来的。但是,所有的招牌,几乎全都没有自己的"字号",或自己的字号很小很小,极不成比例,一眼看到的都是那金光闪闪、充满神奇的三个大字。因为所有的商家都知道,biangbiang 面三个大字,本身就是一个独特的广告,它的效应要远远大于任何商家的任何字号。

中国国际广播电台的罗马尼亚主持人 IOANA 在西安赏吃 biangbiang 面

(图源西安永兴坊)

第四节　做 biangbiang 面是关中媳妇的拿手戏

关中人的一日三餐，面和馍是最基本最重要的饭食，馍是配稀饭的早餐，是软饭；而"面"则是正餐的中午饭，是干活劳动的硬饭。天天都要吃，天天少不了。特别是在物质生活极度贫乏的时代，面条，尤其 biangbiang 面，仅仅只需要盐、醋、酱油三种最基本的调料，再加上一点红红的油泼辣子，其他什么配菜都没有，也是一顿充满着诱惑的上档饭食。

改革开放前，没有满街的饭馆，没有诸多的外卖，只有寥寥无几且都要粮票的国营食堂，当时几乎所有的人吃饭全部只能在家中进行。因此，只要是真正的关中媳妇，做面特别是做 biangbiang 面，都是她们的拿手好戏，人人都擅长做面，人人都善于"衍生"。说句不客气的话，一个关中女子，如果不会做面，那她的婆家一定是相当难找的！热心的人给小伙子介绍对象，除过其他条件，还会说出很重要的一点：这姑娘会蒸馍，会擀面，做得一手好饭。就连到了现在，在西安城里找保姆，擀的好面，蒸的好馍，也是一个最能加分涨钱的重要资本。

在关中，媳妇能有一手做 biangbiang 面的好手艺，不仅是媳妇的荣耀，更是男人的脸面。在农村不用说，每到吃饭时间都会有诸多的男人端着大碗站在巷道里边吃边谝，所比的就是媳妇做的碗里边的黏面；城里的大杂院，女同志下班后做饭，都是公开进行，人人能见。特别是筒子楼，一家一户的案板，都支在楼层的过道上，下班的男人女人，都要经过你的案板，面做得好不好？做面的手艺高不高？邻居的男人女人们都在悄悄地注视着。但凡有一手好把式的关中媳妇，做饭时挑的就是下班的高峰期，此时正是她炫耀的最好时机。熟练的操作程序，潇洒的摔面动作，biangbiang 的清脆声响，不仅是给邻居的媳妇观看的，更重要的，是让楼道上的所有男人注目的。而这时，自家的男人在干什么呢？是站在媳妇的后面，吐着徐徐的烟圈，闪动着个人的身体，既欣赏着自己的媳妇，又不断和过往的邻居热情地打着招呼，其中一切的潜台词，全都洋溢在他的神态之中。

然而，关中媳妇做 biangbiang 面的手艺，并不是结婚后跟上婆婆学习的，而是从小在娘家就练成的大把式。

biangbiang 面，看似简单，但要做好，却十分的不简单。biangbiang 面的功夫，体现在八大环节：和面、揉面、醒面、切面、扯面、摔面、甩面和调面。关中的女娃，打小从七八岁开始就要跟着妈妈学做面，小小年纪，个子太低，踩上小板凳也要苦练硬功夫，不管是妈妈，不管是女儿，谁都不想因为不会做面而日后找不到好婆家。八大环节，都是当妈的一环一环地讲，一手一手地教：和面要面水刚好；揉面要揉得到位；醒面要醒得够软；切面要切得规整；扯面要把握好力度，要掌握好长短，要宽窄相同；摔面要双手用力平衡，要让面条的受力部位与案板均匀接触，要响声达到轻重一样；甩面，是要把扯好的面条隔着案板，以弧形的状态远远地、准准地甩进沸腾的锅中；最后一环是调面，盐醋酱油，一定要轻重适口，宁淡勿咸，油泼辣子一定要把好火候，瞅准时机，要达到刺啦一声，油烟腾空，筷子一挑，满屋香飘。八大环节，环环都是技巧，但对于普通的关中媳妇来说，这些都是小菜一碟，都是她们的拿手好戏。而且最关键的，关中媳妇，还能使这 biangbiang 面，一面十八变！

要想拴住男人的心，先要拴住男人的胃。关中媳妇有了"biangbiang 面"的百般手艺，其中的作用究竟有多大？关中媳妇的心中那是明明白白、清清楚楚。

第五节　吃 biangbiang 面是关中汉子的基本功

是不是越说越玄乎，吃一个简单的 biangbiang 面，还需要什么的基本功？是的，是需要基本的吃面"功夫"，只不过我这里说的不是外地的客人，而是过去的关中汉子，特别是过去关中农村的汉子，这个基本功就表现在关中农村的"老碗会"上。

客人来西安，都见过不少这样的雕像，一位淳朴的关中农民，穿着坎肩，光着膀子，左手端着像盆一样的老碗，右手持筷挑着一根两三尺的长面，而面的下半截还盘在粗厚的老碗之中。这个面，其长其宽其厚，足可以和人们腰系的皮带相比，这就是西安的biangbiang面，也即人们常说的"裤带面"。

大家看春晚，都熟悉陈佩斯的小品《吃面》。陈佩斯手中"端"的就是老碗，陈佩斯筷子上挑的就是长面，你看他左手低低的落下，托着大大的老碗，右手高高地举起，挑着厚厚的长面，挑面时馋得他口水直咽，吃面时吃得他满头大汗。陈佩斯的表演，陈佩斯的吃面，是否和西安到处可见的biangbiang雕像，有着十分的相似呢？其实，陈佩斯表演的，就是关中农村吃面的夸张版。

餐馆门前高挑着biangbiang面的关中老汉雕像像不像陈佩斯小品的原型

人常说：手无久举之功。说的是，人的手中即便不拿任何东西，一直举在那里，也举不了多长时间。而在关中，特别是关中农村，这种"功夫"却随处可见。每到吃饭之时，村中的大部分男人，都会每人端着一个大老碗，端到大门外的巷道去吃饭，家家户户皆为如此，形成了关中农村特有的"老碗会"。然后，你端着碗走到他的跟前，他端着碗走到你的跟前，啥话先不说，先朝碗里看，看你的碗中究竟是啥饭？然而，你一看，我一看，大家都一看，哇，人人碗中，全部都是biangbiang面！因为，在当时的条件下，biangbiang面不仅大家都爱吃，而且最简单、最经济，只需要有盐有醋有辣子即可成饭。你我一一相互看完，然后开吃，然后开谝，连吃带谝，笑声不断。一顿饭，几乎一个小时！而在这一个小时里，每个人左手都端着大大的老碗，右手则不断地高挑着长面。试想一下，让你不拿大碗，空手举起一个小时，你能坚持下来吗？

说吃biangbiang面是关中汉子的基本功，因为，他要左手长时间的托着大碗，右手长时间的高举筷子，而且又长又筋的宽面，对他的胃又是一个大大的考验，这，难道不是关中汉子最基本的吃面功夫吗？

西安的biangbiang面，对于外地的朋友来说，如今已有多种多样的选择，既不用你左手低托着大碗，更不用你右手高举着挑面，你只需坐在馆子里正常吃饭。虽然仍旧是老碗，但它是放在了餐桌上；虽然仍旧是长面，但它已揪成了短片片。如果你真想见识、想品尝那一米多的biangbiang长面，你可去吃"蘸水面"，那是真正的裤带一般。当你坐定，先端上来的是一个连汤带面的汤盆，里边是一根盘在一起的长面；再端上来的是一个五彩斑斓的饭碗，里边是各种调料配菜的汤汁。你只需要把一盆一碗并在一起，将长面一端拉入饭碗，待长面在香喷喷的汤汁中泡透，即可夹起来享用。你吃一口，面短一截，你吃一口，拽过来一截，直至你吸溜吸溜、一口一口、扯着长面、消消停停地吃完吃净为止。至此，你方才知道，西安街头的雕像，陈佩斯的小品，说的都是 biangbiang 面的从前。如今，你既不需要关中汉子的功夫，更不需要陈佩斯的满头大汗，就是大腿压着二腿，也可以舒舒服服地坐在那里享用西安的 Biangbiang 长面了。

第六讲

西安音不会读的老鸹䬸

前边的第五讲讲的是"biangbiang 面",本讲讲的则是"老鸹䬸(sá)"。西安的美食,大多都是这样的不可思议、充满神秘,不但做法稀奇古怪,而且叫法也不着边际,让人根本摸不着头脑。"老鸹䬸"这个名字,除了陕西人,我这里不说,人们一定不知道它是个什么东西?biangbiang 面,起码还有个"面"的概念,而老鸹䬸,从字面上看,看不出个任何名堂,从字义上猜,猜不出个任何道理,令人始终都是一头雾水。然而,谁也想象不到,它却是西安极具个性的一道美食。在西安的街边,老鸹䬸和 biangbiang 面的餐馆一样,也是高挂的牌匾上只写着奇特怪异的三个金底大字,不但分外的招人惹眼,而且还绽放着不尽的神秘和诱惑。

第一节　写出读不出的老鸹䬸

遇到了西安的 biangbiang 面,首先是字不会写,而遇到了西安的老鸹䬸,首先是读不出音。西安的美食,不仅多,不仅好吃,不仅名扬中外,而且都有历史,都有文化,都有故事,都有诸多的弄不清。当然,这里不包括当地的陕西人。

"老鸹嘴"，如果我这里不说出来，你能弄清什么是老鸹嘴吗？老鸹嘴的"弄不清"，不仅仅是弄不清老鸹嘴是啥读音？即便你弄清了老鸹嘴是啥读音，你也弄不清老鸹嘴是啥意思？即便你弄清了老鸹嘴是啥意思，你也弄不清老鸹嘴是啥东西？即便你弄清了老鸹嘴是啥东西，你最终还没有弄清老鸹嘴为啥叫作老鸹嘴？

写出读不出的老鸹嘴

要弄清什么是老鸹嘴？首先要弄清老鸹嘴是读啥音？要弄清老鸹嘴是读啥音？你只有打问西安人。有些人曾经不相信，不就三个字吗？上网搜，字典查，不信还找不到几个字？要查，第三个字最难，先查第三个字，然而，上网搜搜不着，字典查查不到，抓耳挠腮大半天，最终才弄清，原来现有的汉字库中压根就没有这个字！再查第二个字，虽然网上也有，字典也有，不论是"舌"字旁的，不论是"鸟"字部的，但和西安的读法却根本不是一个音！至于这个字音在西安的意思是个什么？目前还涉及不到这一步。查了第三字，查了第二字，其结果，令不相信的人瞠目结舌！只剩下了最简单的第一个"老"字，但不相信的人此时反倒失去了自信：还不住地追问西安人：这个"老"字是否也念的不是老字这个音？

"老鸹䐓",写倒好写,笔画也不多,只是不知道的人的的确确读不出来。老鸹䐓三个字,按西安话的发音,第三个字念 sa,读二声;第二个字,字典里念 gua,而在这里念的是 wa,读的是二声;至于第一个字,没有什么区别,仍然念"老"即 lao,西安语读第四声。三个字和起来即为"lao wa sa"。老鸹䐓虽然难读,但是,请人们不要误会,老鸹䐓三个字的特殊读音,并不是西安的土话,而是 2000 多年前中国西汉时期的京都"官话"。

接下来再说"老鸹䐓"是啥意思?把老鸹䐓三个字拆开来解,其中的"老鸹"是一个词,不论是字典里的"老 gua",还是西安话中的"老 wa",指的都是天上飞的乌鸦;而"䐓"字,则比较奇怪,是陕西特有的单音词,指的是脖子上的"头",也即脑袋的意思。老鸹䐓直译过来,就是"乌鸦的脑袋"。哇。乌鸦的脑袋!这是真的?还是假的?

接下来再说"老鸹䐓"是个啥东西?老鸹䐓是西安极具个性的一种美食!而且人人爱吃,大名在外!这一说,令人们为之大惊:只知道广东人的胆子大,什么都敢吃,没想到西安人更厉害,连乌鸦的脑袋都成了美食!哈哈,误会,误会,纯属误会,西安人根本就不是这个性格,根本不会吃如此的生猛。西安人的老鸹䐓,其实就是一种 2000 多年前老祖宗创作出来的、特殊的、怪异的、极为好吃的、用面糊做成的面食而已。

最后一个要弄清的是老鸹䐓为啥要叫作老鸹䐓?要弄清这个问题,就要回到 2000 多年前的西汉时期,回到大展中华国威的汉武帝时期,回到作为大汉国都的汉长安时期。西安的老鸹䐓就是诞生于那个时期中国历史上第一个最为辉煌的朝代,而且,是西汉名将创作的,是汉武帝正式赐名的。

第二节　汉武帝赐名的老鸹䐓

老鸹䐓虽然好吃,但却生不逢时,是个"畸形儿"。有一首人人耳熟能详的唐诗:"秦时明月汉时关,万里长征人未还。但使龙城飞将在,不教胡马度阴山。"诗中的"飞将",是指西汉时期的名将李广;诗中的"阴山",是指汉代北方的天然屏障;诗中的"胡马"是指当时的外敌匈奴侵略者。而李广则是西汉朝廷派驻边关卢龙城的大将军,是直接打击匈奴、守护阴山的边防官。本讲说的是老鸹䐁,为什么要说李广、说龙城、说匈奴、说阴山?那是因为,西安的老鸹䐁,就是"飞将军"李广率领大汉军队在阴山一带与匈奴拼杀的战场上即兴创作出来的。

李广身经百战,骁勇无比,是外敌听见名字都害怕的西汉名将,仅与匈奴就先后打过70多场大仗,深谙匈奴首领的性格与战法。

这一次的对战,说大也不大,说小也不小,匈奴出兵三万,李广出兵仅仅五千,但却在纵深之地打好了埋伏,要把匈奴的三万兵马引入包围,连锅全端。双方经过一番激战后,李广的五千兵马佯装败退,全军后撤。为了假戏真演,一路上,不仅丢盔弃甲,丢车弃马,而且丢锅弃灶、丢勺弃铲。军需官大为不满:丢什么也不能丢做饭的傢什呀!李广连笑带点头:是呀,是呀,连吃饭的傢什都不要了,匈奴人还能不信以为真吗?就这样,汉军猛退,匈奴穷追,整整退了一天,李广的兵将又饿了又累,才不得不停军做饭。然而,虽然军粮未扔,但各种炊具已经所剩无几,拿什么来做饭呢?其实,李广早就成竹在胸:命将士卸头盔为锅釜,取树枝为筷箸,将面和水打成面糊,再将面糊一块一块拨入盔中,再配以野菜烹煮,再放进多种调料。这时你再看:一个一个的面疙瘩,两头尖中间圆,酷似乌鸦的脑袋,在菜汤中越滚越浓,越煮越糊,虽然不知道是个什么饭?但却香味弥漫、直扑口鼻。再加上将士们个个饥肠辘辘,反倒吃了个前所未有、爱不释口。吃饱后,汉军继续再退,辎重继续再扔,直至把敌军引入了重重包围,至此,3万匈奴一举全歼,诱敌深入,大获全胜!

李广班师回朝,皇上为大军庆功。当汉武帝听说李广的军队在佯退中以头盔代锅釜,用树枝做筷箸,打面疙瘩来充饥,"诈败"之中却"诈"出了

第六篇章 西安 誉满神州的美食名吃

前所未有、人人爱吃的军中美食时,不仅大感兴趣,而且顿生食欲。随即召来御厨,吩咐在犒劳三军的庆功宴中,再加上一道主食,即仿照李广的做法,用上等的汤料菜肉,精做一道"面疙瘩":"朕要尝一尝将士们在战场上烹制出来的美味,究竟是何等的好吃!"等到庆功宴开始,等到面疙瘩端上餐桌,汉武帝迫不及待,用筷子夹起一块细观,的确酷似乌鸦的脑袋,而且白中透亮、形状小巧、入口柔滑、嘴嚼筋道,浓浓的汤汁中,菜肉面料,融汇一体,连吃带喝,酣畅淋漓。直吃得汉武帝频频咂嘴、拍案叫绝,再看看满堂的文武大臣,一桌一桌的山珍海味并未大动,而一人一碗的面疙瘩,则全都刨了个干干净净。

席宴之时,有大臣问道:"这面疙瘩,看起来是一碗糊糊,而吃起来却是人间美味,只是还不知道它叫个什么名字?"大家把目光一起投向了李广。这时的李广挠了挠头说:"行军中的匆忙之举,哪会有什么名字?不过,将士们都说,这面疙瘩形似老鸹腫,老鸹是匈奴信奉的神鸟,'吃'掉它的sa,让蛮军永远不敢再有非分之想!"汉武帝听罢,连连称赞:"好好好,蛮军信老鸹也好,不信老鸹也好,只要谁胆敢犯我大汉,一举全歼,就是最好!从今天起,这战场上立了大功的面疙瘩,朕就赐名它为'老鸹腫',并作为宫廷的美食,今后让大家都可来分享。"汉武帝的话刚一落音,庆功宴上的所有文臣武将随即齐声高呼:"吾皇万岁、万岁、万万岁!"

话说到此,也许会有人问:一个土得掉渣的"老鸹腫"名字,都是皇帝钦赐的,难道当时的皇帝也都是满口的土语吗?这个问题我前边已经说过,它不是土语,它是当时的"长安官话"。长安是西汉数百年的都城,长安的官话就是西汉的官话。汉武帝生在长安、长在长安、为帝在长安、驾崩在长安,当然说得一口长安话。古代的长安口语把乌鸦称"老鸹",把脑袋称为"腫",汉武帝当然也不能例外。反过来,如若西汉的都城在巴蜀,汉武帝也是巴蜀人,那么,李广战场上创作的美食,汉武帝钦赐的面疙瘩名字,一定叫得不是"老鸹腫",极可能就是"黑鸟的脑壳"了。

第三节 "好吃懒做"的老鸹𦡁

老鸹𦡁，这个战场上的匆忙之作，本身就是个"畸形儿"。但自问世之日起，特别是汉武帝赐名之后，被军队视为的美食，反倒风行了宫廷。皇上爱吃，嫔妃爱吃，太监爱吃，大臣爱吃，不仅平日御餐有它，而且各种庆宴都有它，老鸹𦡁一直在宫中富贵了数百年，直到唐代，才传入了民间。老鸹𦡁一到民间，如鱼得水，星火燎原，从京城长安迅速传遍了整个关中，传到了陕西各地，深受"以面食为命"的三秦百姓喜爱，成了家家户户、老老少少都离不开的家常便饭的"台柱子"。

老鸹𦡁和西安的其他美食比起来，最大的特点就是"好吃懒做"。要说做一顿普通的老鸹𦡁，那是既省事又简单，而且不要什么技术性。一碗面、一碗水，只需要把面倒在盆子里，左手拿着碗倒水，右手用筷子搅面，水要慢慢地倒，面要使劲地搅，但请记住要顺时针地转圈搅，直到搅成了稠面糊为止；然后再用双筷夹起一块，既不掉又不散，很自然地就形成了中间圆、两头尖、酷似老鸹𦡁的面团团；再然后，一筷子一筷子把不断夹出的面团团放入已经烩好菜调好味的汤菜锅中，糊糊涂涂地滚上几滚，待这面香、菜香、汤香、料香全都糊涂在了一起，一锅五彩斑斓，喷香爽口的老鸹𦡁即可进碗上桌。至于老鸹𦡁的大小，可根据不同的需要，爱大的夹大点，爱小的夹小点，总之月𦡁大月𦡁小，全凭吃者的喜好。

老鸹𦡁在陕西被戏称成为"懒饭"，谁家的媳妇如果爱做老鸹𦡁，则会被戏称为"懒媳妇"。懒媳妇若要回娘家住上几天，离开时会给丈夫把配菜切好，把调料分好，再细心一点的甚至还要把"臊子"都给烩好，让老鸹𦡁在媳妇回娘家的日子里，替媳妇"值班"，让丈夫做饭时只需要打面糊夹面疙瘩即可。老鸹𦡁的"好吃懒做"，不是指的做饭的人懒，而是指的老鸹𦡁不仅好吃，而且做起来简单、容易、方便，是既好吃，又好做，又人人爱做的"懒汉饭"。

第六篇章　西安　誉满神州的美食名吃

好吃懒做的老鸹脺

正因为老鸹脺是"懒汉饭",好做易做,故大男子主义最为严重的陕西关中地区,老鸹脺对于关中的汉子来说也是小菜一碟。更何况,男人的胳膊有劲,搅面疙瘩搅的黏糊,夹到锅里不变形、不散开,才更能达到老鸹脺的有嚼头有筋头。陈忠实的名著《白鹿原》,不仅写的是西安"白鹿原"的事情,而且在书中还融进了诸多的西安美食,融进了大量对西安美食的连吃带议,其中就有主人公白嘉轩与鹿三关于西安老鸹脺吃与做的对话:

鹿三并不真的在意:"我是说随便做啥饭我都不弹嫌,我一辈子都没挑过食喀!"白嘉轩接着说:"你挑食也不顶用,我最拿手的饭是夹老鸹脺!"鹿三哈哈大笑:"天底下的男人都会夹老鸹脺,我也会,其实老鸹脺又好吃又耐饥,做起来又省事,和些面糊糊用筷子夹成疙瘩撂到锅里就完了。从现在起,咱俩轮换,天天吃老鸹脺。"

小说《白鹿原》是中国第四届茅盾文学奖获奖作品,评论认为,该书所写的"是一个民族的世纪秘史"。从其中这个专门对话老鸹臁的场景,你一定会感悟出西安老鸹臁的民族根基以及"好吃懒做"的个性特色了。

西安的老鸹臁,从西汉到唐末,先后显赫了1000多年。然而,自宋朝建立,中国的都城东移,老鸹臁也随之退出了宫廷。从此即沦为了纯粹的百姓家庭日常饭食,千百年来蜗居民间,再也难以有缘走上大雅之堂与那些皇亲国戚、达官名流相识相见。

第四节 "离家出走"的老鸹臁

离家出走?是老鸹臁要离家出走吗?是的,是老鸹臁要离家出走!

改革开放后,经济活跃了,市场开放了,人的观念转变了,各种机遇都来了,老鸹臁这个从宫廷沦落民间的"贵夫人"也不安分守己了,也想走向社会改变命运了。于是,出现了一个老鸹臁大规模、大面积的"离家出走"潮。

从改革开放起,时间不长,在民间百姓家中封闭了千百年的"老鸹臁",纷纷从陕西各地不约而同地来到了当年自己曾经红极一时的古长安今西安,寻地方、租门面、跑手续,要开老鸹臁的饭馆。一开始,害怕市场不适应、人们不接受老鸹臁的怪名字,饭馆还是犹抱琵琶半遮面,挂了个"老鸹头"甚至"疙瘩汤"的牌子。然而,时间一长,根本没有想到,客人日日爆满,有些只听过老鸹臁的大名,还没吃过老鸹臁的客人,更是大呼解馋过瘾。但是,有的资深食客,则毫不客气,直言指出:这叫老鸹臁,不叫"老鸹头",更不叫"疙瘩汤",不知道你是不是陕西人?如此一来,终使得凡在西安卖老鸹臁的,只要是老鸹臁的专营店,都挂出了"老鸹臁"的招牌,而且全是金色的大字,管你认识不认识,它都是金光灿灿、分外耀眼!

第六篇章　西安　誉满神州的美食名吃

离家出走的老鸹臗

老鸹臗的"离家出走"，那是到了一个全新的天地。命运的舞台彻底变了，展示的机会多得多了，接触的范围前所未有了。老鸹臗不但走进了大小城市的大街小巷，而且还走上了高端酒店的高档宴席，从一个普通的家庭美食，经过各种专业的包装美颜，以绚丽多彩的崭新形象出现在了世人的面前。如今的老鸹臗，五花八门、名类繁多：有三鲜的、海味的、野味的；有大肉汤的、羊肉汤的、乌鸡汤的；有普通型的、营养型的、滋补型的、甲鱼型的，等等。虽然水涨船高，价格也上去了，但是，各种类别、各种档次的老鸹臗，却让不同情况、不同需求的消费群体都有了更多的消费选择。设在西安的世界著名美国全球连锁品牌酒店、白金五星级的消费群体有了更多的选择。设在西安的美国世界著名全球连锁品牌酒店、白金五星级的"威斯汀大酒店"，其准入严格、高傲挑剔的"中国元素餐厅"，对这个名丑音怪的老鸹臗，却重点引入、大加推崇。在这里，凡是看中了老鸹臗，不管是什么味的、什么汤的、什么型的，甚至就连最传统的农家标准，只要你想吃，你都可以任意挑选，随时品尝。

老鸹䐏虽然"离家出走"，但如今，不管它衣着有多华丽、身份有多高贵、接触的人群有多显赫，但它却从来不会忘本，它的根还在民间，它姓谁名谁始终都不会忘记。陕西的老百姓分得最清："疙瘩汤"不是老鸹䐏，"拨鱼鱼"不是老鸹䐏，"剪刀面"更不是老鸹䐏，"老鸹䐏"就是"老鸹䐏"，它的形状一定像老鸹的脑袋。

第五节 "丑名远扬"的老鸹䐏

老鸹䐏，从2000多年前的战场，到汉武帝开始的皇宫，再到普通百姓的家庭，再到改革开放后的市场，始终都是以"老鸹䐏"的名字存在的。老鸹䐏，不论是听声，不论是看字，不论是给人解释，无疑都是一个"丑陋"的名字！而这个丑陋的名字，从古到今，都被不同时代的人们共同推崇喜爱，一直丑叫、丑吃了几千年的时间。

老鸹䐏的"丑名"，对于陕西人来说，从来未有过丝毫的感觉，陕西人只知道它好吃味美。而对于外地人来说，就大不一样了，自从老鸹䐏走出家庭，进入社会，自西安的餐馆挂起了"老鸹䐏"的牌子，就像几十年前的北方人初到南方后知道南方人敢吃蝎子一样，那是要大呼小叫的，回来后也绝对会像奇闻一样广加宣传的。初到西安的外地人，只要听到"老鸹䐏"的名字，看到老鸹䐏的牌子，必然会形成一连串的问号：什么是老鸹？什么是老鸹䐏？老鸹的脑袋西安人也敢吃？

老鸹䐏丑陋的名字，招引了大量猎奇的食客。就像西安其他名字奇异的小吃一样，不知好吃不好吃，但好奇的人们是一定先要品尝一番不可的，而品尝之后的食客，往往都成了西安美食的宣传员。让西安老鸹䐏"丑名远扬"的，不仅有大量食客的广为宣传，更有小说、影视、报纸、网络以及世界著名的国际连锁大酒店等各种形式的大力推广。

媒体对西安老鸹𫘇的报道，有本地的报纸也有外地的报纸，其中文章的形式也多种多样。有的写的是陕西人儿时的回忆，回忆当年妈妈所做的令人一辈子难以忘怀的老鸹𫘇；有的写的是外地的游客，对品吃西安老鸹𫘇的真切感受以及回家后绘声绘色所做的形象宣传；有的刊登的是来自沿海城市的家庭游记，其中到西安旅游前全家所做的功课，即把老鸹𫘇列入了"奇名异味"的美食必品名单之中。

搜索网上关于老鸹𫘇的视频，那是应有尽有。有全程介绍老鸹𫘇制作过程的；有再现外地人老鸹𫘇经典吃相的；有宣传西安老鸹𫘇培训加盟的；还有打工者在集体宿舍"凑份子"自做老鸹𫘇的；更有外国人在西安为老鸹𫘇担任形象大使的。特别是网上的"抖音"，使西安一举成了网红城市，而老鸹𫘇在抖音中的出镜率，则是屡见不鲜、连连曝光。

前中国作协副主席陈忠实先生的史诗性宏篇巨著《白鹿原》，1993年正式出版，1997年即获中国第四届茅盾文学奖，其中专就老鸹𫘇有着详尽的描写。根据小说《白鹿原》改编的同名电影，2012年在全国公映，同年即获柏林国际电影节大奖，该片又以全景的画面再现了西安老鸹𫘇的做、西安老鸹𫘇的吃，以及陕西人对老鸹𫘇的深情厚爱。同样是根据原著改编的85集电视剧的《白鹿原》，2017年首播，同年即获得中国第31届电视剧飞天奖；2018年更获得中国第29届金鹰电视艺术节优秀电视剧奖。其中由西安人张嘉译饰演的一号人物白嘉轩，则更是出神入化，把对西安老鸹𫘇的爱刻画得入木三分，使得张嘉译的铁杆粉丝，纷纷爱其所爱，也都变成了老鸹𫘇的粉丝，毫不犹豫地爱上了西安的老鸹𫘇。

老鸹𫘇地位的显赫，还表现在跨入了"威斯汀"的大门。威斯汀是美国世界最著名的全球连锁酒店，是仅有的与"喜来登"齐名的国际酒店大品牌。其设在西安的威斯汀大酒店，是全球最高级别的白金五星级！西安的威斯汀专门设了一个极具个性的"中国元素餐厅"，专门经营中国的名吃名菜。请注意是"中国元素"而不是"西安元素"。但西安的老鸹馑，和西安诸多的大牌名吃一起，都被选入了威斯汀的"中国元素"，给老鸹馑又披上了更加华丽的外衣，受到了大量的中外高端人士的一致赞赏。老鸹馑的名字，也随着大量的老外，传到了诸多的世界各国。

西安的老鸹馑，陕西人喜欢，外地人稀罕。按媒体的话来说：老鸹馑名"丑"味美，老鸹馑"丑"名远扬！

西安老鸹馑的华丽转身，并没有改变它在普通家庭中的重要地位。西安太多太多的美食，大多都需要在餐馆享用，家庭要做则有着诸多的不便。而唯有老鸹馑，虽然曾经"离家出走"，但又常常回到家中。而且家中烹制老鸹馑，不仅常做常吃，还要连吃带拿，连做带剩！陕西有句俗语："剩饭热三遍，拿肉都不换"，说的就是这种糊糊涂涂的"连锅饭"，连汤带面、连菜带汁，若第二天热了再吃，比第一天的味道更加醇香。老鸹馑的"连吃带拿"，指的就是儿女们在父母那里吃完之后还要再带一份回个人的小家；老鸹馑的"连做带剩"，指的就是妈妈做饭时特意要给自家剩上半锅。总之，不论是儿女是妈妈，都是要提前准备着：第二天再热一次，第二天再吃一顿，要专门吃出比第一天更香更醇的老鸹馑味道！

第七讲　西安点 "食" 成金的饺子宴

提起饺子，人人都喜欢，个个都爱吃。那是中国最为大众的大众食品，是中国最为普通的普通美食。大众的在全国各省都有，家家会做；普通的在中国冬至春节人人必吃，个个不空。然而，作为传统美食的饺子，它既不是陕西的特产，更不是西安的独有，西安在此把"饺子"拉出来，作为西安的"中国名吃"进行炫耀，是否有点"囊中羞涩"或者有些"生拉硬凑"了呢？否也，请不要予以曲解，西安在此推出的西安名吃、中国名吃，并不是普通的饺子，而是由西安点"食"成金，把最中国最普通的饺子，打造成的中国独有、世界享誉、百花竞艳的经典美食——西安"饺子宴"。

第一节　饺子历史悠久　全国各地到处都有

饺子最初究竟诞生于何时？史书没有具体记载。但早在2000多年前的西汉时期，其都城长安，饺子作为大众食品就已经相当普遍，而且极为盛行。不过，当时的名字不叫饺子而叫"角子"。到了南北朝时期，其名字又改称为了"馄饨"，三国时期的魏国人张揖以及南北朝的北齐人颜子推都在其相关著作中对"馄饨"一词做了说明："今之馄饨，形似偃月，天下通食也"。偃月之形，不言而喻，就是现在饺子的形状。到了唐代，饺子更为得宠，成了宫廷中的御宴美食，但其名字又被进一步地形象化，叫成了"扁食"。扁食、扁食、扁形的食品，直到现在，陕西的不少地方，还都保留着扁食的叫法。"扁食"传到了明清，虽然形状并没有改变，但名字却又变了叫法，变成了"饺子"，且一直沿用此名，持续到今。新中国建立之后，考古工作者在新疆吐鲁番的唐代墓葬中，就发现了盛在碗中的唐代扁食，与现在的饺子相比，不仅形状毫无异样，而且个头大小也几乎相同，说明了当时唐代的扁食即如今的饺子，已经传到了遥远的西域地区。

中国的风味美食，浩若烟海，多如繁星。但从古到今细数下来，没有任何一种食品能与饺子一样，在人们的日常生活中有着无以替代的崇高地位，在人们的传统习俗中有着无法割裂的必然联系。粽子可算一个，但它只是在端午节时用；月饼也可算一个，但它仅仅局限在中秋节专享。而作为有着2000多年历史的饺子，则不分节令，与人们的生活习俗紧密关联："送客的饺子迎客的面"，有饺子的地方，人人都懂得这个礼数；"每逢冬至必吃饺子"，所有的北方人都谨遵这个风俗；万民同乐的大年初一，世界各地的中国人统统都要吃饺子，而且，没有任何人敢于破了这个规矩！

"送客的饺子迎客的面"，是中国千百年来的民间风俗。中国人心地善良，待人厚道，之所以用面迎客，是因为面条细长好似绳索，凡客人来了先吃面条，是主人想把客人留住拴住，在这里多停些日子，迎客用面，表达了主人的好客之心和浓浓情义；而用饺子送客，则是因为饺子的形状酷似元宝，送客人出门，让客人带上足够的银钱，祝客人一路顺风、宽宽松松，彰显了主人的一片真诚和良苦用心。

"每逢冬至必吃饺子"，这个中国人特别是中国的北方人谨遵的习俗，既有唯心的一面，更有唯物的一面。为什么偏偏在冬至要吃饺子，而不是在别的时候？因为是怕冬天冻掉了耳朵，因为在东北早就有过冻掉耳朵的先例；因为饺子的形状就像人的耳朵，冬至吃饺子，是寓意饺子保护耳朵的。冬至，冬至，冬天已至，此时提前吃上一碗热气腾腾形似耳朵的饺子，保佑人们整个冬季热气腾腾，耳朵平安：有一大碗的"耳朵"垫底，什么样的三九严寒自己的耳朵也全能应付！故此，凡是每年的冬至之日，不仅中国的家家户户都要吃饺子，而且，在中国的大小城市，在大小城市的大小饭店，无论平时卖不卖饺子，此时都会在门口贴出告示："今日冬至，特供饺子"——中国的冬至，早已成为了中国名副其实的"饺子节"。

"大年初一，全国人民吃饺子"，这是无人约定，却又人人遵守，谁也不会改变的中国习俗。"更岁交子"，"交"为谐音，"子"为子时，意为"饺子更岁"，它是中华民族辞旧迎新的吉祥食品。大年初一，从凌晨的钟声开始，在中国的天南海北，不论是大山的深处，不论是喧嚣的都市，不论是边疆的哨所，不论是忙碌的工厂，不论是行进中的高铁，不论是医院里的病房，不论是任何有人的地方，只要是大年初一，只要是有人吃饭，尽管吃饭的时间有所不同，但人们吃的一定都是过年的饺子！"更岁饺子"，谁也不想因为未吃饺子而不"更岁"、而留在上年。大年初一吃饺子，它是中国饮食文化、民俗文化一个极其重要的组成部分。

"好吃莫过饺子"，这是中国人千百年来的公认。然而，不可否认，若把中国所有的饺子都算起来，包括汤饺子、干饺子，包括蒸饺子、煮饺子，包括家常的饺子、送客的饺子，包括冬至的饺子、春节的饺子，无疑都是最普通的饺子，无疑都是最普通的吃法，谁也未曾有过改变。但是，善于创新的西安人，不甘普通，深挖细研，硬是让千年的饺子开出了耀眼的新花，使这一大众食品，走进了人民大会堂的国宴，创出了中国饮食文化被誉为"化平凡为璀璨"的美食品牌。

第二节　西安精研深钻　千年饺子变身成宴

虽然史书没有记载最早的饺子究竟诞生于何时何地，但史书最早对饺子的记载却记载了饺子在2000多年前的汉都长安就已经普遍存在,故完全可以说长安就是中国饺子的起源之地。创出诸多中国美食的西安人,从古到今,一直吃了2000多年的饺子,但没有在古老的饺子身上吃出新的名堂,始终都是一个深深的遗憾。

历史的列车开到了20世纪的80年代,改革开放的大潮席卷西安。各种各样的生意宴请,公务接待,项目庆典,令当时有限的饭店的有限资源应接不暇。西安的饺子虽然有着悠久的历史,但它仍然只是普通民众的普通食品。如今的改革开放百花竞艳,西安的饺子界终于有了施展的舞台。他们不甘平庸,不要普通,他们要在普通之中挖出亮点,要让西安的饺子华丽变身,要让西安的饺子登上大雅之堂,要在新的时期为西安这个2000多年的饺子之乡创出一个全新的"饺子宴"品牌。

西安人想好了的事情是必须要干的,而且西安人要干的事情一定要干个出名堂。要想实现中国传统饺子的全新改变,西安人做足了各项的准备功课。

首先,是要吃透饺子在全国的现状。要想创出全国的饺子新品牌,必须清楚全国的饺子现状,绝不可以井底之蛙,夜郎自大。西安人从北到南,从西到东,几乎走遍了中国的各个省市,吃遍了各地的不同饺子,包括那些享有盛名的老字号,也包括那些一间门面的饺子店,进行了广泛对比,鉴差品优。哪里的最好?哪里的最差?什么是南风?什么是北味?都搞了个头头是道,清清楚楚。

其次,是对各地名优饺子进行解剖。想要让自己的饺子超凡脱俗,必须博采众长,融贯南北。但凡是名优,谁也不会告诉你自家饺子的看家秘密。西安的饺子精英每到一地,每选中一家饺子,均要打包带走,拿回酒店集体解剖。每人都吃,每人都品,剖开饺皮,翻开饺馅,一点一点地拨,一星一星地品:看它都是什么馅菜?品它都有什么调料?一边研讨,一边照相,一边记录,一边总结。把全国各品牌老店的饺子,统统开膛破肚,翻了个皮馅朝天,研了个里里外外。

第三，是苦练新型饺子的内外硬功。西安的饺子，历经 2000 余年，本身就是知名品牌，如今再经西安饺子精英的博采众长，融南贯北，即将实现前所未有的历史转变。但它的转变，不仅涉及馅，而且涉及皮，不仅涉及形，而且涉及花，任何一项的变化，都对操作人员提出了巨大的挑战。仅仅其中的一种袖珍饺子，一两面即要擀出 167 张的皮！你不要说擀，恐怕连想都从未想过。一个个的饺子皮，薄如纸张，小如硬币，都要靠人的双手一个个的包成饺子，并且还要速度快，并且还要花样多，并且还要精致好看。而这一切的绝活硬功，都是西安的"饺子人"日夜苦练练就出来的。

第四，是挖掘中国饺子的文化内涵。如果说前三项工作是西安饺子大创新的"硬活"，那么第四项则是西安饺子大创新的"软件"，是西安人要为西安的饺子赋予的人文底蕴。前三项是西安的"饺子人"在做好功课，第四项则是西安的"文化人"在进行深度挖掘。他们跑博物馆，泡图书馆，找民间传说，查历史典故，画实物形态，为一道道奇异多变的饺子赋予了美妙动听的传说，设计了栩栩如生的造型，起出了高雅形象的名字，完成了全新的饺子宴的整体设计。

成功永远属于勤奋的人！1984 年，经过两年多的精心打造，西安的饺子宴终于隆重推出，闪亮登场！拥有 2000 多年历史的西安饺子，以它对中国传统饺子的十大突破：数量的突破、颜色的突破、形状的突破、大小的突破、做法的突破、吃法的突破、味道的突破、胃口的突破、艺术的突破、地位的突破，彻底地颠覆了传统饺子的传统地位，成了中国饺子无以替代的巅峰之作！

第三节　饺子宴出则不凡　十大突破前所未有

什么是"饺子宴"？饺子宴不是把千年历史的传统饺子塞入了大席而已，

不是把一直以来的大众食品加进了盛宴而已。饺子宴是以其对传统饺子的十大突破；是以其拥有的六大香型、八大宴类、数百个品种；是以其不要任何辅品作陪，不要任何菜点烘托；是以其仅仅的饺子自身，我就是我，而经典成席，而独立成宴的。并且，是以魔幻般的形象，以令人眼花缭乱、美不胜收的惊艳而展现在世人面前的。

西安的饺子宴，对传统的中国饺子实现的十大突破，是颠覆性的突破！

一是数量的突破。传统的饺子，花样单调、寥寥无几；而饺子宴的饺子，则多达几百个品种！所有的食客，都试图用手机拍照记名，但几乎没有人能记全自己都吃了那些名堂。

二是颜色的突破。传统的饺子，只有白的和黄的两种颜色；而饺子宴的饺子，不仅赤橙黄绿青蓝紫它都有，而且，凡画家能够调出来的色彩，在这里，几乎都能用菜掺面的方法进行调和，以饺子皮的形式全部予以展示。

三是形状的突破。传统的饺子，只有传统的月牙形；而饺子宴的饺子，则是一饺一形，百饺百态，琳琅满目，层出不穷，只有你想不到的样，没有你看不到的形。

四是大小的突破。传统的饺子，大小基本相同，一口最多吃掉一个；而饺子宴的饺子，从大到小，爷孙几辈，大的暂且不说，最小的袖珍饺子，仅仅只有玉米粒大小，一口最少可以吃掉二三十个。

五是做法的突破。传统的饺子，用的都是生馅；而饺子宴的饺子，除少数生馅外，大多都是熟馅包饺，且烹、炒、煸、爆、熘、炸、煎、烤等等方法，样样都在其中。

六是吃法的突破。传统的饺子，不论汤吃干吃，都是一人一份；而饺子宴的饺子，根本没有你自己的碗，所有的饺子，都摆在桌子中间，所有的品种，都是一人一个，哪怕再对你的胃口，你也绝对不能超吃多占。

七是味道的突破。传统的饺子，不论什么馅，但基本味型只有咸型一种；而饺子宴的饺子，则是咸味、甜味、麻味、酸味、辣味、怪味六种口味，以及肉香型、卵香型，果香型、酱香型、素香型、海鲜型的六大香型。其味型香型绝对不少于人的器官感知。

八是胃口的突破。传统的饺子，饭量小的三两四两，二十多个，饭量大的，五两六两，三十多个；而饺子宴的饺子，每个品种，一人一个，数不尽的品种，饭店不断的上，吃者不停地吃，不知不觉，都吃了个人人肚子滚圆，个个难以挪窝，食量大大地超过了传统饺子。

九是艺术的突破。传统的饺子，拥有的只是风味，但根本没有艺术；而饺子宴的饺子，数百品种，种种不同，都是艺术作品，而且个个造型精美，而且个个栩栩如生。凡吃者没有人不去照相留念，因为饺子宴是一个难得的面塑艺术大展览。

饺子宴的饺子共有318个品种

十是地位的突破。传统的饺子，送客也吃，冬至也吃，春节也吃，但都是大众食品，都是各地吃在各地，都是上不了正经席面；而西安的饺子宴，把大众食品变成了盛宴，颠覆了饺子的传统地位，使它成了中国美食的新星，受到了中外食客的追捧，打出了"美食西安"的又一个中国品牌！

十大突破，实现了西安传统饺子的华丽新生，决定了西安饺子宴的光明未来。虽然仅仅诞生于改革开放，虽然仅仅只有几十年的历史，但它却从此即走向全国，从此即漂洋过海，成为了西安美食的一大代表。

第四节　饺子宴一鸣惊人　数百品种精彩亮相

"德发长"的饺子宴2010年获得"世界吉尼斯之最"的授牌

在中国历史上，各朝各代都有自己的宫廷大宴，品种繁多、奢华极尽。其中最负盛名、菜品最多的莫过于清代的"满汉全席"，被誉为中国的古典宴席之冠。其正式菜品的数量加起来达到108种之多，按史书记载要连续吃上三天！而西安的饺子宴一经问世，即一鸣惊人，各种上宴的饺子高达318个品种！且以此数据于2010年11月获得了《世界吉尼斯之最》的授牌，是中国古今宴席中不折不扣的数量之首。

西安的饺子宴，百饺百形。饺子宴不仅品种繁多，而且形态各异，300多个品种，300多种造型，绝对没有丝毫的雷同。有天上飞的，有地上跑的，有水里游的，有土中长的。各种各样的动物禽鸟、花卉鱼虫，都能在这里塑造成型，都能被西安人包成饺子。而且形象逼真，极富创意。

西安的饺子宴，百饺百名。饺子宴的饺子，有多少个品种，就有多少个名字。这些名字或成语或典故，对于外国人来说，都是十足的中国文化：彩蝶点水、鸳鸯同眠、龟兔赛跑、金凤争艳、二龙戏珠、吉祥罗汉、鱼跃龙门、猴王出山、嫦娥奔月，雏鸡觅鲜、金蝉脱壳、雪中送炭，等等。所有的名字，要么以形取名，要么以名造型，全部都是来之有据。

西安的饺子宴，百饺百色。饺子宴的饺子，颜色是它的一大亮点，你不能用常规的眼光去想象饺子的颜色。虽然饺子的面只有白色一种，但时令的蔬菜却是各种颜色都有。西安人像画家一样，用洁白的面兑蔬菜的色，进行不同比例地反复调和，包出了变之不尽的彩色饺子，令人眼花缭乱、目不暇接。

西安的饺子宴，百饺百味。饺子宴的六大香型只是六个大类，每类香型的不同品种，其味又各不相同。当你细细地欣赏了饺子宴的百饺百形、饺子宴的百饺百名，饺子宴的百饺百色，最后，当你恋恋不舍地品完了各道饺子后，你方才感悟到什么是人间百味。"一席饺子宴，吃遍天下鲜！"就是对饺子宴"百饺百味"的最好诠释。

西安饺子宴的万千气象，使饺子宴与中国的其他美食相比，形成了一个绝无仅有的特殊景观：所有吃饺子宴的人，每上一道饺子后，不论在座的人多人少，不论是中国人外国人，绝没有一个人先动筷子。大家不约而同的程序，都是先"哇"的一声，再瞪大了眼睛，再速速掏出手机，再连连拍摄照片，而且绝不照人，只照饺子！因为饺子宴的饺子，道道都是艺术作品，个个都是形象逼真，若不及时照相留念，谁能相信自己在西安吃进肚里的饺子宴，竟是如此地精美绚丽！

西安饺子宴的三百多种饺子，分属八大宴类、六大香型、五大饺种，而且百饺百形、百饺百名、百饺百色、百饺百味。每上一道饺子，都是一个品种，每上一个品种，都是一个造型，每上一个造型，都有一个典故。客人面对极度诱人的美食，不仅要反复地拍照，不仅要连续地记名，而且要耳听相关的故事，而且要不断地下咽口水，这得需要多大的耐性？然而，自有饺子宴以来，所有吃饺子宴的客人，不论身份地位，尽皆如此，概莫能外。

在饺子宴的《宾客留言》中，一位来自云南大学的教授写道："一席饺子宴，吃遍天下鲜"；一位来自湖南社科院的学者写道："西安饺子百形百名，中国文化尽显其中"；还有诸多的留言，都对西安饺子宴的品种之多、造型之繁、艺术之美、内涵之广，给予了极高的评价和赞誉。

第五节　饺子宴点"食"成金　唱响中国走向世界

西安的饺子宴一经问世，即以其傲视群雄的大名，在全国掀起了一股强劲的饺子旋风，从北刮到南，从西刮到东，一直刮出了国门，刮到了世界。让西安解放路饺子馆、西安德发长饺子馆这两家创出饺子宴、专营饺子宴的饺子名店，从开始到现在就一直没有消停过。

饺子宴成了中外媒体的热点——从1984年饺子宴横空出世，《人民日报》先后进行了连续报道；中央电视台先后进行了跟踪播出；当时还未回归的香港电视台则把饺子宴直接推向了世界；一直拒绝与大陆交往的台湾省，其第一部介绍大陆风土民情的电视纪录片《八千里路云和月》，即对饺子宴给予了大篇幅的实景宣传；亚洲不少国家的报纸电视都慕名来到西安，对饺子宴进行了不同形式不同角度地深层采访；对中国文化最为推崇的日本，其著名的《读卖新闻》除对饺子宴做出了详细报道外，还以大标题的形式把饺子宴誉称为"中国的国家秘密"！

饺子宴成了中国名吃的明星——饺子宴一炮打响，先后参加了诸多的全国大赛，夺得了诸多的各种桂冠：1989年，获全国美食大赛"金鼎奖"；1997年，被国家商业部认定为"中华名小吃"；1998年，西安德发长饺子馆因饺子宴而被授予了国家特级酒店。以上均为中国相关领域的国家最高荣誉。另外还有，中国文化部的最高官员部长贺敬之则把西安的饺子宴誉之为"神州一绝"！神州一绝，当然是神州绝无仅有，中国独此一家。

饺子宴受到了全国各省的追捧——饺子宴的报道，轰动了全国餐饮界，小小的饺子也能单独成宴？各省各市纷纷兴师动众，争相前往西安，考察洽谈寻找商机。要么引进项目，要么双方合作，仅仅数年，饺子宴即打到了北京、上海，打到了广州、杭州，打到了包括香港在内的全国30多个省市。并与各省数十家企业联合，组成了诸多的西安饺子宴企业集团。西安的饺子宴，已经红遍了全国，已经获得了东西南北不同人群的普遍追捧。

位处西安市最中心钟鼓楼广场的德发长馆子馆

饺子宴被列为旅游团队的特餐——所有中国的、外国的旅游团，到西安旅游，品尝西安的美食名吃是一项重要内容。每个旅行社除正常团餐之外，都为客人安排了个人自由餐和集体特别餐。饺子宴就是西安唯一的旅游团集体特别餐,但要自愿报名,要另行收费。不过,所有的游客都不会错过这个机会,他们都想知道,中国普普通通的饺子,西安人如何能够变戏法似的变出了三百多个品种?特别是外国人、特别是日本人,趋之若鹜,整个"德发长"的二楼饺子宴大厅,到了旅游旺季,每天几乎一半人都是外国人,几乎外国人的一半都是日本人。

饺子宴是中国国际交流的新秀——亚洲各国,大多都与中国文化有着很深的渊源。饺子宴是典型的中国文化,受到亚洲邻国的广泛青睐,纷纷邀请西安的饺子宴前往该国表演献艺。最为痴迷的是日本人,不仅仅在东京为饺子宴准备了豪华的场所,而且作了广泛的造势,聚拢了著名的媒体,招来了全国的观众,进行了连续数天规模盛大的饺子宴展演。其后,在日本电视上、报纸上出现的饺子宴报道,均以大大的文字标出了"中国的国家秘密"。饺子宴的出国表演,不论是在日本,不论是在菲律宾,不论是在其他国家,均为场场爆满、场场成功、场场轰动。但是,成功的背后,却实实在在苦了饺子馆的员工,每次表演后的晚上,一双手又疼又肿,几个指头连伸都休想伸直!

饺子宴是中省对外接待的名片——西安是中国外交接待的"老三站"城市,外国首脑要来,中国首脑要陪,饺子宴几乎都是待客的必然。除了中国的党和国家领导人,美国总统克林顿、韩国总统金大中、芬兰议长皮斯蒂、美国国务卿基辛格以及诸多的外国官员和中外名流,都无一例外地在西安吃过饺子宴,都给了西安饺子宴以高度的评价。首次登上月球的美国宇航员王赣骏称:"这是天上人间少有的美食!";中国商业部部长胡平称:"饺子宴'风味独特冠神州!'";中国文化部部长贺敬之称:"到西安世界第八奇迹的兵马俑不可不看,神州一绝的饺子宴不可不吃!";台湾地区的国际著名美食家梁琼白女士则在台湾报纸上撰文,称饺子宴是"化平凡为璀璨!",对西安饺子宴给出了最经典的评价和赞誉。

中国自古就有"点石成金"的传说,"化平凡为璀璨"与"点石头成黄金"其实是一个意思。吕洞宾点石头成黄金,西安人化平凡为璀璨,使从来上不了宴席的普通饺子,成了国家元首的御餐,成了招待贵宾的盛宴,成了饺子之中的经典。饺子宴点'食'成金,实属难能可贵,实属面食中的古今奇迹。

饺子宴有幸诞生于中国千年古都的西安,有幸诞生于中国外交接待的"老三站",让这一点"食"成金的美食盛宴,才能够遇到如此之多的"贵人",才能够享有如此之高的身价!否则,也许与诸多的中外首脑、各界名流根本就无缘相见,更不要说各大媒体会把饺子宴连同重大新闻一起推向全国、推向世界!

第八讲 西安吃之不尽的名小吃

曾经有人说过：西安的饮食文化有什么可值得炫耀的？全是民间的小吃，没有正统的大菜，连自己的"菜系"都形不成。其实，这不仅是对西安美食的误解，更是概念上的错误。中国现有的"八大菜系"几乎都是南方的，为什么？因为南方人从小吃的就是大米，大米是白饭，没有菜品佐餐，哪来的味道？南方人对吃的追求，玩的就是做菜！而地处关中的西安人则大不相同，关中产的就是小麦，小麦磨成面粉，西安人可以做出千千万万的精品面食，可以不需要任何的菜品相配，一切人间美味，全部都在"饭"中！有谁见过，有谁听过，吃西安的羊肉泡、葫芦头、biangbiang面还需要什么炒菜来佐餐？那只会串了西安美食的美味。西安人的一日三餐，玩的就是面食，吃的就是小吃，根本不需要什么大菜，更不需要形成什么菜系！西安人千百年来形成的独特的饮食文化，就是味领中国、风靡世界、数之不清、吃之不尽的"面食小吃"！

第一节 西安小吃 数之不清

说西安的小吃数之不清，有些人或许会提出质疑：诚然，西安是世界中

第六篇章　西安　誉满神州的美食名吃

餐联合会授予的"国际美食之都",但是,西安的小吃再多,也不可能多到数之不清!如果一个城市连自己的小吃都"数不清"的话,那么西安市的GDP该如何统计?不过,的确如此,西安的小吃确实太多太繁,数不清真是数不清,不是人们不想数,而是根本数不清!

2009年,有一家国家级报纸的两位记者曾对西安的小吃进行过一次统计。当时,二人在西安忙活了整整十天,但是,偌大的城市,密布的街巷,无所不在的小吃,如何跑得完、走得遍、数得全?当统计到700多个品种时,二人浑身疲惫,一脸无奈,果真还没有个穷尽,最终只有估出了一个大概的结论:西安的小吃,最少都在1000多个品种!

其实,这样的结果是意料之中的事。西安的小吃,既不像GDP的计算,更不像辖区人口的普查,它没有专业人员上报,也没有专业机构统计,而且街街巷巷,角角落落,开门店的、摆地摊的、单挂招牌的、一店多营的、固定摊点的、走街串巷的、上了菜单的、未写名字的、马路两边的、小区之内的、写字楼里的、商厦餐区的、学校食堂的、送餐外卖的、进入市场的、尚在家庭的,等等等等,无处不有,你根本无头无序,无法理清!即便你认为已经有了结果,但无意中碰到了路边一个保洁,都可能再给你说出一连串的小吃名字,有的你从来未曾听过,有的你虽然耳熟能详,但自己统计时楞是想不出来。面对浩若烟海的西安小吃,无须讳言,对于任何人来说,不仅数之不清,而且数之无穷,数不胜数!试想,哪个人能够数清天上的星星?

那么,西安的小吃究竟有多少呢?难道真的就没有人下功夫搞个明白吗?有,下功夫是有人下功夫,但搞出来的结果仍然只是个大概:西安小吃,实在是太多太繁,若按类划归,可分为50多个大类,每个大类还可分为若干个小类,每个小类又可分为若干个品种。若算总数,仅保守一点来看,以上两个记者"1000多个品种以上"的调查估算,与西安小吃的真实数字,还有着相当的差距。

西安的小吃,若要报一报类别的名字,你不仅要练好口才,你还要有相当的肺活量。西安小吃的50多个大类：有饺子类、包子类、泡馍类、面条类、烙饼类、馅饼类、夹馍类、凉皮类、凉粉类、蒸食类、煮食类、炒饭类、焖饭类、粥饭类、干饭类、汤饭类、甜饭类、麦饭类、水盆类、油炸类、煎烤类、糊涂类、砂锅类、蒸碗类、烫面类、浆水类、砂石类、羊血类、豆制类、杂粮类、饸饹类、丸子类、年果类、花馍类以及象形类、颜色类、味道类、寓意类、名人类、典故类、包装类、礼品类……仅仅并不完全的各大类别，就让人说了这么样的长长一大串。另外，还有那些诸多的无法归类的，例如：葛根粉、红豆酥、炒八宝、黑米糕、油糊塌、柿饼糕、石尓汤、琪子豆、三皮丝、菜疙瘩、韭菜合子、柿面糊塌、黄豆切糕、辣子疙瘩、燕面柔柔、洋芋擦擦、南瓜盖饼、豆面油茶、白黄鱼鱼、红薯糍粑、金线油塔、懒汉锅扒……。就像"懒汉锅扒"这个小吃，在大铁锅中，锅底烩的是菜，锅帮一圈是把揉圆、压扁且包有各种不同馅料的面饼，"扒"贴在锅壁内侧。然后盖好锅盖，加火升温，时间一到，烩菜熟了，"锅扒"也熟了，连饼带菜，一次成功！仅这个"懒汉锅扒"，你说，它是应该归到蒸饭类呢？还是应该归到煮饭类呢？还是应该归到烙饼类呢？很显然，以上的所有类别，它统统都是归不进去的！

西安的小吃，50多个大类，每大类的品种，多的数百种，少的数十种。其中的"饺子大类"，"饺子宴"中已经讲过，有318个品种；其中的"面条大类"，"biangbiang面"中已经讲过，有70多个品种。其他的各个大类，哪一大类都在几十个品种之多。仅"泡馍煮馍"的大类，其麾下最少二三十个小类，而每个泡馍煮馍小类的下边，又有各自诸多的品种。西安小吃的50多个大类，除过已讲的"饺子"、"面条"大类外，其他大类每类仅按30个品种保守平均，再加上饺子类、面条类已有的数字，再加上那些诸多的难入类别的"散兵游勇"，其总数早已超过了2 000个品种的范围！就这还远未包括那些大量的"漏网之鱼"。西安小吃，最终的数字究竟有多少？恐怕连真真正正的西安人都说不清楚。

第二节　西安小吃　吃之不尽

一个城市，2000多种小吃！不能不令人瞠目结舌。但同时又引出一个问题：偌大的中国，为什么唯独西安有如此之多的美味小吃呢？为什么？因为这是西安的得天独厚！首先，西安是中国独一无二的千年古都，积淀了博大精深的中华民族饮食文化；其次，西安长期作为中国历史上的京城，全国各地孝敬皇上的美食"贡品"，自然都要贡送西安，自然都要流入京城民间；第三，西安是汉唐时期世界的经济文化中心，当时全国范围、世界范围的名吃都纷纷汇集西安经营开店，且扎根落地、花开西安，闻名遐迩的回民街就是一个最好的例证；第四，西安作为中国的历史大都，长达千年时间的政治清明、经济繁荣、社会稳定、百姓安居乐业，热爱生活且善于出新的京城人，创造出了诸多的地方美食；第五，陕西是全国的美食大省，新中国建立之后，西安作为国际旅游名城，作为中国外交接待的"老三站"，为陕西部分县市的美食提供了一个向全国、向世界展示的大舞台，就像"星光大道"一样，许多不为人知的地方名吃，抢先进入西安、扎根西安，并在西安这个舞台出名走红，并由西安走向全国。以上各点，就是西安美食数之不清的根本原因！

其实，西安的小吃究竟有多少种？究竟能不能数得清？已经不重要了，重要的是，不管它有多少个品种，西安的小吃都是吃之不尽的！事实证明，任何人到西安品吃，无论你呆了多长时间，甚至包括西安市的"老西安"，也很难有一个人能够把西安的小吃吃遍、吃全，吃的一个不漏！

西安的小吃究竟能让国内国外的吃客吃几年？这要通过计算才能具有说服力。西安小吃，不算前边说过的"漏网之鱼"共计50多个大类，2000多个品种。若要吃遍、吃全，一天三顿饭，每顿饭一种小吃，每天吃三个品种，吃者要天天都在西安品吃，顿顿都吃西安美食，且每天每顿不重花样，一年365天不得间断，可吃完1095种小吃！同样，天天都在西安品吃，顿顿都吃西安美食，而且每天不空、每顿不缺，两年时间，730天整，才可吃去2190

种的西安小吃！如果再加上诸多不断出现的"漏网之鱼"，要想吃出西安，最少需要两年半的时间！然而，试想一想，有谁能够两年半的时间，天天不空、顿顿不缺、不吃米饭、不吃大餐、不离西安，恐怕，任何一个人都不可能做到。如果随意而为，随机而吃，那么，要想全部吃完西安的小吃，即便你有这个"肚量"，你也绝对没有这个时间！哈哈哈，这就是现实：西安的小吃，犹如天上的繁星，不仅数之不清，而且更是吃之不尽！

美国人安伯睿在西安创办的专为来西安的外国人服务的美食旅游杂志《发现西安》

第三节　西安小吃　风靡中国

　　西安是世界中餐联合会命名的"国际美食之都"。"国际美食之都"的美食小吃，当然个个都是名作，件件都是精品！长期以来，西安小吃誉满中外，博得了中外游客的争相品吃，博得了中外媒体的追捧热议，甚至成了中国政府和陕西政府不可或缺的外交品牌。

西安小吃以自己得天独厚的优势，使西安成了中国美食旅游的首选城市、"网红城市"。首先，西安小吃有着无与伦比的数量，量价比高，值得游客美食旅游；其次，西安小吃味美天下、享誉世界，是中外吃货的一致公认；第三，西安小吃吃起来方便，不像那些鸡鸭鱼虾的菜品美食，只能多人集体享用，不能一人独吃独品；第四，西安小吃价格低廉，低的只要五六元钱，高的仅仅20多元，每个品种的价格，都是一个普通人一顿普通饭的普通消费。以上的优势，加之西安交通的便捷，致西安的美食旅游如日中天，致全国各地特别是周边省份的美食游客蜂拥而至，不少人仗着高铁的方便，不惜三番五次"吃之以恒"，且丝毫没有就此为止的意思。

在西安吃肉夹馍很多店铺都要排队购买

西安小吃是典型的面食小吃，但令人出乎意料，不仅北方人喜欢，南方人同样喜欢，而南方人中最南方的广东人对西安小吃更是痴情有加。贾平凹著作中的广东人，对西安葫芦头的"遂不要命"，不仅吃之遂不要命，同时还要把西安小吃搬回家乡，"在羊城依法炮制葫芦头"。特别是那些家在南方的影视大腕，不管男女，只旦到西安拍戏，第一件事绝对是先过西安的美食瘾！而且，毫不忌讳，大秀自己的贪婪吃相，在网上留下诸多"明星吃西安"的经典视频。

诸多的各界名流，包括部委的首脑，包括军队的高官，包括文化界的泰斗，包括企业界的大咖，对西安小吃的热情追捧，则是至真至诚。凡来西安吃过西安小吃的，有的为之赋诗作画；有的现创名吃对联；有的挥毫赠送书法；有的题写门店牌匾；有的向报社发表文章；有的接受采访留下传世感言……总之，凡西安的小吃名店，大多都有各类名人留下的各种"作品"，成了西安小吃最具效应的宣传广告。

西安小吃不仅是中国的美食明星，而且是中国外交接待的文化品牌。从新中国建立开始，先后有200多位外国元首到过西安，不管其是发达国家的总统还是发展中国家的首脑，几乎都以不同形式吃过西安的小吃，同时，回国后还会广为宣传。其中有不少的外国元首是多次到访西安，且每次前来，每次必吃。更有现任的法国总统马克龙，深受前几任总统的宣传影响，提出专门要到西安街头去吃西安凉皮，他要亲自体验街头的小吃在街头品享究竟是个什么样的感受？

西安小吃，早已成为了互联网的网红，成了中央电视台的常客，人们蜂拥西安，带着的不仅是一双遍览西安的眼睛，同时，每个人还都带着一个"欲豁难填"的肚子。

第四节　西安小吃　享誉世界

浩瀚多彩的西安小吃，不但味领了中国，而且是吃服了世界！通过外国媒体的广为宣传，通过外国友人的热情传播，通过不同形式的追寻品尝，西安小吃已经深深地扎根于老外的心中。如今的西安小吃，遍布了世界各地，不管是亚洲、非洲、美洲、欧洲以及人口最少的大洋洲，都有西安小吃的诸多门店，且从来都是吃客爆满、座无虚席。按老外的话来说即是：西安小吃，令他们吃了个"前所未有"，吃了个"重获新生"。

2016年7月，5名不同国家的非洲小伙，不远万里结伴来到西安，专程参加当地官方组织的西安小吃专业培训，而且学习极为认真刻苦。当记者在采访时问道：培训结束后是否会留在西安开店？5个人听后一致表示：西安小吃名扬四海，广受各国人民欢迎，他们培训结业，是要把西安小吃带回非洲，是要让非洲人民在非洲的土地上也能吃到西安的小吃。

一位西安的退休教师，闲暇之时在网上漫步，澳洲团购网的一则消息突然跃入眼帘，原来是在介绍澳大利亚著名的"刘姥姥肉夹馍"。这是一位来自西安的刘女士在悉尼所开的西安小吃店，而视频中这位接受澳洲电视采访的刘姥姥大老板，居然是这位教师多见不见的老同学，如今居然成了整个澳大利亚的西安小吃网红明星！

在英国伦敦尤斯顿车站旁边的平民区以及在伦敦最为有名的梅费尔富人区，各有一家"韩记西安小吃"，一个装修普通，一个豪华典雅，但老板则是同一个姓李的西安人。韩记西安小吃主打的品牌就是"习连会套餐"的羊肉泡、肉夹馍、biangbiang面和凉皮子。两个小吃店不论平民区，不论富人区，生意都出奇的火爆，让当地的英国餐馆眼红至极。哪怕是在工作日，哪怕是在工作日的非饭点时间，慕名而来的食客，总是天天都络绎不绝，不堪重负的餐馆，总是天天都提前卖断了货源。

一位不满40岁的英国游侠，游走了全球的156个国家，2015年8月，在西安接受《华商报》的采访时说："多年来我几乎走遍了整个世界，但中国是我最为喜欢的国家。如果说只能选择在一个国家旅游，那我绝对选择中国！中国我总共来过6次，如果说只能选择在一个城市旅游，那我绝对选择西安！西安不仅有辉煌灿烂、无与伦比的中国文化，而且还有绚丽多彩、吃之不尽的西安小吃，令我至今难以忘怀、恋恋不舍!"。游侠长长一席话，感动了无数的西安人。

外国靓女深深地陶醉在西安的美食之中

西安人真诚地期待，有更多的各国游侠，游览西安、品吃西安、感受西安、宣传西安，西安也一定会像当年的长安一样，为世界所追慕、所想往、所竞相而来。

第五节　西安小吃　改变人生

人的一生，谁都离不开吃，只有吃才能延续生命。民以食为天，作为民，人人都希望自己吃得更好，人人都希望自己的"天"更灿烂；作为"天"，此天非彼天，它是可以被民选择的。西安的美食小吃，不得不承认，就是这

第六篇章　西安　誉满神州的美食名吃

片"天",改变了无数人的人生,包括了大量的西安人,包括了大量的中国人,也包括了大量的外国人。

有一位河南三门峡的小伙,19岁即到西安打工,在西大街一家酒店当保安。由于酷爱西安的葫芦头,在酒店只干了一年半,便辞职离开,专门到"春发生"葫芦头去当跑堂。期间,连跑堂带学徒,连明学带偷看,在"葫芦头"一连干了五年。随后在经开区开了一间"葫芦头"。创业初始,不雇服务员,全部自己干,女朋友坐吧台,小伙子里外跑,既是大师傅,又是服务员,既是端饭的,又是洗碗的,艰苦创业八年整。如今,小伙子已经事业有成,不仅在西安经营着两家"葫芦头",而且还把店开到了山东的德州,河北的唐山,成了一个跨省开店的大老板。

西安一所大学法学院的五个外省女孩,从入校的第一个月即迷上了西安的小吃。五个人坚持不懈每周外出集体品吃两次,一次换一个花样,一次走一个地方。然而,越吃越馋,越吃越多,越吃越觉得吃之不尽!转眼间,毕业时间已到,五个人谁也舍不下西安的美食,于是共同做出了一个大胆的决定:不走了!就在西安找工作!就在西安找老公!就在西安吃一辈子!如今,五个年轻的吃货,都已在西安结婚生子,而且一个个全都变成了"长安城"里的胖女人!

一位匈牙利的大学生,早闻西安小吃的大名,毕业后即告别父母,只身一人来到西安打工,在一家软件公司做软件设计。小伙子一边打工,一边品吃,整整打工十年,整整吃了十年。并且每吃一个品种,都照一张照片,连同那奇奇怪怪的名字,都一并发给了父母,让身为教师的父母亲在家乡连流口水带动脑子。如今,小伙子有了车,买了房,还创办了自己的电脑公司,还有了西安的正式户口。小老板把父母亲也一并接到了西安,让全家人身在美食之都,天天与美食相伴,让年迈的父母,天天都吃新花样,天天都有新惊奇。

有位英国的吃货,只因追寻西安小吃,来到西安留学,四年本科两年硕士，学得都是中国汉语。上学期间，他既研究中国汉语，又研究西安美食，本硕连读的整整六年，他几乎吃遍了西安的大街小巷，并且发表了许多西安小吃的文章。如今，这位英国吃货已经留校任教，并也办理了西安户口。当记者问起他什么时候做出留在西安的决定时，吃货仰天一笑："哈哈，我来西安留学，一开始就从未打算过要走，是你们西安的小吃，把我牢牢地拴在了西安，我还有好多好多的都没有吃过呢！"

一桌10个人，5个中国人、5个外国人在西安吃"面"，个个都吃了个碗底朝天

根据中央电视台《外国人在中国》电视片的报道：一个美国的游侠安伯睿，2006年曾经到过西安。2007年后，作为背包客的安伯睿用了18个月的时间周游了半个世界，最后，又回到了中国的西安。是西安丰富多彩的美食让他丢弃了"背包"，定居在西安，并且在五年前创办了专为在西安的外国人服务的英文美食月刊《发现西安》。安伯睿为了吃、写方便，刊物的办公地点

就设在回民街旁边的写字楼里。在西安，不管是中国人、外国人，几乎都知道安伯睿是个美食家，对于西安小吃，那是见一个吃一个，绝对一个都不放过。若是要介绍西安的小吃，那更是滔滔不绝、口若悬河，根本不亚于当地的西安人。任何人只要问起他是哪里人？安伯睿的回答都是一样："我是美国人，但西安是我的家，在中国，我只喜欢西安！"

"西安小吃改变人生"，以上都是西安之外的中国人、外国人无数案例中的个例。至于西安小吃对西安人的人生改变，则更是举不胜举：没有西安的凉皮，哪来的中国"凉皮状元"？没有西安的肉夹馍，哪来的澳洲"刘姥姥肉夹馍"？没有西安的三件套，哪来的美国纽约曼哈顿的"西安名吃"？没有西安的小吃，哪来的全世界遍布各国的西安美食？而这些一个一个小小的西安小吃，都大大地改变了这些创业者的人生，让他们从一个个的普通人，一举变成了不普通的名人或者企业家！

2018年元月至2018年年底，西安市新增人口80万人，其中学历落户和人才引进即占到了63.5%，在整个西安综合引力的因素中，西安美食的诱惑力，绝对是一个不容否认的重要因素。

如果说在此之前西安小吃的国外开店皆是中国民间商户的自发行为，而在古城南门举行的签约仪式，则是西安小吃世界拓展的官方行动。2017年4月26日，美国、英国、加拿大、新西兰四个国家的合作单位，与陕西省的相关部门在西安永宁门外的南广场正式签订了西安小吃进军四国的合作文件。在会上，陕西省文化厅、陕西省外事办的负责人隆重向四个国家的合作单位颁发了"陕西省非物质文化遗产"的西安小吃项目标牌。同时当会宣布西安小吃下一次的世界拓展，将与澳大利亚、俄罗斯、意大利、土耳其、阿联酋、德国、法国、日本、泰国以及南非、马尔代夫等国进行签约。届时，西安小吃将以双方的正式约定，浩浩荡荡地进入世界全部的各个大洲！在古代，中国的丝绸之路从西安始发而出，在今天，中国的西安小吃又从这里整装开拔，而且全部都是清一色的中国省级以上非遗项目！我们相信，西安小吃一定会不辱使命，一定会以崭新的形象，出现在全球的各个角落，成为大西安走向世界的又一个文化使者。

第九讲
西安美食天堂的永兴坊

在全国诸多的大中城市,美食街、美食城屡见不鲜。不论什么形式,什么名字,无论街长街短,店多店少,哪怕本地的特产太少,哪怕加上外地的品牌,但美食街区几乎城城都有,因为它已经成了各地旅游的一个重要组成部分。而西安,作为国际美食之都,不仅美食街区多,不仅美食街区大,而且美食街区火!不过,能在中国乃至世界最有名、最网红、最具特色、最受追捧的西安美食街区则要数以下两个:一个是"美食天堂的永兴坊",一个是"美食王国的回民街"。本讲在此专讲永兴坊,回民街待后再说。

第一节　唐代永兴坊　今日非遗街

人所共知,唐代的长安城是当时的世界中心,是当时世界最大最繁华的城市,人口世界第一,总数超过了 100 万人。其城市布局独具特色,除了皇城、宫城外,其余一律都是里坊制。整个长安城共有 108 个里坊,后来改建为 109 个,"永兴坊"就是 109 个里坊中的其中之一。如今的永兴坊,仍在唐代永兴坊的原址上,位于现在西安城内东城墙小东门处的内侧,也即人们常说的城墙根。与西安城墙中间仅仅隔着一条窄窄的顺城巷,二者一高一低,遥相呼应。

永兴坊在唐代可谓显赫至极，中国历史上最负盛名的谏臣、李世民的"镜子"、宰相魏征，其相府就设在永兴坊。永兴坊及其周围的人都以为魏征为范，都敢于大胆地向朝廷纳言进谏，形成了"国之兴衰，匹夫有责"的永兴之风。到了明清之后，永兴坊一带则成为西安著名的易货买卖之地，成为夜幕下的古董交易市场，被人们称之为"鬼市"。之所以"鬼市"，当然是不能正大光明的，特别是那些前朝的遗老遗少，保存有不少的稀缺古货，他们既要道貌岸然，又想尽快以物换钱，故只有在日暮之后黎明之前的黑暗中进行。有诸多的遗老遗少卖，更有大量的古董贩子倒，虽然来者都是鬼鬼祟祟，但生意却是经久不衰。"鬼市"就这样一直延续下来，白天冷冷清清，夜晚却热闹非凡。

现在来看，盛唐时期的魏征相府，仅仅只是历史的记忆，明清以来夜幕下的古董"鬼市"，也早已经正大光明。如今的永兴坊，虽然还叫永兴坊，但已经摇身一变，成了一个全新的美食天堂，成了中国甚至世界的超级网红，吸引了大量大量的中外游客。从进入21世纪开始，西安市即实施了"古城墙顺城文化街区展示项目"的一系列改造和提升工程，2012年，又实施了西安古城"皇城复兴计划"的建设工程。以上两工程，均采用了唐长安城里坊街区的模式进行布局，集艺术展示、文化餐饮、住宿休闲、特色民宿为一体，推出了全中国独一无二的西安古城墙顺城文商景观带。新的永兴坊，即是西安顺城文商景观带中的一个重要组成部分。

西安永兴坊于2014年12月31日正式开业，是西安市首个集游览观赏、特色购物、美食餐饮、文化体验、休闲娱乐为一体的"非遗美食街区"。其实，永兴坊集什么为一体并不重要，重要的是它是专门的"非遗"美食街区！什么是"非遗"？中国人外国人都知道，因为它是联合国教科文组织决定的，全称为"非物质文化遗产"，凡是"非遗"，依据联合国《保护非物质文化遗产公约》，均受到人类及各国政府的保护。"非遗"包括了民间的文学、音乐、美术、舞蹈、戏剧、工艺、医药以及美食等。作为"非遗"中的美食"非遗"，指的并不是美食的本身，而是制作美食的传统技艺。它要求入选项目必须要有一定的师徒传承，有一定的家族沿袭，有一定的历史跨度，它要保护的是中国千百年来最经典的饮食文化。因此，美食虽多，但"非遗"却是寥寥无几。然而，西安永兴坊独辟蹊径，打响了中国非遗美食集群组团的第一枪，推出了全国首家也是独此一家的"非遗美食体验区"。

西安"非遗"美食街的永兴坊

西安永兴坊对于各种美食的准入门槛，要求极严，不是"非遗"的美食，一律不得进入经营，不管你是何等的热卖，不管你是何等的受捧，"非遗"的标准绝不动摇！其实，陕西的美食个个都好吃，只不过"非遗美食"是经政府认定、是在传统技艺方面更有特色。对此，《外国人在中国》电视片中最爱西安的那位美国朋友安伯睿，在永兴坊对中外游客介绍时是这样说的："凡进入永兴坊的美食，必须要有政府发的那个证证！否则，你认识永兴坊，但永兴坊不认识你。"永兴坊，要的不仅是好吃的美食，而且是美食中最具传统手艺的老字号！

永兴坊2014年12月31日正式开业，在第二天开始的2015年元旦假日中，短短三天小长假，接待游客10万人！尽管是白天晚上都营业，尽管是人推着人往里走，但是，只有15亩地大的永兴坊，再加上房屋，再加上设施，它能有多大的空间？三天时间，10多万人，一举创出了"美食旅游"的西安奇迹！

第二节　登上古城墙　高赏永兴坊

永兴坊近年来在抖音上的爆红，不经意间又一次让全国人民聚焦西安。"西安人的城墙下是西安人的火车，西安人不管到哪都不能不吃泡馍"，千千万万的人都是在抖音上听着这别具情趣、粗犷豪爽的《西安人的歌》，看着那尽情宣泄、连喝带摔的"摔碗酒"，想着那琳琅满目、奇名异相的各种美食，丝毫不带犹豫，毅然决然地背上背包，坐上高铁，开上汽车，直奔千年古都的西安市，直奔充满诱惑的永兴坊。

身居世界旅游名城的永兴坊，其所处的位置实在是太好了。不仅本身就是魏征的相府所在，蕴藏着诸多的宫廷轶事，而且西距市中心西安标志性建筑的钟鼓楼只有不足三公里，东距西安闻名遐迩的古城墙居然是个零距离。当大量的中外游客拥到了永兴坊，方才发现，由于走得太急，未做相关功课，错过了永兴坊最佳的旅游线路。

要到永兴坊，先登古城墙，放眼西安景，高赏永兴坊。这才是前往永兴坊的最佳旅游线路。

目标永兴坊的游客，不论你从哪个方向来，你都应该先到西安城墙的永宁门，也即西安古城的正南门，这里即是最佳的开游地点。从南门外开始，先游览南门外的广场,再越过护城河的吊桥,再进入南门里的瓮城,再从瓮城登上西安城墙。不论你一节一点看得时间长短,但你绝对不可以不看!这里有美轮美奂的《梦回长安》的演出,这里有各国元首参观城墙的纪念,这里是西安城墙最具代表性的地方,这里聚集了吊桥、闸楼、城楼、箭楼、瓮城、马道等诸多的城墙经典。把这些统统游览完毕,然后,你开始在城墙上向东漫游。朝南放眼远观,是闪闪发光的玻璃墙幕,是鳞次栉比的高楼大厦,与城墙、城楼形成了强烈的古今反差;低头近看城外,是碧波荡漾的护城河,是轻舟漂移的城河公园,是一层一层的环城景观;转身向北,看独具特色的老城根,是青砖蓝瓦、朱门彩户的顺城汉唐文商街;再看自己所在的城墙之顶,砖铺地面,宽如公路,一座座敌楼、马面延伸不断,一串串大红灯笼看不到头,一辆辆情侣单车悠然而过……正在不知不觉的陶醉之中,你已从南城墙的大南门来到了东城墙的小东门,当你看见了眼前的指示牌,哦,你才知道你要去的永兴坊已经到了。

永兴坊就在小东门的城墙之内,为了永兴坊,"西安城墙"不惜专门在此开了一个小东门上下通道的出入管理点。站在城墙之上,向下一望,人声鼎沸的永兴坊,竟然如此之近,就在脚下!不过,此时的你一定先不要急于下去,你应该吊吊自己的胃口,先总览永兴坊,先感知永兴坊,先对永兴坊有一个大概的认识:居高俯瞰,脚下的永兴坊,首先映入眼帘的,是里里外外的张灯结彩,犹如过年一样;是插不进脚的拥挤人群,就像正月的庙会。再按顺序从外往里看:永兴坊的大牌楼,雕梁画栋、巍然耸立;永兴访的石狮子,呲牙咧嘴,守在两边;永兴坊的店家伙计,全部都是红红绿绿,唐装艳裹;永兴坊的房屋店馆,清一色的灰砖蓝瓦,枣红色的门窗棂柱,金黄色的招牌匾额;还有图案精美的雕塑墙,古色古香的月牙门,精致小巧的古戏楼,等等,都与紧紧相邻的西安城墙形成了高度的和谐统一。

再往下你所要看的就一定是永兴坊的"吃"了。然而,城墙太高,看不清楚。你只能看见滚滚的人流顺着通道向前推进,路旁的桌子坐满了人在吃,屋檐的下边站满了人在吃，就连拥挤的人群中都有不少人高举着食物也在边走边吃。这些坐着的、站着的、走着的人，他们分别都吃的什么？你当然看不清楚，但你能够看清，他们都是在吃，而且吃得津津有味，旁若无人！

吃的人都在吃，挤的人仍在挤，但这一切的嘈杂之声，却丝毫遮不住那不断播放的、令人倍感新奇的《西安人的歌》：

> 有一座城市 它让人难以割舍
> 有一种怀念 它叫做曾经来过……
> 西安人的城墙下是西安人的火车
> 西安人不管到哪都不能不吃泡馍……
> 600年的城墙如今让你随便触摸
> 西安的小吃足够让你变成吃货……

看到这里，听到这里，城墙上的大多数游客包括原本并不是冲着永兴坊来的人，都难以继续留在城墙之上了——触景必然生情！此时，每个人的肚子不仅咕咕直叫，而且每个人的口舌不断生津，关键是还要频频地咽下口水，实在有失个人的风雅！于是乎，一个一个鱼贯而跟，一个一个走下城墙，直奔永兴坊的大门，直接加入到这人山人海的吃货队伍之中。

第三节　走进永兴坊　吃遍全陕西

来到永兴坊，不得不服气，西安厚重的历史文化，连一个美食街都体现得如此淋漓尽致。魏征相府的永兴坊，其大牌楼的正门外，即竖立着一面大大的铜镜，是李世民誉魏征为自己"镜鉴"的象征。它是永兴坊的标志，也代表着永兴坊的魏征精神，另外在大牌楼的东侧，还设置了一组有人有桌的纳谏群雕，名曰"永兴坊纳谏台"，专门征求中外游客对永兴坊各种各样的宝贵意见。

永兴坊在全国所有城市的美食街区中,最大的特色是:"走进永兴坊,吃遍全陕西"!陕西大地从古到今都是美食荟萃的地方,若要吃遍全陕西,对于包括陕西人在内的国内外游客来说,都是一个难题。想当初,改革开放不久,要想游遍全国,几乎是不可能的事。而当时的深圳,独具创意的搞了一个"锦绣中华",把中国各省的著名景点以微缩景观的形式全部展示在锦绣中华园内,让各地游客蜂拥前往,成了当时全国最火的旅游景区。西安的永兴坊正是这样,把陕西全省的美食,集中组团,全部聚拢在永兴坊内,让游客不出永兴坊,吃遍全陕西。使永兴坊成了当今全国最火的美食街区。不过,永兴坊和"锦绣中华"虽然创意相同,但是本质不同,因为"锦绣中华"让你看完的全国景观是微缩的假景!而永兴坊让你吃遍的陕西美食则是真正的经典美食!

永兴坊的第二大特色,是这里的美食全部都是"非遗"。在此处,"非"指的"不是","遗"指的"遗产"。但是你千万不能理解为:永兴坊的美食全部不是遗产。而恰恰相反:非遗的全称是"非物质文化遗产",指的是美食中具有特殊技艺遗产的美食,指的是美食特殊技艺具有特定遗产继承人的美食。永兴坊的美食,全部都是"非物质文化遗产"!全部都有相关部门认定的遗产继承人!更重要的是,你在永兴坊吃到的陕西美食,绝大部分都是该遗产的法定继承人在此亲自操作!你说,你吃到的东西正宗不正宗?

永兴坊的第三大特色,是永兴坊的"一县一品"。永兴坊的吃遍全陕西,其实只是永兴坊的美食涉及了全陕西所有的区域,并不是在永兴坊可以吃完全陕西的所有美食。陕西的美食浩若烟海,多如繁星,纵有十个、二十个、三十个永兴坊也绝对装不下放不完。永兴坊实行的是"一县一品、一品一家",全陕西有100多个区县,永兴坊有100多种美食,100多家店商。在这里,所有的美食小吃都是独户独品,独品独"遗",根本没有重样!你不要想着前边先走先看,后边再定再吃,因为,在永兴坊,如果错过了前边的店家,后边如果想吃,则再也碰不到这个品种了。

永兴坊的第四大特色,是永兴坊的"三大区域"。永兴坊的设计布局,可谓相当的人性化,整个美食街区分为了关中街、陕南街、陕北街三大区域,各个区域的美食,绝不混杂交错,而是各归各区。三大区域各有什么?哪种美食原产哪里?达到让不同的游客按区所游,按需所走,让所有的游客吃了个明明白白,记了个清清楚楚。即便是回家之后,也能给朋友同事描述个头头是道、有根有据。

永兴坊内的关中巷

永兴坊内的陕南楼

永兴坊关中巷内的关中楼

永兴坊内的陕北楼

永兴访的第五大特色,是小吃之中有"大吃"。永兴坊的经营模式,本为一店一品、小店小吃。但为了满足不同需求,永兴坊另在三大区域各建了一座相对高端的"大吃楼",即关中楼、陕南楼、陕北楼。各楼内分别都有大吃,有套餐,有普座,有包间。特别是美食最多的关中地区,楼内不仅有以城市名字命名的单包,而且还有两连包、三连包以及 20 人的大宴桌,更有"关中小吃宴"、"关中大席宴"、"魏征相府宴"、"陕西非遗宴"等档次不同、特色各异的套餐大宴。把小吃与大吃用"宴"融在了一起,让那些想吃小的、想吃大的、想待客的、想摆宴的,统统都能在永兴坊得到满足。

"西安永兴坊,吃遍全陕西",又红遍了全中国!这一模式令不少的地方都来参观学习,想仿建、想照搬。尽管西安的情况与众不同,但参观的人仍然是一拨一拨,络绎不绝。

第四节　喝个摔碗酒　好运跟着走

永兴坊的"摔碗酒",不需要做任何说明,它是中国网红中的网红,人们都知道!不仅中国人知道,外国人也知道;不仅喝酒的人知道,不喝酒的人也知道;不仅见多识广的大人们知道,就连许多在校上学的小学生都知道。

如今的世界上,有什么地方能允许喝酒的人喝完了酒摔酒碗?恐怕没有吧。你在饭店喝酒摔碗,店家认为你在耍酒疯,一定会打 110;你在家里喝酒摔碗,孩子吓得直哭,以为你要打他的妈妈;你在聚会中喝酒摔碗,你绝对再也无缘这样的聚会;你在婚宴上喝酒摔碗,你一定会被主人直接推出喜庆的现场。然而,喝酒摔碗,西安的永兴坊允许。不仅允许你喝酒摔碗,而且是在众目睽睽之下,是在激扬的音乐声中,是专门有人为你递上酒碗,让你喝,让你摔,让你宣泄,让你化解压力,让你喜庆成功,让你祝愿美好的未来。

"摔碗酒"通过网络、通过抖音、通过各种方式的传播,把全国各地的、世界各国的、千千万万的人们引向了西安。虽然大家都怀着各种各样的不同心境,但目标都是相同的,直奔永兴坊,先喝摔碗酒,然后再品西安的美食,然后再逛西安的美景。

仅从网上的照片视频中人们即可看出,来永兴坊喝摔碗酒的人,的确是形形色色:有只身一人的、有夫妻两个的、有一家三口的、有结伙搭伴的,还有团队集体而来的……虽然喝酒的人心境各不相同,但所有人摔碗的姿势却绝对一样,都是身子稍稍倾斜,都是高举着碗、鼓足了劲、紧绷着嘴,随着胳膊的使劲,只听见"啪"的一声,酒碗顿时摔成了无数个碎片!这时,大量的围观者,有鼓掌的、有叫好的、有打口哨的、有直呼再喝再摔的,给了摔碗者以不尽的心理满足。所有的摔碗者,摔碗时什么都能忘,唯独忘不了照相,不论是让同伴照,还是请别人照,反正一定要照下这少有的瞬间,以便发给亲朋,发在自己的朋友圈,让更多的人共同分享。

不少人会问,这喝摔碗酒的人都图了些什么?这就是中国人的文化,它寄托了人们对美好生活的真诚期盼,连外国人都跟着深信不疑:有人信的是摔碗酒碎碎(岁岁)平安;有人信的是摔碗酒碎碎(岁岁)都有;有人说喝了摔碗酒,好运跟着走;有人说喝了摔碗酒,烦恼全没有;有人说喝了摔碗酒,爱情手牵手;有人说喝了摔碗酒,一生无忧愁。更有一对老夫妻,老太太坐着轮椅,老头推着老太太,也加入到这摔碗酒的行列之中,老头要喝个摔碗酒,要摔走晦气,要把老伴的病摔个干干净净!喝摔碗酒,虽然只是个心愿,但大多的中国人外国人都愿意相信。更何况,摔碗酒的酒是米酒,度数低,味稍甜,一碗仅仅5元钱,谁都不在乎,谁都愿意凑一凑这个热闹。

摔碗酒既红又火,火得让做生意的人看了眼红!喝摔碗酒的人每天都要排队一进永兴坊的大门,就能看见摔碗酒长长的队伍,曲曲弯弯,还要通过像地铁站一样的排队栏杆。队伍中的酒客,有男的、有女的、有老的、有少的、有白种人、有黄种人、有蓝眼睛、有黑皮肤。所有人的眼神,都在焦急地等待,都在不断地踮脚遥望,看自己距离摔碗的地方还有多远?摔碗酒的人多天天都是如此,最火爆的小长假、黄金周,喝摔碗酒的人每天高达一万

第六篇章　西安　誉满神州的美食名吃

多人！甚至让老板卖断了酒、用完了碗，累坏了店家的小二哥！

摔碗酒的火，让不少城市纷纷效仿，推出了诸多的摔碗酒。然而永兴坊的摔碗酒却丝毫不受影响。记者在采访外省来的客人时问道：为何只到西安喝摔碗酒？客人回答的巧妙艺术：看故宫，一定要到北京，如果把故宫搬到其他城市，那故宫还叫故宫吗？那故宫还有北京的氛围吗？摔碗酒同样是一个道理。

2018年10月27日，全球50个国家的60位时尚模特一起来到西安亮相永兴坊

图为美女们集体同喝"摔碗酒"（图源永兴坊）

第五节　西安永兴坊　中国独一家

西安永兴坊是广大网民评选出来的"中国十大美食街区"之一。如果你在网上征询对西安永兴坊的评价，网民们最多的一句话就是：这里是吃货的

天堂！绝对值得专门一去！大量中外游客蜂拥永兴坊，冲的就是这个"吃货的天堂"。2018年的五一节，仅仅15亩地的永兴坊，又一次创出了历史奇迹，仅仅三天小长假，接待游客18万！让旅游部门、让管理单位、让永兴坊的商户，都大大地吃了一惊。看一看航拍出来的永兴坊照片，整个永兴坊，人山人海，难以插脚，不见地面，只见人流。前所未有的场景，那才称得上是一个真真正正的水泄不通！

永兴坊的火爆，引发了全国的"永兴坊效应"。摔碗酒已被外地广泛效仿，永兴坊也有不少地方都想复制照搬，许多城市纷纷前来西安考察永兴坊的项目建设。2017年元月4日，《合肥晚报》消息爆出："合肥城南将打造徽版永兴坊"，文中预计："最快可在2017年年底正式建成"。2018年的5月，合肥永兴坊开张，合肥市又派出了局长带领的考察组来到西安，专门考察西安永兴坊食品安全的管理经验。各个外地版永兴坊的建成，会不会给西安永兴坊带来影响？成了永兴坊人普遍关心的一个问题。

其实，根本无须担心。西安永兴坊，是全国独一家！外地版的永兴坊再多，只是一个形式上的仿效，西安永兴坊在全国的独一性，是任何一个美食街区都无法可比的。

首先，西安永兴坊是唐代京城的里坊，是宰相魏征的相府。永兴坊有魏征的"镜鉴碑"，有魏征的"纳谏台"，有魏征的文化墙。其深厚的历史根基、文化底蕴，以及诸多的典故轶闻，作为一个美食街，西安永兴坊在全国一定是绝无仅有的。

其次，西安永兴坊是中国首家"非遗美食街"。这是西安的创意，更需要大量的非遗美食做后盾。全国各地的美食街虽然很多，但能把"非遗"作为严格的门槛，非"非遗"而不得进入，且全部都是本省的"非遗"，单凭这一点，西安永兴坊在全国无疑是独一无二的。

第三，西安永兴坊是"走进永兴坊，吃遍全陕西"。永兴坊实行的是"一县一品，一店一品，一品一家"，不兼营、不重复，这是陕西美食的"小吃"

特点所决定的。如果陕西的美食是菜品而不是小吃,那么一个菜打不出一个单独的店牌,即便打出了一个单独的店牌,这家店也不可能只卖这一个菜品。而陕西的小吃恰恰能够做到一店一品这一点。一条美食街,吃遍一个省,而且是严格的一县一品,一店一品,绝不重样!能做出这样的承诺,在目前的全国美食街中,只有西安的永兴坊。

2019年元宵节,西班牙、匈牙利、白俄罗斯、克罗地亚等十多个国家的驻华使节结伴来到西安,在永兴坊欢度元宵节(图源永兴坊)

第四,西安永兴坊有"非遗美食"之外的诸多"非遗文化"。永兴坊是非遗美食街,不仅美食全部都是非遗,更有非遗的演艺、非遗的工艺、非遗的博物馆等等。在永兴坊常年演出的,有国家级非遗的"陕西老腔",有国家级非遗的"陕西皮影";在永兴坊常年展示的,有世界最大的非遗皮影"贵妃醉酒",有中国最大的非遗剪纸"陕西八大怪";在永兴坊常年举办的,有非遗产品的制作展演及游客互动,有全国首家的"美食街唐文化非遗夜市";作为美食街区的永兴坊,还因"非遗"被省政府命名为"陕西省永兴坊非物质文化遗产生产性保护示范基地"。以上这些系列"非遗",全国任何一个美食街区都不可能同时拥有,西安永兴坊是无法比拟的中国唯一。

西安永兴坊,中国独一家!它因西安城市的独而独,它因陕西美食的独而独,它因永兴坊本身的独而独。永兴坊中国独一家的"独",效仿不了,照搬不走,它只会独在中国的西安!

西安美食天堂的永兴坊,其实并不是西安的美食天堂,它是中国的、是世界的美食天堂。永兴坊每天人山人海的食客,基本上就没有西安的人!不是西安人不爱吃永兴坊的美食,而是西安市的大街小巷,都布满了各种各样的小吃门店,西安人抬脚出门即可吃到西安的各种美食,只不过外地人找不到罢了。西安永兴坊就是专门为了方便中外游客集中品吃陕西美食而建的。然而,当人们在永兴坊吃撑了自己的肚子,吃遍了陕西的美食,最后才惊然得知:原来自己吃遍的陕西美食,只是陕西汉民的美食;而西安还有一个闻名遐迩的回民街,一个专营回民美食的、中国最大的"小吃王国"!

第十讲  西安小吃王国的回民街

中国有诸多的回民地区，有回族自治区，有回族自治州，还有回族自治县等等。回民地区的回民城市有回民美食街并不稀奇，汉民地区的汉民城市有汉民美食街，更不稀奇。稀奇的是，在地地道道的汉民地区西安市，却有着一个专营回民美食的回民街，而且是中国所有美食街中资格最老、规模最大、美食最多、味道最绝，且火爆中国、享誉世界的美食街，不能说不是一个罕见的奇迹。西安回民街，从盛唐时期开始的回民聚集，到改革开放之后的市场兴起，一直到如今，回民街成了一个响当当的国际品牌，打出了一个中外游客趋之若鹜的"小吃王国"。

第一节 享誉全国的美食街区回民街

全国各地的美食街，在人们的印象中，大多都是近些年新建或改建的商业街，五六百米长，仿明清建筑。而且许多的美食街，既有本地的美食，还有各省的名吃，甚至连外国的西餐都在美食街的宣传之中，是一个广义的美食街。但西安的回民街，概念则大不相同，不仅美食的产籍全在本地，而且美食的品种全国最多，特别是回民街的规模，全国最大，大得完全超出了人

们的想象!

西安回民街,虽然叫的回民"街",但若真的把回民街当作一条街,那就大错特错了。回民街不是一条街,而是一座"区",它是由多条街道组合而成,是西安回民的聚居地。回民街是由原来唐代长安城的里坊组成,很早以来,回民街的人都称这里为"回坊"。至于回民街的名字,其实是游客以及媒体,按照各地对美食街的称谓习惯把它称作了"回民街"。西安回民街,总共包括了纵向的北院门、麦苋街、光明巷、洒金桥、北广济街、大学习巷、大莲花池、许士庙街、西仓南街、大麦市街,横向的劳武巷、红埠街、大皮院、小皮院、西羊市、庙后街、化觉巷等十纵七横的17条大小街道。17条街道全部都是回民街,17条街道全部都是美食街,里边居住着五六万的原住回民,基本上都是做餐饮生意的。查一查,全国还有哪个城市能有如此之大的美食街?回民街如果要走完全部的街道,至今恐怕还很少有哪个游客尝试过。

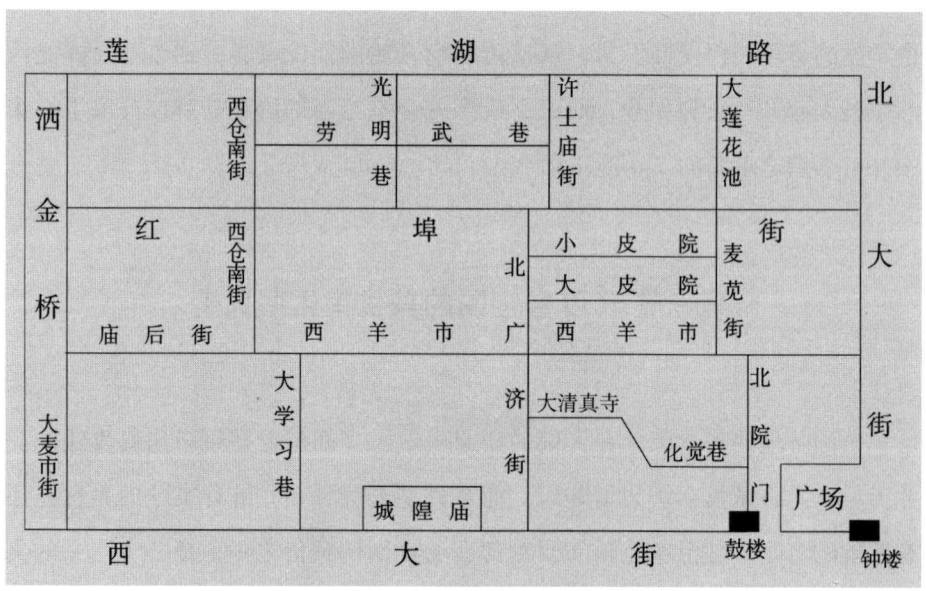

西安回民街十纵七横十七条街布局示意图

第六篇章　西安　誉满神州的美食名吃

西安的永兴坊是美食天堂，西安的回民街是小吃王国。二者最大的不同就在于：其一，永兴坊是汉民美食街，回民街是回民美食街。其二，永兴坊是美食天堂，主打的是精，只限"非遗"资格，只要"一县一品"，因为永兴坊的地方有限，太多了根本容纳不下。而回民街是小吃王国，主打的是量，是超大规模，压根儿就不设限。凡是西安回民的小吃，只要是美食，都可以在回民街尽情展现。不知你是否留意，永兴坊店家的招牌，打的都是各县的县名，而回民街店家的招牌，打的都是各家的字号。西安回民街，既然称作小吃王国，其小吃品种一定很多很多，能否给出一个明确的概念呢？好，我来作以回答：只算小吃，不计菜品，不包括重样的品种，按照中央电视台《外国人在中国》电视片中介绍回民街的原话，已经达到了"将近1000个品种"！西安回民街完全可以说，是中国美食街中美食最多的美食街。

"西安回民街是享誉全国的地方名吃美食街"。其中的关键词就是"地方名吃"。以上所说的近千个品种的美食，全部都是地方名吃，全部都是西安美食。西安2000多种的美食小吃，现有的美食街尚难以容纳得下，根本不需要把外省的名吃放到西安特定的美食街中来混合经营。西安回民街，不仅没有外地的名吃，更不会把那些各地共享的常见小吃拿来作为自己的美食。整个西安，除过街道上的门面，所有美食街的美食，全部都是西安或陕西的特产。西安的美食街，绝对只上西安及陕西的美食，油条、油饼、豆浆、豆腐脑……诸如此类，虽然人人都爱吃，但它们在全国普遍都有，西安人根本不会把它们算在西安美食的范围之内。

西安回民街的规模全国最大。有一点必须说明：回民街的规模最大，并不是新建的大，并不是改建的大，而是原来的规模本身就大！西安回民街人口集中、房屋集中、位置显赫。回民街的回民，从一开始即看准了回民街的前景，改住房为门面，改职业为经商，而且几乎家家户户，古色古香。回民街的规模，就是原来的规模，想再大也不好大，想再小更小不了，回民街多少年来就一直保持着这个全国美食街的最大规模。

一年到头，天天都有外来的游客打问当地的回民：西安的回民街究竟有多长？而每一个回民街的主人回答的几乎都是一个样：朋友，你不应该问西安回民街有多长？你应该问西安回民街有多大？告诉你，西安回民街，它根本不是一条"街"，它是由十多条街组成的一个很大很大的"回坊"！

第二节　媒体热捧的中国品牌回民街

网上常常有人发表评论："在全国的美食街中，就数西安的回民街最牛，从来不打广告，从来不做宣传，从来都是人山人海，仅仅全国各地的旅游团，就能让西安回民街赚个盆满钵满，实在是不可思议"。人们搞不明白，西安回民街，究竟因何原因而牛呢？

西安回民街外地人都说"牛"，回民街究竟牛不牛？在西安人看来，外地人说得不错，回民街牛，确实是牛，但它的牛不是牛给了客人，而是牛在了自身的价值。西安回民街的牛，主要牛在了以下六大方面。

其一，回民街的牛，牛在了这里是唐代长安的皇城根，是今天西安的白菜心。回民街在唐时就形成了回民区，此处属于当时的皇城脚下。住在这里的回民都是来自伊斯兰国家的大唐客人，都是非富即贵的特殊身份。而今天的回民街，位处西安最富商业价值的第一商圈，有西安最具标志性的钟楼鼓楼，犹如北京的天安门，纽约的曼哈顿。万众瞩目，寸土寸金，千年文化，皇家底蕴，凡到西安的游客，还未发现有人愿意绕开此地。西安城市的白菜心，皇帝的女儿不愁嫁谁，谁在这里都可以火爆，都可以大发！

其二，回民街的牛，牛在了西安的钟楼成了它的招牌，西安的鼓楼为它做了大门。西安人给客人介绍回民街，大多都是一个模式：到了西安的钟楼，就到了西安的回民街，进了西安的鼓楼，就进了小吃的大观园。钟楼不仅是西安最最中心的地理坐标，而且大多游客要到回民街，都先要上钟楼。观罢钟楼，再看回民街的居高临下，再赏回民街的滚滚人流，吊足了所有迫不及待的游客胃口。最后让游客在不断地口舌生津中，通过别具情调的钟鼓楼广场，来到西安的鼓楼脚下，看着人流如潮的鼓楼通道，哇！这就是回民街的"大门"？巍峨壮观、高山仰止！对回民街的牛，情不自禁油然而生。

其三，回民街的牛，牛在了"街"内有中国最早的清真大寺，有中国三大城隍庙之一的"都城隍庙"。回民街的清真大寺，始建于1200多年前的唐代，是中国历史最久、保存最好的清真大寺；另在回民街四条主街的正中间，有一座规模庞大的城隍庙，它是全国三大城隍庙（即西安，北京，南京）之一，在其辉煌极尽的大门牌坊上，镌刻着四个而不是三个的金色大字"都城隍庙"，都城隍庙，即统管城隍庙的城隍庙。两大国家重点文物保护单位，与回民街一起，相辅相成、相得益彰、相映成辉！

其四，回民街的牛，牛在了它是中国伊斯兰教的开拓者，它是古代丝绸之路的传承地。盛唐时期，大批大批的阿拉伯人，慕名沿着中国的丝绸之路，来到大唐的京城长安，朝廷把他们统一都安置在如今的回民街这一地区。这些穆斯林，不断地往返于丝绸之路，不断地传承着丝路精神，等到了最后，一个一个都不思回国，都留在了长安，留在了回民街里。一直到现在，回民街尚有诸多的食材、原料甚至美食，都是当年从丝绸之路先先后后传输进来的。

其五，回民街的牛，牛在了回民街有千千万万的中外吃货为回民街做义务宣传。回民街有不计其数的中外铁杆粉丝，他们都是回民街的义务宣传员，而且是全力以赴地，而且是死心塌地，只要有场所，只要有平台，他们都会不遗余力。他们不仅是回民街的积极宣传者，同时还是回民街的坚定捍卫者，若听到相反的语言，他们会不约而同，群起讨之。美国的游侠安伯睿，因美食而留在西安，并创办了专为西安外国人服务的英文美食月刊《发现西安》。五六年来，一直都是免费赠送，自掏腰包。在中央电视台《外国人在中国》的电视片中，美国游侠安伯睿站在回民街，对着所有的中外游客宣传："到了西安,你必须要到回民街,在这里,可把你吃得一辈子都不想离开西安"。

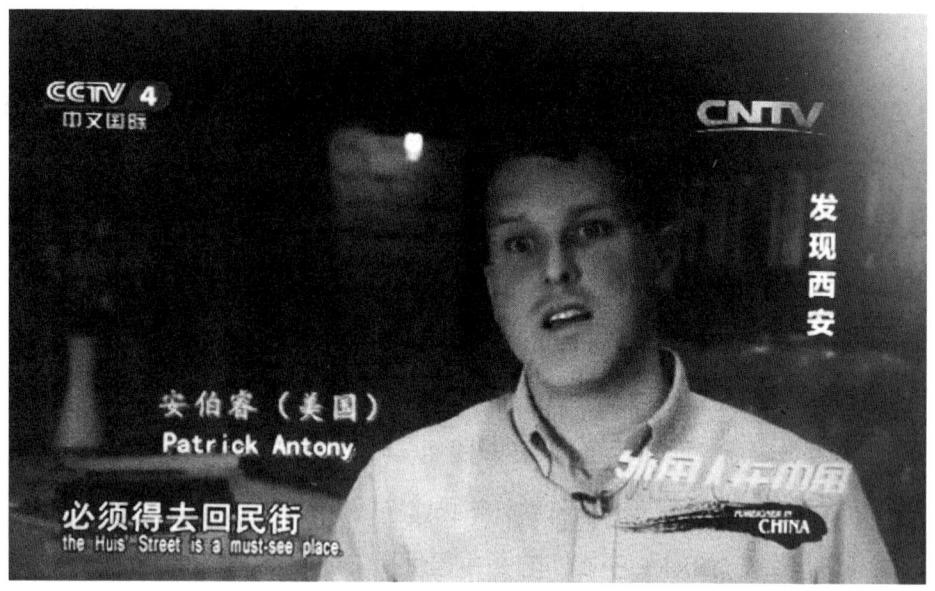

中央电视台热播的《外国人在中国》纪录片中美国人安伯睿在介绍回民街时说:
"任何人到西安必须得去回民街"

其六,回民街的牛,牛在了回民街能被诸多的外国首脑青睐而破例参观。西安是中国外交接待的"老三站",到访西安的外国首脑很多,不少人都免不了到回民街一看,或逛逛小店,或尝尝新鲜。最值得称道的是,2018年元月8日,法国总统马克龙访问中国,想不到马克龙把首访的城市选择了西安;想不到马克龙把回民街的参观列入了计划;想不到马克龙在回民街的一家小店待了十多分钟;想不到马克龙和回民街的小店老板进行了仅仅只有两个人的合影留念!这一连串的想不到,让人们看到了西安的回民街在外国首脑的心目中,究竟是个什么样的地位。

以上回民街的"六牛",只是彰显了回民街的品牌价值,但回民街本身并未因此则牛气凌人,而是继续的"俯首甘为孺子牛",始终如一地为游客提供一流的服务,让来到回民街的中外游客,人人都难以忘记:西安回民街,不仅有数不清的特色美味,而且有看不完的热情笑脸。

第三节　让吃者不顾减肥放开胃口的回民街

现在的人们，都特别在乎自己的体重，不论是男人女人，无论是中国人外国人。男人的肚子一定不能太大，女人的小腰一定要纤细苗条，人人都在限食、人人都害怕发胖。且设置了一道道的防线，不敢多吃，不敢超量，不敢多油多肉，甚至连正常的一日三餐，都被诸多人变成了两餐，生生地减去了一顿下午饭，为的就是减肥，为的就是防胖！然而，这一切的防线，在西安的回民街，全都不攻自破，失去了任何的约束力。

网上有一首"红歌"《吃胖了你就别跑了》，不少人都曾经问过，这首歌写的是不是西安？不知道，没有城市所指。但它不是西安胜似西安。因为诸多来西安的外地姑娘，面对回民街琳琅满目的美食，既想敞开胃口，大吃特吃，又怕吃了发胖，自己找不到对象。而西安的小伙子，则高唱着此歌，发出了火辣辣的邀请："吃胖了你就别跑了，西安的小伙儿喜欢你！"谁都知道，有老祖宗的传统，从唐代的长安城开始，胖妹胖姐在这里都是难得的美女，杨贵妃就是一个最好的例证！

一位家在南宁的姑娘，受到家住西安的大学男朋友邀请，只身一人来到西安，她在自己的博客中写道："和男朋友一起走下鼓楼的城墙，来到了传说中的西安回民街，哇！我的小心脏差一点点停止了跳动，这绝对是一辈子第一次见到：纵横交错的各条街道，全部都是传说中的西安美食，琳琅满目、奇异多彩、香味扑鼻、垂涎欲滴！可一想到从今天起，我将要告别减肥，将要放开胃口，尽情品尝这吃之不尽的西安美食，我的心里还真的有些发慌。尽管思想还没有完全做好准备，但小肚肚却早已提出了强烈的抗议。"如今，这位姑娘已经结婚，上班就在西安经开区，家住的小区距回民街只有不到三公里。仅仅两年，她的体重即从原来的56公斤，猛增到68公斤，成了西安"胖妹大军"中的成员之一。

西安回民街，让人告别减肥，让人体重猛增，让人胃口突变的实例举不胜举。

前边讲过的那位留在西安的英国吃货，每周吃一次回民街，每次回民街的一顿饭花样不下四个品种，前后三年，体重即增加了15公斤。

再有那五位法学院的外省女孩，都把回民街当作了自家的后厨房，隔三岔五、结伴而行，成了回民街的"人人熟"。现在五个人，个个的腰围都不低于二尺六七。

一位山东招远旅游界的朋友，第一次到回民街，身高仅仅一米七的他，一顿饭的记录：一碗羊肉泡、一个肉夹馍、一份蜜枣甑糕、外带两个柿子饼。

一位从浙江来的项目合作人，由我陪同去吃回民街，一次性连续吃掉了一笼灌汤包、一份裤带面、一碗粉蒸肉、一块羊肉饼，再喝了一碗八宝粥。

一位中文系的女同学，远从徐州来西安，见面后的第一顿饭，她就要求先去回民街，我和妻子一起陪同。在回民街，她刷新了自己一辈子一顿饭的最高纪录：半份羊肉泡、半个肉夹馍、半碗biangbiang面、半盘炒八宝、半块豌豆黄，还有三分之一碗的肉丸胡辣汤。

曾经讲过的那一位我在成都开会时结识的韩国朋友，去回民街的那一天，他婉拒了我的陪同，早点不吃、午餐推后，一直饿到两点才开始吃饭。连逛带吃五个小时，先后吃下了一份小炒泡馍、一碗麻酱凉皮、一碗五香豆沫、半盘酸菜炒米、五个羊肉煎饺、三个虎皮饽饽！回酒店时，还不忘为晚上打包带回了一份卤汁凉粉、一份蜂蜜凉粽，外加一块小小的八宝甑糕。

还有诸多中国的影视女星，从来都视自己的身材为生命。但只要来西安，必吃回民街，只要到了回民街，什么体重、什么腰围、什么减肥，全然不顾。按她们的话来说：人间美食，不吃为傻，反正只是偶尔一次，绝对不能委屈了自己，放开胃口吃吧！每次都是超量超限，每次都是吃撑了肚子；而且，每次都是第一天大吃，第二天"休胃"。

第六篇章　西安　誉满神州的美食名吃

吃西安美食大多都会放开胃口不顾形象

回民街对人胃口不可抗拒的诱惑，并不是近几年才有，而是从开始到现在一直如此。几乎所有到回民街的游人，都是饿着肚子来，挺着肚子走，满怀痴情来，带着遗憾地走，任何人都概莫能外！

第四节　让来者意犹未尽改变行程的回民街

一条回民街，小吃近千种，而且是个个味美、样样诱人。这对于初来乍到只有三五天时间的外地客人来说，无疑是折磨胃口、戏弄情绪！为写回民街，我曾经现场走访了一个星期，跟踪了各种游人，掌握了不少的第一手资料，方才得知：无论是旅行社的、无论是自由行的、无论是谈项目的、无论是访亲友的，不少人都会因吃而变，重新决定自己的行程。

回民街的各条街巷，在人山人海的游人中，大量的都是举着小旗旗的旅游团。凡来西安的旅游团中，都有不少的吃货，对西安的美食情有独钟。每当导游按既定的行程带客人逛吃了回民街之后，都会引起不小的骚动：美食太多，时间太短，仅仅吃了几种，还有更多更多的听过见过，但没有吃过，谁都不甘心就此错过。然而，整个行程的天数是定死的，无奈导游只好实行表决，而结果则是高度的统一：取消第二天的游览项目，延长回民街的逛吃时间。

中国新闻网报道的"黄金周日均30万游客挤爆回民街"

2016年9月，公司来了一位海南的重要客人，第一天是大餐接风，公司高层全部参加。第二天是小吃招待，由董事长专陪前往回民街。在回民街逛了两个小时，吃了三种小吃，即西安最著名的羊肉泡、肉夹馍和回民凉皮。客人原定第三天返回海南，由我代表公司机场送行，谁知临时得到客人告知，还有另外一件事情要办，要在西安延长一天时间。第三天，客人单独行动，办的啥事，谁也不知。然而，当第四天我送客人到机场后，方才得知，第三天客人又独自去了回民街。因为，和董事长在回民街时，他无意中看见了那盛在大碗中，一米长两寸宽且不认识字的"什么面"？那装在大锅里黏糊糊黑咚咚叫不上名的"什么糕"？而且有众多人围着看，有众多人排队吃，使这位客人既好奇又想吃，故而他要自己一探究竟，吃一个心中明白！原来，这就是客人要办的"另外一件事情"，为吃，专门延长了一天的时间。

2018年7月，有一个来自安徽三男三女三对夫妻的自驾游团体，在以九天时间游完了既定的西安名胜之后，把最后一个整天的时间留给了西安回民街。而从这一天起，我就在关注着他们的动向。六个人在回民街吃了一个整天，虽然已经大大超出了个人的食量，但每个人也仅仅只吃了五六样的品种。直到当一个个都挺着肚子回到酒店，才悟出了自己吃得太傻！为什么每样小吃不夫妻俩合吃一份，这样岂不比现有的食量能多吃出一倍的品种吗？于是乎，六个人一致决定，明天不走，再吃一天！第二天，六个人每样小吃只买三份，每份让店家一分为二，夫妻俩一人一半。天黑回酒店一算，哈哈，第二天每人吃到了13个品种！13个品种，虽然已经不少了，但一想起回民街那数不清的美食小吃，总觉心有不甘。于是乎，六个人又一致决定，明天还不走，再多吃一天！并且，这一次的吃法，又作了根本性的调整。第三天，我仍然在现场，但这一天，大大出乎我的意料。就在一个粉蒸肉的摊前，这六个人其中一人变戏法似的从包内掏出一摞一次性的小纸杯，一把一次性的小勺子，每人各发一个，六个人仅仅要了一份饭，不用店家麻烦，自带餐具分餐。哇！典型的少吃多餐，只见过人拼车，还从未见过人拼饭！惹得老板兴致大发："这一份粉蒸肉，送给六位客官了！"逛吃一天，再一计算，第三天每个人吃到回民街的美食，竟然高达50多个品种，创下了回民街的历史记录！然而，这是用延长了两天的行程，才兑换出来的历史记录。

因回民街而改变行程，最多的莫过于来西安探亲访友的。凡有客人来，主人都要领到回民街，一天吃的不解馋，两天；两天吃的不过瘾，三天；三天过后，客人不好意思地提出要走，好客的西安人会再给客人选择能放易带的美食，真空包装，快递托运，让回民街的美食带着西安人的热诚，走遍了全国各地。

　　西安回民街，香飘全世界！2019年，"支付宝国庆消费报告"显示：西安回民街商圈火爆程度全国排名第三！回民街如何能够这样的火爆诱人？让人多少有些不可思议。其实，道理很简单：汉民城市的回民街，本身就是一个招人惹眼的广告，更何况西安回民街又是如此的全国最大，如此的品种最多，如此的味道最美。同时，设在汉民地区的回民街，无疑又融入了诸多的汉民元素，更强化了西安回民街的独特个性。再加上，西安是国际美食之都，是世界旅游名城，是千古大都之地，是中国交通枢纽，故而每天都有大量的中外游客蜂拥西安。谁到西安能不吃饭？谁吃饭不想吃个别具一格？这样一来，位处西安的白菜心、拥有吃之不尽美食的回民街，爆红了中国、爆红了世界，当然也就是情理之中的事情了。

第七篇章

西安 得天独厚的高校基地

西安早在1300多年前的唐代，就有了世界上最早的"大学"，同时，还创立了最早的留学制度，接纳了大量的外国学生。西安不仅有过古代高等教育的创始，而且更有今天高等教育的领先。西安的高等教育，从新中国的建国之初，到如今的大国崛起，一直都是国家重要的高等教育基地，拥有得天独厚的高校资源。西安的公办大学、民办大学、军办大学、重点大学，不论是数量和实力，一直都排在全国的前列，居于全国高等教育的第一梯队。

第一讲

西安 独具优势的高等教育资源

中国的高等院校遍布全国。各直辖市、各省会城市，以及各中等城市，都有不同数量、不同格次、不同类别的高等院校。然而，究竟谁的高校数量最多？谁的高校地位重要？谁是中国高等教育的国家基地？一直都是众说纷纭、各说各理。本讲所说的"西安独具优势的高等教育资源"，将以国家相关部门最权威的数据，梳理出全国各大城市高等院校的最新数量排名，梳理出全国各大城市高等院校的历次重点排序，梳理出谁是中国高等教育的重点城市。以为关心此事的人们提供一个可供参考的官方信息。

第一节 西安 世界最早的国立大学

要了解中国今天高等教育的情况，请先了解中国古代高等教育的历史。1300多年前，当世界各国连正规的学堂还都未曾见过的情况下，在东方的大唐，在大唐的长安，就已经有了中国的"国立大学"。

大唐的大学，学名就叫"国子监"，始建于唐太宗贞观五年（631年），校址就在如今西安地铁二号线的永宁门车站偏东一带。当时，大唐的教育体制并不是只有京城的大学，而是拥有和现在基本相同的五级学制，中央以下的府、州、县、镇都有官办的各级学校，最后才是宝塔的塔尖——京城长安的国子监。

唐太宗曾为国子监增建校舍，一次性就增建了1200多间。1200多间，如果按现在的三间一个教室计算，折合400多个教室。请留意，400多个教室，仅仅只是一次性的增建，若加上原有的，再加上后建的，想一想，国子监的教室该有多少？国子监的规模该有多大？

作为国立大学的国子监，体系健全、结构完善，下设六大学院：国子学、太学、四门学、律学、书学和算学。其中的国子学、太学、四门学，主要教授儒家经典，培养的是综合人才；律学、书学和算学，主要教授单项学科，培养的是专门人才。所设专业也门类多样，有律制讼裁、天文历法、财经管理、土木工程、医学药学、文诗书法、音乐绘画、工艺美学，等等，有如今天的综合性大学。国子监的学制，从三年到九年各不相同，主要是根据所学专业的需要以及人才培养的位次而对应。授课的教师也有层级，分为博士、助教和直讲，各自承担不同的教学任务。

长安城大唐的最高学府，像一颗耀眼的明星，诱惑着全国的年轻人，但国子监的入学条件却相当的苛刻。首先，要保证是朝廷官员的子弟；其次，要保证是民间真正的人才。其中的国子学、太学等级最高，国子学必须是三品以上的官员子弟，太学必须是五品以上的官员子弟。三品官员相当于现在的国务委员，五品官员相当于现在的副省部级，是纯粹的贵族学校。而四门学则相对宽泛了许多，共计生员1300人，其中就有800个留给了平民大众，让民间的青年才俊也能有高等级的深造机会。国子学、太学、四门学，学的都是政治、都是管理，一旦进入，出来统统都是当官的。至于律学、书学和算学，培养的都是专业人才，其进入的唯一标准就是才学出众，以考定人。当然，也有像今天一样的少数英才，通过名士推荐、学校保送，也能破格进入。但绝大部分的生源，靠的还是层层考试，择优录取。

国子监进门难，毕业更难。在校期间，考试频繁，有旬考、月考、季考、年考、毕业的大考，只旦成绩太差，必将力劝退学，取消学籍。这一点，比之今天的大学管理还要严格。不过对于平头百姓来说，只要进了国子监，不论几年的学制，在校期间的食宿服学，一切费用都不需考虑，全部由国家承担。学生只需要刻苦努力，勤奋学习就行了。

唐代的国子监，吸引了大量的优秀人才，在校学生达到8000多人。更有高丽、百济、新罗、日本等国众多的有志青年，纷纷不畏艰辛，远赴长安，慕名求学，创造了一个沿用至今的"留学生"特定称谓。著名的日本留学生阿倍仲麻吕，原就在国子监的太学就读，学成之后，未曾回国，在唐做官40年，成为唐代中国国立大学所有留学生中最杰出的代表人物。

第二节　西安　中国重要的高教基地

西安在古代，创立了世界上最早的高等学府；西安在今天，是中国的三大高教基地之一。新中国成立之后的不久，中央即确立了国家高等教育的三大基地：北京、上海和西安。对此，曾引来了不少的质疑，当然，受质疑的不会是上海，更不会是北京，受质疑的只能是作为西部城市的西安。中国的东部经济发达，物产丰富，明星城市比比皆是。为什么国家的高教基地要选在相对落后的西部？为什么要选在并不明星的西安？

为什么要选在西部的西安？因为，西安的条件特殊，西安的地位独有，西安的综合因素决定了国家需要选择西安。

首先是总体布局的需要。要确立基地，必须要考虑总体的布局。三大高教基地，其中的北京、上海两家都处在东部，而且都处在东部的东边沿，另一家不可能再在东部设立，否则西部的大半个中国不要了？而西部只有西安位置最为合适，既处中国南北的中心点，又处中国东西的结合部，和北京、上海形成了一个三角形。三角形的框，覆盖了中国中东部的大部分地区。而三角形西安的这个角,又辐射了西北、西南及华北的内蒙等大半个中国的区域。使得三大高教基地,布局科学,点面合理,可最大限度的发挥三大基地大学集群的中心引领作用。

其次是国家战略的需要。高等院校特别是重点院校,是国家的宝贵财富。西安地处中国的腹地、中国的中心,是最为安全、保险的大后方。国家的重要科研基地、重要军工基地、飞机制造基地、导弹研发基地都在西安扎堆结伴。同样作为国家战略资源的高教基地,当然也不能缺席西安。仅仅在1952年至1958年的数年间,就有8所高校迁入西安。南京的华东航空学院迁入西安后更名为西安航空学院;长春的解放军通讯学院迁入西安后更名为西安军事电讯学院;解放军的第五军医大学也是这时迁来西安,后并入西安四医大。如此之多的高校云集西安,理由只有一个,西安是中国的高教基地,高校不到谁到?高校不来谁来?

> 1953年国家实施"一五"计划,立足苏联援建的156项重点工程,建立社会主义工业体系。西安是第二大工业基地。为解决工业建设需要与高等工业学校布局严重不匹配以及东南沿海战备问题,1955年高教部党组向国务院提交以交通大学为代表的高等学校内迁方案。方案经毛泽东、朱德、刘少奇、周恩来、邓小平、陈毅、陈云、彭真等审定通告全国。
>
> In 1953, China implemented the "First Five-year Plan" which aimed to set up a socialist industrial system based on 156 key projects supported by the then USSR. Xi'an was the second largest industrial base. In order to solve the problem of the serious mismatch between the industrial construction needs and the layout of higher engineering universities as well as the problem of the combat readiness in the

西安交大校史馆的资料,记载了当时全国诸多重要高校西迁西安的原因:

西安的高校要和西安国家第二大的工业基地相匹配。

第三是国际形势的需要。20世纪50年代中期，国际形势风云突变，东南沿海骤然吃紧，按毛泽东的话来说，战争随时都可能发生。当时全国188所高校，51%都集中在沿海城市，特别是北京和上海。形势所迫，中央决定再行对部分重要高校内迁，而内迁的第一选地仍然是中国高教基地的西安。至此，又有许多高校合并西安，改建西安，迁往西安。就连中国的大牌名校，上海的顶级高校交通大学，也因中央的决定，整体内迁西安。这一次的内迁，再行壮大了西安的高校队伍，强化了西安的高教基地，同时，还为西安迁来了一个领军西部的中国名校。

第四是文化传承的需要。北京是中国的政治之都，上海是中国的经济之都，西安是中国的文化之都。而高等教育无疑是文化的重要组成部分。西安创造了中国数千年的灿烂文化，创建了世界上最早的国立大学，是中国高等教育的发祥之地。中央深知，西安的文化是中国的独有财富，需要传承，需要发扬。如何传承西安辉映世界的千年文化？中国的高等教育基地，即是国家多项重要举措中的其中一项。北京、上海、西安，中国的政治、经济、文化三大之都，又联手了中国的高等教育三大基地，必将从不同的形态平台，促进中国高教事业的更快发展。

那么，作为与北京、上海共享"中国三大高教基地"名号的西安，在中国众多的城市中，是否名至实归，领先超前了呢？下边将以官方的数据，对此作以具体的讲述。

第三节　西安高校　本科数量位列全国第二

衡量一个城市的高等教育，不外乎两个方面：一是高等院校的数量，二是重点院校的多少。数量代表了高校的规模；"重点"则彰显了高校的实力。

西安的高校数量，若论在全国的排名，最权威的依据首先是教育部公布的全国各地高校数量。不过，在此需要说明三点：第一，本讲所涉及的各城市高校数量，仅限于本科高校，因为国家在历次重点高校评定中，只针对本科高校，高职也即专科均不在范围之内，故无法进行同类别的对比，且本科高校更能衡量一个城市的高教实力。第二，本讲所涉及的高校数量，不仅包括地方高校，也包括军队高校，因为，教育部的高校数量，并未包括各城市的军校，而军校无疑是城市高校数量的必然组成部分。第三，本科高校数量稳定，除极个别的合并或专科升为本科外，各城市本科高校数量包括教育部连续发布多年的本科高校数量几乎不会有任何变动。

2022年的7月1日，国家教育部官网公布了经资格审定后的全国普通高校名单。截至2022年6月30日，全国在册的本专科高校共有2759所，其中本科高校1270所，高职院校1489所。按照以上数据，全国本科高校数量最多的十大城市分别是：第一名北京67所，第二名武汉46所，第三名西安44所，第四名上海40所，第五名广州37所，第六名南京34所；第七名天津31所，第八名成都29所；第九名是并列的杭州和沈阳，各为28所。上述排名，虽然西安的高校数量位居全国第三，但是正如前边所说的，以上教育部的数据，仅仅只包括了地方高校，而全国各城市的军队高校，则统统都没有包括在以上的数据之内。

再看军校的官方公布。早在2017年的12月，中央军委就已经公布了经军改后的军队高校名单。根据名单，全国共有包括中央军委以及连同武警在内的六大军种所属的各类军队高校共计43所。其中北京第一有7所，西安次之有6所，第三是天津有4所，再下来的南京、武汉各有3所，再下来的重庆、大连各有两所，剩余的16所，则分布在全国各地的16个大中城市，每城市各有一所。以上各城市军校的数量，西安仅仅和北京相差了一所。

下边，我们再把以上教育部公布的地方高校和中央军委公布的军队高校加起来进行计算，全国高校数量最多的十大城市名单如下：第一名没有悬念，是全国最大的高教基地北京，共74所；第二是西安，共50所；第三是武汉，共 49 所；第四是上海，共 41 所；再下来的都在 40 所以下：即第五名的南京和广州，各 37 所；第七名的天津 35 所；第八名的成都 30 所；第九名的杭州 29 所；第十名的重庆 28 所。综上所看，全国拥有本科高校 50 所以上的城市，只有北京和西安。很显然，如果只算地方高校，西安排名全国第三，地方高校和军队高校都算，西安则排名全国第二。请看以下各城市高校数量列表：

全国本科地方高校、军队高校数量前十大城市排序一览表

排名	城市	地方高校	军队高校	合计
1	北京	67	7	74
2	西安	44	6	50
3	武汉	46	3	49
4	上海	40	1	41
5	南京	34	3	37
6	广州	37	0	37
7	天津	31	4	35
8	成都	29	1	30
9	杭州	28	1	29
10	重庆	26	2	28

以上全国本科高校数量前十大城市西安的排序可能让部分人感到有些意外，其实这很正常，因为网上发布的、网友传播的、人们得到的高校信息，都是年年教育部发布的注册数据，由于是来自于官方，致人们深信不疑。但很重要的一点是，军校不在教育部归属，故教育部的数据不包括军校。然而，西安的军校恰恰是西安高校的优势！没有军校，让西安的高校数量少了一个类别：全国共有 43 所军校，其中北京 7 所，西安 6 所，而北京和西安的军校加起来即占到了全国 43 所军校的百分之三十三。

第四节　西安高校　重点数量排名全国前三

上节说的是全国高校数量排名的十大城市，但数量多，不代表实力强。在中国，衡量一个城市高校实力的特有标志就是"重点"，看你是否有重点？看你重点有多少？而且，重点高校，不是由教育部决定，而是由中共中央，国务院拍板，评定不是一评定永久，而是在不断调整变化的。

从1959年到2017年，国家共进行了13次各类高校不同名称的重点评定，其中有四次的"重点高校"，有六次的"211工程"，有两次的"985高校"，有2017年时间最近的"双一流大学"。时间跨度长达60年的十多次重点评定，作为西安，除一次排列第四外，其它每次都排列全国的前三位。

以下是全国先后十多次重点高校评定的具体情况：

1959年3月22日，中共中央首次发出了《关于在高等院校中指定一批重点院校的决定》，该《决定》以中央的名义在全国范围内"指定"了16所高校为首批国家重点高等院校，在全国引起了极大地轰动。其中，北京9所、上海4所、西安1所（即西安交大）。剩余两所为天津大学，哈尔滨工程大学。中国的首批重点高校，西安即并列全国第三。

1959年8月，中央确定再增补4所重点高校，至此，全国重点高校增加为20所。其中，北京10所，增加了1所；上海4所，不增不变；西安3所，一次性增加了两所。全国共新增补的4所重点高校西安即占了一半（西军电和四医大）。20所重点剩余的3所为，哈尔滨2所、天津1所。经过本次新增，西安不再并列，单独位居全国第三。

1960年，中央第三次重点评定，全国重点高校增加到64所。其中，北京26所、上海7所、西安4所（西交大、西工大、西军电、四医大），南京、武汉、广州各3所，天津、大连、长春各2所，其余12个涉及的城市皆为1所。西安继续单独位居全国第三。

1959年全国20所重点高校名单			
城市	重点数量	学 校 名 称	现学校变更情况
北京	10所	北京大学	未 变
		清华大学	未 变
		中国人民大学	未 变
		北京工业学院	现为北京理工大学
		北京航空学院	现为北京航空航天大学
		北京农业大学	未 变
		北京师范大学	未 变
		北京医学院	现为北京大学医学部
		北京协和医科大学	现为北京协和医学院
		中国科学技术大学	1970年从北京迁往合肥
上海	4所	复旦大学	未 变
		上海交通大学	未 变
		华东师范大学	未 变
		上海第一医学院	现为复旦大学上海医学院
西安	3所	西安交通大学	未 变
		中国人民解放军通讯兵学院	现为西安电子科技大学
		中国人民解放军第四军医大学	现为空军军医大学
哈尔滨	2所	哈尔滨工业大学	未 变
		中国人民解放军军事工程学院	现为哈尔滨工程大学
天津	1所	天津大学	未 变

1959年全国仅有的20所重点高校

1990年，国家在原所有重点的基础上又重新精选出重点建设的高校15所。其中北京9所、上海2所、西安2所（西交大、西工大）、哈尔滨、合肥各1所。本次评定，全国仅仅精选了15所高校，西安首破记录，和上海一起并列全国第二。

1995年12月，中共中央国务院下发的《中国教育改革和发展纲要》提出了面向21世纪，重点建设100所高等学校和一批重点学科，简称"211工程"，并公布了首批211工程高校16所。其中北京6所、上海2所、西安2所（西交大、西工大）、天津2所，哈尔滨、南京、杭州、合肥各1所。全国首次的211高校评定，西安又一次并列全国第二，但本次的第二，是和上海、天津两个直辖市一起并列的。

1995年后，国家连续公布了第二批、第三批、第四批、第五批211工程高校名单，前后五次共计211高校达到了112所。其中北京24所、上海10所、西安8所、南京8所、武汉5所，天津、成都、广州、长沙、哈尔滨各4所，其余的均为1到2所。整个112所211高校，西安又是全国第三，本次与南京并列。

1998年5月，江泽民在北京大学建校100周年大会上的讲话中提出，要确定一批中国重点高校，创建世界级的高水平大学。因为提出的时间是1998年5月，故简称为"985工程"。985高校，1998年首批仅确定了9所，其中北京2所、上海2所、西安（西安交大）、南京、杭州、武汉、合肥、哈尔滨各1所。这是中国最顶级的高校群体，全国只有9所，西安仍然仅次京沪。

1998年之后2000年、2001年、2002年，国家分别又确定了第二、第三、第四批985高校共30所，加上1998年第一批的9所，全国985高校共计39所，985高校的总数西安排名全国第四。

2017年，中国正式开始实施"建设世界一流大学和世界一流学科"的最新国家战略，简称"双一流建设"。并于2017年9月发布了"中国建设双一流大学"的高校名单，教育部并在其官网上宣布了把211和985工程重点建

第七篇章　西安　得天独厚的高校基地

设项目统筹为"双一流"建设。自此，全国共有36所大学入选A类双一流，倍受整个社会的关注。其中北京8所、上海4所、西安2所（西交大、西工大）、长沙、天津、南京、武汉、广州、成都各2所，其余10所985高校的所在城市各为1所。国家最新战略的的A类"世界双一流"36所大学，西安继续并列全国的第三。

除以上八次重点高校的评定之外，中国还有一个贯穿始终最能反应高校地位的特殊标志："副部级大学"！这是中央对全国共计900多所公办本科高校中极少部分在国家战略中处于核心地位，在国际领域中具有相当影响力的高校给予的特殊待遇，而其他所有公办院校一律都为正厅级或副厅级。副部级高校凤毛麟角，仅仅只有32所，其学校由中央管辖，校长由中组部任命，是中国最牛气的高校群体。32所副部级高校，其中北京7所、上海3所、西安（西交大、西工大）、天津、南京、武汉、长沙各2所，其余的重庆等11个城市各为1所。在中国级别最高、最为特殊、最受羡慕的副部级高校群体中，西安仍然并列全国第三，如下表所示。

全国32所副部级高校分布城市一览表

所在城市	序号	学校名称	入选时间	所在城市	序号	学校名称	入选时间
北京	1	北京大学	第一批（1992年）	武汉	18	武汉大学	第二批（2000年）
	2	清华大学	第一批（1992年）		19	华中科技大学	第三批（2003年）
	3	中国人民大学	第一批（1992年）	长沙	20	中南大学	第三批（2003年）
	4	北京师范大学	第一批（1992年）		21	国防科技大学	第一批（1992年）
	5	北京航空航天大学	第一批（1992年）	杭州	22	浙江大学	第二批（2000年）
	6	北京理工大学	第一批（1992年）	重庆	23	重庆大学	第三批（2003年）
	7	中国农业大学	第一批（1992年）	广州	24	中山大学	第二批（2000年）
上海	8	复旦大学	第一批（1992年）	吉林	25	吉林大学	第三批（2003年）
	9	上海交通大学	第一批（1992年）	成都	26	四川大学	第二批（2000年）
	10	同济大学	第三批（2003年）	合肥	27	中国科学技术大学	第一批（1992年）
西安	11	西安交通大学	第一批（1992年）	哈尔滨	28	哈尔滨工业大学	第一批（1992年）
	12	西北工业大学	第一批（1992年）	济南	29	山东大学	第三批（2003年）
	13	西北农林科技大学	第三批（2003年）	厦门	30	厦门大学	第三批（2003年）
天津	14	天津大学	第二批（2000年）	大连	31	大连理工大学	第三批（2003年）
	15	南开大学	第二批（2000年）	兰州	32	兰州大学	第三批（2003年）
南京	16	南京大学	第二批（2000年）				
	17	东南大学	第三批（2003年）				

以上国家对地方高校的重点评定共有九次。另外中央军委于"九五"期间也在全军的 80 多所军校中确定了 25 所"2110 工程"的重点建设军校（相当于地方高校的 211 工程，简称 2110）。尽管经过 2017 年军改的大量撤并，但西安至今仍有 4 所完整保留下来的"2110"；同时，中央军委又在当时的 80 多所军校中精选了全军重点建设的五大军校，被誉为军校中的"985"，其中西安即拥有一所：空军工程大学。

中国地方高校和军队高校先后共有过十多次的重点大评定，西安有国家评定的 211 高校 8 所，985 高校 2 所；有军委评定的军队"211" 4 所，军队"985" 1 所。把地方高校的 10 所 211、985 和军队高校的 5 所 211、985 加在一起计算，毋庸置疑，西安在全国重点高校的数量早已超越了仅仅是地方重点高校"并列第三"的概念了。

正是因为西安的高校实力，才培养出了大量的国家栋梁。仅以 2020 年年末有关机构出炉的中国近十年来惊爆世界的 35 项"大国重器"的总设计师为例，也即"歼 20""直 20""运 20""轰 20""空警 500""天宫一号""嫦娥五号"等 35 项大国重器的总设计师，其中就有 18 项的总设计师都是西安的 985、211 高校的毕业生！占到了 35 项"大国重器"总设计师的半壁江山还要多！

从以上全国高校排名前十大城市名单中，很明显可以看出一个问题：名单上的城市，除过西安，全部都是东部城市和南方城市，唯独西安地处西部、地处北方、地处相对欠发达地区。但是，她却是中国国防产业的聚集之地，却是中国文化厚重的千年古都，却是中国东西南北的腹地中心，且远离北京和上海两大全国高教基地，故依照当时国家东西部的战略布局，西安成为中国的第三个高教基地，完全是具体国情的需要，是宏观发展的必然。

第二讲
西安　中国第二的军事学府基地

中国的地方高校和中国的军队高校都是中国宝贵的战略资源，而军队高校更是直接为军队服务的，为军队培养人才的，作为战略资源则相对更为稀缺，责任更为重大。新中国成立之初，大批的军队院校，有的需要重组、有的需要搬迁、有的需要扩大，更何况当时正处冷战对峙，风云多变的国际形势之下。军队院校在全国如何布局？如何建设？是分散？是集中？是原地不动？还是点面结合、众星捧月？不论最后定的是个什么样的结果，这都是当时国家绝对的重大战略决策。而作为西安，以自己独有的诸多优势，成为了这一决策的最大受益者。她既是中国优势独具的地方高校基地，又是中国第二的军事学府基地，聚集了众多中国最优秀的军队高校群体，不仅数量多、占比大，而且门类全、范围广，而且大多都是中国的独此一家，大多都是各大军种的顶尖高校。

第一节　北京与西安　全国最大的军事学府聚集地

中国军队的高校布局，从总体来讲，也算遍布全国，共涉及了23个省和直辖市；从具体上来看，则又轻重不一、数量悬殊。按西安人的话来说，中国的军校也喜欢扎堆,也喜欢聚集在文化底蕴厚重的地方。中国的高等教育有三大基地,北京、上海和西安,而中国军队高校的聚集中心,则只有两个,除了北京,就是西安,北京军校最多,西安军校第二。

既然中国的军校遍布了全国的23个省和直辖市,其中又形成了两个军校的聚集中心,那么,中国的军校究竟有多少?北京和西安又各是个什么概念呢?这个问题是个动态的,是分阶段的,只能按2017年的"军改"来分段划分。主要分为两个阶段,一长一短,即2017年的军改之前和2017年的军改之后。

2017年之前,中国军队的结构体制是,中央军委下辖四大总部,分别是总政治部、总参谋部、总后勤部、总装备部,简称总政、总参、总后和总装;下辖五大军种,分别是陆军、海军、空军和二炮,武警是双重管理,既归军委,又归国务院;下辖七大军区,分别是北京军区、沈阳军区、南京军区、广州军区、济南军区、成都军区、兰州军区。以上中央军委、四大总部、五大军种、七大军区都分别设有各自数量不同的军队院校。如国防大学归军委、政治学院归总政、通讯学院归总参、军医大学归总后、坦克学院归总装、军种的学校归军种。最为特别的是,中国军队几十年来一直是陆军为主,但恰恰唯独陆军没有自己的"陆军"名号,没有自己的陆军司令部,故陆军的军校,分别都隶属于各大军区。特殊的军队体制,形成了军委、总部、军种、军区四大版块十多个系统的军校分支,十多个不同的管理体系。而且军校的娘家互不隶属,各自为政,没有统一的学校管理中枢。这一中国军校特有的结构体制,从新中国建立之初开始,一直持续了半个多世纪,直到2017年的中国军队改革。

2016年1月2日,中共中央发出了《关于深化国防和军队改革的决定》,决定要求:2016年要组织实施中国军队规模结构、作战力量体系、军队院校、武警部队的改革,年底之前,要完成阶段性的改革任务。

中国军队史无前例的重大改革,给中国的军校也带来了史无前例的重大变化：娘家更换、分类重组、整合归并、缩小规模，以及从多体系的管理改变为军委军种的两级管理。可谓名副其实的伤筋动骨，改头换面。

然而，虽然军改是大手术，虽然军改对军校伤筋又动骨，但始终都没有改变北京、西安两大军校基地的地位。军改前，北京是第一、西安是第二；军改后，西安是第二、北京是第一。而且，军改后更使两大军校基地的地位得到进一步的强化，北京和西安两个城市军校的数量竟然占到了全国所有军校的三分之一！更需要强调的是，军校和地方高校的情况大不一样，地方高校基地，第一较第二的数量遥遥领先。而军队高校基地，北京与西安的数量几乎没有差别，仅仅只多出来"半个"学校。

细数中国军改的前前后后，西安作为全国第二的军事学府基地，情况始终如一。不仅数量占比大，而且位显分量重。不论是军委直属的，不论是四大总部的，不论是各大军种的，相当比例的顶尖院校都设在了陕西的西安。

第二节　中国军改前　西安军校占全国的十分之一

上一节只讲到北京和西安是全国最大的军校基地，只讲到北京和西安的军校数量占到全国的三分之一。但对全国、北京、西安的具体军校数量却丝毫未曾涉及。本节的内容，不仅要涉及全国军校的多少，而且要涉及北京和西安的比例，而且要列出数量排前的八大城市，要对各个军校所属的部门、军种、大军区一一予以细分，逐城进行对比。

军队高校和地方高校一样，哪个城市学校多？哪个城市学校好？哪个城市好学校的数量多？这些都是关心军校的人们最想搞清楚的问题，但却从来都是众说纷纭、概念不一，特别是2017年的军改之前。而本节所涉及的军校数据，则来源于2017年之前中国的最后一次军校整合，即2011年8月12日中央军委召开的全军第16次院校会议对全国军校的最终核定名单。故无须质疑，这里的数据和名单，源自于官方，是完全公正的、准确的、可信的。

2017年军改之前，全国共有军校67所。按学校的归口管理划分，可分为13个板块，即军委、总政、总参、总后、总装、海军、空军、二炮、四大军区以及武警部队。其中军委直属的学校2所，为国防大学、国防科技大学；总政的学校有3所，分别为西安政治学院、南京政治学院和解放军艺术学院；总后的学校有9所，分别为后勤指挥学院、后勤工程学院、第二、第三、第四军医大学以及汽车、交通、经济等学院；总装的学校有5所，分别由装备指挥学院及装甲兵、军械学院和士官学校组成；总参学校最多，达到18所，除信息工程大学、理工大学外，其余的16所学校分别由陆军军种和炮兵、陆航、防空、防化、通信五个兵种的院校以及外语学院、国际关系学院组成；军种的学校有：海军8所、空军15所、二炮3所，以及北京军区、兰州军区、南京军区、成都军区分别所辖的陆军院校各为1所。综上合计，即为2011年军校整合后人们通常所说的67所军校。再加上武警部队当时经核定保留的14所学校，全国共有各类军校81所。

以上的军校分类，细心人可能会一眼看出，各大军种的学校都有自己独立的板块，独立的上级，唯独只有陆军的军校，分别归辖在总参谋部和北京、兰州、南京、成都四大军区，把本应由一个陆军总部管辖的陆军院校，分解为了五个互不隶属的"娘家"管理。

整个中国的81所军校，分布在全国的4个直辖市、15个省会城市以及16个省会之外的城市，加起来共计35个大中型城市。其中的哪些城市军校多？哪些城市军校少？哪些省会是空白？从相关的名单看，各军校的所在城市都写的一清二楚。在这里，仅仅依照名单，排出军校数量最多的前八大城市，让人们有一个明晰的参照和比较：北京11所、西安8所、武汉6所、南京5所、石家庄4所、蚌埠4所、天津3所、重庆3所。以上的前八大城市，共占有军校45所，涉及3个直辖市、4个省会城市、1个地级城市。剩余再有9个城市分别各占2所，18个城市分别各占1所。西安的8所军校分别为：总政所属的西安政治学院；总后所属的第四军医大学；总参所属的西安通信学院；二炮所属的二炮工程大学；陆军所属的西安陆军学院；空军所属的空军工程大学，以及空军第二飞行学院；以及武警所属的武警工程大学。可谓涉及的板块最全，涉及的门类最多。

8比81，"西安军校占到全国的十分之一"，但北京是第一，西安次于北京，位列第二。不过需要说明，不论是第一第二的北京西安，还是前八的其他城市，以及只有一所两所军校的诸多城市，这里军校的排名及数字，统统都是过去式。中国的军改，将使中国所有的军校都面临着一次大洗牌，大重组。占有军校多的城市，请不要沾沾自喜；占有军校少的城市，都还有变化的机遇。总之，军改揭牌之后，才能最终定位，各个城市的军校资源，谁，到底是个什么概念？谁，到底扮演了什么样的角色？

第三节　　中国军改后　西安军校占全国的七分之一

中国的军改，改变了中国的军校，也改变了西安军校在全国的所占比例。

2017年之春，史无前例的中国大军改，一次性地取掉了军委的四大总部，换成了15个职能部门；撤销了原有的七大军区，设置了全新的五大战区；提升了二炮的地位，命名为中国火箭军；理顺了陆军军种，组建起独立的陆军司令部；新增加一大军种，名称为战略支援军；重新定位了武警的军队性质，从原来的国务院隶属改变为现在的中央军委统管。

军改带给军校的变革主要体现在四个方面：一是划类归并，根据军改的最新构架格局，对现有的学校进行划类，在划类中进行归并重组；二是科学调配，在不增加新校的基础上，为新独立的陆军、新成立的战略支援军调配学校、调整院系；三是更换娘家，对原四大总部所属的30多所学校，除调配新军种的外，全部更换娘家，集中转隶交由军委的新部门"训练管理部"统一进行管理；四是缩减规模，在划类归并中，在科学调配中，撤校、并校、设置分校，最终，达到总量规模上的大裁减。原来的81所军校，这次就剩下了43所。而且，所有的军校，统归为了两大部分：中央军委和六大"军"种。

43所军校的分类构成，其中军委直属2所，即国防大学和国防科技大学。其余的为：陆军12所、海军8所、空军10所、火箭军3所、战略支援军2所、武警部队6所。43所军校，其中大学13所，学院27所，专科性质的士官学校4所。43所军校是从原来的81所裁减而来，那剩余的38所军校是如何的去路呢？去路主要有两条，大部分合并，小部分裁撤。仅国防大学和国防科技大学两所学校，就在本次合并中一次性"吃"掉了包括总政、总参、总后、总装、武警等在内的相关学校共计11所。其中极个别被设置为分校，大部分则变为了内设院系。就连屡次裁减争议最大的正军级解放军艺术学院，本次也一并被国防大学收编，成为了该校的二级学院。

本次军改军队院校的名单同时公布出了43所军校的所在城市，公布出了各个城市的学校数量。其中：北京7所、西安6所、天津4所、南京3所、武汉3所、重庆2所、大连2所。剩余的16所，上海、长沙、合肥、杭州、成都、郑州、南昌、长春、石家庄、哈尔滨以及非省会城市的青岛、徐州、桂林、烟台、蚌埠、潍坊各为1所。西安的6所军校分别是：陆军边海防学院、空军飞行学院、空军工程大学、空军军医大学、火箭军工程大学、武警工程大学。其中有大学4所，学院2所。

西安军改前的8所军校，军改后变为了6所。但另外的两所去向颇为幸运：一所原总参的西安通信学院，并入了军委的国防科技大学；一所原总政的西安政治学院，有幸被设为了军队最高学府国防大学合并后政治学院仅有的一个"分校区"——国防大学政治学院西安校区。

全国43所军校分布城市一览表

城市	序号	院校名称	隶属单位	是否是五大重点军校	是否是军改保留的"2110"重点军校
北京	1	国防大学	中央军委		
	2	陆军装甲兵学院	陆军		是（即原装甲兵工程学院）
	3	陆军航空兵学院	陆军		
	4	陆军防化学院	陆军		
	5	空军指挥学院	学院		是
	6	战略支援军航天工程大学	战略支援军		
	7	武警部队特种警察学院	武警		
西安	8	陆军边海防学院	陆军		
	9	空军工程大学	空军	是	是
	10	空军西安飞行学院	空军		
	11	空军军医大学	空军		是
	12	火箭军工程大学	火箭军		是
	13	武警部队工程大学	武警		是
天津	14	陆军军事交通学院	陆军		
	15	海军勤务学院	海军		
	16	武警部队指挥学院	武警		
	17	武警部队后勤学院	武警		
南京	18	陆军工程大学	陆军	是	是
	19	陆军指挥学院	陆军		是
	20	海军指挥学院	海军		
武汉	21	海军工程大学	海军	是	是
	22	空军预警学院	空军		是（即原空军雷达学院）
	23	火箭军指挥学院	火箭军		

续表

城市	序号	院校名称	隶属单位	是否是五大重点军校	是否是军队十大"2110"重点军校
重庆	24	陆军军医大学	陆军		是
	25	陆军勤务学院	陆军		
大连	26	海军大连舰艇学院	海军		是
	27	空军通信士官学校	空军		
上海	28	海军军医大学	海军		是
长沙	29	国防科技大学	中央军委	是	是
合肥	30	陆军炮兵防空兵学院	陆军		
杭州	31	武警部队士官学校	武警		
成都	32	武警部队警官学院	武警		
郑州	33	战略支援军信息工程大学	战略支援军	是	是
南昌	34	陆军步兵学院	陆军		
长春	35	空军航空大学	空军		是
石家庄	36	空军石家庄飞行学院	空军		
哈尔滨	37	空军哈尔滨飞行学院	空军		
青岛	38	海军潜艇学院	海军		
徐州	39	空军勤务学院	空军		
桂林	40	陆军特种作战学院	陆军		
烟台	41	海军航空大学	海军		
蚌埠	42	海军士官学校	海军		
潍坊	43	火箭军士官学校	火箭军		

全国军改后的43所军校，北京第一、西安第二，北京7所、西安6所。但是西安的6所之外，还有一所国防大学的西安分校，虽然它只是国防大学的分校区，但对于西安来说，它仍然是一所和其它6所军校一样的单独军校。如果戏言比之，西安仅比北京少了"半个"学校。6.5所比43所，军改之后，西安的军校占到了全国比例的七分之一以上。军改使全国的军校几乎裁减了一半，而西安的比例则不降反升！

这一次的军改、这一次的军校重组，为全国有志于报考西安军校的考生，创造了一个大大的利好。原来报考西安政治学院，毕业证写的是西安政治学院，现在报考西安政治学院，毕业证写的是中国国防大学；原来报考西安陆军学院，分配的范围是兰州军区，现在报考西安陆军学院，分配的范围是全国各地；原来的优等生上火箭班，报考的是重点大学，现在的优等生上火箭班，可以专来西安报考西安的火箭军大学。哈哈，嚓得很！西安军校的军改，最为高兴的，莫过于钟情西安军校的全国考生。

军队高校和地方高校一样，人们不仅需要数量，而且还需要"名气"。西安作为中国第二大军事学府基地，其军校的专业、军校的类别、军校在本板块的价值、军校在全中国的地位，都是人们普遍关注的问题。下一节，将以12个选项作为参照，进行分别比较，与所有热爱西安的人们共同分享。

第四节　分类对比看　西安占据了各类军校制高点

军改后的西安，共有6.5所军校，听起来似乎不是太多，但是，占到了全国的七分之一，与中国第一大军事学府基地的北京，仅仅差了"半个"学校。然而，西安军校的档次如何呢？西安军校的地位如何呢？这个问题，我们不妨选取军改前和军改后的两个时间段，推出12个选项，来一个全面、简明地逐项类比，看一看西安的军校是什么概念。相信，任何一个不太了解些西安军校情况的人，看了后一定会心中自明，疑云顿开。

总政仅有3所学校，是中国军队政治和艺术的顶级学府：西安政治学院、南京政治学院、解放军艺术学院。其中西安拥有1所——西安政治学院，占了三分之一。

二炮仅有3所学校：二炮指挥学院、二炮工程大学、二炮士官学校。其中西安拥有1所——二炮工程大学，占了三分之一。

空军共有10所学校，其中西安拥有3所——空军工程大学、空军军医大学、空军西安飞行学院，占了三分之一。

43所军校中仅有13所大学，其他均为学院以及士官学校，其中西安拥有四所大学——空军工程大学、空军军医大学、二炮工程大学、武警工程大学，占了三分之一。

七大军区仅有4所学校：北京军区的石家庄步兵学院、兰州军区的西安陆军学院、南京军区的南昌陆军学院、成都军区的昆明陆军学院。其中西安拥有1所——西安陆军学院，占到了四分之一。

军改后共有16所"2110"重点院校。其中，西安拥有4所——空军工程大学、二炮工程大学、武警工程大学、第四军医大学，占到了四分之一。

全军在"2110"重点院校中又精选出重点建设的5所综合大学：国防科技大学、海军工程大学、空军工程大学、信息工程大学和解放军理工大学。其中西安拥有1所——空军工程大学，占到了五分之一。

全国排出十大军队名校，其中西安拥有2所——空军工程大学、火箭军工程大学，占到了五分之一。

武警共有6所院校，其中西安拥有1所——武警工程大学（在上次军校整合中将西安武警指挥学院并入武警工程大学），占到了六分之一。

国防大学除了北京的校本部之外，在其它城市仅仅设有两个校区，一个是设在石家庄的中国人民解放军国防大学参谋学院，一个是设在西安的中国人民解放军国防大学政治学院西安校区。两个在外的校区其中西安拥有一个，占到了二分之一。

全军共有六大军种，不论哪个军种无一例外，都有 1 所以自己军种命名的工程大学。工程大学是该军种的综合大学，是该军种的顶尖院校，级别最高，地位最显。而西安共拥有三大军种的工程大学——空军工程大学、火箭军工程大学、武警工程大学，足足占了六大军种工程大学的二分之一！

把军改前和军改后拉到一块来说：全国四大总部、六大军种、七大军区、共 17 个类别，西安除了不靠海，没有海军的学校；除了战略支援军是新组建，没有战略支援军的学校；除了总装备部因故没有在西安设立学校外，17 个类别中的 14 个类别，西安的军校，样样不空、样样全有。

中国有 43 所军队院校，中国有 300 多个大中城市，而西安一家独占了这全国军校的六分之一、五分之一、四分之一、三分之一，以及比重最大的二分之一，充分说明了西安军队高校在全国军队高校中举足轻重的特殊地位。

中国第二的军事学府基地，同样没有什么国家的批复任命，只是在建设规划时的国家布局而已。也许会有人说，军队高校再多，和地方有什么关系？当然有关系，作为中国第二的军事学府基地，它能彰显西安的地位，能提高西安的含金量，能聚拢全国的科技人才，能促进西安的发展建设，而且，更能为西安市民带来诸多的实惠和利益。

第三讲
西安　中国民办高校的领军城市

当今的中国，高等教育不外乎三大板块：一块是公办高等教育，一块是军队高等教育，一块是民办高等教育。论公办高校，西安是中国仅次京沪的高校基地；论军队高校，西安是中国第二的军校基地；论民办高校，西安也走在了中国的前列，否则，"西安得天独厚的高校基地"就是一句空话，就是一个瘸腿。中国的民办高校，从最初的改革开放兴起，到如今的三大板块之一，西安就一直是中国民办高校的发展样板，就一直是中国民办高校的领军城市。

第一节　中国民办高校的"西安奇迹"

西安的民办高校，是与中国的改革开放共步而行一路走过来的。直到进入21世纪，在近20年的时间里，西安的民办高校，一发而不可收，犹如烈火燎原，越烧越火、越烧越旺。2001年10月25日，《中国教育报》的记者慕名深入西安专程探访，并以《西安民办高校，让我看你真面貌》为题，对西安的民办高等教育作出了相关的报道：在当代中国民办教育事业发展史上，西安写出了最为浓墨重彩的一笔，让全国人民关注的目光不约而同地投向了西安。西安民办高校的快速发展、持续火爆，各项指标名列全国前茅，被世界称为了"西安现象"，被专家誉为了"西安奇迹"……。以上《中国教育报》中报道的"西安现象"、"西安奇迹"，它们的形成和出现，统统都是在进入21世纪的2001年之前。

除了《中国教育报》，还有诸多的全国媒体，纷纷汇集西安，了解"西安现象"，探寻"西安奇迹"。梳理一下当时的文章报道，方才得知，西安的民办高校之所以"火"，原来是火在了以下的四大要素。

第一是西安人的恋教情节——西安是文化之都，教育名城，不论为官做民，都有着浓烈的教育情结。西安民办高校的第一把火，烧在了1983年，即在当时的省政协会上，西工大的教授提议在原培华女校的基础上创立民办"培华女大"。仅仅3个月之后，西安培华女子大学即获准成立。仅仅4个月之后，时任中共中央政治局委员、书记处书记的习仲勋即在北京专门会见了培华的校长，赞扬了培华的创举。培华女大的成立以及中央领导的重视，燃起了西安恋教人士的创教激情。1987年，西安外语学院的教研室主任丁祖诒，毅然辞职下海，创办了西安翻译学院。其核心队伍中，同样还有两个来自西安高校的教师，一个叫黄藤，一个叫胡建波。但在仅仅一年之后，黄、胡二人双方因故退出，离开了已经成形的"西译"，共同创办了西安外事学院。又是仅仅一年之后，胡建波因故退出，离开了已经成形的"西外"，创办了西安欧亚学院。几乎是在同一时期，同样是教师出身的任万钧，创办了西安的西京学院。20多年前西安的这五所民办高校，其创办人都是西安的大学教师，都是西安的恋教痴迷，都是西安教育界一条道路走到黑的倔人。而他们创建的民办高校，不仅在西安催生了一大批兄兄弟弟，而且，作为西安的标杆样板，后来都成为了中国民办高校的领军巨头。

第二是陕西省的超前政策——要想办好民办高校，不管你再痴迷恋教，再一条道路走到黑，若没有官方的支持，那是绝对不行的。西安民办高校的红火，离不开陕西官方的浇油。陕西省早在1996年，就颁布了全国最早的

《陕西省社会力量办学条例》；1999年，又下发了全国首个《关于加强全省民办高校党组织建设及思想政治工作的意见》；2000年，又出台了全国领先的《关于进一步办好高等教育的决定》，规定了在诸多方面民办高校与公办高校可享受的同等待遇，给西安的民办高校撑硬了腰杆。省委省政府对民办高校的重视，陕西省教育厅的官员感触最深，曾不止一次地公开说：省上领导态度明确，民办高校只要符合条件，要一路绿灯，快批多批，要树立民办高校的西安品牌。以至于教育厅还专门召集了部分公办高校的老同志召开动员会，号召大家：切莫让自己的才华受委屈，退了休没事干，不如创办一个学院，既可以发挥余热，又可以当一当老板，岂不名利双收，两全其美。

第三是教育厅的温馨管理——省上的教育厅是民办高校的直管部门，省城的民办高校办的好不好，与他们有着直接的关系。陕西省教育厅在西安民办高校的创办初期，采取的政策一直是，不搞管、卡、压，只做帮、扶、助。民办高校是新生事物，有了困难助一下，跌了一跤扶一下，出了问题帮一下，为民办高校的发展创造了一个极为宽松的环境。曾有一位民办高校的院长，开玩笑地问一位教育厅的官员："怎么不来我们学校看一看，管一管呢？"这位官员也开玩笑地回答："不来，说明你们没有问题没有困难，不需要我们管。有问题有困难了，我们自然会来，自然要管。至于看，就不用看了，看了还要管饭呢。"听一听，"媳妇"与"婆婆"，这一问一答，是多么的融洽，多么的温馨。

第四是创办者的义无反顾——谁能想象得到，在2004年国家的《民办教育促进法》出台之前，相关政策的规定是："社会力量办学的一切资产都归国家所有。"呵！那民办学校的新校区、教学楼都是由谁花钱投资呢？但当时西安民办高校的创办人为了学校的发展，个个义无反顾，赌就赌一把，若是政策改变，就算投资投对了；若是政策不变，就算贡献国家了。反正新校区非建不可，因为学校需要、学生需要！当时，西译的丁祖诒在全院大会上宣布了建设新校区的决定后，顿时欢声雷动，数千名学生自发起立，共同唱起了红高粱:"院长你大胆的往前走,莫回呀头……"歌声震天响,直唱得丁祖诒热泪盈眶。西安民办高校的义无反顾,回报的是学生的连连爆满。曾记否,当年的"西译"计划只招3000人,谁能想到,前来报名的超过了2万人;当年的"西京"计划只招6000人,谁能想到,拥到学校的高达1万多……火爆的场面,致使多个院校增雇大轿车,一车一车地为其它新建的兄弟学校转送生源——西安民办高校,明知有竞争,却都在大义之下,偏帮竞争忙!如此的"西安现象"、"西安奇迹",吸引了全国诸多的大中城市,纷纷前往西安,参观考察,取经学习。

西安的四大要素,烧出了"全国民办高校的西安发展最火",而全国民办高校的西安发展最火,又烧出了"全国民办高校的西安数量最多"。

第二节 中国民办高校的西安数量

1983年,西安的第一把民办大火,不仅烧出了西安的"培华"、"西译",烧出了西安的"外事"、"欧亚",烧出了西安的"西京"、"思源"等诸多风云中国的民办高校,还烧出了全国最多的西安民办高校庞大群体。把光耀中国的西安现象、西安奇迹继续带入了21世纪。

千万莫要小看民办高校,民办高校虽然远不及公办高校的实力,但民办高校的最大优势,就是对所在地区人口高等教育的普及。这一作用绝对不可低估,绝对大于公办高校。谁也不可否认,一个城市民办高校越多,高等教育的普及率就越高;民办高校越多,人口中大学生的比例就越大。这是在目前的中国国情之下,公办高校绝对替代不了的。

不过,全国民办高校的数量一直以来都是一个"大约"的概念。民办高校和公办高校大不相同,公办高校其数量基本维持不变,而民办高校的数量则是增增减减变化较大。有的或因经管不善而自生自灭;有的或因严重违规而被处罚停办；还有学校的数量，特别是发展初期，今天刚刚统计完毕，明天就有了新的学校成立。总之，民办高校一个时段和一个时段的数量都不尽相同。就连教育部不同时段公布的数据信息，也都是以一个时间节点为准，来确定全国各类民办学校的名单。但是，不管哪个阶段，不管教育部的哪一次公布，西安民办高校的数量，始终都排在了全国各大城市的最前列。

2022年7月1日，国家教育部官网公布了经过最新认定的全国包括民办院校在内的普通高校名单。截至2022年6月30日之前，全国共有各类民办本专科高等院校762所，其中本科412所。按学校数量，全国民办本科高校排名前十的各大城市分别如下：

第一名武汉和西安，各23所；第二名广州15所；第三名南昌14所；第四名成都11所；第五名郑州10所；第六名重庆与石家庄并列各9所；第七名上海和合肥并列，各为8所。以上全国民办高校的十大城市，共涉及了2个直辖市，8个省会级城市。

全国民办本科高校数量前十大城市排名一览表

排名	城市	本科高校	排名	城市	本科高校
1	武汉	23	5	郑州	10
1	西安	23（20+3）	6	石家庄	9
2	广州	15	6	重庆	9
3	南昌	14	7	上海	8
4	成都	11	7	合肥	8

以上列表源自于2022年7月1日教育部官网发布的全国民办本科高校相关城市数据，其实和2019年、2020年、2021年连续三年教育部发布的以上表格中各城市的数据对比几乎都是稳定不变的，仅仅只有后边两个城市一个城市减了一所，一个城市加了一所。至于表中西安栏目的数据"23（20+

3)",指的是原西安辖区内的20所民办本科高校加上划归西安后的西咸新区所属"沣西新城大学园"内的3所民办本科高校,并特此以括号内的20+3予以注明。

虽然全国民办高校西安数量领先,但西安绝不是只要数量而不论优劣。陕西省、西安市的教育部门,对西安民办高校的设立、监管始终坚持的是高标准、严要求。符合条件,多批快批,一路绿灯;不符合条件,坚决不批,严格把关。对守规办学的,多帮多扶;对严重违规的,坚决取缔,绝不姑息。特别是在民办高校的创办之初,当时的《中国教育报》对此曾有过专门的报道:"陕西省每隔三年,都要重新审核民办学校,重新核发办学资质。仅仅两年,西安市即注销了名存实亡的民办学校30多所。"有效地保证了西安民办高校多、强、名、优的独有特色。

西安欧亚学院

西安培华学院

西安思源学院

西安西京学院

第三节　中国民办高校的西安名气

怎样才算名气大？名气大与不大究竟有个啥标准？说没标准也有标准。就像西安的兵马俑，只要全国评选十大景区，谁都不会遗漏，谁都会投这一票。兵马俑凭的啥？凭的就是它在全国享有的名气。

全国民办高校，西安名气最大。在这里，咱们不涉及西安民办高校的其他，只说西安民办高校的名气。

自从有了互联网，不仅可以秀才不出门，便知天下事，不是"秀才"的人同样可以坐在屋子里，知道天下事。当你打开电脑，搜索"中国十大民办高校"，多达数十家的各类相关网站、教育机构、评选活动，都一一弹出，展示在了页面之上。"中国十大民办高校"的不同名单，令人眼花缭乱，目不暇接。

诸如某某网的"教育年度盛典评选全国十大民办高校"；某某网的"教育年度高校总评全国十大民办高校"；某某网的"回想中国教育盛典全国十大民办高校"；某某网的"全国最具实力十大民办高校"；某某网的"全国最具人气十大民办高校"；某某网的"全国最具影响力十大民办高校"；以及其他十余家网站没有活动命名的"全国十大民办高校"评选；中国民办教育协会组织的"全国十大民办高校"评选；新华社、中央电视台指导的《中国名牌》杂志、《中国教育》杂志联办的"全国十大民办高校"评选；以及最具影响力的艾瑞深中国校友会连续16年不间断的"中国民办高校排行榜"评选，等等，可谓铺天盖地，引人吸眼，看都看不过来。

以上来源于网络的这些诸多的跨时20多年的评选活动，其"全国十大民办高校"的评选结果，虽然互不相同，各有差异，但不同之中却有一个惊人的相同：在每每的评选结果中，中国的"十大民办高校"，西安每每占比最高，最少不少于2所，最多达到了4所；最低占到了20%，最高占到了40%！而且，不同的排名，虽然"十大"顺序有所不同，但"十大"名单中西安的

2~4所学校，始终都集中在欧亚、外事、西译、培华、西京、思源6所学校的范围之内，始终都在这个圈圈之中变顺序，打转转。

更有2002年，由新浪网、择校网、中青择校俱乐部、厦门大学教育研究所民办高校研究中心联合评选的"全国十大万人民办高校"，其中，西安的西译、外事、欧亚、西京、思源五所民办高校同时入选，大比例地占到了"全国十大万人民办高校"的50%！"万人民办高校"评的就是学生的多少，而如今的西安，最大的民办高校拥有学生四万多人，整个西安民办高校的在校学生，则高达六七十万人之多，足足顶得上一个中等城市！

对于如此的"十大"评选，也许会有人说：民办高校的评选，是功利性的，是花钱买来的。此话有点道理，但又不妥。反过来想一想，如此之多的评选，每次都集中在西安的这几所学校之内，若是花钱买，哪能买得过来；若是花钱买，西安的学校有钱，其他的学校没有钱？各省的学校没有钱？再想一想，谁能花钱把复旦、交大"买"出"十大名校"的名单？谁能花钱把自己的学校"买"到清华北大的前头？其实，不论是教育部门、各大媒体、相关网站，评选"中国十大民办高校"，都是有一定的原则的，谁都绕不开西安。否则，不仅没人相信，更是砸了自己的牌子。说白了，凡事都离不开个大谱。

20多年来，西安人口高等教育的比例一直名列全国前茅，西安民办高校的多，西安民办高校的强，贡献巨大，功不可没。

第四节　中国民办高校　西安敢撞南墙

中国有句俗话：不撞南墙不回头；中国还有句俗话：撞倒南墙连土拉。两句俗话，有贬也有褒，但不管是贬是褒，其中形容的都是一个字：倔。全国十大民办高校之一的西安翻译学院，翻译学院决策圈内的一帮倔人，不仅敢撞南墙不回头，而且撞倒南墙连土拉！因为在"西译"的心里，始终没有忘记前边所说的学生们唱给院长的"红高粱"。

所谓全国民办高校西安敢撞南墙，指的就是西安翻译学院2003年成立的西译研修生院。就是这个西译的研修生院，在全国掀起了轩然大波，引起了诸多争论质疑。学生称其为"魔鬼训练营"；学校称其为"特别敢死队"；媒体则称其为"敢撞南墙的先行者"。

民办高校的起家，当时对应的就是大学落榜的考生，对应的就是想拿学历的学生。因为国家设立了高等教育自学考试，给所有的有志青年提供了一个通过自学考试即可获取大学文凭的机会。而民办高校就是因应当时的形势，为助力学生的"自考"而设立的，因为当时的民办高校并没有国家认可的学历。作为翻译学院，打交道最多的就是英语考生，但英语的自学考试。就是一个字：难！仅仅的专科学历，就要通过13门的科目考试，而且几乎一半都和英语无关，诸如法律与道德、邓小平理论、马克思主义哲学、马克思主义政治经济学，等等。然而，越是英语学得好，越是对以上的科目难有兴趣，一筹莫展。以至于英语水平可达六级的学生，竟然考不取一个英语专科的毕业证。

就在如此机制之下，西译的创始人丁祖诒突发奇想，他要冲破藩篱，另辟蹊径，创办了一个院系，专招一批学生，实施新型管理。让学生不参加自考，不谋取学历，一门心思只学英语的真功夫，毕业后冲刺国际上最吃香、最紧缺、最耀眼、薪酬最高的同声传译，用真才硬功彻底改变自己的人生。于是，2003年，在西安翻译学院，一个全新的、五年制的、不要学历的、中国从未有过的英语研修生院正式成立。请注意，是研修生院，不是研究生院。研修生院，直接挑战传统的学历教育，挑战中国的人才观念，挑战社会的用人标准，挑战现行的创业模式。

对于西译，为什么说是敢撞南墙？因为，这里的研修院，虽然愿景是美好的，但是前景是未知的，大多数人都认为此条道路是走不通的。为什么说是"特别敢死队"？因为，研修院的学生都是精挑细选的英语优等生，但要进入研修院，家长和学生必须做出承诺，五年之内，苦读修炼，不拿国家学历，不去参加自考，不得半途而废，所有学生，自断后退路，唯有往前冲；为什么说是"魔鬼训练营"？因为，进了研修生院，你就是"敢死队"，全程化的军校管理，全系列的英语教学，全范围的英语环境。上课用英语、下课用英语、自习用英语、军训用英语、宿舍用英语、餐厅用英语，就连所有的后勤、保安、大师傅，一律都要用英语。不会的，学！学不会的，用手比。反正，必须严守一点，不准使用汉语，否则，执行纪律。研修院的目的，就是要给所有的"敢死队员"一个真真正正的全英语环境，一个不由自主的全英语思维。

平时你只要走进研修院的餐厅，你就像进入了聋哑学校，就像在观看哑剧小品：买饭的学生，全部英语买饭；卖饭的师傅，全部手势卖饭。一个有声、一个无声；一个动口、一个动手；一个是"君子"，一个是"小人"；"君子"急得哇哇直喊，"小人"憋得满脸通红。整个餐厅，虽然没有一句汉语，但却不断爆发出阵阵哄堂的笑声。

研修院是否成功？敢死队寿命如何？从成立起始的2003年，到五年后的2007年，西译的创办人丁祖诒在接受媒体的采访时做了如下的回答：西译的"敢死队"每年只招100名，五年来，曾参加了全国各种的英语大赛，获奖颇丰。仅2006年一年，共有五次全国大赛，五次大赛西译共拿了13项大奖，其中包括全国冠军奖、二等奖、三等奖。整个五次大赛，获奖的除北大、北外、北广、复旦、浙大、中山等名牌公办大学之外，全国的民办高校，唯独只有西译一家，而且都为西译的"敢死队"所获。西译敢死队，已成为了全国的抢手货，三资企业纷纷到学校要人；香港的理工大学连续数年都要从西译的敢死队中选拔研究生，每次都不低于10个，其中2006年选走了17个，2008年又选走了19个。如今的学历，最大的作用就是找工作，而西译的敢死队，任何人都没有学历，但他们不用找工作，只需要打出西译"敢死队"、打出"同声传译"的牌子,标出全国最低的价:一个小时2000元,谁需要谁来请,不讲价不还价。2017年11月5日至17日,随同习主席出访越南参加APEC峰会,在全国仅仅只精选了4名英语专业的高材生参加,而这4名大学生除过3名分别来自清华大学、北京大学和复旦大学外,另一名即是西安翻译学院英语研修院的"敢死队"员;2018年6月,在北京举行的"'希望之星'英语风采年度盛典",共有来自31个省市区2500名选手参加的全国大赛,而作为民办院校的西译敢死队队员则一举夺得了该盛典的一等大奖。西译研修院,西译敢死队,已经成为了一个不折不扣的西译大品牌。

西安的西译,敢撞南墙!但事实证明,西译不仅没有头破血流,而且撞倒了南墙,还拉走了墙土,而且打开了通道,还撞出了一片光明,撞出了中国民办高校的样板。正因为如此,2019年11月,西安翻译学院有幸成为了首批"国家级一流本科专业重点建设点"高等院校中唯一的一所民办院校。

2019年大学生英语竞赛全国总决赛获奖者中有两个都是西安翻译学院的学生

第五节　中国民办高校　西安首吃螃蟹

2015年4月9日,《中国青年报》一篇惹眼的文章,引起了全国的巨大反响。其标题是:"西安外事学院:民办高校首次全球招聘校长"。咋一看题目,喝!西安的民办高校,又在全国放出了一个大炮仗。民办高校对外招聘校长,其实早已不是新闻了,但全球海选校长,在全国来说,还的确是首吃螃蟹、前所未有的重大之举了。

不过,细心的人能够注意到,《中国青年报》的新闻还有一个副标题,即"打破家族化管理,以国际视野纳贤"。在这里,"打破家族化管理",同样是中国民办高校的首举,甚至,较之全球招聘校长,更具有重大的现实意义。

中国所有的民办大学,或轻或重,都有家族式管理的存在。一家媒体的记者,列举了一所知名民办高校的家族管理情况:董事长身兼校长,其妻副校长主持工作,其弟副校长分管后勤,其儿子校长助理分管行政,其侄子分院院长,其妻妹财务处长,其外甥规划处长,其妻侄保卫处长。就连学生食堂、学校浴池、后勤车队,等等,都是创办人的主要亲戚在承包。合计下来,该学校的管理人员中,最少有30多人是创办人的家族成员。

诸多的民办高校,都曾有过聘任公办高校、教育部门的退休领导到学校任职的先例,但最终的结果,大多是理念不合,管理掣肘,因故辞职。而随着这些被聘者的退出,追随其而来的诸多教师也都纷纷离职走人。因为什么?因为民办高校和民营企业一样,姓的都是"民",大多权利太过集中,大多管理太过家族。然而,民办高校如何能够与民营企业等同?它是上层建筑,它在为国家培养人才!但是,反过来想想也正常,学校是人家建的,资金是人家投的,人家辛辛苦苦创下的基业,人家不拿权让谁拿权?人家不管理叫谁管理?

西安外事学院全球招聘校长的新闻发布会

西安外事学院，作为中国十大民办高校之一，首吃螃蟹，在全球海选校长，14位来自海内外的高校管理精英中，最终胜出的是毕业于美国宾西法尼亚大学的经济学博士陈爱民教授。然而，西安外事学院的全国首吃螃蟹，并不仅指全球海选校长，更重要的还在于外事学院的董事长黄藤，在新校长上任前，就已经忍疼割尾，正式宣布自己和自己妻子两个家族中所有的重要亲属从学校的所有管理岗位中全部退出。为新任校长的轻装上阵，放手管理扫清了道路。这才是西安外事学院另一个更为轰动的全国壮举。

一篇新闻稿，两个聚焦点：一个是西安民办高校的全球招聘校长，一个是西安民办高校的摒弃家族管理。两个聚焦点，后者服务于前者，没有后者，前者无任何的实际意义。两个聚焦点，围绕的都是一个中心：中国的民办高校要突破瓶颈，要与世界接轨，要成为没有公办民办之分的中国高校。

西安，中国民办高校的领军城市。是西安在全国率先树起了中国民办高校的大旗，汇集了中国民办高校的最大群体，聚拢了中国民办高校的最多精英，形成了民办高校的"中国硅谷"。为中国的民办高校摸石头，探水深，撞南墙、吃螃蟹……自始自终充当了中国民办高校冲锋陷阵的排头兵。

第四讲
西安　中国九校联盟的西安交大

美国有个"常春藤大学联盟",由美国最著名的8所大学组成;英国有个"罗素大学集团",由英国最著名的24所大学组成;澳洲有个"八校集团",由澳大利亚最著名的8所大学组成。中国同世界接轨,也有个"九校联盟",由中国最著名的9所大学组成。截至2022年6月,全中国共有本科高校1270所,九校联盟9所大学,仅仅占到1270所的0.7%,是典型的凤毛麟角。然而,西安有幸、陕西有幸,西安交通大学即荣列中国的九校联盟之中。

第一节　九校联盟　中国顶尖大学的联盟

九校联盟,是中国首个顶尖级大学校与校之间的学校联盟。平时,总听人们说中国的十大名校如何如何,而九校联盟只有9所,不凑整数。9所学校分别是:北京大学、清华大学、复旦大学、上海交大,南京大学、浙江大学、西安交大、中国科学技术大学、哈尔滨工程大学。什么是名校?什么是顶尖?没有任何的具体标准。但物以类聚,人以群分,九校联盟没有丝毫的官方意志,纯属自由组合,自愿结盟。

小时候上学,记忆最深的就是班上的几个尖子生,总是形影不离:课间一起玩，作业一起做；成立兴趣小组，总是人家几个搭班结伙；考试成绩一出来，也总是人家几个排在全班的最前边，被大家戏谑为"剪子帮"，而剪子帮的谐音就是"尖子帮"。但这个"剪子帮"，不是老师组织的，不是家长撮合的，完全是自然形成。有的同学特羡慕，总和人家套近乎，想挤入人家的圈子里，但是不行，玩，玩不到一块；学，学不到一起；说话都没有共同的语言。如今，看了这中国的九校联盟，不由得就想起了小时候班上的那个"剪子帮"。看来，道理都一样，尖子生只找尖子生。

九校联盟渊源于中国高校的985工程。985工程旨在重点支持一批中国最优秀的高校优先发展，快速赶超。1998年5月，首批仅精选了9所全国最顶尖的大学作为重点支持的第一批985高校，目标是创建世界一流大学。中国的九校联盟，就是在9所首批985大学的基础上自愿结盟，组建而成的，是名副其实的顶尖联盟，强强联合。

2003年，首批985工程的9所大学校长欢聚一堂，在北京召开了首届创建世界一流大学系列研讨会。此后，这一研讨会即成了9校的固定机制，每年一届，轮流召开。2009年10月9日，第七届创建世界一流大学研讨会在西安交大召开。本次会议，9所大学的校长一致同意成立C9组织，并共同签署了《一流大学人才培养合作与交流协议书》。至此，中国的"九校联盟"正式诞生。媒体对本次9校的西安会议给予了高度的评价，誉其为："对中国高等教育发展具有重大影响的一次会议，标志着中国世界一流高校建设进入了前所未有的崭新阶段"。

九校联盟的联盟目标就是："优势互补、资源共享、共同发展，开展多层面的深度合作，加速创建中国的世界一流大学"。对此，所有人都能看出，九校联盟不仅提出了"加速创建世界一流大学"的口号，更有"开展多层面深度合作"的举措。"深度"二字的表达，绝非文字堆砌，一定大有文章。

九校联盟的合作，共分为了八大部分，在此不作一一详述，仅仅只列举第一部分的内容，就知道九校联盟的"深度合作"，将会为九校联盟所有学校的学生，带来多大的惊喜和实惠。

　　九校联盟合作内容的第一部分是："实施本科生和研究生的联合培养"。在本科层面主要开展课程学分互认和学生第二校园的学习交换，交换生可以在九校中的任何一所学校进行一学期或多学期的学习，其在他校学习和交流期间取得的学分和课程成绩，九校统统相互认可；在研究生方面，主要依托各个学校在全国的领先学科，优势互补，设立若干个学科培养项目，作为九校校际互访的研究平台，面向九校的研究生接受申请。凡获准者即可进行为期半年或更长时间的访问研究，其在他校取得的学分和课程成绩，九校统统相互认可。以上的合作，给九校的学生，提供了一个千载难逢的大好机遇。如此的合作，天大的惊喜：考上一所大学，可在九所大学学习！中国的九校联盟，不一样就是不一样！不过，惊喜还不要惊喜得太早，因为，以上的合作内容，仅仅只是九校联盟深度合作八大部分的其中之一。

　　全国的名校有多少？中国的"十大"都是谁？权威部门从来未有过正式的排名，广大的考生及家长也许只是知道个大概。如今有了九校联盟，全国仅有的建设世界一流大学的顶尖群体，成员是固定的，招牌是金子的，深度合作是前所未有的。考一校，读九校！全国的广大考生一定都会认准这一点。同时，在此还要重点强调，翻开中国地图，九校联盟的学校分布，其他八校，统统都在中国的东部边沿，唯有西安的交大一所学校，地处西部，辐射了中国80%以上的国土范围。

第二节　西安交大　一百二十多年的历史

　　西安交通大学，起始于1896年的"南洋公学"，是中国近代史上最早的大学，距今已经120多年了。若是人，120多年，恐怕早已作古；而作为大学，没有极限寿命，百年老校，越老越吃香，越老越年轻。2009年6月5日，时任国务院总理的温家宝在西安交大视察时，就留下了"百年交大永远年轻，永远富有生机"的经典讲话。

120多年的大学历史，在世界上来说也许算不了什么，但在中国，则是独此一家，时间最久。而且是唯一拥有实实在在文字记载，跨越了三个世纪，却一天也不曾中断的中国大学。

1895年，甲午战争失败，《马关条约》签订，中华民族处于深深的危难之中。为了兴学强国，当时的洋务大臣盛宣怀向朝廷提出了"自强首在储才，储才必先兴学"的办学主张。1896年，盛宣怀再次向朝廷奏陈兴学大计，并附呈了在上海建立新式学堂南洋公学的具体方案。同年年底，盛宣怀的奏请获批，南洋公学在上海正式成立，并由盛宣怀亲自担任督学。南洋公学先后设立了五院、三班、三专科：即外院、中院、上院、师范院和译书院；特班、商务班和政治班；铁路专科、电机专科和航海专科。成为当时中国唯一一所拥有完整新式教育体系的高等学校。

从1896年的南洋公学校名，到1921年的交通大学校名，共经历了15年的时间。先后曾经用名为：商部上海高等实业学堂、邮部上海高等实业学堂、南洋大学堂、上海工业专门学校。1921年开始启用"交通大学"一名，即交通大学上海学校。以后又先后叫过交通部第一交通大学、铁道部交通大学；1937年划归教育部后，更名为国立交通大学。直至1949年新中国建立，正式更名为"交通大学"。自此开始，"交通大学"的校名只有四个字，没有任何地域称谓的前缀，校址仍然设在中国的上海。

西安交大的渊源，到此暂为一个历史阶段。打开电脑，搜索"交通大学"，你会发现，西安交通大学和上海交通大学的历史渊源一模一样：学校的前身相同，学校的沿革相同，学校的建校时间一样，学校的校徽标志一样，学校的历任校长一字不差，著名的校友都是同一批人，就连校庆的日子也均为每年的4月8号。1989年，刚刚上任的江泽民主席就来到西安交大，看望自己的母校，看望自己的老师；1996年，江泽民前往上海交大，同样是以交大校友的身份回到母校探望。以上的资讯，让人们多有困惑：西安交大、上海交大，究竟是谁是正宗的"交大"？西安交大、上海交大究竟谁是江泽民的母校？其实，西安交大、上海交大都是正宗的交大，西安交大、上海交大都是江泽民的母校。因为，江泽民1947年毕业的学校，就是西安交大、上海交大共同的前身——不带任何地域前缀的中国的"交通大学"。

西安交通大学从1896年到如今的历史沿革（摄自西安交大校史馆）

第三节　西安交大　自沪西迁的历史背景

1956年之前，中国并没有西安交大和上海交大，只有唯一的一所交通大学。交通大学，校址先在上海，之后整体迁往西安；再后又形成了交通大学的"西安部分"、"上海部分";再再后又分设了"西安交通大学"、"上海交通大学"。所以说,交通大学的历史,就是西安交通大学、上海交通大学的共同历史。西安交大、上海交大,同宗同源,一脉相承,是打断骨头连着筋的两个亲兄弟。江泽民主席在两个交大同称为他的母校;温家宝总理在西安交大颂扬的"交大百年";习近平主席在新年贺词中赞誉的"西迁精神",都是基于这一不可改变的历史事实。

1955年,党中央、国务院作出了一项重大决定:中国历史最久的著名高校、驻地上海的交通大学,整体西迁内地,搬往陕西西安。文件一经下发,立即震动了全国,忙乱了沪陕。

身居上海长达60年的南洋公学、交通大学,新中国建立仅仅六年,就要兴师动众,全部西迁,而且是千里之外的黄土高原。这其中,原因究竟为何?目的究竟是啥?为什么又只是陕西的西安?对此,西安交大校史馆都有着相关的介绍。

交通大学西迁的原因,中央在相关的会议上都做了反复的说明和强调:第一,是国际形势所迫。当时,朝鲜战争虽然刚刚结束,但国际形势依然非常紧张,按毛主席的话说"战争随时都可能发生"。而交通大学是国家的宝贝,要重点保护,要迁往中国的战略大后方。第二,是国家战略布局。当时止值第一个五年计划,全国的高等教育要重新进行宏观布局,国家60%以上的高校都集中在东部城市,要强化西部的高等教育,要建立中国西部的高校基地。既然要强化,就要选择顶尖的,要能在西部起到引领作用的。第三,是西安的条件最佳。西部的城市虽然也不少。但西安既是中国的腹地,又是西部的中心城市,更是中国的文化古都,文化底蕴无人能及。高等院校的设立,要形成集群,文化氛围尤为重要,整个西部,只有西安最为合适。以上三点,是中央反复权衡的结果,是国家重大的战略决策。中央下令:交通大学整体西迁,由周恩来负责督办协调。除因西安地处内陆,造船学院单独保留上海外,其它一律全迁。整个迁校任务,务必在1956年、1957

年两年之内全部完成!

命令一下,上海西安分头行动,火速落实。作为西迁的主体,交通大学的时任校长彭康,立即率领学校相关人员赴西安考察校址。1955年5月,彭康一行人在西安有关方面的陪同下,踏遍了古城的东西南北,最终在当时的东郊,敲定了交大的新址,也即今天西安交大的兴庆校区,并随即进入了紧张的规划建设。

交通大学校长彭康校长带领人员到西安查看校址(摄自西安交大校史官)

要说当时的学校建设,可谓进展神速。交通大学的校园里,教学楼、实验楼、托儿所、幼儿园、教工宿舍、学生宿舍、教工餐厅、学生餐厅、教务中心大楼、行政办公大楼、5000人的简易大礼堂、全校师生的体育活动中心,等等,就连从上海动员的缝纫店、成衣铺、洗染店、皮鞋铺、理发店、修车铺,以及大饭馆、小食堂,甚至煤球厂都随迁来到了西安。乘坐专列而来的第一批教职员工1000余人,从上海随校到陕的一二年级学生4000多名,全部安排入住学校,并按时于1956年的9月1日举行了隆重的开学典礼。从上海紧跟的交通大学原校报,也已经恢复发行;从上海运来的交通大学原校牌,也正式挂在了学校大门口。与此同时,上海徐家汇交大老校区的大门,也换上了"上海造船学院"的新校牌。而以上所有的这些成果,从彭康1955年5月到西安选定校址起,仅仅用了一年的时间。

1956年的10月1日,在西安市庆祝国庆的游行队伍中,出现了一个靓丽的游行方队,出现了一个巨大的发电机模型,出现了一个全新的大学校牌。中国的"交通大学"首次在西安公开亮相,令所有的西安人民耳目一新,为之一震。

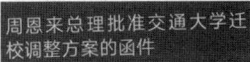

西安交大校史馆展出的中央迁校决定及周总理批示,
右侧为从上海带到西安的交通大学老校牌

然而,谁也料想不到,交大西迁的速度快,形势变化的速度更快。

第四节　西安交大　西迁之后的花开两家

形势的变化让人的确措手不及。就在交大西迁的仅仅一年之后，西安的交通大学，上课的早已正常上课，建设的正在继续建设，第二批的西迁人员也已经做好了准备。但是，恰恰就在这个时候，国际形势大为好转，加之学校还未搬完，致交大内部对西迁产生了一定的分歧，出现了不同的声音。少数人主张，未迁的不应再迁；个别人主张，搬走的再搬回上海；但大多数人则主张，支援西部是国家的战略布局，与国际形势无关，应按照原方案继续执行。而此时的情况是，70%以上的人员、院系已经入住西安，80%以上的设施设备已经搬到西安。如今出现的三种意见，让当初带头支援西部的彭校长，前瞻后顾、进退两难；让一直主张交大整体西迁的周总理，也不得不重新考虑下一步的打算。

根据西安交大校史馆的展出内容记载，1957年6月4日，国务院召开了相关部门参加的"交大西迁问题专题会"，周总理做了长时间的讲话。会后，高教部杨秀峰部长即专飞上海，亲自传达国家院领导讲话精神。期间，《解放日报》《文汇报》作了专题报道，6月19日，《人民日报》《光明日报》同时进行转发，文章题目为"高教部杨秀峰部长谈周总理对交大迁校问题的意见"，全文共有六个小标题：一是交大迁校应周密考虑；二是院系调整是完全必要的；三是上海支援外地义不容辞；四是交大全搬西安虽有困难但好处很多；五是交大搬回上海也有好处，但支援西北的方针不变；六是迁西安、回上海，由交大师生研究考虑。中央党报的文章，一石激起千层浪，"交大西迁"，成为了一个全国人人皆知的热点问题。

随后，国务院即发出通知，就交大西迁遇到的问题，在相关的范围内征求意见、汇总看法。至此，一个"交大该不该西迁？"的大讨论，不仅在交大全校，而且在沪陕两地、在国务院相关部门、在全国重量级的科学大家中迅速展开。

前后不到十天，各路意见纷纷汇总国务院，而且都是有理有据的长篇大论。

高教部的意见是：从国家高校布局看，交大应该整体全迁；上海市的意见是：赞成交大迁往西安，但可否考虑给上海留点底子；西安市的意见是：欢迎交大迁往西安，全市人民愿意和交大共同克服困难；上海市委第一书记柯庆施的意见是：交大西迁，利多弊少；西安市委第一书记方仲如的意见是：交大迁西安，不仅我欢迎，西安市四大班子的领导全部欢迎；郭沫若的意见是：交大西迁，对国家建设事业和科学发展都大有好处；钱学森的意见是：中央交大西迁的决定是正确的，我们没有理由不接受党的决定；包括国务院的相关领导对交大西迁都表达了全力支持的意见。看来，以上所有的意见都是一边倒，而周总理最为期待的交大师生的讨论结果是什么呢？交通大学的全体师生一致认为，支援西北是交大的责任，义不容辞，但同时也应考虑上海的实际。故经在西安的交大校委会扩大会议充分研究，并交全体师生讨论通过，最终决定："未迁的不必再迁西安，已迁的不能再返上海；实行一个交大，两地分设，西安上海各得其所。敬请总理予以支持。"

各方来的意见再多，但最后都要经总理权衡考虑、拍板定夺。当看到交大拿出的解决方案时，总理当即批示：完全同意！一个交大，两地分设，既支援了西北，又照顾了上海，好一个名副其实的各得其所。

1957年9月5日，国务院正式批复了交通大学的最后方案，即新的交通大学，分设西安上海两地，不打分校牌子，不是二级学院，而是一个学校"两大部分"。两大部分统归交通大学管辖，彭康作为交大校长，坚持最初支援西北的信念不变，率学校领导班子驻扎西安。有趣的是，两大部分的校牌校徽并不是统一的"交通大学"四个字，而是分别不同的"交通大学西安部分"和"交通大学上海部分"，创出了全国至今最特别的学校校名。

奇特的"一校两设"格局，仅仅只维持了两年，情势又发生了戏剧性的变化。由于两大部分的各自贡献，1959年3月22日，中央在确定中国第一批

16所重点高校时,交大的两大部分双双入选,但校名却不是两大部分,而是相关部门不知是否有意而单列出来的"西安交通大学"和"上海交通大学"的两个校名。从此,两所交通大学的名字,开始在全国公开并广为人们关注。直至1959年6月,教育部看时机已经成熟,趁势向国务院呈送报告,申请交通大学的两大部分独立建校。仅仅一月之后的1959年7月31日,国务院正式批复:原"交通大学西安部分",成立西安交通大学;原"交通大学上海部分",成立上海交通大学;原交通大学校长彭康为西安交通大学校长;原司法部副部长谢邦治为上海交通大学校长;两所交大,同属教育部管辖。至此,持续五年的交大西迁,终于尘埃落定:一个交大没有了,但两个交大诞生了。

如今,60多年过去了,事实证明:当初的交大西迁,英明正确;当初的一校两设,正确英明;当初的独立建校,更是高瞻远瞩。一个交大,花开两家! 不论是全国的重点评定、211工程、985学校、双一流高校,副部级高校,以及中国顶尖的九校联盟,两个交大,自始至终形影不离,不负重望,双双都走在了中国高校的最前列。

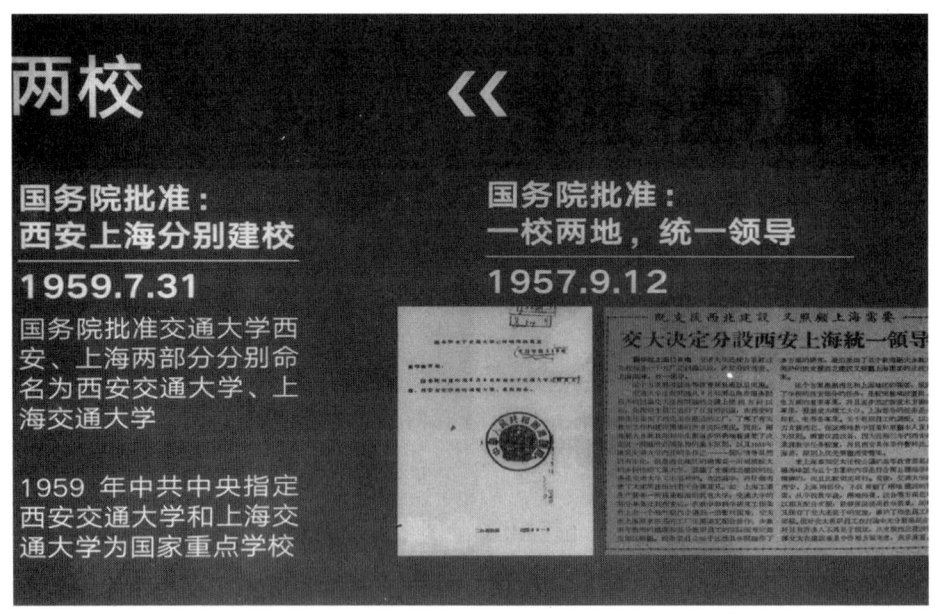

交通大学西迁之后的花开两家、一校变二(摄自西安交大校史馆)

第五节　五大指标　西安交大的实力依据

中国顶尖大学的九校联盟，九所大学，其中两所在北京，两所在上海，两所在江浙，另外两所也在发达的东部地区，唯独只有西安交大，位处中国的西部。恰恰因为这一点，不少人提出质疑：西安交大，凭什么能进中国的C9？西安交大，凭什么能排在中国的十大？

凭什么？凭的是实力，凭的是刚性的指标。国家比我们任何一个人都更了解这些大学的实力，五大指标，就是国家对各个大学实力的验证，就是对各个大学排名的依据。

五大指标，即国家重点学科的多少；国家重点实验室的多少；国家自然科学基金项目的多少；国家博士后特别资助项目的多少；"国家科学技术奖"获奖项目的多少。五大指标，前两项是国家对各高校专业设置的格次定位；三四项是国家给各高校重大科研的项目经费；第五项最有说服力、最具公信力，是国家对各高校重大科研成果的最高奖励。"国家科学技术奖"包括自然科学奖、技术发明奖、科技进步奖三项，号称"三大奖"。中央每年一度都要在人民大会堂举行"国家科学技术奖励大会"，毫无疑问，哪个学校的三大奖项最多，哪个学校的科研实力最强。

让我们一起来看看西安交通大学五大指标的具体概念：

一是国家重点学科的多少——西安交大拥有国家一级重点学科8个，其数量在全国所有高校中排名第七。

二是国家重点实验室的多少——西安交大拥有国家重点实验室5个，其数量在全国所有高校中排名第六。

三是国家自然科学基金项目的多少——2021年，西安交大自然科学基金项目国家立项共569项，其数量在全国所有高校中排名第五。

四是国家博士后特别资助项目的多少——2016—2020年，西安交大共有994个项目获得该基金资助项目，其数量在全国所有高校中排名第二。

五是"国家科学技术奖"三大奖获奖项目的多少——西安交大三大奖的获奖排名情况,我们分为两个类别和两个时间段来对比。首先是九校联盟三大奖的对比:2011年—2017年度,九校联盟共获三大奖255项,其中西安交大共获奖30项,排名第四。第一为清华大学,共获奖58项;第二为浙江大学,共获奖43项;第三为北京大学,共获奖37项。其次是全国高校三大奖的对比:2016年—2020年度,西安交大共获奖20项,排名全国高校第五。第一为清华大学,共获奖45项;第二为浙江大学,共获奖36项;第三为上海交大,共获奖30项;第四为北京大学,共获奖23项。

然后我们再以近些年来每年度三大奖西安交大获奖排名来对比:2012年西安交大共获"国家科技奖"5项,排名全国高校第三。2013年西安交大共获"国家科技奖"5项,排名全国高校第三;2015年西安交大共获"国家科技奖"5项,排名全国高校第四;2016年西安交大共获"国家科技奖"4项,

十二五以来C9高校获国家科技奖励统计表
（2011—2017年第一完成单位）

序号	完成单位	国家最高科学技术奖	国家自然科学奖	国家技术发明奖	国家科学技术进步奖	合计
1	清华大学	1	18	24	15	58
2	浙江大学	0	7	11	25	43
3	北京大学	0	20	4	13	37
4	西安交通大学	0	12	9	9	30
5	上海交通大学	0	8	3	18	29
6	哈尔滨工业大学	0	5	9	3	17
7	南京大学	0	7	4	6	17
8	复旦大学	0	6	2	6	14
9	中国科学技术大学	0	9	0	1	10

2011年—2017年西安交大国家科技奖全国排名（摄自西安交大校史馆）

排名全国高校第五；2017年西安交大共获"国家科技奖"7项，排名全国高校第三；2018年西安交大共获"国家科技奖"8项，排名全国高校第五。连续六年，西安交大的国家三大奖获奖数量均排在全国高校的前五之内。

下边我们再看一看"艾瑞深校友会"发布的2000年—2020年全国三大奖"十强高校"单项奖"自然科学奖"的获奖排名：西安交大共获奖23项，排名全国第三。第一为清华大学共获奖54项；第二为浙江大学，共获奖27项。然后再看一看艾瑞深校友会发布的2000年2020年共21年全国三大奖"十强高校"获奖总数排名：西安交大共获奖70项，排名第六（因2019、2020两年西安交大获奖数量下滑跌出前五）。第一为清华大学，共获奖154项；第二为浙江大学，共获奖113项；第三为上海交大，共获奖104项；第四为北京大学，共获奖86项；第五为华中科技大学，共获奖72项。

西安交大，偏居中国的西部，以较小的科研投入，获得了如此全国领先的科研产出、科技大奖，而且是位次靠前多年不变，不能不说是一个少有的奇迹。如果有人对西安交大的真正实力还不够了解的话，那么，这就是西安交大进入中国九校联盟的资本，同时这也是西安交大被艾瑞深校友会称为全国"十强高校"的刚性依据。

前任中共中央总书记、国家主席江泽民，在任15年，期间的1989年、1993年、2002年先后三次来到西安交大，看望自己的老师；现任的中共中央总书记、国家主席习近平，在2018年的新年贺词中，仅仅只有不足2000字的文章，却专门提到了西安交大，并高度赞誉交大的"西迁精神"。两位总书记，对西安交大如此厚爱，让西安交大的所有师生和员工倍受感动，更受鼓舞。

第五讲  西安 中国卓越联盟的西北工大

在中国，只要谈起西安的大学，说了西交大，再说的一定是西工大。西工大的全称：西北工业大学，原来隶属于国防科工委，现在隶属于国家工信部。西北工业大学，叫的是工业，但干的是国防。20世纪50年代中国重点高校的西迁，西工大则是其中的重要组成部分。不过与交大西迁的不同是，交大西迁是一个学校西迁，而西工大则是中国东南、东北和华北三大地区相关高校的同时西迁。西工大把当时全中国东西南北最优秀的国防工业教育资源都汇集在了西安，都汇集在了西北工业大学的一个学校。

第一节 卓越联盟 中国卓越大学的合作联盟

中国有个九校联盟，是中国顶尖大学的联盟；中国还有个"卓越联盟"，是中国卓越大学的联盟。至于顶尖和卓越的区别，我界定不了，但我知道，九校联盟、卓越联盟中的大学，都是中国2017年最新确定的双一流建设大学。顶尖联盟的学校只有九所，其中有西安的西交大；卓越联盟的学校，同样也是只有九所，其中就有西安的西工大。

卓越大学联盟的九所大学分别为：北京理工大学、西北工业大学、哈尔

滨工业大学、华南理工大学、大连理工大学、同济大学、天津大学、东南大学、重庆大学。其中的北京理工大学、西北工业大学、哈尔滨工业大学为工信部所属，剩余的 6 所大学均为教育部所属。

卓越联盟是在九校联盟成立一年后的 2010 年 11 月 25 日，由除重庆大学之外的 8 所大学发起成立，并签署了《卓越人才培养合作框架协议》。该协议签署后的第五天，也即 2010 年的 11 月 30 日，重庆大学申请加入联盟并最终获得批准。至此，卓越联盟成为了中国第二个著名大学的合作联盟（不包括单纯的招生联盟），而且也同为 9 个成员，而且也同为中国"创建世界一流大学"的创建学校。

说到此，有一点需要说明：当人们从网上调出卓越联盟的学校名单，八所学校的名单有，九所学校的名单也有，但是，两个名单西工大都是排在最后边。谁排的顺序？按说，起码总有个先来后到吧。其实，请不要误会，这不是名次排序，这只是学校名单，是按照首位字母的惯列排例，就像通常的按姓氏笔画排列一个道理。故不论是卓越联盟，还是九校联盟，只要不是专门的位次排序，否则，带"西"字的西工大、西安交大，几乎都会排在名单的最后边。

九校联盟、卓越联盟是中国顶级高校的两个招牌。在全国，能进入这两大联盟 18 所学校的只有 10 个城市，而占有两所学校以上的，仅仅只有北京、上海、西安、南京和哈尔滨 5 个城市。

第二节　三航合一　中国独此一家的国防高校

中国的国防靠的是解放军；解放军的战力靠的是先进的装备；先进的装备靠的是科技人员的研制；而培养这些科技人员的，就是中国诸多的高等院校。

中国国防工业的四大支柱是航空、航海、航天和兵器，布局到全国的高校中，有专门航空方面的，有专门航海方面的，有专门航天方面的，有专门兵器方面的，还有著名的航空航天二合一大学的。但航空、航海、航天加兵器三航合一、四位一体的国防工业大学，在全国所有的高校中，独独只有一所，百花丛中一点红，它就是中国卓越联盟的九校之一，西安的西北工业大学。

在中国的国防高校中，最早为人们称道的，莫过于"国防七子"，指的是七所中国一流的国防类大学。国防七子，一开始隶属于不同上级的几机部，后来隶属于国防科工委，再后来隶属于国家工信部。七所大学分别是：北京理工大学、北京航空航天大学；南京理工大学、南京航空航天大学；哈尔滨工业大学、哈尔滨工程大学；以及西安的西北工业大学。当年的国防七子，个个大名鼎鼎，个个高人一等，每年的三大奖颁发，国防七子必然榜上有名，也必然位居获奖前列。

国家对国防七子各校的专业布局各有重点，但不管谁重点的哪一部分，其七子的专业加起来，则囊括了中国国防的几乎全部领域：北京理工大学，重点是兵器；北京航空航天大学，重点是航空航天；南京理工大学，重点是兵器；南京航空航天大学，重点是航空的直升机；哈尔滨工业大学，重点是航空航天；哈尔滨工程大学，重点是航海及核能。最后，再看看西安的西北工业大学，其重点包括了航空、航天、航海和兵器，是三航合一，四位一

1994年4月1日，中国试飞员学院成立，使我国成为亚洲第一个拥有试飞员学院的国家。培养了试飞英雄李中华等一批高层次试飞员。

西工大的亚洲第一个试飞员学院揭牌

体。一所学校，涵盖了以上国防六子除"核能"以外的所有重点专业。

纵观西工大的历史，60多年来，一路默默奉献，一路创造辉煌，一路都走在中国高校的前列：是最早的重点高校，是211工程高校，是985建设高校，是国家副部级高校，是创建世界一流大学的高校；先后进入111计划、2011计划、卓越工程师培养计划；先后成为中国卓越大学联盟、中俄工科大学联盟、中国芬兰大学联盟、中国西班牙大学联盟、中英大学工程教育与研究联盟的正式成员。

以上的荣誉虽然不凡，但并非西工大一家独独拥有。而作为三航合一、四位一体的国防高校，西工大却是中国的唯一。其对中国国防建设的巨大贡献，国家和人民有目共睹，任何时候都无愧于国家赋予的"三航合一、四位一体"。

第三节　西北工大　中国三航领域的领头羊

中国一千多所本科高校，职责和目标不尽相同，大多高校承担的都是国家人才的长远培养。而西工大有所不同，不仅有为国家培养长远人才的职责，更重要的则是解决中国国防中的诸多"急需"，直接服务于国家民族的国防安全。

2013年8月11日，《中国教育报》第一版刊登了题为"助推飞天巡洋强国梦——西北工业大学服务'三航科技发展采访纪行"的长篇文章。其中开头的第二段是这样报道的："在追寻'三航'之梦的路途中，一项项国家急需的'世界级'技术在这里突破；一个个国家期盼的'中国第一'在这里诞生；一批批'三航'科技尖端人才从这里走出。西工大坚守着崇高的强国责任，创出了一条独有的科学强国、科技强国、科技强军的'三航'科技发展之路。"

《中国教育报》的报道向人们揭示了：西工大的诸多突破、诸多第一、诸多精英，贡献的是中国至高的国防建设，灿烂的是整个中国的三航领域。

查看相关"国防七子"的资料，都有对七所学校的分别介绍，但其中尤以西北工业大学的国防成就篇幅最大、内容最多：

> 西北工业大学是我国国防科技创新的重镇，更是培养我国"三航"领军人才的高地，创造出了上百项的"中国第一"：中国第一架无人机、第一台地效飞行器、第一台吊放声呐器、第一台航空机载计算机、第一台航空稀土永磁发电机、第一台微型涡喷航空发动机、第一块航空大规模集成电路芯片、第一台无人水下智能潜航器、第一座增压连续式高速翼型风洞等等等等。当"长征七号"腾空而起，大型"运20"横空出世，新战机"歼20"刺破云霄，国产大飞机翱翔祖国蓝天，这一切的一切，无不凝聚着西工大师生校友的辛勤汗水，骄傲自豪。西工大承担的国家'科技重大专项'、武器装备研发、国防基础科研、国家自然科学基金项目，以及863计划、973计划、国防预先研究计划等各类科研项目高达上万项，占到全国国防高校的第一。西工大深度参与了大飞机、先进战机、载人航天、探月工程、神舟系列飞船、高分辨率对地观测等国家重大专项的论证攻关和研制工作。多项科研成果助力了"辽宁号"航母、新型战机、北斗卫星、中远程导弹等国防重大工程。是国家表彰的"为中国首次载人航天飞行作出重大贡献单位"的仅有两所高校之一。

以上是西工大的国防贡献，但列举的仅仅只是部分而已。至于西工大的精英校友，那更是不说不知道，一说都知道：中国的航空工业集团、中国的航天工业集团；中国曲指可数的三航科研机构、飞机制造企业、火箭研发单位、导弹科研院所；中国唯一的一飞院、试飞院、强度所、导弹院、固体液体火箭发动机的航天四院、航天六院；长征火箭、神舟飞船、歼10、歼15、歼20、运20、空警机，等等。以上诸多的国防核心单位、国家镇国利器，其单位、其项目的总工程师、总设计师，总经理、董事长，以及其业务的、技术的领军人物，竟然都是西北工业大学毕业的！如此之多的行业精英、国之栋梁，被整个国防领域誉为了全国独有的"西工大现象"。

中国三航领域独有的西工大现象（摄自西工大校史馆）

2011年6月10日，在北京庆祝中国航空工业集团成立60周年大会上，国家设定的"航空报国特别金奖"，全中国总共只授给了10个个人。然而，不知道是否出人意料，在这10人当中，就有6人是西工大毕业的。其余4个人，两人毕业于南航，一人毕业于北航，一人毕业于哈工大。一个学校独占了全国受奖群体的60%。如此大比例悬殊的特别金奖，无疑为西工大60多年的国防巨献，为西工大在国防高校中的特殊地位，做出了最充分的证明，最有力的认定。

第四节　西北工大　中国领先世界的无人机

1916年9月，世界第一架无人机在美国诞生，美国是世界上公认的无人机的鼻祖。然而，如今中国的无人机，已经后来者居上了。

1958年8月，中国的第一架无人机在西安诞生，由西北工业大学研制生产。1984年，经当时的航空工业部批准，西工大无人机研究所宣告成立，无人机研制正式进入中国航空工业总公司的国家体制。1995年，西工大建成了中国最大的无人机科研生产基地，该基地一举被国务院发展研究中心发证认定为"中华之最"。随之，西工大先后拥有了中国唯一的无人机特种技术国家重点实验室；拥有了中国唯一的无人机系统国家工程研究中心；拥有了中国唯一的无人机测试试飞中心。在整个世界，中国西工大的无人机起步虽晚，但发展最快，美国是在走，中国是在跑。截至2018年，西工大先后研制出30多种不同型号的军用无人机。其中有多种新型无人机，已领先了世界，已赶上了美国，受到了国家和中央军委的特别嘉奖。目前，在解放军装备的所有无人机中，90%以上都是西工大研制的。

西工大无人机的"中华之最"

说西工大的无人机领先世界，绝不是一句套话，更不是一句空话，因为，西工大的无人机赶超了美国。2014年7月14日，美国的《防务新闻》感叹：中国无人机领域的进步令人震惊，西工大完成了美国"不可能的事情"。该

《防务新闻》报道说：美国佐治亚技术研究院首席工程师罗伯特·迈克逊曾担任2011年和2013年中国无人机大赛的仲裁组专家成员。2011年，迈克逊在大赛中亲眼见证了中国西北工业大学研制的一种旋翼和固定翼的混合飞行器，也就是飞机于飞行中可以将机翼在旋翼和固定翼之间自由转换。迈克逊称，此前，美国曾两次研制这种混合飞行器：第一次是1983年，美国航空航天局实施这一计划，但在耗费了巨额资金之后，最终宣告失败；第二次是2003年，波音公司著名的鬼怪工厂再次挑战这一项目，其结果是以两架试验机的双双坠毁而告终。而2011年，迈克逊在中国则看到了"不可能的事情"：西北工业大学的一架无人机，实现了从垂直起飞到高速前行的空中旋翼和固定翼的完美转换，而且是数次的、连续的完美转换。中国西工大的无人机震撼了美国媒体，征服了美国专家。

旋翼固定翼混合无人机只是西工大诸多"中国第一"中的一个个例。还有新型的反雷达无人机，更让世界惊异。如果说雷达是现代战争的千里眼顺风耳，而反雷达无人机则能让敌人的雷达变成瞎子、变成聋子。中国军方最急需、最期盼的就是新型反雷达无人机。就在军令下达之后，西工大白手起家，不负重望，按时完成了任务，按时交给了军队。

2009年，在新中国建国60周年的国庆大阅兵中，中国的无人机方队首次亮相，由三种型号10架无人机组成的无人机方队，全部都是西工大研制的。2017年，中国人民解放军建军90周年，中国有史以来的首次大规模朱日和沙场大阅兵，其唯一的无人机方队，仍然全部都是西工大研制的。而且数量更多，规模更大，共有40架三个不同型号的无人机组成。而这40架三种型号公开亮相大阅兵的无人机，正是解放军日盼夜想的新型反幅射无人机、新型通讯干扰无人机、新型雷达干扰无人机！这三种型号的无人机，专门对敌方的指挥通讯体系进行断链、进行致盲、进行破网、进行反雷达的特种作战，被誉为"我军新质战斗力的空中别动队"。2019年，中国国庆70周年的大阅兵，整个无人机编为了三个梯队，虽然并未说清共有几个型号多少架无人机，但信息公布了西工大共有四个型号超过半数的无人机参加了国庆大阅兵，而且是唯一一个在三个梯队中均有机型受阅的无人机研制单位。

第五节　西北工大　中国国防工业的顶级群体

中国是世界上的发展中大国，但又是世界上的新崛起大国。中国的崛起，国防实力大幅提升是其中的重要组成部分。而中国国防实力的大幅提升，西工大在其中则扮演了相当重要的角色。

近一二十年来，中国的军力实在是发展的太快太快了，让美国的智库最为关注。中国不仅钱多、人才多、而且速度快，世界上没有的东西，只要其他国家有了，中国很快也就有了，而且是跟得很上、咬得很紧。中国军力的迅猛发展，美国智库关注的不仅是中国的军工企业，更关注中国的"国防"大学。一开始，航空航天的大学、导弹工程的大学、舰船制造的大学，都是美国智库关注的重点对象。但当西北工业大学的名字进入他们的视野后，众多专家才如梦初醒，这个偏居中国西部的工业大学，原来不是民用的工业大学，原来是中国的"国防"大学！既不带航空，又不带航天，也不带航海，更不带军工，这个工业究竟是哪门子的"工业"呢？当调出相关的资料一看，哇！不得了，那些直接追赶世界的中国"国之重器"，竟然很大部分都是这个西北工业大学的人才设计出来的。

细数一下，一个个都是震耳欲聋的名字：运8型、歼轰7的总设计师是西工大的；飞豹战机、枭龙战机的总设计师是西工大的；歼10单座、歼10双座两型战斗机的总设计师是西工大的；空警200、歼10试飞的总设计师、总试飞师是西工大的；探月工程的总设计师、长征二号的总设计师、神州四号火箭发动机的总设计师都是西工大的；就连直接对付世界最先进隐形战机F35的中国歼20、直接比肩世界最先进直升飞机的中国直20、直接紧逼世界最大型军用运输机的中国运 20，其总设计师统统都是西工大的。

西工大研制的"翱翔之星"

看罢西工大中国国防重器的总设计，再看西工大中国国防尖端领域的领军人。西工大的校友，论大学校长：有清华大学的校长、浙江大学的校长、南京大学的校长、天津大学的校长、国防科技大学的校长、解放军机械工程学院的院长、南京航空航天大学的两任校长，等等；论航天领域的精英：有中国航天科技集团的总经理、中国航天科技集团的总工程师、航天六院的院长、航天四院的院长、航天四院的总工程师、空空导弹研究院的院长、空空导弹研究院的总设计师，等等；论航空工业的精英：有中国飞行试验研究院的两任院长、中国第一飞机设计研究院的总设计师、中国航空动力研究院的总设计师、中国燃气涡轮研究院的总设计师、中国飞机强度所的所长、上海飞机设计研究所的所长、成都飞机设计研究所的所长，等等；论十大飞机制造企业的：有中航飞机的总经理、上海商飞的董事长、洪都飞机的总经理、陕飞集团的总经理、西飞集团的总工程师、成飞集团的总工程师、沈飞集团的总工程师、哈飞集团的总工程师，等等。最令国内外称道的是，中国的"航天三少帅"，其中两少帅的张庆伟和雷凡培都是西工大的毕业生！中国的国之重器，"歼-20"的总师杨伟、"运-20"的总师唐长红、"歼-15"的常务副总师赵霞，居然都是西工大的同一所学院、同一个专业、同一个年级、同一个班级的毕业生！

第六节　西北工大　中国最为低调的工业大学

西工大的奉献是默默奉献，西工大的性格是低调寡言。要想更多的了解西工大，不容易，因为西工大从来都不过多的宣传自己。

了解了西工大的国防贡献，让我们回过头来再了解一下西工大的特殊出身。若按传统的概念来说，西工大的出身，是地地道道的"贵族"血缘。

西工大"脉源三支、身出两代"。所谓脉源三支，是指1957年之后，西工大由原来的西北工学院和来自于南京的华东航空学院、来自东北哈尔滨的哈军工航空工程系三支合一归并而成。所谓的身出两代，是指这"三支"又分别由不同的院校合并而成。西北工学院——1938年由原北洋工学院（今天津大学）、北平工学院和东北大学工学院三校合并，并在陕西汉中组建为新的西北工学院；华东航空学院——1952年由原交通大学以及浙江大学、南京大学三所大学的航空工程系在南京组建为华东航空学院，1956年华东航空学院整体迁往西安，校名变更为西安航空学院；哈军工航空工程系——1952年，由军委直属的哈军工正式组建哈军工空军工程系，1966年更名为航空工程系，1970年哈军工航空工程系整体迁往西安，正式并入西北工业大学。从以上三支两代的多校归并，不难看出，中国华东片区的高校航空工程专业、华北片区的高校航空工程专业、东北片区解放军高校的航空工程专业，统统都归并到了中国的西北片区，归并到了西安的西北工业大学。国家对西工大"三支两代"的精心整合，用心良苦。完全可以说，西北工业大学，集全中国最优秀的航空工学资源于一身，是当时中国最为顶尖的航空航天国防高校。

然而，一贯低调的西工大从不为自己的顶尖而炫耀，相反，西工大地处并不亮眼的中国西北，名字是最为普通的工业大学。直到后来的三航合一，四位一体，西工大仍然是最普通的工业大学，很显然根本名不副实。每到一年一度的高考季节，很多了解西工大，关心西工大的人们，特别是想报考西工大的学生及学生家长，都会热心地提出希望：为什么西工大不改名为航空工业大学？为什么西工大不叫作航空航天大学？为什么西工大不重起一个名副其实的新的校名？对此大多人想必都能理解，哪个学生都希望自己学校的名字大气、响亮。但是，西工大根本不会改名，不仅是航空工业大学、航空航天大学涵盖不了西工大的三航合一、四位一体，更重要的是西工大深知自己的定位，甘愿默默奉献，甘愿低调做事，甘愿做一个普普通通的"工业大学"。查一查，西工大历年来的国防贡献，西工大历年来的国家大奖，西工大在国家历次大阅兵中的显赫地位，除非在西工大的校史馆，否则，很难在媒体上找到西工大对自己的宣传和报道。

原西北工学院

原南京航空学院

原哈工大的航空工程学院

如今的西北工业大学

"脉源三支身出两代"的西北工业大学

西工大虽然一直在低调做事，在默默奉献，但是国家心里清清楚楚，而且时刻惦记着、关怀着西工大，长期以来给予了西工大太多的支持、极为少见的荣誉。在此，仅举三例，足以看出西工大在党中央、国务院、中央军委心中的分量：一是连年领先的科研经费——从 2006 年起，国家给予西工大的科研经费，一直连年递增，虽然数目难以奉告，但是年年居于全国高校的前列；二是中国最高的唯一国奖——2007 年，中共中央、国务院、中央军委联合授予西工大国家最高奖项的"国防重大贡献奖"，这是迄今为止全国所有高校中获此殊荣的唯一高校；三是绝无仅有的形象展示——2009 年建国 60 周年的大阅兵、2017 年建军 90 周年的大阅兵、2019 年建国 70 年的大阅兵，仅仅只有三次的大型空中无人机方队，西工大的无人机则次次不空。而且其中的两次大阅兵，国家均把受阅的无人机方队整体地"给予"了西北工业大学，这是向全世界对西工大的公开展示，这是对西工大默默奉献的国家最高褒奖。

在这里又要说一说前边已经说过的中国 35 项"大国重器"，以及 35 项"大国重器"的总设计师，他们分别来自于全国 13 所包括清华大学在内的著名工科大学。然而，其中总设计师来自于西北工业大学一所学校的大国重器就高达 12 项，占到了 13 所高校 35 项"大国重器"的三分之一还要多！

西工大是中国唯一的"三航合一、四位一体"的国防高校。西工大追求的，不是社会的知名度，不是大学的前几名，西工大追求的是为国家国防建设的特殊贡献。在这里对西工大的介绍，只是挂一漏万，其信息大都源自于西工大校史馆的历史记载。若要更进一步地了解，你可到西工大的新校区，到刚刚扩大了的校史馆，听一听讲解员的讲解，读一读图片上的介绍，看一看校史馆的实物，便会对西安的西工大有一个全面的认识和定位。

第六讲
西安 中国老牌名校的西电科大

"西电科大"又称"西电",也就是原来的"西军电",西安不少人至今还都喜欢称它为西军电。西军电的全称叫中国人民解放军军事电信工程学院,西电的全称叫西安电子科技大学。原来的军事电信工程学院由中央军委直辖,现在的西安电子科技大学归国家教育部主管。军事电信工程学院是当时名扬军地的中国两大军校之一,电子科技大学是现在享誉全国的电子信息领军高校。之所以至今仍有人称西军电,是因为西电和西军电就像一个人的大名和小名一样,老一辈西安人实在无法割舍,故"西军电"因人而叫、因地而叫。

第一节 瑞金时期 毛泽东亲手创建的红军通校

西电的前身是西军电,但二者共同的前身又是战争年代的"红军通校",是毛泽东于1931年在瑞金亲手创建的。红军通校跟随红军从江西到陕西,从瑞金到延安,在史无前例的两万五千里长征中、在十多年的革命斗争中,被老一辈革命家誉为了"长征中的学校""党中央的耳目",为中国的革命事业立下了无以替代的赫赫战功。

当时的红军通校是在特定的历史条件下诞生的。1930年10月至1931年9

月，在毛泽东、朱德的直接指挥下，红军连续取得了三次反围剿的胜利，根据地发展到鄂豫皖湘赣的广大地区。为了巩固革命成果，中共中央决定，建立自己的政权，成立苏维埃共和国临时中央政府，定都江西瑞金。1931年11月，中华苏维埃第一次全国代表大会在瑞金召开，毛泽东当选为首任苏维埃中央政府主席。由于在长期的革命斗争中，无线电通信为战争的胜利作出了特殊的巨大的贡献，故毛泽东专门提议，建立一所无线电学校，以为红军、为地方培养更多的无线电通信和维修专业人才。学校的名字定为：中国工农红军通信学校，简称"红军通校"。并任命了红军通校的第一任校长，即后来的开国中将王诤。80多年前的红军通信学校，无疑是中共军校的鼻祖，是中共电讯学校的先驱。

毛泽东同志为第一期无线电训练班上第一堂课，要求红军通信战士做一块革命的鲁班石

西电校史馆的展板中毛泽东为红军通校学员上第一节课的画面

然而，只有三年，蒋介石又纠集50万兵力，对红军开始了第五次大围剿，由于诸多原因，红军第五次反围剿失败。1934年10月，苏维埃政府及中

第七篇章　西安　得天独厚的高校基地

央红军被迫撤出瑞金，开始长征。在长征之前，为了轻装上阵，撤掉了诸多的中央机构。但由于通信学校的特殊作用，军委决定保留通校，并随大部队一同长征，实行边长征边办学边培养人才。按照史料的记载，长征中的队伍，这所特殊的通校，前边人背的是黑板，后边人跟的是"学生"；一边走、一边念，后边念、前边听；天上有隆隆的飞机响，地上是郎朗的读书声。形成了强烈的敌我对比，形成了举世无双的"长征路上的红军军校"。

1935年12月，在历尽千难万险、生死拼搏的长征之后，红军通校随中央红军到达陕北保安。会师之后，军委决定，将红军通校与陕北的无线电训练班、红25军的无线电培训班进行合并，组建新的中央军委无线电通信学校。1936年，"军委通校"又随党中央迁至延安，名称更改为延安电讯工程专科学校，简称"延安电校"。毛主席专门为该校亲笔题词："你们是科学的千里眼顺风耳"，给了延安电校以极高的评价。

1948年，中共中央离开延安搬到河北，中央军委把随迁的"延安电校"又与晋察冀军区的"电信学校"、晋冀鲁豫军区的"通信学校"、中央气象队以及军委三局的"电训大队"整合归并，成立了新的华北军区电讯工程专科学校，简称"华北电专"，校址设在河北获鹿。

1949年，中华人民共和国成立前夕，中央军委再次对华北电专进行扩校搬迁，校址从获鹿迁到了张家口。扩校后的校名定为了"中国人民革命军事委员会工程学校"，学校设置10个专业，学生高达2000余人。本次扩校的校名，取掉了"华北""电讯""专科"三个专词，直接简称"军委工校"。校长由第四野战军的副参谋长曹祥红担任，是只高不低的正兵团级级别。新组建的军委工校，专业涵盖广，校长职务高、连校名都是一步到顶霸气四溢。它是中国人民军队的第一所正规化工业技术学校，它标志着中共军校将由原来单纯的为战争需要培养技术人员，到为国防建设培育新型人才的历史性转变。对此，毛主席欣然挥起了大笔，为军委工校书写了"全心全意为人民服务"的题词。

从1931年的红军通校到1949年的军委工校，先后经历了4次迁校、4次更名、18年的革命历程。至此，将伴随着中国革命的胜利、伴随着新中国的成立，跨入了一个全新的历史时期，"军委工校"一名也将永远不复存在，大名鼎鼎的"西军电"也将随之登上历史舞台。

第二节　解放之后　新中国资格最老的军事院校

"新中国资格最老的军事院校"，说的不仅仅是西军电，当然也包括西军电的前身。毛泽东亲手创建的红军通校，其意义并不只是毛泽东亲手创建，更关键的还在于无线电对军队建设的至关重要。故直接决定了军委工校在中央军委的优先地位，决定了军委工校在中国军校中的重要身份。

1949年10月1日，新中国成立，当时的军委工校虽然规模大、学生多，但按照培养国防建设新型人才的目标，学校还远远达不到要求。首先是教师奇缺，更不要说能叫得响的高水平教授。对此，学校着急，军委着急，派出多路人马到全国各地广招英才。在这广招英才中，就有一个插曲，足以说明军委工校的特殊地位，足以看出中央领导对军委工校的偏爱有加。

当时，原红军通校的第一任校长王诤，已经是中央军委通信部的部长了。军委工校归他管，他比工校更着急。东北军区通信处的处长到京向王诤汇报工作，王诤见面劈头先问："东北有没有通信工程方面的教授专家？"处长回答："有啊，大连大学（现大连理工大）的工学院有个毕德显，是从美国回来的大教授，在美国专门就是教微波、教雷达的。但是，那可是人家大连大学的宝贝啊。"王诤听罢，二话不说，把来人往办公室一摆，直接去找周总理，直接请求把毕德显调给军委工校。周总理听完汇报，也与王诤一样，二话没说，直接就给东北的政府主席打电话，直接说明原委后，很快就拍板了毕德显的调动事宜。只不过，周总理比王诤想得更周到，调一个毕德显作用相对

第七篇章　西安　得天独厚的高校基地

太小，不如把他的单位整个调过来。王诤听罢，欣喜若狂。仅仅数月，中央军委即发布命令：将大连大学的电讯系整体划归"军委工校"，组建了新的"解放军通信工程学院"。就此"军委工校"不仅挖来了一个毕德显，还挖来了毕德显的海归团队，更挖来了大连大学一个完整的电讯工程系，更"挖"出了一个"通信工程学院"的新校名。这一决定，让全国诸多的高校，看得眼馋、看得羡慕、看得自叹不如。同时，军委还任命了新学校的新校长，即后来授衔时的开国上将李涛，是明显高于大军区司令员的军队军衔。"军委工校"前期的这一切，都给后来"西军电"的发展壮大打下了良好的多重基础。

西军电时的教学楼和学员队（图源西电校史馆）

到了1956年，随着教学水平的不断提高，办学规模的不断扩大，张家口这个小城市实在难以满足一所国家级高水平学校的办学条件了。于是，军委开始在北京踩点选址。适逢此时国际局势变化，国家战略调整，大型军工、科研院所、重点高校，多数迁往内地。故军委也放弃了迁校北京的打算，按照中央关于部分重点院校西迁的决定，于1958年8月，解放军通信工程学院迁往西安，学校也随之改名为"解放军军事电信工程学院"，因地处西安，简称"西军电"。至此，当时中国最大的军校正式落户西安。

第三节　五十年代　中国首批20所重点高校之一

西军电到西安，不仅为西安增添了一所高校，还为西安增添了一所军校，更为西安增添了一所名校。从迁入西安的那一天开始，西军电作为高校，就成为了西安的重点、陕西的重点、全军的重点、全国的重点。

1959年3月，中共中央发出了《关于在高等院校中指定一批重点院校的决定》，随后，即在全国所有的高校中确定了仅仅20所学校（16所+4所）作为国家的重点院校。确定重点院校的目的，就是要在今后一个历史时期内对这些"重点"院校进行重点投资、重点扶持、重点建设。这是新中国建立后第一次确定重点院校。20所重点院校的名单一出台，立即在全国引起了极大轰动，相关领域纷纷以一种仰视的目光，聚焦中国的"20强"。20强其中北京9所、上海4所、西安3所，剩余的4所分散在全国其他的4个城市。而来到西安只有一年的西军电，就赫然成为了全国20强的其中之一。

不过，本次的重点评定，还有一个细节需要注意，即在全国所有的高校中，仅仅只有3所军校进入20强，那就是西安的西军电，西安的四医大，以及哈尔滨的哈军工。此后，又有1960年的全国重点评定、1963年的全国重点评定。连续三次，西军电作为中国的军校，每次都在其中，每次都是全国重点。

再往后，还有1978年、1993年、2006年、2011年，以及2017年等多次的全国重点评定。然而，任何人都料想不到，一个风云全国的西军电，一个中央军委的"千里眼"，自1966年之后，居然是以脱下军装的身份，再现于全国重点高校的名单之中的。

1966年4月1日，一个风和日丽的日子。西军电的大礼堂，800多名身着崭新军装的西军电现役干部，整齐划一，端坐台下。他们当中，有1931年红军通校的元老；有长征陕北后延安通校的教工；有张家口合并时华北电专的干部；有迁入西安后西军电的新进官兵。当时，整个礼堂庄严肃穆，全体人员神情凝重，会场静得掉下一根针似乎都会清楚得听到。所有的人都在等待着来自北京中央军委的一道特别命令。

上午十时整，当学院的院长戴润生将军站到了讲台前，台下的所有目光不约而同的转向院长，一个个瞪大了眼睛、屏住了呼吸。戴院长轻轻试了一下话筒，缓缓吸了一口长气，沉重的说出了第一句话："同志们，军委的命令到了"，然后，即是停顿，足足三秒钟的停顿。再然后，他立即调整了情绪，以一个军人的腔调宣布："从即日起，'中国人民解放军军事电讯工程学院'正式更名为'西北电讯工程学院'。学院全体师生退出现役、集体转业，上缴领章肩章和帽徽。"军委的命令，没有任何理由，不作任何解释，只有短短的几句话，但字字千钧、威严无比！

此时，台下的800多人，虽然个个面无表情，但却齐刷刷的热泪盈眶。男儿有泪不轻弹，而这些共和国的军人们，却为此留下了神圣的眼泪。大家随着口令，台上台下，共同起立，默默地摘下了各自的领章肩章和帽徽，用双手捧在了胸前，但眼睛却始终没有离开，眼泪却始终没有停止，一滴一滴，一滴一滴，不断地滴在红五星上……

与此同时，西军电校门口的八一军旗也在缓缓的落下；与此同时，同为中国两大军校的哈军工，也宣读了中央军委的转业命令。

1966年，一个毛泽东亲手创建的军校，一个党中央战争年代的耳目，一个30多年转战南北的"老革命"，一个全国人民寄予厚望的西军电，如今集体转业，退役为民。今后将怎样按照毛主席的题词，全心全意为人民服务呢？

第四节　西安西电　中国电子信息领域的领军高校

1966 年之前，作为军校的西军电共经历了六次更名、五次迁校，但这六更五迁，西军电军校的身份始终未变。只有 1966 年的更名，则是脱胎换骨，改军为民，西军电变成了西北电讯工程学院。再之后的 1988 年，西北电讯工程学院又更名为"西安电子科技大学"。一"西北"，一"西安"，西军电退役之后的两个校名，其简称均为"西电"。

西电传承的是西军电的精神，西军电传承的是红军通校的衣钵。虽然西电现在已经不是军校了，但毛主席为西军电的题词"全心全意为人民服务"，依然是西电的座右铭。所不同的是，以前西军电服务的对象主要是军队，而现在西电的服务对象则直接就是人民。

转军为民的西电，全称为西安电子科技大学，仅从校名看，从一开始，国家即为西电设定了发展方向。它不是北大清华，不是复旦交大，不是全面发展的综合性大学，它是名副其实的专业性大学，是中国电子信息领域高等院校的其中之一。西安电子科技大学，专业就是电子科技，若要在全国进行实力对比，和综合大学没有可比性，西电应对比的，就是全国电子信息的相关高校，就是所有综合性大学电子信息的相关专业。不论是比资历、比人才、比实力、比贡献，西安电子科技大学，在中国的电子信息领域，都是当之无愧的开拓者和领军者。

从 1931 年学校创建，到 1966 年学校改制，作为当时中国唯一的无线电工程专业院校，西安西电，先后六改名五迁校。每迁一地，合并一次，规模不断扩大，实力不断增强，聚拢了不同时期全中国最优秀的专业团队，吸引了诸多留学海外报效祖国的海归精英。面对西方世界对我国的技术封锁，首创了中国的雷达、密码学、信息论、信息工程、微电子、光电子等诸多的学科和专业，是我国电子信息的发源地，是我国 IT 学科的创立者。是西电，撑起了中国电子信息工业技术的脊梁，筑起了中国电子信息领域科研和人才培

第七篇章　西安　得天独厚的高校基地

养的核心基地。同时，如果看过20世纪60年代的电影《永不消失的电波》，一定会体会到，是西电树起了中国电子信息教育史上一座"永不消失"的历史丰碑。

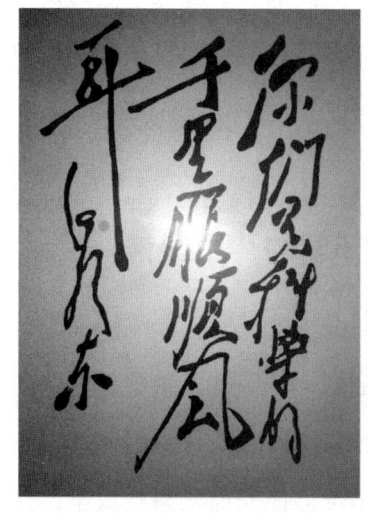

毛泽东主席为学校的题词

朱德委员长为学校的题词

西电的人才究竟有多少？可以说是遍布中国，遍处开花，遍地结果。中国的神州飞船、嫦娥探月、天宫一号、航空母舰等，其顶级的团队，都有西电的学生；中国的两院院士，只要是电子信息相关领域的，绝大部分都是西电的校友；中国的军队或地方，凡属电子信息的核心部门、科研院所、专业高校，其掌舵人物、技术领军，60%以上都是西电走出来的；中国的电子信息、IT行业的巨头大咖，联想、腾讯、华为、中兴、移动、联通，其创始人、研发团队、高层管理，80%以上都是西电毕业的学生。是西电，灿烂了中国的电子信息，辉煌了中国的IT领域。

西安的高科技开发区，有中国的软件新城，有韩国的三星园区，有华为的全球技术中心，有中兴的智能终端总部，每一个单位都在万人之上。他们与西安电子科技大学互为辉映、互借东风。这些电子IT领域的龙头企业员工个个福利好薪水高，但一岗难求，条件苛刻。然而，不论哪个企业，只要是技术部门，闭着眼睛拉出一个员工，他们几乎都是西安电子科技大学的毕业生。

对此，人们普遍都有一个疑问，大名鼎鼎的三星、华为、中兴之所以落户西安，是否因为西安有个西电？是否因为西安的西电有着源源不断的人才资源？至于这个问题，别人回答不算，最好还是直接去问一问三星、华为和中兴。

第五节　西安西电　历年以来连连不断的"中国第一"

毛主席为西军电"全心全意为人民服务"的题词，一直以来都是西电的办学宗旨。衡量一个高校在国家所处的地位，最为权威的就是"国家重点实验室"的多少，是你承担国家重点科研项目的情况。西安电子科技大学，拥有国家重点实验室五个，位列全国电子信息类高校第一。而五个国家重点实验室其中有两个都是国防工业的稀有重点实验室。西安电子科技大学，以自己的特色和独家优势，长期以来都和解放军的各总部、各军种，以及国防工委有着密切的直接合作，承担了大量的国防急需的重大项目研究工作。在西电承担的所有科研项目中，70%以上都是来自军方的委托。西安电子科技大学，是国家军工质量体系的认证单位，是国家武器装备科研生产的许可单位。西电设有专门的"国防研究院"、"空天研究院"；设有中国所有大学中唯一的"无线电与电磁散射研究所"；设有世界一流的"雷达信号处理研究中心"。单听一听这些名字，就知道西电的"电"，都"电"在了什么范围，都"电"在了哪些领域。

不论是原来的西军电，还是今天的西电；不论是原来的军校还是今天的民校，西安电子科技大学为国家的贡献、为人民的服务，可谓硕果累累、全心全意。按照西电校史馆的记载，西电创造了中国的诸多"第一"，填补了中国的诸多空白，先后研制出了：中国第一台气象雷达、第一套流星余迹通讯系统、第一台 ATM 交换机、第一台毫米波通讯机、第一炉单晶锗、第一套电磁孤立子实验系统、第一部军用通信绳塞电报交换机、第一台塔形管空腔振荡器、第一台可编程雷达信号处理机、第一台雷达干扰机、第一个相控阵雷达系统、第一套三坐标相控雷达，等等等等。以上的诸多第一，完全可以看出，很大部分都是军事领域的，而且都是国防急需的。

近五年（2013-2017）高校以第一单位获国家科学技术奖（通用项目）统计

序号	获奖单位	总计	自然科学奖		技术发明奖		科学技术进步奖			
			一等	二等	一等	二等	特等	一等	二等	创新
1	清华大学	39	1	12	1	13		2	9	1
2	浙江大学	35		8	1	10	1	2	11	2
3	北京大学	26		15		4			7	
4	西安交通大学	23		9		7			6	1
5	上海交通大学	20		8		2			10	
6	东南大学	16		4		5		1	6	
6	华中科技大学	16				5		1	10	
8	北京航天航空大学	15		4		8			3	
9	哈尔滨工业大学	13		5		5			3	
9	南京大学	13		6		3			4	
11	中国农业大学	12				3			9	
12	天津大学	11				5			6	
12	同济大学	11		1		3		1	6	
12	中山大学	11		6					5	
15	武汉大学	9		2		2			4	1
15	西安电子科技大学	9		3		3			3	
17	吉林大学	8		4		4				
17	中国矿业大学	8				3			5	
19	华南理工大学	7				4			2	
19	江南大学	7				6			1	
19	苏州大学	7				2			4	
19	中国科学技术大学	7	1	6						
19	中南大学	7		1		3			3	

西安电子科技大学五年来获得国家科技三大奖总数全国排名

近几年，西安电子科技大学又在国防领域取得了一系列震惊世界的标志性成果：用于专门对付隐形飞机的"×××新体制雷达"；用于中国最新预警机的"×××信号处理技术"；用于深空探测和主力战舰火控雷达的"×××机电耦合技术"等等。以上震惊世界的成果，深奥的，我说不清楚，听者也听不明白，仅说最通俗的"新体制雷达"。雷达是专门为了探测飞机的，而世界最先进的隐身飞机则是专门逃避雷达探测的，但是西电研制的新体制雷达就是专门对付隐身飞机的。西电媒体在2016年12月19日曾以《国防领域的铸盾行动》为题对此作了如下的报道："2016年，国际军事领域有一个爆炸性的新闻，中国研制的世界首个反隐身米波雷达，让美国最先进的隐形飞机无处藏身。"美国做梦也不会想到，自己不可一世的隐形飞机，出世不久，就被中国的西电迎刃破解，当头打晕（以上信息大部源自西电校史馆）。

西安电子科技大学的老校区是20世纪50年代全部按照当时苏联模式建造的

说西安电子科技大学，同样要说中国的35项"大国重器"。35项"大国重器"的总设计师分别来自于13所著名高校，而其中的"天宫一号""天问一号""嫦娥五号""中国天眼""探月探测器"的五位总设计师都来自于西安电子科技大学,占到了全国35项"大国重器"总设计师的七分之一!

西电诸多的"中国第一",西电为国的特殊贡献,不一定别的学校没有这个能耐,而是别的学校没有这个专业,没有这个国家重点实验室。故西电的亦民亦军,西电的中国第一,无以替代,难以超越。

此刻我在思考一个问题:从本节前边连续五年的全国高校三大奖排名列表中即可明显看出,西安电子科技大学位列第16名,而在16名前边的15所学校无一例外的全是清一色的985高校,而中国的985共有39所!试想,假如西安要么没有985,要么只有一所985,那么,以西电的资格,以西电的实力,以西电的贡献,极有可能不会只是现在的"211"。

西安电子科技大学,是毛主席亲手创建的红军通校,是诞生于战争年代的"军人世家"。西安电子科技大学,骨子里本就是姓"军"的,故注定了它的使命,将与军队与国防密不可分。现在看来,毛主席"全心全意为人民服务"的题词,需要西电全心全意服务的,是军民一家的"人民",是军民之本的国家,是亦军亦民、亦民亦军的只讲服务、不贪名利的奉献精神。

第七讲
西安 中国肩负重托的西北农大

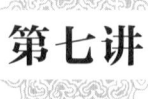

"农大"研究的就是农业，农业依托的就是土地。中国拥有960万平方公里的土地，但西北就占了30%以上；中国拥有高达14亿的人口，但西北仅仅不到7%。西北是中华民族的发祥地，西北是中国农业的诞生地；西北是中国的战略粮仓；西北是中国农业发展潜力最大的地方。偌大的中国，农业院校高达50多所，但仅仅有两所农业大学进入了副部级、985，以及世界一流大学的建设名单。而其中之一的西北农林科技大学，就位于西北地区，占尽先机，得天独厚。是中国肩负重托的农业大学。

第一节 西农大的驻地 中国农耕文明的发祥之地

西北农大也称"西农大"，全称为"西北农林科技大学"，位处西安以西数十公里中国唯一的国家级"杨凌农业高新技术产业示范区"之内。杨凌农业示范区不是一个行政区划，不归属任何一个城市，其管理直接由陕西省政府领导，但区号则为西安的"029"（020～029，连同北京的010在内，全国总共只有包括四个直辖市在内的十大城市区号为三位数，即北京、上海、天津、重庆、广州、南京、武汉、沈阳、成都及西安，026暂时空缺，其余城市均为四位数），故在此单列一讲予以宣传推介。西农大于1934年创建，当初之所以选址于此，可谓用心良苦，刻意而为，因为，这里是中国最古老的农耕文明发祥地，是中华民族的农业始祖后稷传播教授农耕种植技术的起源之地。

杨凌，史称"邰城"，是4000多年前邰氏部落的所在地。在杨凌，人人皆知后稷的传说。后稷是黄帝的玄孙，姓姬名弃，因善农耕，精种植，先被尧帝举为"农师"，后被舜帝封为"后稷"，专门管理农业，并封地于邰城，至今一直被奉为中华民族的农业始祖。后稷的故事，不仅记载于周代的《诗经》，不仅记载于汉代的《史记》，更为各朝各代的民间所传颂。

相传，后稷的母亲名叫姜嫄，古邰城人氏，也即当时帝喾的元妃。一日。姜嫄独自在城外信步郊游，不期遇见一个硕大无比的巨型脚印，有脚掌、有脚跟、有五个清晰可辨的脚趾。出于好奇，她走进脚印，漫步其间，细细触摸一个一个的脚趾。岂料，朦胧之际，突觉周身热血喷涌、神情兴奋，她不由得躺在脚印之内，任凭自己的心跳加速、呼吸变快。不久姜嫄即感到了腹中的异样，好似胎儿蠕动一般。她既惊又怕，但却难以自拔，良久，姜嫄才恋恋不舍起身回家。然而，一个伟大的过程完成了，十月之后，姜嫄产下一子，而且一生下地，婴儿即神态异常，体大膀宽，姜嫄自觉不详，未敢留养，她悄悄把婴儿弃丢荒野。谁知道，奇迹出现了：一天一夜，出没的野兽皆绕道而过；天降的大雨皆不淋其身；空中的鸟儿皆落地相围，用各自的羽毛温暖弃儿。姜嫄看后，方才恍然大悟，这是天地之神赐给自己的儿子。她不敢怠慢，速将儿子抱回家中，精心哺喂抚养。因为是弃之又捡，故为儿子取名为"弃"。此婴即黄帝的重孙帝喾之子，也即后来的"后稷"。

后稷天生聪颖，孩童游戏之时，即表现出了非凡的创意，他把烙饼埋在土中，声言能够长出更多的食物。长大之后，后稷潜心钻研、勇于实践，成为了农业的天才。他善辨土壤，会选子种，懂得清除杂草，通晓田间管理，以至于作物成熟之后的收获、脱皮、加工、磨粉，等等，后稷无所不能。当被推举农师后、被任命农官后、被封地邰城后,后稷不辞劳苦,不计得失,把自己的所知、所会、所能,无私传授,积极推广,致古代的邰城,农业发达,技术先进,成为了当时全国的农耕示范中心。直至到了西汉时,这里都是皇家的农业基地,发明了世界最早的农业机械、世界最早的温室栽培、世界最早反季瓜果,等等。时至今日,"古邰国"的遗址,"教稼园"的复建,"大脚印"的痕迹,等等,个个都是杨凌的独特景观。

1934年,国民党元老、关中乡党的于右任与主政陕西的杨虎城联手创办"国立西北农林专科学校",于右任为首任校长。校址几经选择,几经权衡,最终15人的筹委会一致同意,学校设在古邰国的遗址,设在中国农耕文明发祥地的杨凌。目的不言自明,于、杨等人寄望,西北的第一所农业高等学府,能够在此传承后稷精神,推广农科技术,振兴西北农业。让西北的杨凌,再次成为中国现代农业的发祥地,成为中国农业科技的示范中心。

原来的西北农林专科学校,就是现在的西北农林科技大学。

1934年成立的国立西北农林专科学校(摄自西农大校史馆)

第二节　西农大的整合　从十农共舞到今一统天下

自 1934 年，于右任杨虎城创办的西北农林专科学校，到 1999 年的西北农林科技大学，共走过了 65 年的路程，期间还经历了 1938 年的西北农学院、1985 年的西北农业大学。但其中 1999 年的西北农林科技大学，并不只是一次简单的更名，而是有史以来中国农业高校最大的战略性整合，是中国农业高校前所未有的一次历史性跨越。

《史记·周本纪》记载，4000 多年前，中国历史上最早的农官后稷在杨凌"教民稼穑、树艺五谷"。作为农耕文明的发祥地，随着历史的推移，杨凌一直以来都是中国农业的聚焦所在。新中国成立之后，杨凌同样是国家农业的教育科研中心，汇集了众多的中省农业院校、中省农科院所。这里有农业部所属的西北农业大学，有林业部所属的西北林业学院，有中科院所属的西北植物研究所，有水利部所属的水利科学研究所，有中科院水利部共管的水土保持研究所，还有陕西省的农业科学院，陕西省的林业科学院以及陕西省农业学校、陕西省林业学校、陕西省水利学校，等等。数一数，中央五家、陕西五家，可谓是"中省十农（龙），共舞杨凌"。

中省十家农业教科单位齐聚杨凌，按说是求之不得的大好事，然而，否也，十家单位，十个婆婆，条块分割，各行其事。仅仅只举一例，以上的任何一家单位，不论是农业的、不论是林业的、水利的、还是植物的，身处的都是黄土高原，哪一家能避开水土保持？但是，连同中科院、水利部共管的西北水土保持研究所在内，十家单位的任何一家，都在为各自的上级做着一个同样的事情，研究着一个同样的课题——水土保持；而且，同处一地，互不沟通，同处于一地，老死不相往来，造成了极大的资源浪费、资金浪费、人才浪费、设备浪费，而这仅仅只是其中的一例。最为重要的是，如此现状，造成了科研人才的大量流失，造成了科研经费的更加短缺，造成了所有的单位既无力改变，又无心工作。

如此现状，对于杨凌地方的管理者来说，更是酸甜苦辣，五味杂陈。翻看新中国成立后杨凌的"履历"，曾是一个乡镇，曾是一个公社，曾是一个特区，直至最后也不过是一个县区级的建制。对于"中省十农，共舞杨凌"的局面，杨凌地方政府既不是农头，又不是农尾；既没有权利管理，又没有资金帮助。只能是看在眼里，急在心中，整个杨凌已处在生死存亡的危机关头。

面对此情此状，身为全国人大代表的西北农业大学一位女教授，挺身而出、奔走疾呼。在1997年的全国人代会，她含泪向时任的国务院总理李鹏当面直陈：救救杨凌，救救西农大。说者动情，听者动容，李鹏总理当即表示：国务院一定会尽快研究。顿时，整个陕西代表团响起了长时间的热烈掌声。

时隔不久，两个振奋陕西、轰动全国的大举措先后出台：一个是成立"杨凌国家级农业高科技示范区"，一个是将原国家各部委所属的西北农业大学、西北林业大学、西北植物研究所、水利科学研究所、水土保持研究所，以及陕西省的农科院、林科院，全部归并一体，组成新的"西北农林科技大学"。更重要的喜讯还在后边，杨凌国家级农业高科技示范区直归陕西省管

西北农林科技大学

理,管委会为副省级级别,主任由陕西省副省长陈宗兴担任,并由陈宗兴兼任新的西北农林科技大学的校长。让新的西农大有职有权,让新的西农大和杨凌示范区互有你我,彼此不分。

至此,杨陵区升为了副省级,成为了全国唯一的农业高新科技示范区;西北农业大学扩并为西北农林科技大学,同样升为了副省级。至此,实现了我国农科教、产学研的完美整合,结束了长时间的"十农共舞",形成了杨凌示范区农林高教、农林科研的一统天下。

第三节　西农大的崛起　撑起中国最大的农科新城

杨凌,既是一所大学园,又是一个示范区,更是一座农科城。然而,这座"城"成为真正的城,却走了几十年,可谓步履艰难,来之不易。

从新中国成立,拥有西北农业大学等10个农林院校和科研单位的杨凌,就一直被外界称之为"农科城"。但是,外人全然不知,这个农科城只是当地人口中的代称,实际上根本没有"城"的概念,仅仅只是一个不足4平方公里的小镇,仅仅只有一条比较像样的街道。全城没有任何公共设施,没有任何城市配套,没有任何一般城市拥有的最最基本的东西。西农大的一位国家功勋级教授,仅因旧病复发,由于小镇不具备起码的救治条件,只好送往西安,但在半途之中即不幸身亡。

1996年,国务院副总理李岚清专程到"农科城"视察西北农业大学。一到杨凌,最大的感慨就是两个想不到:一是想不到杨凌的科研人员有如此之多;二是想不到杨凌的整体条件是如此之差。李岚清直言:"这不叫农科城,充其量只是一个农科乡,这样的地方如何能够留住人才?"

农科城条件如此之差,原因何在?原因很简单,因为,杨凌的10个教科单位,全部为外驻的中省单位,分属不同的部委,各拿各的钱、各干各的事,

639

但"城"由谁来规划？由谁来建设？由谁来投资？由谁来管理？则无人问津。而作为地方政府，一个小小的乡镇，不论从哪个方面来说，都是万万啃不了这个大骨头的。

1997年之后国务院的两大决定，则彻底逆转了这个现状。国家级农业示范区的宣告成立，西北农林科技大学的一统天下，副省级管委会主任的身兼两职，以及国家20个部委和陕西省的联手共建，把整个杨凌示范区变为了一盘棋。而唯一的棋手，既是管委会的主任，又是西农大的校长。全新的体制，为西农大的发展，为农科城的建设，插上了腾飞的翅膀。

从1997到2017年，前后20年，时间说短不短，说长不长，但对杨凌的农科城来说，则已经是天翻地覆，换了人间。原来两万多的人口，已经猛增到20多万，原来一条大街的小镇，已经扩大到100多平方公里。这里有像公园一样的城市街区，有像植物园一样的园林绿化，有五星级的会展中心，有四A级的观光园区，有三甲级的高端医院，有两家污水处理与垃圾处理的现代化工厂，有唯一的陕西省天然气热电供暖枢纽，还有功能齐全的创业中心，与时俱进的服务体系，高标准的安居工程，高质量的中小学校，以及中国唯一的远古农耕博览园，以及亚洲最大的水上运动游乐中心……大多城市都有的种种繁华，这里都有；大多城市都没有的幽雅静谧，这里也有。这里的孔雀已经不再飞向东南，换来的则是大量的投资客商和诸多的农科海归。

一年一度的"中国杨凌农业高科技博览会"，更是把杨凌农科城、把西北农科大推向了世界。杨凌农高会由国家科技部等17个部委主办，由联合国科教文组织等10个国际组织协办，由陕西省人民政府负责承办。是中国至今最高级别、最具权威、最有影响力的农业高新技术博览会。截至2018年，已经成功举办了24届。每年的杨凌农高会，都有数十个国家、数千家涉农单位、百余万的客商和群众参展参会；每年的农高会都要同时举办"中国农业高新科技世界论坛"、同时举办"中国与××国家农业合作周"；每年的农高会都有西农大的千余项实用新技术从这里输出，都有西农大数百亿元的项目在这里成功交易。

杨凌农科城,被国际组织誉为了"中国农业的硅谷",杨凌农科城已成为不折不扣的"中国农业世界品牌"。2015年12月12日,由国家质检总局、中国品牌建设促进会、中央电视台、中国国际贸易促进会、中国资产评估协会在北京联合举行的中国区域品牌价值测定信息发布大会,"杨凌农科城"品牌作为西部唯一入选的中国区域品牌,价值高达661.9亿元,位列中国区域品牌价值评价第二位。

每每有人到了杨凌都会问到:这里究竟是农科城还是西农大?农科城的区域是哪里?西农大的校园在哪里?问得好、看得准!在杨凌,农科城和西农大的确难以分清,其实二者就是你中有我、我中有你、你我不分的一个整体。是西农大为中国撑起了全国最大的农科城,是农科城为西农大搭建了走向世界的大舞台。西农大就是农科城,农科城也就是西农大。

2017年中国农科城即杨凌国家农业高新技术产业示范区成立20周年总结大会

第四节　西农大的地位　中国一流高校的农大双星

衡量一所高校的地位，通常人们最信服的就是国家历次重点高校的评定结果。从十几所到几十所，从几十所到百余所，但以前的每次评定都没有"重点"的名称。自上世纪90年代之后，全国重点高校的评定才开始有了正式的命名，即1995年的211、1998年的985、2017年的双一流，广受人们的关注热捧。其实，除此之外，中国还有一个更为顶级的高校群体——"副部级高校"，而且比211、比985、比双一流数量更少、更令人羡慕。但是，全国900多所公办本科高校，能进入211，特别是能进入985、双一流、副部级的，实属难之又难、少之又少。故此，获取这样的重点地位，乃是中国诸多高校梦寐以求的奋斗目标。

但是，任何大学的地位都是靠大学的实力赢来的。西北农大，在极其艰苦的环境下，凭借自有的实力，在1999年国家的战略整合中，一次性整体并入了一所部属的林业大学、四所部属的科研院所、两所原属国家后属陕西的农、林科学院，一次性增加了大量的国家级农林水学科高端科研人才，实现了全国农业高校的"五个之最"：全国规模最大的农业大学、全国学科最全的农业大学、全国科研人才最多的农业大学、全国一级学科最多的农业大学、全国综合实力领先的农业大学。自此之后，西北农林科技大学就一直走在了全国农业高校的前列。

1995年开始的211工程高校评定，由于当时西北农林科技大学新校还未成立，所以未能列入。但2004年，西农大即被国家专门增补，正式进入211。拥有122所高校的211，虽然代表了中国高校的重点，但还有比211更重点的中国985高校。

1998年的985工程高校评定，数量大大压缩，在全国1000多所公办本科高校中，精挑细选，仅仅确定了39所，只占到了1000多所高校的4%。西北农林科技大学，三生有幸，入选其中。

2017年的双一流大学建设，是国家最新的高校发展战略，其中"创建世界一流大学"的名单，全国共有42所高校入选，西北农林科技大学，仍然名列其中，成为了国家正式认定建设的一流大学。

话说到此，西北农林科技大学在全国高校中的地位，已经明明白白，清清楚楚了。但是，人们可否知道，在全国1000多所公办本科高校中，在全国50多所各类农业院校中，只有两所农业大学长青不老，从211到985，从双一流到副部级，每每评定，每每不缺，格外的引人注目。这两所农大，一所是位处北京，国家农业最高学府的中国农业大学；一所是扎根西部，艰苦创业、默默耕耘的西北农林科技大学。两所农大，一东一西，被誉为了中国一流高校群体中的"农大双星"。

第五节　西农大的使命　中国半壁国土的现代后稷

西农大在全国高校中的地位，是与西农大肩负的国家使命密不可分的。1999年，西北农林科技大学的整合并组，不仅是党中央国务院的重大战略决策，更是国家赋予西北农林科技大学的历史重托。

1999年，时任的国务院副总理李岚清在视察杨凌时强调指出：组建新的西北农林科技大学，成立国家级杨凌农业高科技示范区，是为了解决中国干旱半干旱地区的农业问题；解决下个世纪中国人的吃饭问题；解决整个中国可持续的发展问题。李岚清讲话的"三个解决"，看似短短几句话，字字句句千钧重。谁能够想到，偏居西部的西北农林科技大学，居然肩负着如此重大的国家使命！

中国的人口占到了世界人口的22%，而中国的土地仅占到世界土地的7%；世界人均耕地0.4公顷，而中国人均耕地仅有0.1公顷；粮食的唯一来源就是土地，而中国的土地50%以上都是干旱和半干旱地区。中国的粮食问题，就是中国最大的安全问题。2015年7月1日，《中华人民共和国国家安全法》正式通过，其中粮食安全已经明确单列第二十二条，正式升级为国家的安全战略。

南米北麦，这是中国两大主要饮食主体和中国两大主要粮食结构。但小麦的主产区几乎全是干旱和半干旱地区。如何让中国的半壁国土能够有充足的小麦产出？如何让中国的半数人口能够有可靠的粮食安全？身处农耕文明发祥地、中国最新后稷传人的西农大，当然责无旁贷，理应承担。

解决中国干旱半干旱地区的农业问题，解决21世纪中国人的吃饭问题，千钧重担之所以压给西农大，是因为唯有西农大具有这样的能力。我们不说西农大世界首例的克隆山羊，不说西农大世界领先的无土栽培，不说西农大世界先进的家畜胚胎工程，不说西农大首屈一指的节水喷灌技术，不说西农大6000余项的科研成果，不说西农大50多项的中国第一，在这里，只说西农大干旱半干旱地区的小麦优良品种。从上世纪的50年代起，就有享誉中外的"碧蚂1号"，成为了全世界推广面积最大的小麦良种。之后又有了60年代的"丰产3号"、70年代的"矮丰3号"、80年代的"小偃12"、90年代的"西农85"，都是中国小麦育种史上的里程碑。直至2000年之后的"西农511"、"529"、"585"、"979"，等等，都覆盖了中国大部分的小麦产区。其中的"西农979"，亩产一举提高了25%以上。如今，西农大50多个小麦优良品种示范基地，遍布了中国小麦主产区的10多个省份，特别是素有"中国粮仓"之称的河南省，每个地市都有西农大的小麦示范基地。西农大的200多位专家教授，常年工作在各省基地的田间地头，传授知识、示范技艺，忠实地履行着现代后稷的各种职责。

当年的毛泽东主席对"西农"曾有过一句名言："一个小麦品种，拯救了大半个中国"；2000年后的国家粮食局曾有过一个评论："南有袁隆平，北有西农大"；2016年8月8日的《人民日报》曾写过一篇报道，开头即如此说道："这里承载着千百万干旱半干旱地区农人的希冀；这里奠定着中国现代农业、北方旱区农业的基础；这里是中国唯一的高新技术农业示范区"。以上就是新中国建立之后，60多年来西农大的"业绩简历"。

地处西部，对于西北农林科技大学来说，既是优势，又是劣势：西部，有黄土高原、戈壁荒滩、草原千里、茫茫大漠，有诸多独有的科研资源，为西农大提供了无限的用武之地。但是，西部又地处偏远，贫瘠落后，条件艰苦，对科研人才，对求学的青年来说缺乏吸引力，直接影响了西农大的发展。然而，首都北京需要农业大学，偏远的西部更需要农业大学。繁华都市需要有陆海空的三军驻守，昆仑山巅更需要风雪中的边防部队。西北农林科技大学，扎根西部，肩负重托，艰苦奉献，无怨无悔，而且倍感欣慰。因为，国家始终对西农大关爱有加，始终给予了西农大令人羡慕的重要地位。

第八讲
西安　中国享誉中外的空军医大

空军医大就是原来的"四医大"，四医大在全国来说几乎是一个家喻户晓的名字。诸多的老百姓甚至不知道四医大的全称——中国人民解放军第四军医大学；更不知道军改后四医大的校名——中国人民解放军空军军医大学，只知道西安有个四医大。诸多的热心人都有一个遗憾：不论从四医大的"革命"资历，从四医大的教研实力，从四医大的医学巨献，从四医大的录取分数，从四医大的群众口碑来衡量，四医大绝对都应当是中国的第一军医大学，为何只是四医大呢？然而，四医大就是四医大，所有的四医大人、所有的西安市人就喜欢"中国人民解放军第四军医大学"这个亲切的名字。

第一节　创建最早　最受信赖的军医大学

四医大的前身是抗战时期八路军的晋西北军区卫生学校，是中国共产党领导的抗日根据地最早的、唯一的卫生学校，汇集了八路军所有的医界精英。学校先后经过了七次更名，最终定名为中国人民解放军第四军医大学。

1941年，八路军晋西北军区卫生学校成立；1942年，随着军区的更名学校更名为晋绥军区卫生学校；抗战胜利后，晋绥军区卫生学校又更名为西北人民医药专门学校；到了 1948 年 11 月，西北人民医药专门学校进驻西安，学校再次更名为西北军区人民医学院；1951 年 1 月，中央军委调整解放军院校番号，西北军区人民医学院依照番号正式更名为中国人民解放军第一军医学院，成为新中国建立之后，中国人民解放军第一所军医高校。1952 年，第一军医学院扩校升格，并更名为中国人民解放军第四军医大学。

与此同时，按照序号，第二、第五、第六、第七，四所军医大学也分别在上海、南京等城市命名成立。至此，中国已经拥有了五所正规化的军医大学，而空缺的第一、第三军医大学则是在 1975 年才调整更名补序的。

作为八路军最早的卫生学校，作为新中国最早的军医学院，作为汇集了最多军队医界精英的四医大，在之后全国的历次重点高校评定中，在之后中国的历次大小裁军中，其在国家在军队中的重要地位得到了充分的展示。

1959 年，中共中央公布了建国后的第一批全国重点高校，只有清华、北大等 20 所军地院校，第四军医大学即名列其中，是中国第一批重点高校中最早的军队大学，唯一的军医大学。之后的 1978 年，四医大入选中国首批博士授权高校；1995 年，四医大入选军队首批重点大学；1997 年，四医大入选 211 工程首批重点高校；2017 年，四医大入选双一流学科建设重点大学。

1952 年，解放军进行建国后的第一次大裁军，裁军员额百万以上，四医大不仅未被裁撤，反而扩校增编，由第一军医学院升格为第四军医大学；1954 年，解放军进行第二次大裁军，裁军员额 23%，四医大不仅未被裁撤，反而，位处南京的第五军医大学连学校主体连附属医院全部迁往西安，归并第四军医大学；2004 年，解放军第十次大裁军，裁军员额 30 万，位处广州的第一军医大学整体被裁，移交广东省管辖。而四医大不仅未被裁撤，反而，位于河北石家庄的白求恩军医学院，被军委并入四医大，成为了第四军医大学的白求恩军医学院；2016 年，中国进行有史以来的军队体制大改革，80 多所军队高校缩并为 43 所，而四医大不仅主体未动、级别未动、校址未动，反而，归并了中国军队甚至是整个国家航空医学领域最具盛名的某某医学研究所，实现了军队航空医学的强强组合，形成了中国唯一的集教医研训鉴五位一体的航空航天医学科研人才的培养体系。

第四军医大学，经过了多次的合并扩大，已经成为了中国综合实力最强的军医大学。

第二节　名为第四　实力领先的军医大学

每到高考季节，网上总会出现诸多的全国军医大学排名，四医大多为名列第一。对此，不少报考四医大的考生都有过曾经的遗憾，四医大名为第四实为第一，但为什么不叫第一呢？其实，人人都知道，学校的第几第几，只是个学校的序号，并不是学校的排名。若是以学校的序号论先后，早在1951年，四医大的前身即为中国人民解放军第一军医学院，且当时的第二、第三、第四军医学院，也分别为第三军医大学、第五军医大学、第六军医大学的前身，都排在了四医大的前身之后。而从1952年起，经过了陆陆续续的裁撤归并，才形成了中国人民解放军完整序号的第一、第二、第三、第四四所军医大学。但是，到了2004年的又一次裁军，恰恰是第一军医大学被整体裁撤，划归地方。至此，中国的军医大学就只剩下了三所，而且是没有第一，只有第二、第三、第四的三所军医大学。

四医大虽然是中国人民解放军的第四军医大学，但是，四医大却在全国所有的医科院校中创造出了诸多诸多的中国第一：

四医大作为全国教育界和军队院校的先进典型，曾经先后四进中南海，九进大会堂，汇报成果、介绍经验，在全国所有的医科院校中独此一家。

四医大2011年获得国家教育成果奖的特等奖，在全国所有院校中，只有清华北大和四医大获过此奖；在全国所有的医科院校中，只有四医大独家获得。

四医大在国际最为权威的国际 SCI 发表论文的数量，连续 6 年在全国所有医科院校中独居首位。

四医大获取的国家自然科学基金项目和经费总数，连续七年在全国所有的医科院校中名列第一。

2008 年至 2011 年的四年间，全国所有的医学高等院校和全国所有的医学科研院所总共获得国家最高科技进步奖一等奖七个大项，而四医大一家即包揽了七大项中的五个大项。而且是连续四年连获五奖，是自 2000 年国家设立最高科学技术奖以来，连续获得一等奖最多的唯一院校。仅此一点，在全国所有的高等院校中绝无仅有，在全国所有的医科院校中更是奇迹。

四医大虽然是第四军医大学，但四医大却是全体四医大人的第一生命。

军改前的第四军医大学

2016 年，中国前所未有的大军改，三所军医大学全部改隶各大军种：二医大成为了海军军医大学，三医大成为了陆军军医大学，四医大成为了空军军医大学。

然而，四医大既爱蓝天，更要"生命"。在改名空军军医大学之际，四医大向中央军委直陈，请求同时保留第四军医大学校名。中央军委欣然同意，并向全世界宣布：今天的解放军空军军医大学，仍然是原来的解放军第四军医大学。

四医大，早已成为了一个中国品牌；四医大，年年都在创造刷新着"中国第一"。

第三节　领先中国　赶超世界的军医大学

四医大最为社会关注的，最受媒体推崇的，最令群众称道的，就是四医大医疗技术的科研成果，四医大层出不穷的世界首例和中国第一。

四医大附属的西京医院，在复旦大学"医院管理研究所"从2010年开始发布的全国百强医院排名榜中，连续八年位列第五；四医大附属的口腔医院，是全军唯一的口腔医院，在复旦大学从2010年开始发布的全国三甲口腔医院排名中，连续八年稳居第四；四医大的医院，在全国的三甲医院中，不论是硬实力，还是软实力，都是绝对的中国一流。

在网上点击四医大与全国同档次的医科大学，不论是学校自己的网站，还是第三方推出的宣传，其最大的不同点就在于，凡对四医大的文字介绍，其篇幅都远远大于其他学校。最明显的就是四医大的科研成果内容中，均列出了一长串有具体命名的重大医疗案例，而且，所列的几乎全部都是世界第一，仅从一个个奇异的名字上，便会被强烈的地震撼和吸引。

按照《中国教育报》等媒体的报道，四医大对诸多医学重大课题一直采取的是打破院系界线，相关科室共融，围绕一个课题目标，聚合优势，联合攻关，综合报奖，形成了四医大独有的聚焦、聚力、聚合、聚变的科研攻关新机制。截至 2020 年，四医大共获得各项科技成果奖 1200 余项；国家科技"三大奖"67 项；军队科技进步一等奖 36 项；军队医疗成果一等奖 17 项；创造出了 90 多项世界范围的或首例或唯一的医学奇迹。

军改后的空军军医大学

以下列举的，仅仅只是四医大"世界首例"的一小部分，仅仅只是听名字相对通俗易懂的医学案例：世界首例"坑面女"造脸术；世界首例"垂面男"移脸术；世界首例母女子宫移植术；世界首例人工器官移植术；世界首例猪猴异体肝移植术；世界首例十指全断离再植术；世界首例心肝肾联合移植术；世界首例体外再生骨移植术；世界首例改良机器人心脏术；世界首例 4D 打印乳房再造术；世界首例重组合异种骨移植术；世界首例机器人活体小肠移植术；世界首例生物激光脊神经治疗术；世界首例两人异位劈裂式肝移植术；世界首例锁骨肩胛骨 3D 打印假体植入术；世界首例 3D 打印人工骨四肢缺损修复术，等等。每一例都惊动了世界，每一例都轰动了全国。

解放军是人民的子弟兵，解放军的军医大学也是人民的子弟大学，解放军的军队医院更是人民的子弟医院。四医大诸多世界首例，中国第一的高端医学成果，不仅展示了四医大超强的实力、精湛的医术，更彰显了四医大对人民群众的深深大爱。因为一个一个中国领先、赶超世界的医学硕果，都是四医大在拯救人民生命的战斗中，用爱打拼出来的。

第四节　大爱无疆　情系百姓的军医大学

四医大诸多的"世界首例"，道德仁爱无处不在。其中的"坑面女"，就是一个最为典型的例子。

从2006年起，"坑面女"事件就惊动了世界、轰动了全国，招来了中外近千家的电视、报刊、网站等各类媒体，陆续云集西安，争相采访，跟踪报道，时间持续六七年之久。谁也不曾想到，一个"坑面女"，带来了一项国家大奖，带出了一个世界奇迹，引发了四医大一系列的爱心大奉献。

当时的四医大，面对的患者姓王名娜，是一个人见人怕、既没有嘴、又没有牙，也没有正常的鼻子，更没有起码的上颌下颌，嘴只是一个无法闭合的圆洞，脸只是一个深深下陷的大坑，不能说话、不能吃饭，但已经长到了18岁的"坑面女"。

当时的四医大，面对的患者父母，是一对为了给残女治病，为了减少一张口、节省一分钱，不惜忍痛割爱，把养育了多年的健康儿子白白送人，而重女轻男的"偏心"父母。

当时的四医大，面对的患者家庭，是一个家徒四壁，但苦苦积攒了18年，借遍了亲戚朋友，外加村里好心人的资助，怀揣着包括了硬币毛票在内的仅仅5000多元，憧憬着18年的苦苦梦想，专程从200公里外的合阳来到省城为残女治"脸"的极度贫困家庭。

当时的四医大，面对的患者病例，是一例从未见过、从未听过的超级畸形人面，手术没有任何的先例借鉴，没有任何的资料参考，且要承担着极大的后果风险，是一个前所未有的世界难题。

第七篇章 西安 得天独厚的高校基地

然而，当四医大知道了事情的真相，所有的人都被彻底的震撼了：那一对带着王娜治病的双亲，竟然不是王娜的亲生父母，而是王娜出生第二天即被亲生父母抛弃后，抱王娜回家的救命恩人。夫妇俩顶着各方的巨大压力，不嫌不弃，以一句"她是一条生命，我们不要她谁还会再要她"的最淳朴的理由，执意收养了残女。而且，硬是一日三餐，一口一口嚼碎了饭菜，一口一口填进残女的"口"中。如此的哺养，卖掉了家中的牛羊、舍弃了亲生的儿子，坚持了整整18个年头。因如今王娜已经成人，到了出嫁的年龄，夫妇俩才揣着连攒带借、也不知道还差多少的5000元钱，慕名来到了西安的四医大，要完成他们长久以来的医女大梦。

面对如此的人间大爱，对四医大来说，不仅是深深的震撼，更多的则是人性道德、医院使命、军队宗旨的思考。四医大决定：一定要不惜一切代价让王娜重获新生，为伟大的人民、为善良的母亲，履行社会职责、传递医院爱心。对此，四医大专门成立了由口腔医院牵头，西京医院参与，由两个医院10个相关科室以及20多位在全国在世界有影响的专家教授组成了特别医疗小组。而且，整个医疗过程，不论时间多长，实施手术多少，一律不收任何费用，坚持全程包干到底，直到王娜成为一个痊愈出院的正常人。

2006年5月5日，王娜一家被专车接进了四医大的口腔医院。在长达4年的时间里，共进行了四次大型手术、无数次的普通治疗，口腔医院不仅分文不收，而且全院人员捐款捐物、买饭送果、争献爱心。2010年5月17日，王娜痊愈出院，四医大终于为坑面女换上了一张五官端正、功能齐全的漂亮面孔。临走之前，王娜一家三口恋恋不舍，热泪盈眶，在医院长跪不起，对所有的医护人员见人磕头、见人谢恩，任何人也阻拦不住，其场面令人感动至极。王娜出院后仅仅一年，即成为了幸福的新娘，走进了全家人梦寐以求的婚姻殿堂。

四医大的无疆大爱，攻克了世界的医学难题，获取了"中国科学进步奖"的一等大奖，博得了不计其数中外媒体的高度赞赏。

痊瘉后兴奋至极的"坑面女"

第五节　誉满中外　人民最爱的军医大学

坑面女事件使原本就享誉中外的四医大，又罩上了一圈多彩的光环。整个事件期间，先后有近千家的各类媒体聚焦四医大，有本省的、外省的；有中国的、外国的；有军队的、地方的；有电视的、报纸的；还有网络媒体更是铺天盖地、独具优势。所有的媒体，几乎都是全程跟踪，连续报道、有头有尾，善始善终。每天不断地采访接待，让四医大、让口腔医院的相关领导、专家教授应接不暇，叫苦连天。

所有媒体的报道内容，除了四医大攻克世界难题、四医大获取国家科技大奖之外，报道最多的则是坑面女事件的道德与仁爱。陕西日报的《"坑面女"丑变美道德大考量》；中央人民广播电台的《难忘中国之声·守望道德心灵》;中央电视台的《爱让生命美丽绽放》;人民日报头版头条的长篇通讯《三秦大地·爱的奇迹》;新华电讯连发六篇报道的《盛赞陕西厚道人》,以及巴基斯坦报纸的《中国登上道德科技双高峰》;日本富士山电视台播出的《中国人用爱攻克世界难题》,等等,把坑面女的消息传遍了大江南北、传到了世界各地,把四医大爱的奉献推上了道德的制高点。

20世纪90年代,有一首韦唯演唱的风靡全国的歌曲,名字就叫《爱的奉献》,开头的两句歌词就是:"这是心的呼唤,这是爱的奉献"。四医大爱的奉献、爱的呼唤,呼唤来了全国更多像坑面女一样患有罕见怪病亟待救助的贫困家庭。让四医大的爱不断延伸,不断继续,为四医大提供了一个履行使命奉献爱心的大舞台。

重庆农民"缺面男",因清理搅拌机时同事开机头被卷入,致颅部全面损伤,面部全面骨折,软组织大面积撕裂。先被送入重庆的第三军医大学口腔科,两月后转入成都的四川大学华西口腔医院,再一月后又慕名转入西安的四医大口腔医院,最终在四医大实现了完整的造脸手术。山西阳泉的"垂面男",面部左侧长出了一个15斤重的大肉瘤,长度51厘米,左眼长在肉瘤上被从原位下移了10厘米,左耳长在肉瘤上被垂吊在患者的腰部。患者在经过了长达10年全国各大城市的寻医后,慕名来到西安四医大的口腔医院,最终在四医大完成了巨型肉瘤的切除及满意的面部再造。秦岭深处的"巨舌男",罕见的大舌头吊在嘴外半尺多长,不仅吓人,更无法说话,是四医大的唐都医院为他割下了巨舌,再造了新舌,过上了正常人的生活。需要强调的是。以上的三例都是贫苦的农民家庭,都是看到了坑面女的报道而来西安的,都是被四医大的医院全部免费救助治疗的。而且,前两例均为世界首例,后一例也为中国罕见。

而在全国最负盛名的四医大西京医院整形外科的重大病例记录中,还有更多的"中国第一、世界第一":有来自云南的40岁农民因被黑熊撕走大半边脸而进行的"异体换脸";有来自贵州的一岁婴孩因被驴咬掉整个下巴而实施的"下颌再造";有来自青海的16岁藏族无耳少女的耳朵重制;有来自上海的19岁学生30厘米直径的高危巨大血管瘤的惊险摘除。还有右腿比左腿粗5倍的姑娘小兰,胸腹长着9公斤特大巨瘤的男子周标,手掌大如蒲扇的巨手农妇孙芳(以上均为化名),等等等等,都是慕名专程而来,都在四医大得到了满意的治疗修复,且凡属特困家庭均得到了免费的救治。其中的"异体换脸"是世界第二例、中国第一例。是要从捐脸者死后的10个小时之内取下完整的脸面,同时取掉受脸者的破损脸面进行及时换贴。换脸术要血管神经一一吻合,要喜怒哀乐都能表达,其难度实在不可想象。虽则四医大是世界第二例,但四医大的换脸术是整体换脸,与世界第一例法国的仅仅缺了鼻子和嘴的换脸术相比,难度则要大得多得多。

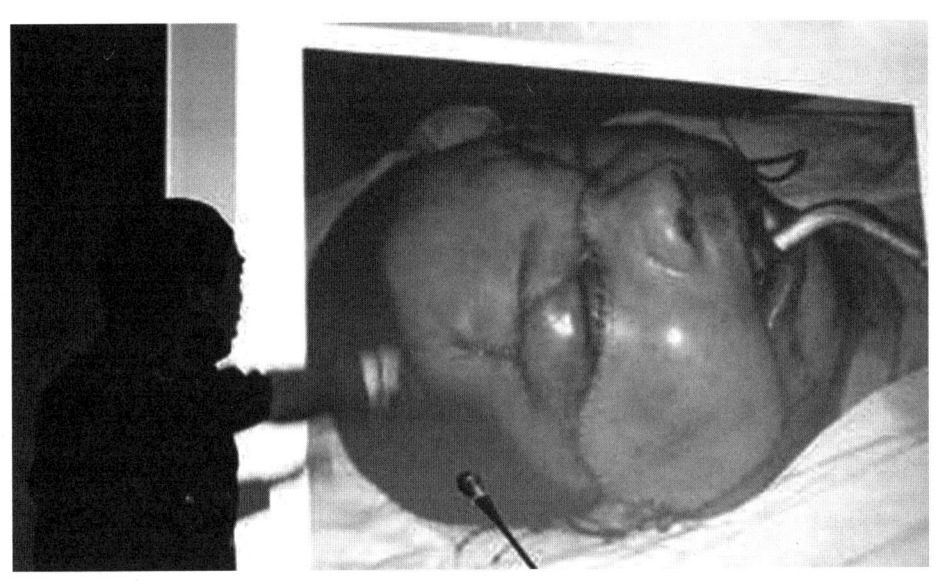

四医大为被黑熊撕走大半边脸的云南农民正在施行异体换脸手术

中央电视台的报道《爱让生命美丽绽放》,道出了爱的真谛:农民夫妇的爱,给了"坑面女"残缺的生命;四医大的爱,给了"坑面女"美丽的新生——作为医院,爱是要用高超的医术作后盾的。四医大的"小爱",换得了人民对四医大的大爱:偏居西部的四医大医院,赢来的却是全国各省的患者。

特别是整形整容、面部破损、五官残缺、四肢异变、骨骼重创、器官移植、重度烧伤等领域。《媒体看军大》的记者，走进四医大西京医院的重要科室采访，住院病人高达90%以上都是西安以外的，高达70%以上都是其它省份的。而且都是或看相关媒体的报道，或听曾经患者的介绍，或经当地医院的推荐，慕四医大之大名来到西安的。就连远在欧洲的意大利国家癌症研究所，都向该国被诊断必须截肢的患者推荐了中国的四医大西京医院的骨科，最终使这位意大利患者幸运地保住了自己的右腿。

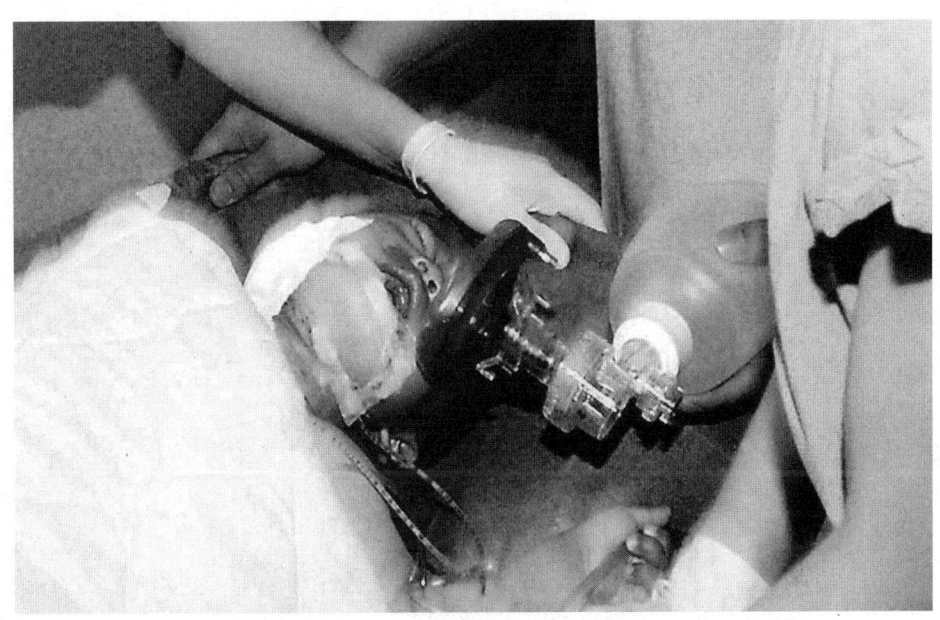

四医大为被驴咬掉下巴的一岁婴儿施行的下颌再造手术

四医大把爱付给了人民，人民则用爱回报了四医大。正是因为全国各地的奇难怪病，带着无限的信赖，纷纷汇集四医大，才使得四医大的科技成果层出不穷，站在了世界医学领域的最前列。

金杯银杯，不如老百姓的口碑。民众喜爱四医大，是四医大高超的医术，是四医大从教学到行医始终坚持的"医院是治病救人的，而不是用来赚钱的"

理念；学生喜爱四医大，是四医大的实力、是四医大的地位、是四医大顶级的专家教授，是四医大的毕业生都有一个好去处；媒体喜爱四医大，是四医大是中国医学科技的聚集地，是"世界首例、中国第一"的层出不穷，是各大媒体的新闻卖点；最喜爱的莫过于西安人民，四医大是西安人民的子弟学校，是西安人民的"社区医院"，四医大让西安人民享受着其他城市无比羡慕的优等医疗资源及优等的医疗服务。

第九讲　西安　门类众多的军队最高学府

前边已经讲过，西安是除北京之外中国最大的军事学府基地，军校数量在2017年军改前占到全国的十分之一，军改后占到全国的七分之一。军改前中国还没有战略支援军，只有陆、海、空、二炮以及连同武警包括在内的五大军种。除因陆军的情况特殊外，其它四大军种都有本军种完整的军校体系，都有本军种诸多的专业院校，都有本军种最高学府的"工程大学"。而四大军种除过海军的最高学府海军工程大学设在了靠水的武汉外，其他三大军种连同总政的最高学府均结伴而居，汇集在中国的古城西安。

第一节　空军的最高学府　西安空军工程大学

空军是长期以来世界各国最为依重的国防军种，空军的战机可以到达空中、海上、陆地的任何地方，空军的战力可以覆盖空中、海上、陆地的任何目标。在中国，从兵力到军校的数量即可看出空军的地位。空军的兵力仅次于大陆军。空军的军校数量，在全军所有的43所军校中，除去军委直属的国防大学、国防科技大学外，剩余的41所军校，空军拥有10所，占到了六大军种全部军校的四分之一。

空军的 10 所军校分别为：空军指挥学院、空军航空大学、空军预警学院、空军后勤学院、空军通讯士官学校、空军哈尔滨飞行学院、空军石家庄飞行学院以及位于西安的空军西安飞行学院、空军军医大学（第四军医大学）、空军工程大学。从以上 10 所院校的名字即可看出，其他院校皆为空军不同的专业学院，而只有空军工程大学，是空军唯一的大学，是集工、理、军、管为一体的空军多学科的综合性大学。

空军工程大学

空军工程大学是三源合一。1999 年，经中央军委决定，由原西安空军工程学院与原陕西三原空军导弹学院、原西安空军电讯工程学院合并组建。2017 年的军改，又并入了位于河南信阳的原空军第一航空学院。空军工程大学是中国空军的最高学府，是中国军队的四大名校，是全国军校中级别仅次于国防大学和国防科技大学的正军级大学，是全军仅有的包括国防大学、国防科技大学在内的五所重点大学之一。

第七篇章　西安　得天独厚的高校基地

空军的最高学府，常常是中国怀揣蓝天梦的有志青年梦寐以求的军校。然而，空军工程大学，管空军的天上、管空军的地面、管空军的雷达、管空军的导弹、管空军的一切相关"工程"，唯独不管空军的飞行员。空军飞行员的培养，那是空军的专业学院"飞行学院"的专门职责。

了解了空军工程大学的相关专业，人们就会明白，空军工程大学为什么是空军的最高学府？为什么是大学而不是学院？为什么是全军仅有的五所重点大学之一？

空军工程大学自1999年以来，学校规模不断归并扩大，已形成了航空工程学院、防空反导弹学院、空管领航学院、信息与导航学院、装备管理与无人机工程学院、研究生院、航空机务士官学校，以及基础部、军政基础系"六院一校一部一系"的院校总体布局。主要承担空军除飞行员之外绝大部分领域的高素质复合型技术军官和指挥军官的培养任务。从以下部分专业的名称，即可知道空军工程大学为国家培养的都是些什么样的专业人才。

"机械工程"培养的是飞机检测与保障的专业人才；"通信工程"培养的是对空通信的专业人才；"导航工程"培养的是导航控制的专业人才；"雷达工程"培养的是航空雷达的专业人才；"导弹工程"培养的是防空导弹总体技术的专业人才；"测控工程"培养的是导弹控制与制导的专业人才；"电子信息工程"培养的是航空电子对抗的专业人才；"武器系统工程"培养的是航空武器保障的专业人才；"武器发射工程"培养的是防空导弹发射控制的专业人才；"防空导弹工程"培养的是防空导弹火控技术的专业人才；"飞行器动力工程"培养的是飞机发动机检测与保障的专业人才；"飞行器适航工程"培养的是航空安全管理的专业人才；"军事设施工程"培养的是机场建设的专业人才；"无人机装备工程"培养的是无人机维护与保障的专业人才；"场站管理工程"培养的是航空地面特殊专业保障的专业人才；"运筹与任务规划工程"培养的是航空作战软件系统的专业人才；"火力指挥与控制工程"培养的是航空火控的专业人才；"航空管制与领航工程"培养的是空中交警以及空战布局

的专业人才；"航空装备工程"培养的是航空装备采购质量控制的专业人才，等等，以上的诸多专业，并不是空军工程大学的专业全部，但在空军中已经是面面俱到，无所不及了。

专业学院培养的只是单一领域的专业人才，综合大学培养的才是门类齐全的各种专才。西安空军工程大学培养出来的各类空军干部，其中本科生数量占到了所有空军地面干部的80%以上；硕士生数量占到了所有空军院校硕士总数的55%以上；博士生数量占到了所有空军院校博士总数的70%以上。在中国的空军中，只要是技术干部，随便问一问几乎都是空军工程大学毕业的。可谓是：西安空工大，桃李满空军。

西安空军工程大学的相关负责人在接受媒体采访时曾经说过：空工大的专业，几乎涵盖了中国空军的全部领域，但遗憾的是唯独没有飞行学院。而媒体的记者则妙语接答：无须遗憾，虽然空工大没有飞行学院，但西安却有：不仅有综合性的空军工程大学，而且有专业性的空军飞行学院，同时还有全国唯一的空军军医大学。中国空军在西安，麻雀虽小，肝胆俱全，完全是一个缩小版的西安"小空军"。

第二节　火箭军最高学府　西安火箭军工程大学

军改后的火箭军工程大学就是原来的二炮工程大学。从2015年12月31日二炮司令员从军委主席习近平手中接过火箭军军旗的那一天起，中国的"二炮"部队就正式更名为"火箭军"，成为了一个实至名归的中国军种。随之，二炮工程大学也正式更名为"火箭军工程大学"。

火箭军的前身是二炮，而二炮的前身则是"一炮"，即原中国人民解放军第一炮兵学校。

1951年，西北军区司令员彭德怀、政治委员习仲勋签署命令，由西北军

第七篇章　西安　得天独厚的高校基地

区炮兵教导团和第一野战军炮兵团合并，成立了西北军区炮兵学校。1951年3月，即更名为"中国人民解放军第一炮兵学校"。在当时，就是有了这个一炮才诞生了后边的二炮。1955年8月，第一炮兵学校正式迁入中共中央西北局所在地的西安。到了1956年，第一炮兵学校忽然间换了校牌，更名为"中国人民解放军西安炮兵学校"，此改名虽然仅仅只是加上了"西安"二字，取掉了其中的"第一"，但实则是为日后更大的战略谋划打下了提前的伏笔。

1959年，为了打破西方大国的核讹诈、核垄断，加快中国自己战略导弹部队的组建步伐。党中央、中央军委作出决定，在西安炮校的基础上，吸收北京长辛店炮兵教导大队以及空军十五航校的大部分骨干力量，秘密组建特种炮兵性质的技术院校。为了保密，这个秘密学校用的就是西安炮兵学校的名字。至此，"西安炮校"就担负起了中国人民解放军的秘密使命。直至1969年，西安炮兵学校才犹抱琵琶半遮面地更名为"中国人民解放军第二炮兵学校"，而且是周恩来总理亲自起的校名。原来如此，从第一炮兵学校到西安炮兵学校，仅仅只是一个过渡，真正的目的，则是从一炮到二炮的悄然转变。

一炮和二炮，虽然名字仅为一二之差，但本质却是天地之别。一炮打出的是炮弹，二炮打出的是导弹；一炮的炮弹靠的是常规瞄准，二炮的导弹靠的是精确制导；一炮的炮弹最多只能打百十公里，二炮的导弹最远可以打到大洋的彼岸；一旁的炮弹装的是普通的炸药，二炮的导弹可以携带威力无比的核弹弹头。西安的二炮学校，真正从事的就是二炮人才的培养，是中国第一所战略导弹的军事院校，是名为第二实为第一的中国特种"炮兵"高校。

从命名二炮开始，西安第二炮兵学校便一步一个脚印，一步一个台阶，不断攀登，发展壮大。1978年更名为第二炮兵技术学院；1986年更名为第二炮兵工程学院；2011年更名为第二炮兵工程大学。中国的二炮、中国的二炮工程大学，尽管还是二炮，但已经成为了某些国家和地区最为忌惮的特殊名号。

2015年12月31日,是中国、是二炮、是二炮工程大学历史性的一天,在中国举世瞩目的军改中,一个震耳欲聋、响彻世界的名字"火箭军"正式诞生。火箭军的诞生,彰显了中国军队的更加自信,更加开放,更加透明。二炮从此不再是遮遮掩掩的第二炮兵,而是直言不讳的火箭军军种。西安的二炮工程大学,从此也迎来了自己的新生,一个扬眉吐气、直插苍穹的"火箭军工程大学"正式亮相西安,正式亮相中国,正式走向了世界。

在火箭军的授旗仪式上,军委习近平主席对中国的火箭军作了如下定位:"火箭军是我国战略威慑的核心力量,是我国大国地位的战略支撑,是维护国家安全的重要基石。"而西安的火箭军工程大学,则是中国迄今为止唯一的一所专门培养火箭军战略导弹技术指挥军官及各类专门技术人才的高等军事工程大学。

火箭军工程大学

若要问火箭军工程大学为国家的贡献,请看媒体报道出来的数据:截至目前,火箭军工程大学共培养出将军140余人,导弹专家120多人。更重要的是,整个火箭军部队所有导弹旅90%以上的现任旅长,35%以上的现任政委，75%以上的现任参谋长，90%以上的现任总工程师，都是原来的二炮工程大学、现在的火箭军工程大学毕业的学生。完全可以说，是西安的火箭军工程大学，撑起了中国的整个火箭军部队，因为，在中国、在中国的导弹专业领域，还从未有听说过哪些人是自学成才的。

全国的广大考生，如果你有一个军旅梦，如果你上的是"火箭班"，那么，就请你到西安来，西安的火箭军大学就是你最好的圆梦选择。

第三节　武警的最高学府　西安武警工程大学

要说武警工程大学，必须要先说武警，先说军改，先说军改带给武警、带给武警院校前所未有的巨大变革。

过去，武警拥有100多万的庞大兵力，2016年开始的中国军改，武警部队成为了最重要的改革部分。首先，为了确保党中央对军队的绝对领导，将武警部队由原来的国务院中央军委双重领导，改变为与解放军一样，由中央军委直接指挥的单一领导；其次，武警部队原下辖的和政府职能交叉的黄金、交通、水利、森林、消防等警种的部队全部退出现役，交由国务院的相关部门进行管理；再次，武警原有的27所军事院校连撤带并缩减为武警总部下辖的仅仅6所直属院校。本次军改，武警的整体员额，减掉了最少一半，武警的领导体制得到了根本改变。

现在让我们回到武警工程大学。军改前武警共有27所院校，其中只有一所综合性的工程大学，即西安武警工程大学。2011年，西安武警工程大学又合并了西安武警指挥学院，如虎添翼，成为了既有"工程"又有"指挥"的全学科武警大学。2016年的军改，仅剩下6所武警院校，其中专业学院四所，士官学校一所，另外一所就是西安武警工程大学。综上所述，军改前武警27所院校中只有一所大学；军改后，武警员额缩减高达50%以上，武警院校撤并几乎占到80%，但武警院校中仍然只有一所大学——西安武警工程大学。而且，本次军改，西安武警工程大学在此前已经合并了西安武警指挥学院的基础上，又一次合并了武警的另外一所指挥学院"乌鲁木齐武警指挥学院"。本次军改的结果，对于西安武警工程大学来说，和西安其他的诸多军校一样：在裁撤中增编，在军改中扩大。

武警工程大学

西安武警工程大学，拥有武警部队的"七个之最"：是武警部队最早创建的院校；是武警部队最早开办本科和硕士教育的院校；是武警部队最早被列入全军2110工程的重点院校；是武警部队培养层次最高、学科门类最全、培训规模最大、办学实力最强的院校。西安武警工程大学，拥有武警部队的"三个唯一"：武警部队唯一具有博士学位授予权；唯一全军现代化教学工程试点；唯一指挥与工程并重、技术与管理结合、教学与科研一体的综合性大学。西安武警工程大学，创建了全国高校学科的"四个独有"：武警通信学、武警指挥学、武警装备学、武警信息安全学。其中的诸多专业，如反恐怖战术的研究、非杀伤性武器的研究、武警特殊装备的研究，以及恐怖分子心理的研究，等等，都是国家的精品课程，都是其他地方高校和军队高校不可能涉及的专业领域。

西安的武警工程大学，在全国一千多所公办高校中的地位，也许找不到排名，因为她是一所军队大学。但是西安武警工程大学在军队院校中的地位，却是相当的显赫，她是全军的首批重点大学，她是六大军种的六大最高学府之一，她是全国唯一的武警综合大学，它的诸多专业在全国都是不可或缺、独一无二、唯她拥有的。

第四节　军委的最高学府　国防大学西安校区

军改之前，全军的 80 多所军校，除空军、海军、二炮及武警的学校外，几乎一半的军校都分别隶属于军委的四大总部，即总政治部、总参谋部、总后勤部、总装备部。四大总部中，总政级别最高，抓的是政治，管的是干部。故总政的所属院校，核心就是政治学院，全军 200 多万的兵力，仅有两所政治学院，一所设在古都西安，一所设在古都南京，专门为全军培养政治军官。

十年动乱结束后，担任中央军委副主席并主持军委工作的邓小平作出指示：军队要开办专门的政治学校。在这个大背景之下，1977 年，解放军西安政治学校宣告成立。1986 年，西安政治学校升格，成为西安政治学院，其级别除过军委直属的国防大学、国防科技大学外，是全军级别最高的正军级院校。

虽然全军的政治学院只有两所，但两所政治学院最大的区别则在于：西安政治学院的专业除过和南京政治学院一样设有常规的政治军官培养相关专业外，还设有军事法学、诉讼法学、刑事侦查学，国际战争法以及心理战、纪检监察等专业院系和学科研究所，是全军唯一培养军队法学军官的高等院校。

长期以来，西安政治学院一直是各大媒体的关注焦点。让西安政治学院蜚声军内外的，并不是其总政治部所属政治学院的显赫地位，而是其独有的"姓军为战，政军融合"的教学理念；是其"政工人才要懂军事会打仗"的育人标准；是其"政治为打仗服务，一切从实战出发"的办学宗旨。

西安政治学院独有的教学理念，使得全国各大媒体对西安政治学院的宣传热情不减，持续不断。《新华电讯》以"锻造强军政工人才的精英方队"为题进行报道；《经济日报》以"战斗力标准永远是办学育人的硬杠杠"为题进行报道；《中国教育报》以"围绕实战搞教学，着眼打仗育人才"为题进行报道；《解放军报》以"解读西安政治学院的育人价值观"为题进行报道，概括了西安政治学院的"四把火"：即信仰之火、改革之火、融合之火、作风之火；《中国青年报》以"西安政治学院培养政工人才懂军事、会打仗"为题进行报道，概括了西安政治学院的"三为战"：教为战——教师挂职，各战其能；研为战——科研成果，以战为本；学为战——学生毕业，用战检验。以上各大媒体以及其它媒体聚焦的，全部都是西安政治学院的政军融合、教学改革。

2013年，一场全国从未有过的"大联考"，更让西安政治学院成为了享誉军内外的大明星。西安政治学院为了彻底改变"自己教、自己考、自己评"的传统教学模式，主动向总政申请学校首次的毕业大联考，并邀请了总政机关和济南军区、成都军区、兰州军区多家作战部队的首长以及国防大学、陆军学院、装甲兵学院等院校的专家教授组成联合考核组担任考官。2013年6月25日，该学院310名部队基层政治工作者培训学员，个个全副武装列队操场，在此接受一场全新的特殊考试。整个考试采取现场口试、笔试、实作，并结合战时政治工作的热点难点，进行随机设置战情，随机抽取问题，全方位、多角度、无准备的检验学员的军政综合素质。大联考的现场情景真实，气氛紧张，让所有的考官瞠目结舌、大开眼界，诸多首长连连感叹："若没有学生的过硬本领，这个联考恐怕早就考砸了"。对此，难道西安政治学院真的就不怕考砸了吗？面对媒体的提问，西安政治学院院长的回答是："不怕！首先因为我们心中底气十足；其次我们培养的人才，是否用得上？是否靠得住？是否过得硬？就是要由部队说了算，就是要让实战来检验。这才是我们培养人才的最终目的。"

如今挂着国防大学校牌的原西安解放军政治学院

勇于改革的西安政治学院，带给自己的不仅仅是军内军外的名气，更带来了中央军委的另眼相看，充分享受到了2016年整个军校改革的优厚红利。

2016年的中国军改，一半以上的军校被裁被撤。但总政所属的西安政治学院、南京政治学院最终的去路都很不错，与上海的武警政治学院一起被划归到中央军委直属的国防大学，组成了新的国防大学"政治学院"。三所学校同为划归，但结果却有些不同：南京政治学院、上海武警政治学院如今的校牌上分别写的都是"国防大学政治学院南京教学区"、"国防大学政治学院上海教学区"，而唯有西安政治学院有所区别，校牌上写的是"国防大学政治学院西安校区"。两个是"教学区"，一个是"校区"，为何不一样？谁也说不清。但留给了人们诸多的猜想："教学区"和"校区"究竟区别在哪里？

西安政治学院，如今对于西安、对于全国来说，虽然没有了原来"解放军西安政治学院"的校牌，但是，作为政治学院的军校仍然还在西安，而且是国防大学政治学院的西安校区，而且为西安换上了一块国防大学的金字招牌。

2016年的军改，是中国史无前例的大军改，涉及到军校方面的，其核心内容就是撤、并、降、改，而且是快刀斩乱麻。仅仅一刀，原来的80多所军校即一次性缩减为43所。然而，军校虽然减少了，但体制更为科学了。撤、并、降、改，奠定了中国军队人才培养的全新格局。不可否认，西安是本次军改的幸运儿，是本次军改的最大受益者。撤、并、降、改，强化了西安军校的实力，壮大了西安军校的队伍，提升了西安军校的地位，使西安这个中国第二的军事学府基地更加的名副其实。

第八篇章

西安 国之中心的战略中心

历史上，西安的地位无与伦比，是中国建都时间最长、建都朝代最多、最为鼎盛的千古大都。但唐代之后，中国的都城从此东移。虽然后续的某些朝代在建都时也曾考虑过西安的备选，虽然北京的长安街成了大明王朝对长安城的念想，但是，终归西安已经早就远离了中国的都城。不过，西安虽然与都城早已无缘，但西安从古到今的战略地位却一直未变，西安不可替代的国之中心却始终还在，国家并没有忘记西安。就是这个不可替代的战略地位、国之中心，让西安在新中国成立之后的发展历程中，独揽了国家战略布局的诸多之最、唯一和第一。

约 **57** 米
有20层楼高

运载能力

近地轨道 25 吨

地球同步轨道 14 吨

地月轨道 8 吨

零部件

10万多个
精确到微米

箭体直径

5 米

起飞质量

约 870 吨

"冰箭"

体内深低温
液氢液氧燃料
· 液氢 -253℃
· 液氧 -180℃

起飞总推力

1060 吨

第一讲
西安 中国最大的航空工业基地

航空工业被誉为"现代工业之花",是衡量一个国家经济、技术、国防实力和工业化水平的重要标志。如果没有发达的航空事业,你就没有资格雄踞世界,你就不配称为世界大国。如今,中国的航空工业是个什么水平?在世界上处于什么地位?如果你要找答案,就请你到西安来,西安的航空工业就是中国航空工业的代表。中国第一、亚洲最大的航空工业基地,就设在中国的西安。

第一节 中国航空工业的核心中枢 西安阎良

西安是中外公认的中国航空工业第一军团。中国航空工业集团,简称"中航工业",统辖了全国所有的航空工业企业,拥有员工约50万人,拥有大型企业约200家,是整个世界的超大型企业集团,是2021年世界500强的第140位。而能被称为500强之一的中国航空工业的第一军团,西安的航空工业究竟"强"在哪里?就"强"在以下的"六看"。

一看西安航空工业在全国的地位——中国有十大航空工业基地,还有陆续建立的各地航空工业园区。而西安的航空产业基地,则是全国第一家国家级航空高技术产业基地,是国家批复的全国唯一的以航空为特色的"国家级经济技术开发区"。拥有全国唯一的中航飞机工业公司、全国唯一的中航工业第一飞机设计研究院、全国唯一的中航工业飞行研究鉴定试飞院、全国唯一的中航工业飞机强度研究所、全国唯一的国际级航空科技专业孵化器。是亚洲最大、中国唯一的集飞机研究设计、生产制造、强度检测、试飞鉴定、航空教育、科技孵化"六位一体"的完整产业链型的航空产业基地。

西安阎良飞机城街头公园的战斗机

二看西安航空工业在全国的比例——"中国航空工业看陕西,陕西航空工业看西安",这是中航工业一直的共识。西安拥有全国最多的"中航工业"所属的相关企业;西安航空工业的从业人员占到了全国的1/4以上;西安航空工业的科研力量占到了全国的1/4以上;西安航空工业的资产占到了全国的1/4以上;中国整个航空工业的资源1/4以上都在西安;全国航空工业总产值的1/4以上都是西安创造的。

三看西安飞机制造在全国的实力——中国共有十大飞机制造企业,即沈飞、成飞、哈飞、贵飞、洪飞、昌飞、石飞、商飞、陕飞以及西飞。而"西飞集团"则是中国最大的飞机生产企业,不论是人数、资产、产值以及对国家的贡献，西飞都在所有的企业中遥遥领先。特别是飞机产品的种类，其他企业几乎都是围绕一个类别的飞机进行研发生产，或歼击机、或强击机、或教练机、或转型机、或直升机等。而西飞集团则是中航工业唯一一家能够生产多种类型军民用飞机的超大型企业，其产品有"歼"字号、有"警"字号、有"油"字号、有"运"字号、有"轰"字号、有"客"字号，等等。在世界上大国空军的标志即"四大招牌"，一是空中预警，二是空中加油，三是战略空运，四是战略轰炸。而在中国，作为大国空军的这四大招牌，全部都集中在了西安的航空工业基地。其代表产品有：大型空中预警机的空警2000，大型空中加油机的油20，大型战略运输机的运20，大型战略轰炸机的轰6K，以及国庆70周年全新亮相的轰6N，以及全球瞩目呼之即出的轰20。

四看西安航空工业创造的"六个第一"——西飞集团创造了中国航空工业史上的"六个第一"：中国第一代支线客机、中国第一代歼击轰炸机、中国第一代空中加油机、中国第一代大型空中预警机、中国第一代战略轰炸机、中国第一代大型军用运输机。其中的每个"第一"，都是中国航空工业永载史册的里程碑。

五看西安航空工业在两次大阅兵中的实力亮相——2017年，中国人民解放军建军90周年的朱日和沙场大阅兵，是中国国防力量对外的集中展示。本次大阅兵，空中战力共展示了预警机、轰炸机、运输机、加油机、无人机、歼击机、舰载机、直升机等8个机种的梯队。而这以上的8个梯队除了后3个梯队的受阅飞机分别由成飞、沈飞、昌飞3家企业制造外，其余前5个梯队的所有受阅飞机（不包括个别梯队配备的护卫战斗机），统统都是"西安制造"。2019年的国庆70周年盛世大阅兵，在包括护旗方队在内的12个空中方队中，所有代表大国空军标志的大型军机空警2000、轰6K、轰6N、空油6、运20，等等，全部都是西安生产的。

六看西安航空工业国家赋予的行业权威——西安是全国唯一的中国航空工业飞机制造的鉴审中枢，这一点最为重要！因为全国所有飞机制造企业生产的所有飞机，包括军机、民机以及919在内的所有大小飞机，出厂之后都必须专飞西安，接受西安飞机强度所对飞机所有部位的强度检测，接受西安试飞院对飞机各项性能的试飞鉴定，接受西安对整个飞机全面的技术验审。最终由西安发给"合格许可"，否则，一律不能投产，一律不能使用！

千年古都大西安，今日中国飞机城。作为中国航空工业的老大哥，他拥有的亚洲最大的航空工业基地，就在西安，就是西安的阎良。西安航空工业诸多之"强"，统统都来自于这个亚洲最大的航空工业基地，被誉为"中国的西雅图"。

第二节　中国飞机工业的领军航母"中航飞机"

总观世界的航空工业，从来拼的都是规模、拼的都是实力，否则，就谈不上任何竞争力。无论是"波音"，还是"空客"，一律都遵循的这个法则。

1949年，为了抗衡以波音、麦道独霸天下的美国飞机制造业，欧洲的英、法、德、西班牙四国，抱团强己，优势互补，跨国组建了欧洲的空客公司。之后的不久，即把美国的麦道甩在了身后，成了仅次于波音的世界第二大飞机公司。1996年，美国为了应对空客的步步紧逼，大动干戈，把本为世界第一的波音和世界第三的麦道进行了合并，取得了较空客各方面的更大优势，才稳住了波音世界民用、军用飞机制造的头把交椅。

波音、空客两大巨头的较劲，中国早已看在眼里。要想在世界航空工业争得份额，产业整合、战略重组已是大势所趋、刻不容缓。2012年11月，一家名为"西飞国际"的上市企业果断出手，以非公开发行股票的方式，一次性收购了西安飞机工业集团、陕西飞机工业集团、中航长沙飞机起落架公司以及西安航空制动科技公司共四家中航工业的所属公司。同时，将其原名"西飞国际"更名为"中航飞机股份有限公司"，简称"中航飞机"。并于

2013年1月6日在西安阎良揭牌，正式落户到了西安这个亚洲最大的航空产业基地。

新组建的"中航飞机"，可谓前所未有、招人惹眼，其目标就是中国独有的军民用大中型飞机、特种飞机研发制造完整产业链的专业化集团。中航飞机的旗下，不仅包揽了中航工业十大飞机制造企业中仅有的两个大中型飞机生产厂家，而且还归并了"中航工业"各为独门的飞机起落架公司和飞机制动公司，更划入了中航工业唯一的第一飞机设计研究院。了解中航工业的人都能看出，与中航工业下辖的其他八大业务板块相比，新组建的中航飞机只有五个精干的下属单位，没有拖累，没有负担，是清一色的优良资产，是轻装上阵的强强组合。另外，中航飞机还重点收购控股了原沈飞、成飞所属的两个民机公司以及其他中航系统相关的九家子公司，组成了中国大中型飞机制造唯一可以竞争世界的"航母编队"。

不过，西安人纳闷了，实施这个大手笔、大战略，敢于把西飞集团以及这些分布于陕西、分布于外省的中航工业精锐之旅收编麾下，有着如此之大胃口的"西飞国际"，究竟是何方大神呢？

第三节　中国最大的飞机制造企业　西飞集团

西飞国际全称为西安飞机国际航空制造有限公司，于1997年6月26日在深交所挂牌上市，是中国航空制造业的首家上市公司。西飞国际是以公开募集方式设立的股份制企业，其独立发起人、占总股本57.07%的是国有法人股，其他的42.93%则全部为社会公众股。而最重要的是，这个独立发起人，这个设立西飞国际的国有法人股，不是别人，就是大名鼎鼎的西安西飞集团。说白了，收买西飞集团的、控股中航飞机的西飞国际，其实就是西飞集团自己的上市公司。因此，完全可以这样理解：西飞集团就是西飞国际，西飞国际就是中航飞机,中航飞机就是西飞集团。怎么样?转了一圈,又回到了原地,还是原来的西安西飞集团。只不过,重组之后的"西飞",体量更大了,资源更多了,地位更显赫了,产业链更完整了、肩负的使命更加重大了。

如此兴师动众地重组,其实谁都明白,这并不仅仅是西飞的能耐,背后更大的推手,是中航工业集团,是国家的战略决策!

进入 21 世纪后,"大飞机"成了中国强国之梦的重要选题。2006 年,大飞机的研制被写入了《国家中长期科技发展规划纲要》,2007 年元月即正式立项。2007 年 3 月,中国宣布启动大飞机战略工程,分工布点为西安和上海两个城市,以西安为主。其中,大型民用客机 50% 以上的设计制造、大型军用飞机全部的设计制造,都在西安完成。而由西飞控股的中航飞机,就是在这一"国家布点"的大背景下筹划组建的。至此,西安成了国家正式认定的中国航空工业唯一的大飞机研制基地。

中国最大的飞机制造企业西飞集团

2009 年 2 月 8 日,中航飞机有限责任公司成立。2013 年 1 月 6 日,中航飞机股份有限公司成立。中航工业集团总经理林左鸣在其致辞中强调:中航飞机的成立,是中航工业重组整合飞机产业、着力推进大型军用、民用飞机研制的战略举措,标志着中国大型运输机研制的责任主体和大型客机主要结构部件研制的责任主体已经正式确立。中航工业集团副总工程师唐长红在2016年全国政协会议上接受媒体对中国大飞机的采访时明确表态："国家大飞机的研制生产，西安是核心责任区。"

以上国家层面大飞机的战略布点，中航工业大飞机的责任主体，都把西飞集团推到了大飞机的责任第一线。但千钧重担，虽重犹荣。然而，西飞集团如何能够在中航、在中国有着如此之高的待遇呢？这完全取决于西飞集团在中国航空工业的领先实力，取决于国家对西飞集团的高度信任，取决于西飞集团对国家国防的卓越贡献。在此，让我们来个回放，细解一下西飞集团历年来打造的国之重器，看一看西飞集团在世界上都为中国赢得了什么样的地位？

第四节　中国"大国重器"的空中预警机

预警机主要有两大功能，一是飞高望远，探测预警；二是根据探测结果，进行空中引导控制，进行空中作战指挥。它既是现代高科技战争的千里眼，又是空中作战掌控全局的指挥部，是地面雷达根本无法可比的。

预警机对现代战争的作用极其重要，请看以下世界两个著名的战争例证：1982年的英阿马岛战争，英国海军由于没有装备预警机，不能及时发现突然低空来袭的阿根廷战机，一个个机载导弹，瞬间便将英国不可一世的"皇家娇子"谢菲尔德号大型驱逐舰以及多艘主力战舰一一击沉，给英国海军造成了空前的重创。英国军方在事后的《马岛战争之教训》中哀叹，当时如果要有预警机，哪会有如此的惨重损失？同为1982年的以色列与叙利亚的贝卡谷地之战，以色列空军凭借E2预警机的准确引导和指挥，一举击落了叙军81架战机，一举摧毁了叙军19个地空导弹营。而以军则毫发未损，全胜而归，创造了战争史上的空前奇迹。以上两个战例，一个是因为没有预警机，另一个是因为拥有预警机，其战局结果天地之差。自此，预警机名声大震，身价大涨，各国纷纷争相订购。预警机一举成了各国海空军的新宠。

目前，世界上已有20多个国家拥有了共约300架的各型预警机，但同样，大多都是买的，且80%都是买美国的。能自主研制预警机的国家寥寥无几，只有美国、俄国和以色列。如此重要的预警机中国难道不需要吗？当然！中国太需要了。但是中国根本买不到，而且处处被卡被限。就连已经和以色列签订的正式购买合同，也被某些国家强行阻拦、中止执行，而把原为中国生产的预警机转卖给了中国的邻居印度，让以色列赔了中国大笔的违约金后而最终了结。

如此行径，中国彻底地震怒了，发誓自力更生，自己制造！而且造就要造大型的，要一步到位。并于2002年把预警机的研制确定为了中国航空工业的"一号工程"，把死命令下达给了负责飞机研制的西飞集团以及负责雷达研制的中电14所。同样是那句话，中国人说到做到。2003年11月，仅仅不足一年，中国的大型预警机"空警2000"喜讯爆出，在西安的西飞集团正式下线并首飞成功！中国"空警2000"的横空出世，震撼了整个世界，惊呆了相关国家。

中国的"空警2000"创造了世界预警机发展史上的九个第一，实现了100余项关键技术的世界突破。要知"空警2000"在如今的世界是个什么地位？我们就与当今世界最先进的美国"E-3望楼"预警机作一通俗的比较，再听听美国的专家对中国"空警2000"是如何评价的。

所有预警机背上都有一个大圆盘形的天线罩。美国E-3的大圆盘是始终旋转的，直接影响了飞机的气流；而中国空警2000的大圆盘是固定不转的，既不影响气流又减少了飞机的震动。美国E-3的大圆盘是机械扫描，确定一个目标并建立跟踪轨迹需要30~60秒；而中国的空警2000是电子扫描，确定一个目标并建立跟踪轨迹仅仅需要3~5秒。美国的E-3只装有背部的对空雷达，美国的E-8只装有腹部的对地雷达，都是单一的或对空或对地的预警机；而中国的空警2000机背机腹都分别装有对空对地的大型雷达，可同时进行空地并重的双向探测，是世界上唯一的"空地双优型预警机"。美国的空军高官感慨地说："中国即便只配置4架'空警2000'，也可以在一场局部战争中具备24小时的全疆域防空预警和指挥作战的能力。"美国著名智库詹姆斯敦基金会发表评论说："中国的'空警2000'比美国的'E-3预警机'整整领先了一个代次。"这就是中国"空警2000"在世界上的排名地位。

国庆70周年正在接受检阅的整个空中方队领队梯队最前边的领队机即空警2000

第五节 中国"大国重器"的空中加油机

电视上经常看到这样的画面：浩瀚的天空，前边一架飞机，拖着根长长的管子，后边一架飞机，连着前边飞机的管子，就像汽车拖汽车一样。这就是空中加油机，是前边的飞机给后边的飞机进行空中加油。

空中加油机对于空军来说至关重要。经过一次空中加油，轰炸机的作战半径可以增加30%，战斗机的作战半径可以增加40%，运输机的飞行半径可以增加一倍以上。如果实施多次空中加油，任何的作战飞机都可以做到"全球到达、全球作战"。因此上说，空中加油机是现代空军不折不扣的"力量倍增器"。

在世界上还没有空中加油机之前，空战中常常会出现令人啼笑皆非的有趣场景：两架飞机激战正酣，一胜一败。A国的飞机拼命地追，B国的飞机没命地逃。眼看就要追上了，突然，A国飞机停止追击，二话不说，掉头就走；而B国飞机呢，也停止了逃跑，二话不说，回头反追。这一正一反，统统都来了个向后转，犹如商量好的，在做空中的飞行表演。其实，真正的原因是：A国的飞机油料告急，只能停止战斗，急速回返；B国飞机油料还多，正好"乘油追击"，反败为胜。这不是笑话，这是真真正正的战例。因为啥呢？因为没有空中加油机。

直到1923年，美国生产出了第一架空中加油机，在之后的所有空战中美国的加油机起到了决定性的作用。直到20世纪的90年代，全世界已经有30多个国家拥有了共计1000多架的空中加油机。但是，很是遗憾，大多国家的加油机都是买来的，能够生产加油机的国家少得可怜，整个世界仅仅只有美国、俄罗斯和欧盟三家。

中国是空域大国、海域大国，而曾经在守护岛礁的空战中因没有加油机保障，而提前退出战斗的痛心战例，中国就已经经历过。中国必须要有自己的加油机！而且，中国历来说到做到。1990年，仅仅在该次空战的两年之后，西安的西飞集团不负众望，按照国家的指令，提前生产出了中国的第一架以"轰6"轰炸机为平台的空中加油机"轰油-6"，彻底结束了中国没有加油机的历史，成了世界上第四个能够生产加油机的国家。

虽然某些国家依然认为，中国的加油机起飞重量仅仅七八十吨，载油量太少。但是，请予放心，加油机的"大"靠的是大型飞机做平台，而西安的西飞集团，早已有了220吨超大飞机的制造先例。犹如汽车制造厂，能造出大吨位的载货车，岂可能造不出大吨位的油罐车？其实，这个话已经成为了现实：2022年11月，第四届珠海国际航展上，西飞集团的"运油20"已经正式亮相世界，最大载油量可达110吨，最大供油量可达75吨，在世界加油机的位次上已经是超俄追美了。

国庆70周年正在接受检阅的轰油-6加油机

第六节 中国"大国重器"的战略运输机

要想成为全球性的军事大国，远程的、洲际性的军力投送能力必不可少，这一重任，唯大型的战略运输机方可承担。而现今的世界，只有俄美中三个国家拥有大型战略运输机，只有俄美中三个国家能够制造大型战略运输机。

按照国际标准，大型运输机，一般为起飞重量100吨以上的军民用飞机。而军用运输机又分为了战略运输机和战术运输机两种。战略运输机主要承担远程的洲际军力投送、全球战略部署，最大起飞重量150吨以上，最大载重量40吨以上。达不到此标准的，统统称为战术运输机。

世界第一的战略运输机是俄罗斯的"安-124"，起飞重量400吨，最大载重量150吨；世界第二的美国"C-5"，起飞重量380吨，最大载重量118吨；而全球排名第十之后的欧盟"A400"和日本的"XC-2"，起飞重量分别为141吨和140吨，最大载重量分别为37吨和40吨。故欧盟和日本的运输机虽然跨入了"大型"，但却达不到"战略"，只能是战术运输机。不可否认，以上四"国"都是老牌的工业国家、发达国家，拥有着百年之久的航空工业发展历史。而且欧盟是多国联盟，不是一个国家。

再看世界的第三位就是中国。中国的大型战略运输机"运20"，起飞重量220吨，最大载重量66吨，远远超过了世界大型战略运输机的标准，是中国的首架大飞机，是中国战略空军的代表之作。中国的"运20"，2013年首飞成功，2016年交付部队。是由中国西安的西飞集团研制生产，是从西安的航空产业基地飞上蓝天的。

国庆70周年大阅兵正在接受检阅的运20

"运20"的上天，使中国成了世界上第三个能够生产大型战略运输机的国家，使中国空军成了世界上第三个拥有全球投送能力的战略空军。但是，人们都不会忘记，与美国俄国、与欧洲日本相比，中国的航空工业、西安的飞机制造，仅有50多年的发展历史。

第七节 中国"大国重器"的远程轰炸机

没有远程战略轰炸机,不算真正的核大国,它是"三位一体"核打击力量的重要组成部分,即能对核武器进行陆基投射、潜艇投射、空中投射。只有三位一体,才能保证在遭受敌方第一波核打击之后可以及时予以反击,以彻底打消敌方的核攻击企图。

如今世界上,有核国家将近10个,但真正实现三位一体的只有美俄中三国。中国西飞集团2007年即研制成功的战略轰炸机,被称为"战神"的轰6K,基本补齐了中国三位一体的三缺一;另有后来更先进的且实现了空中授油功能的"轰6N",在2019年70周年大阅兵中首次公开亮相,比轰6K的作战半径又有显著增加。然而,遗憾的是,"轰6N"的航程虽然已经超过了10 000公里,但与美国的"B"字号、俄国的"图"字号战略轰炸机12 000公里的航程还有一定的差距,让中国始终不能甘心,决意追赶超越。

国庆70周年正在接受检阅的轰6N

近几年以来,中国最受世界关注的新一代战略轰炸机成了焦点。网上热议疯传的，外媒争相报道的，中国军方透露的，央视画面播放的，全都集中在了一个"轰20"的名字上，传说中国的"西飞"正在生产新型战略轰炸机，名字就叫作"轰20"。虽然中国军方并没有正式宣布，但网上的"轰20"有照片、有尺寸、有各种数据、有具体介绍，可谓吊足了国人的胃口。

网上热传的"轰20"其航程足以达到12000公里，且具有先进的隐身功能。虽然"轰20"的具体情况西飞集团一直缄口不语，但早在2016年8月2日世界G20首脑会议召开前夕的敏感日子里，中央电视台即报道了时任的中国空军司令员马晓天特意接受境外媒体采访时所说的："中国正在研发新一代远程战略轰炸机，将来你一定会看到的！"2018年，美国的智库兰德公司也曾发布报告称："中国'轰20'轰炸机的研制工作可能已经接近尾声。"；2019年，新加坡媒体报道说，中国的"轰20"2020年将正式亮相；直到2021年1月5日，中国空军发布的招飞宣传片中终于出现了"轰20"的最新图像；2021年1月15日，中央电视台的《军事科技》栏目又出现了用红色幕布遮盖的疑似"轰20"的大幅画面，并且，还在视频中特意配上了"2021，我们期待……"的醒目字样。看来，中央电视台留给人们的悬念，一定是中国期待已久的"轰20"！我们相信，中国的"轰20"，西安的"轰20"，这时，一定正停在轰6K的老家、西飞集团的机库里，严阵以待、呼之欲出呢。

西安的航空工业，可谓大而全、多而精。几十年来，它为国家研制了除直升机之外诸多类别的军、民用飞机；创造了诸多机种的中国第一；推出了诸多赶超世界的"大国重器"；为中国的国防工业、航空工业建立了不朽的功勋。按照媒体的话来说：西安的航空工业不仅领先中国、领先亚洲，也同样光耀于整个世界。

第二讲
西安 中国最大的航天产业基地

上一讲的内容是"西安是亚洲最大的航空工业基地",本讲说的内容则是"西安是中国最大的航天产业基地"。一个航空,一个航天,虽然都有"航"字,但却是两大不同的科技领域。"航空",指的是人类在大气层内的飞行活动,靠的是空气动力,研制的是各种飞机和吸气发动机;而"航天",则指的是人类在大气层外的太空飞行,和空气根本没有关系,研制的主要是卫星火箭以及各类导弹武器。航空和航天,虽然被大气层一分为二,但二者却都是国家的核心领域,都是国防的尖端技术,而且,都是大西安领先中国、赶超世界的拳头产业。

第一节 中国唯一的"航天经济技术开发区"

西安一直以来就是中国战略产业的核心之地,不仅云集了大量的军工制造、大量的航空工业,同时也云集了大量的航天企事业单位,而且都是硬杠杠的"国家队"。2007年7月20日,中国第一个"国家级民用航天产业基地"经国家发改委批复,并于同年12月23日举行揭牌仪式宣告成立。然而,遗憾的是,这个"第一"并不是各种优势齐备的西安,而是中国最大城市的上海。是聪明睿智的上海人捷足先登，让早已在积极筹划、紧锣密鼓的西安市误失了先机。但西安人不甘人后，急起直追。2006年11月30日，西安航天基地管委会组建成立；2007年6月，各项筹备工作全部就绪；2007年12月26日，即在上海国家级民用航天产业基地批复成立的仅仅五个月之后，经国家发改委正式批复，西安国家级民用航天产业基地正式宣告成立。

对此，新华社的新华网在2008年4月8日基地的揭牌仪式上，以《中国第二个国家级航天产业基地揭牌》，作了如下报道：

> 西安国家级民用航天产业基地本月8日举行揭牌仪式，这是继上海之后我国又一个国家级民用航天产业基地正式落成。
>
> 西安是我国航天工业实力最强的城市之一，周围有200多家航天企事业单位。为促进我国航天产业的发展，发改委于2007年12月26日同意规划和建设西安中国民用航天产业基地。
>
> 西安国家民用航天产业基地成立后，将重点发展以卫星通讯广播、卫星导航、卫星遥感等为主的卫星应用产业，促进航天技术应用和产品开发；带动航天信息技术、新型材料、先进能源等高科技产业发展；引导发展特色鲜明、重点突出的高科技产业集群，推动我国民用航天产业的规模化发展。

在此之后，全国除已有的航天上海、航天西安、航天北京、航天成都四大航天基地外，又陆续建立了航天天津、航天深圳、航天武汉等规模不同的航天基地以及数个以航空产业牵头的"航空航天产业园"，形成了中国航天各有产业侧重、各有发展方向的航天基地产业集群。

但是，作为中国第二家的航天产业基地，作为中国诸多航天产业基地之一，西安航天产业基地百尺竿头，不断进取，仅仅在自己成立的两年之后，即以资源的优势、基地的规模、发展的速度、企业的聚拢等方面在全国鹤立鸡群。2010年6月26日，经国务院发文，西安民用航天产业基地正式升级为"国家级陕西航天经济技术开发区"，成了全国唯一的航天专业化经济技术开发区，形成了大西安又一个国家战略的产业中心。

陕西、西安二合一的航天产业基地

需要强调，这一次的批复，不再是国家主管部门的发改委，而是国家最高领导机关的国务院。是国务院为西安民用航天产业基地给出了一个特殊的称谓，赋予了西安更大的发展权利。

第二节　中国最大的国家级航天产业基地

中国已有的国家级民用航天产业基地有北京、有上海、有中心城市、有经济特区，基地分布在中国版图的东西南北，西安作为中国最大的航天产业基地，当然，自有她大的道理和依据。

其一是西安航天基地的发展空间最大。全国有包括西安在内的诸多国家发改委批复的"民用航天产业基地"，但只有西安一家同时又是国务院批复的

"国家级航天经济技术开发区"。全国所有的航天基地都带有"民用"二字,这是国家给出的产业范围。但唯独西安的"航天经济技术开发区",不仅没有"民用"二字,而且多了"开发"一词。因此,西安的航天基地,涵盖的范围更广、合作的路子更宽,发展的空间更大。

其二是西安航天基地的占地规模最大。航天基地规模的大小,占地是最基本的要素,没有占地的规模,就没有发展的规模。西安的航天基地,位处西安市区的东南,紧邻寸土寸金的曲江新区,不仅地理位置优越,而且城市价值巨大。然而,西安市对航天基地的建设却极为大方,一次性就给出了高达86平方公里的规划用地,是其他城市航天基地规划面积的3~10倍,甚至更多。为西安航天基地囤积了巨大的发展潜能,是中国面积最大的航天产业基地,是一座名副其实的航天产业大城。

西安航天城的航天路牌

其三是西安航天产业的资源体量最大。西安聚集了难以计数的航天资源,且统统都是清一色的国家队,统统都是清一色的中国航天顶级企业。西安有承担中国航天尖端技术研发任务的中国航天四院、五院、六院、九院;有承担生产液体、固体火箭发动机的中国航天各大工厂;有承担研制北斗导航卫星的中国空间技术研究院的西安分院；有研制火箭高精度计算机的航天九院研究所；有能把"神舟"、"长征"送上太空的整个研发系统；有测控所有卫星飞船的中国唯一的西安卫星测控中心；有数不清的航天研发生产代号单位：11所、16所、41所、43所、44所、47所、165所、206所、210所、401所、504所、524所，以及771、7103、7171、7414、7416……，就像绕口令一样，实在是太多，难以一一列举。用一句话来概括，最为简洁明了：中国航天产业有三分之一的科研及生产力量都汇集在了古都西安。

其四是西安航天承担的国防职责最大。航天产业的核心就是火箭、就是卫星、就是导弹，而西安的航天产业就包揽了中国航天三大核心的核心。在此，只说火箭和卫星，西安是全国唯一拥有火箭研发、卫星研发完整产业链的城市，承担着航天固体发动机、液体发动机、星载设备、卫星导航、卫星测控、地面应用、航天计算机、航天集成电路、航天工业自动化以及航天产业成套设备的研发生产；承担着我国载人航天、探月工程、北斗导航、高分工程等一系列国家的核心国防任务。

其五是中国航天对西安航天寄托的希望最大。中国航天科技集团的领导认为："从产业角度来看，西安航天基地是中国最大的航天产业基地；从规划方向来看，西安航天基地的目标是建设特色鲜明的世界一流的航天产业新城。建设西安航天产业基地，对于发展我国航天事业是'革命性''变革性'的历史事件，对于实现国际一流中国宇航公司的目标具有极为重要的意义。"中国航天领导的一席话，把"世界一流""国际一流"的担子，重重地压在了西安航天的肩上。

然而，西安深深知道，西安的航天基地再大，也离不开中国航天的支持，也离不开各地航天的协作，西安航天只是整个中国航天大家庭中的一个成员而已。

第三节　西安航天的国家顶级群体

大多数人都知道，西安有专门的航空工业基地，也有专门的航天产业基地，但有些人却分不清航空航天的概念，甚至把航空航天混为一谈。然而，当"长征火箭"把"神舟飞船"送上太空，让中国人首次亮相宇宙；当"长征火箭"把"北斗卫星"送入轨道，与美国的GPS争奇斗艳，这时，人们才惊喜地发现，这个西安的航天基地，竟然就是把"神舟飞船"、把"北斗卫星"送上太空的火箭发动机、火箭计算机以及各种卫星核心系统的"有效载荷"等研制生产的大本营。西安的航天，在这里为中国的航天创造出了诸多的中国辉煌。

西安航天发动机集团

要知道西安航天的顶级群体，首先要搞清航天的简单原理：所有进入太空的人造飞行物统称为航天器，包括有人无人的飞船，包括各种功能的卫星，包括早已亮相太空的中国空间站；所有的航天器上天，都要靠火箭的运载，由火箭把航天器送入太空；所有火箭的运载，都要靠专门的火箭发动机，有液体发动机、有固体发动机；所有进入太空运行的飞船、卫星、空间站等航天器，都要国家专门的卫星测控机构统一进行测量控制、修正和管理，以保证各个航天器的正常运行。而这些各个环节的国家顶级单位，都聚集在西安的航天基地。

不论是液体或固体发动机，都是火箭的"心脏"。西安航天基地的中国航天六院，就是全国唯一专门研究生产液体火箭发动机的研究院。就是这个"六院"，将中国第一颗人造卫星"东方红"送上太空，将中国第一艘"神舟飞船"送上太空；就是这个"六院"，为整个长征系列的多型火箭装上强劲的"心脏"，研制出了500吨级、推力高达近千吨的液体火箭发动机，是当前世界推力最大的液体火箭发动机；就是这个"六院"，研究的所有液体发动机，在对中国的飞船以及国内外大量卫星的运载中，至今一直保持了97%以上的成功率，创造了世界航天史上的多项奇迹。

所有的火箭发动机只有两种，一种液体燃料的，一种固体燃料的。而中国的两种火箭发动机则携手结伴，都在西安生产。西安航天基地的中国航天四院，就是亚洲规模最大、实力最强的固体发动机研发生产的研究院。40多年来，为我国的宇航事业以及战略、战术武器领域研制成功了70多种固体发动机。中国的飞船、卫星以及包括2019年国庆70周年在内的各次大阅兵所展示的各类导弹等，只要是固体发动机，都是航天四院生产的。2015年为"长征十一号"运载火箭配装的，就是我国目前推力最大的固体发动机。最新的是华商报的报道：2019年6月5日12时06分，"由航天四院提供的四级全部固体发动机的'长征十一号'运载火箭，如同蛟龙出海在黄海一飞冲天，将捕风一号A/B星等7颗卫星送入预定轨道，发射任务圆满完成"。不仅如此，航天六院推出了世界推力最大的液体火箭发动机，而航天四院也比翼双飞，世界推力最大的固体火箭发动机也于2021年10月试车成功，只待最佳时机，即可正式亮相。航天四院，先后填补了我国火箭发射的大量空白，刷新了世界固体火箭发动机研制史上的多项纪录，让中国的流体固体火箭发动机都成了当之无愧的世界之最！

《华商报》报道，2019年6月5日由航天四院提供四级全部固体发动机的长征十一号火箭一箭七星发射成功

航天六院研制的某型发动机被誉为"航天液体动力技术的珠穆朗玛峰"在陕西省建国70周年成就展上公开展出

西安航天基地的中国航天第五研究院西安分院，是航天五院麾下十多个单位中唯一的一个"分院"，其他的一律都叫研究所，足见其地位的特殊。西安分院是中国航天卫星"有效载荷"设备及卫星应用电子系统的专门研制单位，为中国卫星领域创造了诸多的第一。在国之重器"北斗三号"系列导航卫星中，其最核心的系统"有效载荷"产品，均由西安分院研制，并且实现了百分之百的国产化，为"北斗全球导航卫星"的"中国智造"发挥了至关重要的作用。其中作为导航卫星心脏的"铷原子钟"，精密程度较之前的"北斗三号"提高了10倍以上，让中国在此领域一举跨入了世界的领先行列。

再有人人耳熟能详的西安卫星测控中心，是中国唯一的对太空飞行物进行跟踪测量、数据回收、控制管理的专门机构，统管着我国在轨的100多颗各类航天器。如果说航天器是一个一个的风筝，那么西安卫星测控中心就牵着一根一根风筝的线,就是控制着所有风筝的牵线人。同时,该中心还要对卫星的各种意外情况进行施救处置,曾先后成功将10多颗发生重大故障的军用民用卫星起死回生,救回预定的轨道。西安卫星测控中心,按照媒体的说法,不仅是中国航天器的地面指挥部,而且是技术高超的太空救援队。

请看以下例举。2019年12月27日,在世界的瞩目下,中国的长征五号遥三运载火箭在文昌航天发射场点火升空,将中国的"实践二十号"卫星送入预定轨道,并取得了圆满成功。长征五号火箭是我国目前运载能力最大的火箭,地面起飞推力高达近千吨,能将25吨重的航天器送上太空;而"实践二十号"卫星的大容量通讯技术,让在飞机上召开视频会议成了可能,让36 000公里的天地大容量信息传输实现了针尖对麦芒的精准对接。按照《华商报》的报道,长征五号遥三运载火箭的成功发射,"实践二十号"卫星的成功送入太空,它是世界航天大国的标志,为中国后续的载人航天、探月工程、深空探测等国家重大专项任务的实施,奠定了坚实的基础。而本次世界瞩目的重大成功,其火箭的动力,其火箭的大脑,其卫星的核心有效载荷,都来自于西安的航天基地,都是由西安的航天院所研发制造:长征五号遥三火箭全部四个型号的30台发动机,均由西安航天基地的中国航天六院研制;"实践二十号"卫星的全部有效载荷以及针尖对麦芒的大容量信息传输,均由西安航天基地的中国航天五院西安分院研制;长征五号遥三火箭的大脑也即火箭的计算机,是中国史上最强的计算机,是确保火箭控制和精准入轨的关键之关键,而这个大脑则是由西安航天基地的中国航天九院771研究所研制提供的。至于"实践二十号"卫星在太空的工作运行,那无疑是由中国唯一的西安卫星测控中心来检测控制管理的。

西安航天,顶级单位数不胜数,丰功伟绩彪炳史册,撑起了西安航天的中国最大,撑起了中国航天的世界领先。

第四节　西安航天的军民融合发展

2015年3月，习近平主席在十二届全国人大三次会议上首次提出："把军民融合上升为国家战略。"之后的2017年元月，中央军民融合发展委员会宣告成立，并由习近平主席亲自担任主任。军民融合有多重要？任何人由此一看便知。军民融合，就是要通过"军转民、民参军"，达到国防科技工业和民用科技工业的高度融合，共同形成一个统一的、完整的国家科技工业体系，实现中华民族的军民共融、合作共赢、强军富国的战略目标。

军民融合上升为国家战略，让国防重企云集的西安航天基地有幸成了全国第一家军民融合产业示范区。西安航天积极依托自身雄厚的航天实力和坚实的发展基础，充分发挥航天科技对国家战略性新兴产业的引领作用，大胆探索军工航天和民用航天融合发展的新模式，全力营造军民融合产业发展的大环境，使得西安航天基地不仅自身得以迅速发展壮大，而且成了建设西安国际大都市新的城市功能承载区。

军转民，民参军，对于此前来说，军转民容易，反正早已是市场经济了，要生产热门民品，没有门槛、不需审批。而"民参军"则大不一样，军工行业，历来都是国家控制，门槛太高，难以进入，而涉足国防领域是民营企业的多年梦想。如今，军民融合，国家提倡，使民参军不仅成了现实，而且还可享受一定的政策优惠，致诸多的知名民企，纷纷摩拳擦掌，积极报名参军入伍。

在此大背景下，各种条件的权衡，就成了民企"参军"的重要选择。而西安航天基地，则以自己的行业优势、资源优势、区位优势、城市优势、园区优势、政策优势等诸多的独有优势，赢得了大批知名的科技民企争相进入军工企业云集的西安航天产业基地。

军民融合烧起了西安前所未有的产业大火，中央电视台的《经济半小时》栏目深度报道了西安航天基地军民融合发展的燎原大势，惊呼西安"航天再起产业潮"！更有中国航天科技集团前来"火上浇油"，2016年5月与西安市政府再次签订了"深化战略合作"协议，协议决定"十三五"期间的五年内，为西安航天基地再行投资150个亿，以进一步推进我国第一个"国家航天军民融合产业平台"的全面大升级。

军民融合，使得西安已有的诸多国家航天第一梯队，与蜂拥而来的诸多包括世界500强在内的知名民企强强结合、优势互补。构成了西安航天基地以火箭发动机为主的航天重装备制造产业；以卫星及卫星应用为主的航天空间技术产业；以太阳能光伏及大功率半导体照明为主的新能源新光源产业；以服务外包及动漫创意为主的数字航天产业等西安航天的四大产业集群。

西安航天的四大产业集群，军中有民、民中有军、产业交融、技术互通、信息共享、成果共分，为中国走出了一条独具西安航天特色的军民融合新路子。

第五节　西安航天产业的世界地位

此前的西安航天，已经拥有了诸多唯一的光环荣耀：西安航天被科技部认定为"国家级半导体照明工程高新技术产业基地"；西安航天被中国航天科技集团确定为"中国航天科技卫星产业示范基地"；西安航天孵化器被科技部确定为"国家高新技术创业服务中心"；西安航天基地的国家精英企业分别都获得过国家或部委的金奖、银奖、特等奖以及特别贡献奖。以上的荣耀集中代表了整个西安航天基地的形象品质。

如今的西安航天，已经形成了全国仅有的七大航天产业链：以航天四院、六院为龙头的航天运载动力产业链；以航天五院西安分院为龙头的卫星有效载荷产业链；以中国授时中心为龙头的卫星基准授时产业链；以北斗导航产业为龙头的北斗导航产业链；以中煤航测遥感为龙头的空间信息和卫星遥感产业链；以中加园为载体的国际卫星通讯设备产业链。七大航天产业链，涵盖全面、完整配套、全国独有。实现了大西安"世界航天大品牌"的中国大跨跃！

2020年，中国航天轰动世界的、最具代表性的中国空间站已经进入到全面实施阶段！2021年4月29日，中国空间站的天和核心舱发射成功！2021年6月17日，三名中国宇航员乘"神舟12号"首次进入空间站！2022年5月10日，天舟四号货运飞船成功对接空间站；2022年6月16日，三名宇航员乘"神州13号"二次进入空间站；2022年7月25日，问天试验舱成功对接核心舱；2022年11月3日，空间站梦天试验舱顺利转位；2022年11月12日，天舟五号货运飞船成功对接空间站；2022年11月29日，又三名宇航员乘"神州15号"进入空间站，使两组六名中国宇航员胜利会师中国空间站……2024年，中国空间站将成为全球唯一在轨运行的大型空间站！而这个中国空间站

2019年12月28日《华商报》对长征五号"胖五"归来的报道

从初始设计到研制成功，从送入太空到在轨运行，西安的航天六院、四院、五院、九院，以及西北工业大学、西安电子科技大学，以及国家授时中心、卫星测控中心等，都是其中最核心的参加单位或深度参加单位。除航天六院为空间站的所有火箭发射提供全部发动机外，其他的四院、五院、九院等以上各个单位都分别亮出了各自的独家绝活，都为中国的空间站做出了无以替代的重大贡献。

西安航天的诸多荣耀，荣耀的不仅仅是西安，荣耀的更是整个中国！西安的航天产业，为中国成为世界航天大国做出了巨大贡献；西安生产的大推力火箭发动机，使中国的发动机成为世界推力最大的火箭发动机；西安的航天"智"造，使中国航天领域站在了当之无愧的世界制高点！

第三讲
西安　中国国防尖端的诸多唯一

西安中国国防战略领域的产品太多太多，西安在中国国防战略领域的单位同样也太多太多。前边所讲的航空、航天、兵器均已涉及了不少，但有的产品虽然是唯一的，而生产单位却不一定是独有的。比如，生产飞机的西飞集团，虽然全国领军，但中国生产飞机的企业还有多家；比如，生产飞机发动机的西安航发，虽然全国极少，但毕竟还有其他厂家也在生产；比如研制变相管扫描像机的中科院光机所，虽然该产品获得国家三大奖的特等奖，但同样的中科院光机所在全国还有三家。而本讲要说的"西安中国国防尖端的诸多唯一"，纯粹是指那些驻在西安的、且机构、职能都是全国独有的，也即"百亩地里一棵苗，唯独只在西安长"的中国国防战略领域的独此一家。

第一节　中国唯一的飞机设计研究院

按照中国的传统，凡是同一行业涉及诸多单位的，习惯以数字命名，如第几中学、第几医院、第几棉纺厂等。虽然各个单位排序不一、水平有别，但都是一个层次、一个级别。但也有特例，如解放军的二炮，没有一炮，没有三炮，也没有后续的四炮五炮，二炮就是二炮，是中国唯一的二炮。而中国的航空工业也有这样的特例,那就是中航工业的西安第一飞机设计研究院。

中国航空工业在全国的布局是:凡有飞机制造厂的城市,基本上都布局了以该飞机厂的生产机种为目标的飞机设计研究所。如西飞、上飞、沈飞、成飞、哈飞、昌飞、贵飞等,都有自己相对应相配套的定向飞机研究所。请注意,都叫研究所。2003年6月,根据国家的战略决策,把上海飞机研究所与西安飞机研究所合并,成立了新的中航工业第一飞机设计研究院,简称"一飞院",总部仍设在西安飞机研究所原址的西安阎良,并在原上海飞机研究所的基础上设立一飞院上海分院。新成立的西安一飞院,没有第二,没有第三,更没有后边的一连串,只有中国唯一的第一飞机设计研究院,别的飞机厂都还是原来的研究所。中航工业集团赋予一飞院的,就是这个只有一个"第一",只有一个"研究院",没有后续的、没有同名的特殊地位!

中航工业第一飞机设计研究院,是全国唯一的集歼击机、轰炸机、运输机、民用机、特种机以及军民用大型飞机设计研究为一体的全功能飞机设计研究院,业务对应的是航空工业领域的不同机种类别,范围涵盖的是全国各地的中航飞机制造业。

从新中国成立之初的西安飞机设计研究所,到2003年后的中航第一飞机设计研究院,西安先后成功设计出中国航空工业具有里程碑意义的多种类别的飞机:中国第一架涡扇支线客机"运7";中国第一架空中预警机"空警1号";中国第一架歼击轰炸机"飞豹";中国第一架新涡扇客机"ARJ21";中国第一架大型喷气客机"运10",中国第一架轻型公务机"小鹰500";中国第一架大型预警机"空警2000";中国第一架大型战略运输机"运20";中国第一架战略轰炸机"轰6K"。这就是西安的中国航空工业第一飞机设计研究院,为中国航空工业创造的诸多第一。不仅如此,一飞院研制的领先世界的综合航电系统,传奇性地将我国某种战斗机的战斗力提高了整整一代!

2014年11月,李克强总理到一飞院视察,当时给一飞院的贡献定义是:"这里集成了中国航空工业技术研发的辉煌成果。"而一飞院给自己的奋斗目标是：让中国的民用飞机在世界上占得一席之地，让中国的军用飞机在世界上跨入强者之列，让中国的第一飞机设计研究院不仅要保持中国的第一，更要争抢世界的第一！

第二节　中国唯一的飞机强度研究所

西安飞机强度研究所，简称"强度所"。是我国航空工业唯一的飞机强度研审中心；是整个飞机制造的"设计、生产、强度验证、定型试飞"四个环节的第三个环节；是我国唯一代表国家行使对所有军用民用新研制飞机及改型飞机进行结构强度验证试验并给出最终验证结论的权威机构。其下辖的研究中心设在西安的电子城；其下辖的军机、民机两个鉴定基地分别设在西安的飞机城以及上海的浦东新区。

当今世界，天上的飞机各种各样，大型的运输机长达七八十米，小型的战斗机也有十几米长。在几千米甚至上万米的高空，要接受超强气流的冲击颠簸，要进行上下翻腾的拼搏格斗，要承抗起飞降落的猛烈碰撞。而飞机这细细的身体、薄薄的翅膀、轻巧的材质，其所有结构都要经受如此巨大的冲击考验，能行吗？故飞机强度的万无一失，才是飞机上天的第一要素，否则，其他的飞机功能、各项指标、先进程度等，一切都无从谈起。

中国有十大飞机制造企业，其飞机的结构强度，除各企业进行自我把关外，作为国家的统一管理认定，谁来当这个检查官？于是，就有了中国航空工业唯一代表国家行使强度验证的权威机构，就有了中国西安的飞机强度研究所。

西安飞机强度所主要有两大职能：一是技术研究，负责对飞机强度的技术领域进行预先研究，为新飞机的研制和飞机的改型提供强度方面的关键技术；二是行政职能，负责对我国的所有飞机进行首飞前的全结构强度验证试验。总之，没有强度所对飞机强度的验证许可，所有的下线飞机，一律不得进入首飞程序。如今已经不成秘密的中国"歼10"飞机，于1997年下线之后，即在当年的5月1日，由厂方成飞公司把原型机散件分装运到西安强度所原耀县试验基地，进行了长达6个月的一系列强度验证测试。直至10月24日，才给出了符合中国军标的结论，为"歼10"飞机的首飞，发出了第一张通行证。整整5个月后的1998年3月23日，中国研制的第一架跨代先进战机"歼10"，正式宣告首飞成功！

西安强度所，用一句话来概括：名字叫的是中航工业飞机强度研究所，行使的职能是国家唯一的飞机强度认证审批权。

第三节　中国唯一的飞行试验研究院

航空界有一句名言：飞机是设计出来的，是制造出来的，但更是试飞出来的。飞行员认一个真理：没有专业试飞员的试飞，再先进的飞机，也只是一个摆设。事实的确如此。新下线的飞机，所有设计的性能指数，所有制造的技术标准，统统都要靠专门的、权威的、代表国家的试飞机构，一项一项地试飞验证，一项一项地收集数据，最终才能取得飞机的定型许可。世界第五、中国唯一的飞机试飞中心——中国飞机飞行试飞研究院，就设在中国的飞机城，就设在西安的阎良区。

试飞院的试飞是飞机工业的"设计、生产、强度验证、定型试飞"四大环节的最后一个环节，而中国飞机工业的四大环节都集中在西安一个城市。西安试飞院集中了我国最优秀、最顶尖、最无法用语言赞美的飞行大师。然而，他们从事的又是最具风险、最为高危、最需要用生命奉献的崇高事业。

试飞员的工作，犹如有意让毒蛇咬伤自己，以验证新研制的蛇药是否能够拯救生命。飞机的试飞科目，数不胜数，一个个无不令人心惊胆战，一个个无不都是死亡陷阱。而试飞院的试飞员则要有意闯这死亡陷阱、有意制造死亡危机,来验证试飞飞机的各项性能。那种被整个世界视为试飞禁区的"失速尾旋":一次次地机头垂直朝下、一回回地机身剧烈抖动、螺旋状的飞机急速下落。如此恐怖的九死一生,而这时我们的试飞员,不仅要承受着巨大的生命代价,而且还要计数着旋转的圈数,寻找和判断着飞机的相关数据,最终还要以自己绝顶的技术,把飞机救出尾旋,恢复飞行常态。但这一连串的死亡陷阱,有谁能想到,竟是我们的试飞员有意制造出来的!也就是这个试飞禁区的"失速尾旋",让世界上最优秀的少数航空工业大国曾损失了上百架的飞机和诸多的试飞精英。

千次百次的试飞,次次都是生死未卜。然而,即便情况再危急,试飞员也舍不得跳伞求生。当记者问到这一情况时,试飞员的回答平淡而又伟大:飞行员不跳伞,抢救的是一架飞机;而试飞员不跳伞,拯救的是一大批飞机的飞行数据。哪怕我们死,我们也要让数据活着!

西安阎良飞机城的中国飞行试验研究院

西安飞机试飞院,是中国航空工业的灵魂,是中国航空工业的"敢死队"。就在阎良飞机城的城外,在与飞机大厦遥遥相望的东北方向,有一座绿树环绕的公墓,那就是专设的"中国飞行试验研究院烈士公墓",里面长眠着十几名为我国航空工业献出了宝贵生命的试飞英雄。

中国的航空工业能有今天,中国的空防力量能有今天,西安的试飞院做出了无可代替的卓越贡献。西安试飞院的"飞机试飞认证许可",是国家赋予的权力,但它不需要任何的行政强制,而是各大飞机生产厂家梦寐以求、心存感激的期盼,他们殷切地盼望西安试飞院的试飞大师,早日为自己的飞机试飞定型,早日让自己的飞机飞上蓝天。

第四节 中国唯一的火箭发动机生产基地

在西安,没有人不知道"067"的。067是一个基地,是一个位于西安航天城的军工基地,是一个中国唯一的大型火箭液体发动机的研发生产基地,被誉为中国的"航天动力之乡"。

"067"是国防单位的代号。1965年创建于北京,1970年迁往陕西,1993年迁往西安。2008年整合了北京、上海、武汉三地的航天液体动力研发力量,组成了新的中国航天推进技术研究院,也就是西安大名鼎鼎的航天六院。"067"既是航天基地,也是航天六院沿用了40多年的国防代号。

40多年来,067人先后成功研制出了50多种不同型号的火箭发动机;先后成功地五次把我国"神舟号"系列飞船送上太空;先后成功地运用于我国的近、中、远各类导弹及东风洲际导弹;先后成功地发射了我国的通讯、气象、资源、侦察、北斗导航等40多颗不同卫星;先后成功地把"澳星"、"亚星"等20多颗外国卫星送入了预定轨道。而且,所有发射的成功率,均达到了百分之百。创下了世界航天史上的诸多奇迹,被誉为中国航天的"金牌发动机"。

但是,也许更多的人并不知道,067这只金凤凰,却是地地道道从山沟里飞出来的。1970年,举国动员的"三线建设",把当时还不叫067的067从中国的北京,一下子整体迁往了陕西大秦岭的腹地,一个远离了城市、一个名字极具时代精神的红光沟。几万人的航天团队,从此就扎根在了这个一无所有、四面是山,连基本的米面油盐生活用品都要从宝鸡、西安外运的荒山野沟,开始了一代航天人的艰苦创业。这就是当时中央命名的"067基地"。十年间,067人就在这封闭的山沟,从无到有、从有到优,造出了中国第一台火箭发动机,创出了诸多个中国的奇迹。然而,1981年,一场突如其来百年不遇的大山洪,把处在山谷之地的067冲了个天翻地覆。路断了、桥塌了、房子倒了、设备毁了、生活用品统统运不进来了。面对如此困局,中央下了决心,将067再次整体搬迁,迁往200公里以外的西安。

1993年,067全部搬迁完毕。虽然进入了大城市,但历经10年山沟的067人,实在难以忘记那个给自己带来无限苦乐的067基地,坚持要求国家保留067这个代号,国家欣然同意。067不仅象征着中国火箭的发动机,而且代表了一代航天人的献身精神。067的情况,在"陕西省国庆70周年成就展"中即有相关的介绍。

如今,中国航天推进技术研究院,进入西安航天基地已经快30年了,但"067"在内在外仍然叫得山响,而且成了一个抢手的车号:老一茬的067人买车要挂067的牌子,不论字母如何穿插,只要067不乱,图的就是个念想;新一代的067人买车要挂067的牌子,因为它是火箭发动机的研发单位,图的就是个荣耀;社会上的赛友买车要挂067的牌子,"火箭发动机"装在车上,图的就是个象征,图的就是个风驰电掣。

第五节　中国唯一的航天器测轨控制中心

世界上只有三个航天大国,那就是美国、俄罗斯和中国。三个国家都有一张航天大网,网住了整个太空,网住了各自的所有航天器。但是,这张大网，网在天上，根却在地上，是地上的诸多设备和人员织就了这张大网。在中国，织这张大网的，管这张大网的，掌管网中所有中国航天器的，就是中国唯一的西安卫星测控中心。

如果要问西安卫星测控中心的具体职能及重要贡献，实在不好回答，第一，专业性太强，说起来很是枯燥；第二，数量太大，没办法一一列举。一言以蔽之：凡是中国太空飞行的所有航天器，卫星测控中心都要跟踪、检测、管理、服务。不管是短期飞的，还是长期飞的，不管是一去不复返的，还是去了还要回来的，统统都在测控中心的管辖范围。除此之外，对于偏离轨道、出现险情的，测控中心则要校正、要抢救，使它回到正常轨道；对于还要返回地球的，测控中心则要控制、要指引，让它安全返回地面，并且一包到底，进行回收。总之，中国航天工程的所有成就，都有西安卫星测控中心不可替代的一份功绩。听一听新华社是如何对西安卫星测控中心进行报道的：

> 这是祖国航天测控的发祥地，她四十余载披荆斩棘，一路凯歌；这是编制天网放牧群星的开拓者，她肩负国家使命而勇攀高峰，瞄准世界一流而奔腾向前；这是追星牧舟飞天揽月的主力军，她以驰骋天宇的自信和勇创一流的豪情，铺就了一条条纵横苍穹的"中国制造"，奏响了一曲曲决胜太空的巡天凯歌。
>
> 我国航天器上的设备与对航天器进行跟踪测轨、姿态确定、计算和发送指令的地面设备组成了一张无形的"天网"，掌控着所有都要依靠"天网"才能完成各自任务的不同航天器。而这张"天网"，就是闻名于世的中国航天测控大网，西安卫星测控中心，就是中国航天测控大网的掌控中枢之地……

新华社最新的报道则是：

> 2019年11月15日，西安卫星测控中心圆满完成了多点并行的测控任务，创造了我国航天发射测控任务的间隔最短纪录。

对于西安的卫星测控中心,全国人都耳熟能详,中国每次发射火箭、飞船、卫星等航天器,在中央电视台实况播出的画面中,每每都有西安卫星测控中心的长时间出现,即便有的测控点并不在西安,但它们都是西安测控中心设在相关地区的下属分支单位。

第六节 中国唯一的"大地原点"西安坐标

什么是"大地原点"?大地原点也即"大地基准点",它是计算国土经纬度的基准点、坐标点。国家以此点为基准,才能形成国家统一的"坐标系",建立起国家统一的"大地控制网"。大地原点,几乎都在国家版图的中心,而且是最为中心的中心点。

大地原点对一个国家来说至关重要。没有大地原点,就无法确定国家领土领海的准确经纬,无法进行统一坐标的国土测绘,无法形成统一标准的国家地图,无法在战时进行准确的战术定位。2018年4月18日,解放军在台湾海峡举行的大规模实弹演习,就向世界明确公布了演习海域的相关坐标参数,而这个坐标参数,其基准就依照的是中国的大地原点。

然而,不可想象,如此重要的大地原点,中国在1980年之前却是一个空白。新中国建立之初,全国统一使用的"1954北京坐标系",其依据的基准竟然是当时设在列宁格勒的苏联国家大地原点,距中国万里之遥,与中国的实际情况极不匹配。致中国在整个的国土测绘中出现了极大的误差,不仅影响了中国的经济建设,更影响了中国的国防安全。直至1980年,中国才正式建立了属于自己的大地原点。这个大地原点,就在中国的中心之中心,就在如今西安西咸新区的泾河新城,并被国家命名为"1980西安坐标系"。是中国迄今唯一的,也是永远唯一的大地原点。

当初,对于中国大地原点的设定,首先考虑的就是要在国之中心。国家测绘局用了 1976 到 1978 年的整整三年时间，先后考察了郑州、武汉、西安、兰州、广元等多个备选城市，先后又经过了长达一年的论证分析，最终才把中国的大地原点定在了中国最为中心的西安，并在泾阳县（现西咸新区泾河新城）的永乐镇建起了永久性的大地原点塔楼。中国大地原点的确定，创造了一个世界奇迹：在建设大地原点的施工中，意外地发现了 2000 多年前西汉政府测定的"国家基线"，其西汉的"国家基线"竟然与 2000 多年后新中国测定的"大地原点"惊人地吻合！960 万平方公里的国土，其相差仅仅只有两秒的经度，60 米的距离！令所有专家惊叹不已。中国大地原点的确定，是中国测绘事业独立自主的象征，在中国经济建设和国防建设中发挥着举足轻重的作用。

位于西咸新区的中华人民共和国大地原点

"西安坐标系"的中国大地原点，隶属于国土资源部，1994 年正式对外开放，作为旅游景点供游人参观。它不是国防工厂，没有什么显赫的国之重器，也不是科研单位，更没有什么尖端的科研成果。西安大地原点对于国家的至关重要，仅仅就在于它是中国唯一的、不可替代的大地原点。

第七节　中国唯一的"北京时间"西安发出

从20世纪50年代过来的人，人人都听惯了一句话："刚才最后一响，是北京时间×点整"，这是中央人民广播电台的"北京时间"整点报时，是全国人民几十年来最为熟悉的声音。在过去的年代里，每到此时，人们不论正在干什么，都会不约而同地抬起胳膊，以北京时间为准，调校自己的手表。北京时间不仅已与全国人民的生活密不可分，更为关键的是，它为中国的尖端领域提供了无可替代的"尖端时间"，这才是北京时间的真正作用所在。但是，大多人都不可能想到，这个敲明叫响的北京时间，这个中国唯一的北京时间，却不是发自首都的北京，而是发自陕西的西安，发自西安中国唯一的国家授时中心。

国家授时中心在西安的建立，从1955年被列入《国家12年科技发展规划》开始，先后经历了苏联要求与中国共建授时中心而被毛主席婉拒；经历了1964年中国第一颗原子弹爆炸后的形势紧逼；经历了1965年中国即将发射第一颗人造卫星的迫切需要；经历了国家战略武器快速发展的强劲推动；经历了中央军委陆海空三军的积极参与；经历了中科院不间断在全国的多点考察，先后长达十余年。最终，按照"既要处于国之中央，又要靠近卫星测控中心，还要距中国的大地原点不远，更要远离中国的地震多发区域"这四大条件，选择了唯一同时具备以上条件的陕西西安，具体地址即在陕西省西安市的临潼区。

国家授时中心究竟有多重要？一般人可能无法想象得到。通常人们使用

第八篇章　西安国之中心的战略中心

时间，最精确的不过是以秒来计算，但授时中心的时间则是以微秒、纳秒、皮秒来计算的。1 秒 = 1000 微妙，1 微妙 = 1000 纳秒，1 纳秒 = 1000 皮秒，而国防科技领域的时间，使用的都是微秒、纳秒和皮秒的计算标准。授时中心授时的精确度，直接关系到国家的安全，美国提出现代化战争的五大战争形态，除过电子战、信息战、网络战、导航战外，另一个即是"授时战"。但看一看中国"授时技术"在世界的地位，你仍然会深感骄傲：按 2019 年 10 月 15 日《华商报》的最新报道，西安国家授时中心的授时精度，达到了空前的 100 皮秒！再通俗一点的说：即便时间过了 3000 万年，其误差也不会差出 1 秒的范围！是全世界精度最高的授时系统。

西安国家授时中心，40 多年来，没有辜负国家对西安的厚爱，不仅为全国人民按时按点发出了标准的北京时间；更为国家诸多的关键行业、国防部门提供了全套可靠的高精度授时服务；特别是为中国的火箭发射、卫星上天、常规导弹、战略导弹、载人飞船、嫦娥探月等重大任务的完成做出了精确无误的重大贡献。

位于西安航天基地国家授时中心的授时台

西安国家授时中心，作为中国科学院的直属单位，其生产的产品就是时间，其研究的成果也是时间，其为国家做出的重大贡献还是时间。只不过，西安授时中心的"时间"，是中国的"北京时间"，是统帅全国的唯一时间，是世界领先的高精时间。"时间就是生命"！对于西安的国家授时中心来说，是最为贴切不过了。

本讲"西安中国国防尖端的诸多唯一"，并不仅仅只有以上的数例，实在是因为篇幅有限，容纳不下。诸如西安的航天制导生产基地、航空制导生产基地、中科院西光生产基地，以及前边已经讲过的"三航合一、四位一体"的西北工业大学等等，都是西安的中国唯一。西安中国战略领域诸多唯一的西安云集，西安卫星测控中心、国家授时中心、国家大地原点的定点西安，都是以国之中心的前提来确定的。特别是以上的"两个中心，一个基准点"，充分证明了西安是国之中心的最中心，充分证明了西安是国之中心最中心在中国的重要之地位。

第四讲
西安 中国的国际内陆港龙头

按通常的概念，有大江大海停大船大轮的地方才叫"港口"。港口是一个地区通向世界最直接的通道，但大前提是必须靠江靠海。而中国在 2000 年则出现了一个新概念——"内陆港口"，它既不靠江，又不靠海，但它却具有靠江靠海的港口除停船之外的一切功能，可为内陆城市提供一个直通世界的无水港口。如今，内陆港的强大诱惑力已经使中国大地涌现出了 100 多家规模不等的内陆港口。但是，鲜为人知的是：中国内陆港的理论就是西安创立的，中国内陆港的样板就是西安创造的，中国内陆港的运作模式就是西安推出的。作为中国第一个国际内陆港，西安掀起了中国内陆港强烈的连锁效应，带出了中国东西南北诸多的内陆港口。

第一节　内陆港概念的相关定义

内陆港，又称"陆港"或"国际陆港"。是相对于沿海港口而言的内陆港口，是可以行使沿海港口一切职能的远海港口，是依照有关国际运输法规和惯例在内陆城市设立的对外开放的国际商港。

内陆港对内陆城市的区域经济发展具有极大的拉动效应。第一，它具有国际港口的通关功能。内陆港可以为进出口企业提供与沿海港口一样的海关、检验、检疫等一系列入关出关的全套服务,实现内陆城市与国际航运和国际市场的直接对接。第二,它具有多式联运的链接功能。内陆港可整合各种运输方式,实现海铁联运、公铁联运、空海联运、水陆联运等,并承担干线运输与专线运输的核心枢纽职能。第三,它具有货物集散的组配功能。内陆港可接受大量的不同进港货物,并进行分拣储存配送,可将需要发出的货物集中分类、组配,直接汇总集装箱并批量运出。第四,它具有保税仓储的利惠功能。除此之外,内陆港还可提供增值服务、物流配送服务、商贸流通服务,等等。总之,内陆港对我国众多远离大海的内陆城市展示了极其强大的吸引力和诱惑力。

但是,内陆港并不是所有的内陆城市都可以设立的,前提条件一定要达到"五个必须":一是内陆港必须要设在内陆的经济中心城市,具有相当的产能,相当的实力;二是内陆港必须要设在多条主干铁路、公路的交汇城市,以便利用铁路的低运费优势降低国际运输的成本,利用公路的高便捷优势提高货物集散的效率;三是内陆港必须要设在拥有众多进出口企业的内陆城市,以便保有充足的运营资源;四是内陆港必须要以自己的实力与一定数量的沿海港口进行战略对接,以便确保多条国际通道的选择;五是内陆港必须与国际运输法规和惯例有机接轨,才能保证直接融入而不是间接融入国际运输网络,才能够称为国际内陆港口。

除以上之外,国际内陆港还根据功能类别分为了三个层级,根据产业类别分为了五个层级。形成了一整套中国内陆港管理的标准体系。

第二节　内陆港理论是西安首创

以上关于内陆港概念的相关定义,以及中国有关内陆港的一切信息,均出现在21世纪初始的2000年之后。2000年12月，地处内陆的西安爆出冷门，西安外事学院的西安籍学者席平先生集数年的研究心血，首次提出了"国际内陆港理论基础和实施办法"，并在《唐都学刊》上发表了《建立西部国际港口——西安国际陆港的设想》一文，推出了自己独创的"内陆港"理论。2001年1月5日，《三秦都市报》用整版的篇幅以"打造西部的旱码头"为题，对该文的论点、论据、意义给予了详细的介绍和报道。从此以后，一个新名词"国际内陆港"，悄然地陆续地出现在了中国的各个媒体之上。

席平现任西安外事学院陆港经济与物流发展研究中心常务副主任、中国港口协会陆港分会办公室主任、陕西省物流与采购联合会国际陆港工作专业委员会副主任，被业界誉为了"中国陆港之父"。

席平先生对国家的贡献，在于他有了一个伟大的发现，而又造就了一个精辟的观点：为什么中国东部和西部的发展不能同步？为什么中国沿海和内陆的发展快慢不一？归根结底都是一个原因：东部地区、沿海地区紧邻大海、紧邻国际港口，从而同时拥有了国际和国内的两个市场；而西部地区、内陆地区则远离大海，仅仅拥有一个市场，而且是相对国际市场来说要小得多的国内市场。如此之大的差异，中国的东部与西部、沿海与内陆，如何能够没有差距？如果不能从根本上解决问题，恐怕只会越差越大，越拉越远。对此，席平先生给出了自己的观点，要解决这个差距，要解决这个不能同步，最好的办法就是，在西部内陆的中心城市建立国际内陆港，让内陆港口具有沿海港口的一切功能和权力，让中国的西部、让中国的内陆，也有一条直达世界的贸易通道，实现中国式的海陆无缝对接。

席平先生不仅在说，而且在做。从2001年起，他先后积极奔走于西安市的政界、学界、商界，积极奔走于沿海港口的上海、天津、青岛，大加宣传推介建立西安内陆港的重大意义。独具创意的内陆港是一把火，谋求发展的西安市是一堆柴，干柴遇大火，岂有不燃之理？之后不久的2004年4月5日，西安市政府即与上海市政府就双方合作建设西安国际港务区事项在西安会谈；

之后不久的同年10月，西安国际港务区获得正式立项。至此，西安首创的国际内陆港理论及构想，终于创意成真，即将在中国的内陆城市西部的西安变为现实。

第三节　内陆港样板由西安缔造

若把内陆港的建设比作螃蟹，那西安无疑是中国第一个吃螃蟹的城市。

西安的内陆港，虽然理论有了，构想有了，目标有了，但当真正进入到实施阶段，却成了一个巨大的考验。因为内陆港的建设不仅对西安来说是一个陌生的概念，就是对于整个中国甚至对于整个世界来说都是一个全新的领域，没有任何样板可以参照，没有任何经验可以借鉴。说白了，作为中国第一个国际内陆港项目，国家既然已经批复给了西安，就是让西安在为全国开路闯道，在为各省创建样板，就是要让西安闯出一条中国国际内陆港建设的西安之路。

西安内陆港作为陕西、作为西安市的"十一五"重点项目，2005年开始启动筹备，2006年开始动工建设。自从正式推出"西安国际港务区"牌子的那一天起，整个社会相关领域对港务区的期盼和热情，终于得到了释放，形势始料未及，远远超出了西安的预期。尽管整个港务区的团队还都出于不断地学习实践当中，但是，形势催人急，喜事连连有。一大批核心项目资金充足、竣工投运；一大批国际名企慕名而来，入驻港区；一大批国内大咖争相签约、巨资投入；一大批上级拨款先后到位、撑腰助威。至2009年，仅仅三年多的时间，西安港务区的突飞猛进，让省市政府、让港区管委会纷纷瞪大了眼睛：哇！原来所有的计划，全部都落后了形势，统统都需要重新调整。

原来港务区的管理机构，仅是一个县处级单位，根本不能适应新的管理需要。之后，直接升格为西安市的直派机构，成了正儿八经的厅局级。

原来港务区的规划面积，最初只有区区的 7.6 平方公里，远远不能满足要求。之后，扩大到了 22 平方公里，再之后扩大到了 44 平方公里，再之后扩大到 89.89 平方公里。

原来港务区划定的功能板块，只有"一个中心，三大组团"共四个部分。之后，一次性布局了八大功能分区，涵盖了内陆港更多的延伸部分。

原来只有上海一家沿海城市与西安签订了合作协议。之后，天津、青岛、连云港、上海、宁波、深圳、唐山、日照等沿海的港口城市都先后签约加入了西安的合作队伍。

原来西安内陆港只是陕西省西安市的"十一五"重点项目。后来的形势，让国家的发改委直接把西安内陆港升格为国家的"十一五"重点扶持项目。

原来西安内陆港的规划，胃口太小，眼光不够。对此，先后共经过了 13 次的修订调整，其中，将新的西安港务区定位为"建设丝绸之路经济带上最大的国际中转枢纽港和商贸物流集散中心"。

中国首家内陆港的西安港务区

2009 年，西安内陆港铁路集装箱中心站按期竣工；2011 年，西安内陆港保税区建成典礼；2012 年，西安内陆港 公路港投入运营。截止 2021 年，从西安内陆港发出的国际班列"长安号"，已经累计开行突破 10000 列，开通了不同方向的十多条国际线路，构建了一条联结中亚、辐射欧洲腹地的国际物流大通道。

从 2005 年到 2012 年，只有短短的八年，中国的西安，创造了中国的奇迹，实现了内陆地区多年的梦想：把大海搬到了自己的城市，把港口建在自己的门口，把国家的海关设在了自己的身边。为中国大量的内陆城市开了一个先河，建起了一个世界没有的、中国第一的国际内陆港的"西安样板"。

第四节　西安内陆港的三大基石

西安内陆港的三大基石，是指西安国际港务区的铁路集装箱中心站、西安国际港务区的公路港、西安国际港务区的综合保税区。三大基石，综保区是龙头，中心站和公路港是两翼。没有这三大基石，西安国际港务区一切都无从谈起。这即是西安内陆港全国样板的基本模式！

西安港务区的铁路集装箱中心站。它是铁路集装箱的集散地，是国际集装箱列车的到发地，是集装箱铁路运输的枢纽中心。具有对所有列车的编解、装卸、洗箱、修箱的管理功能；具有货物进出口报关、报检、检疫的口岸功能；具有和国外集装箱站的衔接功能。是西安港务区核心业务公路铁路物流的两翼之一。

中国铁路联合国际集装箱公司（简称中铁联集）共在全国相关重要城市布局了 18 个集装箱中心站。中心站玩的就是个中心，中心站的中心功能就是以自己为中心汇集四面八方的列车。故此，中心和中心就有了区别，国之中心和区域中心就显出了轻重。全国共有的 18 个集装箱中心站，唯独只有中国最中心的西安中心站被中铁联集确定为了全国的样板站和示范站，以及中铁联集重点建设的中心站。作为西安港务区公路铁路物流的两翼之一，西安的铁路集装箱中心站，让西安港务区优先占有了全国所有中心站中唯一的一个"中心样板站"。

西安港务区的公路港。海路运输有海港，航空运输有空港，铁路运输有中心站，只有公路运输是个空白。鉴于中国长期以来公路运输的小、散、乱，于是应运而生了"公路港"。公路港的模式，就是通过整合物流企业和社会车辆两大物流主体，建立起一个集公路的运输、仓储、配送、转运、交易、信息六大功能于一体的现代化公路物流大平台。公路港是国家发改委确定的物流平台工程的重点发展项目，是西安港务区"公铁物流"铁路之外的另外一翼。

公路港的六大功能，决定了公路港最主要的指标是投资要多、规模要大。目前中国已有不少的重要城市拥有或在建公路港。据统计，投资总额多在5到20个亿之间，最多的一家达到了50个亿；占地规模500到800亩不等，最多的一家为1100亩，其中的一家已打出了"中国最大公路港"的旗号。然而，不比不知道，西安的公路港，处在全国四通八达密如蛛网的公路交汇最中心，总投资高达200多个亿，总占地约达5000多亩地，仅仅一期已完工的就达89个亿，3000多亩地，是全国诸多公路港的数倍甚至十倍以上！无疑是中国最大的公路港。公路港作为西安港务区的公铁物流两翼之一，让西安港务区又占有了一个全国公路港的西安规模最大。

西安港务区的综合保税区。保税区是中国国境之内的"关外特殊管理区域"，由中国海关对保税区实行封闭式管理。在中国，凡是港口都有保税区，这是按照国际惯例运行的具有中国特色的"小型经济特区"。

然而，西安港务区的保税区比普通保税区多了两个字，是"综合保税区"。虽然和保税区仅仅二字之差，但免税政策却大不相同：保税区是凡进口产品入区都予免税，但国内产品入区不予退税；而综合保税区则是既进口产品入区保税，又国内产品入区退税。综合保税区的格次高于保税区，它是西安港务区的龙头招牌，是中国内陆港最早的综合保税区。没有综合保税区，就没有西安港务区独有的强大吸引力。

西安港务区的综合保税区

西安综合保税区是由国家派驻的西安海关全面封关管理。听一听2011年2月4日西安综合保税区正式成立后西安海关关长周凤琴的评价："西安综合保税区是国务院批准设立的海关特殊监管区域，实行'境内关外'的运作方式，享有'免证、免税、保税、退税'的相关政策，是中国对外开放程度最高、优惠政策最多、各种功能最全、运作机制最便捷的海关特殊监管区。"

西安港务区的三大基石，在全国来看，铁路中心站占的是样板站，公路运输港占的是规模大，综合保税区占的是特殊监管的四个之最。西安国际港务区，样样都处在全国独有的领先地位、特殊地位。

第五节　西安内陆港的中国龙头

西安内陆港是中国内陆港名副其实的行业龙头。西安不仅创造了中国内陆港的物理品牌，而且，作为龙头还拥有了更多的内陆港"龙头"硬件。

第一，西安首创了内陆港，不仅孕育出了内陆港的概念，而且创立了内陆港的理论，同时还首次提出了在中国西部内陆建立西安内陆港的构想，是中国内陆港的发源地。

第二，西安国际港务区，经 2005 年 12 月 13 日西安市政府 166 号文件批复成立，隶属于西安浐河经济开发区代管；2008 年 12 月 13 日成立西安国际港务区管委会，升格为西安市直属的厅局级单位，由西安市常委副市长担任主任。是中国的第一家内陆港。

第三，西安国际港务区的规划面积，最初为 7.6 平方公里，之后调整为 22 平方公里，再之后又增加为 44 平方公里，再之后又扩大为 89.89 平方公里，再之后又将规划控制面积提高为 120 平方公里。是中国甚至世界规模最大的内陆港。

第四，西安国际港务区拥有国际代码（cxAB）、国内代码（61900100）两个代码，并以此正式纳入了国际海港体系，正式成为了全球联动的国际港口。是中国第一个、也是至今唯一一个同时拥有国际国内双代码的国际内陆港口。

第五，2014 年 8 月 21 日，由海关总署设立的"多式联运监管中心"在西安国际港务区揭牌，这是海关总署在全国重要港口城市的战略布局，作为内陆港的西安国际港务区有幸成了全国第一家拥有多式联运监管中心的港务区。三年后的 2017 年 4 月，全国第二家"多式联运监管中心"宣告成立，海关总署才把地点布局在了东部地区传统的沿海港口。

第六，西安国际港务区的地盘大、规模大、功能布局的空间大，达到了"两心、四轴、八大板块"的功能结构布局，是全国功能最多、功能最全的国际内陆港口。

第七，西安国际港务区地处中国丝绸之路的始发地，连接着丝绸之路沿线的几十个国家，发挥着独特的引领作用，是整个丝绸之路经济带上最大的国际内陆港口。

第八,西安国际港务区,先后被国家写进了《关中——天水经济区发展规划》《中共中央国务院实施西部大发展战略》《推动共建丝绸之路经济带21世纪海上丝绸之路的愿景与行动》《关中平原城市群发展规划》。作为一个仅仅的内陆港,被四度写入国家战略的文件之中,能享受如此殊荣,在全国实属罕见,在全国陆港中更是独此一家!

西安港务区的跨境购物中心

西安内陆港自创建以来,从不独善其身,而是担负起"龙头"的职责,发挥了中国内陆港的样板作用,引领出了全国诸多内陆城市的诸多内陆港口。

第六节　西安内陆港的中国效应

西安内陆港的创建、运营、各媒体的热议,以及国家对西安内陆港的高度肯定，掀起了全国前所未有的陆港热。各省区，各城市，甚至连不少的亚欧国家都纷纷派人前往西安参观学习、考察取经。所有采访的团体，目的只有一个，那就是回去也想建立自己的内陆港。

据当时的统计，仅仅在2009年到2013年的5年间，全国先后涌现出了70多个建成或在建的内陆港。有些根本不具备内陆港的基本条件，有些条件虽佳但投资盲目，有些已建成的内陆港不知如何发挥作用，甚至成了空港、孤港。全国一哄而上的陆港热，引起了作为陆港发源地的西安"陆港人"的深深忧虑，如何能让中国内陆港的发展规范有序？如何能让中国内陆港的建设少走弯路？如何能为中国建成的和在建的内陆港提供一个业务探讨、工作交流、合作协调的行业平台？这一连串的"如何"让西安产生了一个构想：组建中国陆港协会，让全国的内陆港抱团发展、取长补短、共图大业。

经过横向的全国串联，经过纵向的对上申报，2014年3月，中国港口协会陆港分会终于正式获批。2014年5月16日，中国港口协会陆港分会正式成立。第一次全体会员大会暨中国陆港发展研讨会由中国港口协会主办，西安国际港务区承办，在西安的维景（阿房宫）国际大酒店隆重召开。

2014年5月16日中国港口协会陆港分会在西安成立

大会的盛况出人意料，大会的规模出人意料。全国所有的自治区、直辖市、连同香港特区在内，竟然一个不缺，统统派员参加。国务院的相关部门、各大央企、各大港口、各省会城市、重要的地级城市，均有领导参加，均在会上发言祝贺。包括各级业界学者、各级不同媒体在内，共有 500 多人参加了会议。由于西安国际港务区对中国陆港事业的特殊贡献及龙头地位，参会的 50 多个会员单位及国家相关部门一致推选西安港务区为陆港协会会长单位；推选西安港务区管委会主任为陆港协会会长；推选西安港务区管委会副主任为陆港协会秘书长；一致同意西安港务区为陆港协会的总部所在地；一致同意协会秘书处设在西安港务区；一致同意西安陆港理论的创立者为陆港协会的办公室主任。

中国内陆港协会的成立，标志着中国的内陆港从"游击队"变为了"集团军"；标志着中国的内陆港从各自为政步入了规范化的发展轨道；标志着中国的内陆港群体从此之后有了属于自己的娘家。当然，同时也标志着，西安国际港务区作为全国内陆港的行业龙头，不仅是众望所归，而且将任重道远。

西安的内陆港，作为中国内陆港领域的排头兵，十多年来，经历了从 2000 年内陆港理论的创立，到 2008 年内陆港项目的建成；经历了 2013 年内陆港协会的倡导发起，到 2014 年内陆港协会的会长单位；经历了从一开始的"百亩地里一根苗"，到十几年后的"一花引来百花开"。时至今日，在中国一百多家的内陆港庞大队伍中，西安内陆港，不仅仍然是一个冲锋陷阵的排头兵，而且更是一个内外不分、乐于助人的老大哥。

第五讲
西安 中国的现代硬科技之都

从古到今，西安都是一个勇于创新的城市。"硬科技"同"内陆港"一样，是一个全新的理论，是西安人的又一个创举。硬科技的创立人是谁？硬科技都包括了哪些科技？这里暂且卖一个小小的关子，先不作具体解读。但可以明确的是：硬科技是高科技中的高科技，硬科技是高科技中的"战斗机"！它具有高科技中的最高门槛，难以复制和难以模仿；集中体现了尖端性、原创性、核心性、稀缺性、产业性、实体性等一系列的"硬"性特质。硬科技的概念一经诞生，便注定和西安紧紧地捆在了一起。

第一节 全球硬科技的宣言书

"硬科技"的概念出自于哪里？就出自于中国科学院的王牌单位西安光机所。而且，"硬科技"概念的创立，就像"内陆港"概念的创立一样，纯粹是因西安而灵感突发，纯粹是为西安而量身打造。"硬科技"诞生的数年之后，一条爆炸性的新闻即传遍了中国：史无前例的"全球硬科技创新大会"于2017年11月7日在西安隆重召开，并向全世界发布了《全球硬科技西安宣言》。

2017年首届西安全球硬科技大会会场

这一新闻让人们普遍感到了少有的诧异：全球硬科技大会的首次召开，全球硬科技大会的对全球宣言，没有发生在美国的硅谷？没有发生在西方的世界？却发生在了这个有着数千年辉煌历史的古都西安？叫人有些难以置信。然而，它的的确确发生在西安。全球硬科技大会，云集了发改委、科技部、工信部等诸多国家要害部门；云集了中国科学院、中国工程院、中国科技协会等诸多的院士级泰斗；云集了国际上的诺奖得主、硅谷投资人、物联网之父等诸多的世界大咖；云集了中国拥有世界品牌的诸多名企大腕；总共有1000多人参加了会议。会议的主题口号响亮、目标宏大、重点明确："以硬科技改变世界，以硬科技引领未来，以硬科技创造美好生活"！全球硬科技创新大会的召开，让西安在中国、在世界率先扛起了硬科技的大旗。

硬科技大会期间，参会的重量级人物都作了主题演讲。中国科学院的副院长相里斌说："西安拥有历史文化名城和'硬科技之都'的双重名片，是硬科技的发源地和聚集地，有实力有潜力成为下一个世界硅谷。"；世界硅谷的顶尖投资人霍夫曼说："西安有非常大的潜力打造硬科技之都，我希望西安是我下一个项目的投资地。"；硬科技的创始人朱磊博士说："与美国硅谷初期发展的诸多要素相比，西安并不匮乏，甚至优于硅谷。"；时任的陕西省委常委、西安市委书记王永康说："首届全球硬科技创新大会的召开，把西安推向了科技的最前端、世界的最前沿，西安必将引领出全球硬科技发展的最新浪潮和最新趋势。"

全球硬科技大会的压轴内容，是向全球发布《全球硬科技宣言》。全球硬科技宣言是全体参会人员的共同意志，全篇分为了五个大题、1500余字，涉及的统统都是硬科技。其中核心内容的寥寥数语，即把西安载入了全球硬科技的史册当中："最忆是长安，西安最中华。让硬科技成为西安的新标识，让西安以硬科技标记西安的制造之核，创立西安的制造之魂，让西安成为'中国制造2025'的示范城市……"

以上的全球硬科技大会以及中科院副院长的主题演讲以及大会发布的硬科技宣言，把西安的"硬科技之都"正式推向了中国和世界。西安的硬科技为何能够如此之硬？就因为西安拥有全国其他城市难以无法同时拥有的硬科技的"八路军"。

第二节　西安硬科技的八路军

八路军战无不胜，八路军天下无敌！但这个八路军不是中国打日本的八路军，而是西安硬科技的"八路军"。如今全国的各个城市，都在积极推出自己创新发展的着力点：北京是机器人、贵州是大数据、天津是人工智能、长沙是智能制造等，都可以是硬科技。而西安推出的硬科技最多，是中国硬科技中最核心的八大领城，被西安市官方形象地定义为硬科技的"八路军"。

西安硬科技的八路军是西安最具水平、在国内外最具优势的八大产业领域，潜藏着巨大的发展能量。但是，西安硬科技的八路军都是哪八个军种？兵力都驻扎在哪些个领域？人们都想刨根问底、弄个明白。其实，西安人都很熟悉，西安硬科技八路军的八大军种一共32个字，分别是：航空航天、光电芯片、智能制造、信息技术、生命科学、人工智能、新型材料和新型能源。西安拥有的八路军，相对而言，西安的军种多、兵力大、资格老、装备优良、战斗力强。而且，更重要的是，还有更多的人，自购军装、自带武器，陆陆续续地涌入西安，前来参加西安的八路军。至于西安八路军的兵力部署，这里有一份西安的兵力分布图。在此，我把这个"军事秘密"有限度地公之于众，与大家分享。

第一路军是航空航天，是西安最大的两个军种集团，集中驻扎于西安城北的航空基地、西安城南的航天基地，其领军单位是：中航飞机公司、中航一飞院、航天集团的航天四院、航天六院、航天五院西安分院、航天九院771所等；第二路军是光电芯片，主要驻扎于西安高新区，其领军单位是中科院的西安光机所、中航九院的西安微电子研究所等；第三路军是智能制造，主要驻扎于高新区、西咸新区，其领军单位是中科院西安微精光子制造公司、中科院西安智熔金属系统公司以及航天系统的航天动力研究院等；第四路军是信息技术，主要驻扎于高新区，其领军单位是三星西安、华为西安、中兴西安、美光半导体西安等；第五路军是生命科学，主要驻扎于碑林区，其领军单位是四医大也即西安空军军医大学、西安杨森制药、西安博恩生物科技等；第六路军是人工智能，主要驻扎于西安城区，其领军单位是西安交大、西北工大、西安电子科大等高校院所；第七路军是新型材料，主要驻扎于高新区、经开区、未央区，其领军单位是西北有色、西部超导、西部金属及东旭光电等；第八路军是新型能源，主要驻扎于高新区、经开区、西咸新区，其领军单位是比亚迪西安、宝能西安、开沃西安、吉利西安中国新能源汽车四大名旦，以及乐叶光伏科技、西安盾安电气，等等。

以上各军种的领军单位，都是西安八路军中、都是中国硬科技中硬刚刚的精锐部队。下边，我们除过前边已经单列单讲的航空航天两个基地之外，再就西安硬科技八路军的其他几个"军事重镇"分别进行一一介绍。

第三节 西安硬科技的西高新

西安高新区，全称西安高新技术开发区，是 1991 年 3 月国务院批准的全国首批国家级开发区。自成立以来，其综合实力一直稳居于全国一百多个国家级开发区的前列。但作为西安硬科技的高新区，打铁先要自身硬，西安高新区的自身之硬，究竟硬在了哪里呢？

第一，硬在了它的全国地位。西安高新区是 2005 年即被国家列为全国重点建设的五个高新区之一；是温家宝总理亲自点名的重点建设世界一流的六个中国高新区之一；是全国唯一获得国际"亚洲孵化器奖"的中国高新区；在 2017 年科技部出台的全国 146 个国家级开发区包括北京的中关村、上海的高新区在内的综合评比中排位第四。

第二，硬在了它是硬科技的诞生地。"硬科技"是在西安诞生的，但更是在西安的高新区诞生的，中科院的光机所、光机所的孵化器、孵化器的朱博士，都来自于西安的高新区。

第三，硬在了它的硬科技的硬兵力。西安高新区区内的注册企业超过 20 万家，高科技企业超过一万家，硬科技企业超过一千家。西安硬科技的八路军一路不缺，都在西安高新区驻有重兵。

第四，硬在了它硬科技的硬成果。西安高新区成立 30 多年来，在硬科技的八大领域，创造出了诸多的世界唯一、世界第一；中国唯一、中国第一。是西安硬科技资源的储备库，是西安硬科技发展的定盘星，是西安硬科技企业的聚集地。

第五，硬在了它硬科技的硬目标。在 2017 年 11 月举办的"硬科技在西高新"座谈会上，面对高新区 100 多家硬科技企业的领头人，硬科技概念的创立者朱磊说：西高新是中国硬科技的发源地，是中国硬科技的聚集地，一万多家的高科技企业，一定能够聚焦硬科技，一定能够在西安在全国形成强大的硬科技引领效应。要让所有关注硬科技的人，一提起硬科技，就想到西安市；一提起硬科技，就想到西高新。如此，就能够吸引中国、吸引世界更多的硬科技企业汇集西安高新区。中国要成为世界强国，一定需要一个"硅谷"，而这个"硅谷"，西安的高新区是最有机遇的、最有可能的。

将来是将来，现在是现在，但是不可否认，西安高新区绝对是西安硬科技的第一军团。

第四节　西安硬科技的经开区

西安南有航天和高新，北有航空和经开，是西安老牌国家级开发区的四大金刚。在西安硬科技的浪潮中，四大金刚你追我赶、各显神通。经开区虽然名叫经济技术开发区，但面对硬科技不甘示弱，不甘落后，乘西安建设硬科技之都的东风，最大化地利用自己的优势，确立了自己在硬科技中的重要地位。

西安硬科技的八路军，经开区拥有人工智能、光电芯片、新材料、新能源四路大军中的硬科技企业二百余家。虽然相对高新区只占了半壁江山，但经开区抢抓机遇，积极实施创新发展，推动产业战略升级，全力打造出了西安硬科技产业聚集的又一个新高地。按照《西安日报》2017 年 11 月 10 日的报道，西安经开区的硬科技仅仅在 2017 年的一年时间里，就连续放出了三个大卫星。

其一是抢占了新材料产业国际制高点。经开区拥有世界级的新材料名家"西部超导"、"西北有色"以及不同规模的新材料企业 52 家。2017 年，投产了全球唯一的国际热核聚变实验堆计划中国超导股线项目；建成了新材料研制的五大产业园；培育出了国际一流的超导材料产业基地、亚洲最大的无缝钛管生产基地、世界第二的金属纤维生产基地和层状金属复合材料生产基地。在西安的硬科技新材料领域中放出了卫星。

其二是实施了人工智能产业发展大手笔。2017年10月12日，经开区与西安交大合作，成立了西安人工智能机器人产业基地；设立了总规模50亿元的机器人产业发展基金；并积极推进了新松、秦川、上海明通等机器人和智能制造项目入区。一个百亿级的机器人产业群体已经在经开区集结成军。

其三是打造了千亿级新能源汽车产业群。经过不懈的努力，2017年11月3日，即在全球硬科技大会召开的前四天，吉利新能源汽车产业化项目终于在经开区正式开工。至此，新能源汽车的吉利不仅与经开区已有的新能源汽车的"陕汽"形成了经开区的新能源汽车产业集群，而且，经开区的新能源汽车吉利与秦汉新城的新能源汽车宝能以及高新区的新能源汽车开沃和比亚迪一起，中国新能源乘用汽车的四大名旦，齐刷刷地亮相西安，实现了"新能源汽车之都"的西安愿景。

西安的经开区，在西安硬科技的大舞台，不仅是一路诸侯，而且扮演着举足轻重的战略角色。

第五节　西安硬科技的科学城

西安的硬科技概念是在当时的2010年提出的，西安的"全球硬科技大会"是在八年后的2017年召开的。而早在全球硬科技大会召开的六年前，西安硬科技的理念就已经在悄然地推行了。西安有个西咸新区，西咸新区有个沣西新城，沣西新城有个"硬科技小镇"，这个硬科技小镇，就是在硬科技大会召开的六年前拔地而起的。

西安的硬科技小镇，虽然叫小镇，但面积很大很大，恐怕是全国最大的小镇。因为沣西新城给予硬科技小镇的占地面积、发展范围，就是沣西新城143平方公里的全部范围，硬科技小镇能占多少就是多少，能发展多大就是多大。西咸新区、沣西新城的超前举措，致短短的六年时间，硬科技小镇已经聚集了人工智能、光电技术、3D打印、智能制造、生命科学、新能源、无人机等西安硬科技八路军中的大部分军种。而且，在西安、在全国率先树起了"硬科技小镇"的大旗，成了全国硬科技小镇的发源地。

然而，西咸新区的谋略并不仅仅局限于一个硬科技小镇，西咸新区真正的目标更大更远，那就是建设全国最大的硬科技产业基地——"大西安科学城"，要把中国硬科技的根，牢牢扎在硬科技诞生地的西安，让西安永远地近水楼台先得月。

2017年11月8日，在西咸新区举办的"2017科学城发展高峰论坛"上，《大西安科学城发展规划》正式对外发布，"大西安科学城"的旗号正式对外推出。大西安科学城位于大西安大中心的大核心区，总面积143平方公里，也即沣西新城的全域面积。大西安科学城按照"两核三镇，多圆多点、公园城市"的理念建设具有世界一流水准的科学大城，聚集千家以上的硬科技规模企业，打造具有全球影响力的科技创新中心、硬科技产业新城。

对于"大西安科学城"，美国加州大学教授、工商管理专家吴政道认为："大西安科学城要像硅谷一样开放，要让不同想法、不同文化背景的人汇聚于此，所碰撞出来的火花和成果则是不可想象的。"中科院中国高新区研究中心主任刘会武认为："大西安科学城要积极申建国家大科学中心，培育高标准的创业生态体系，要担负起人类前沿知识探索和承载新一轮高科技创新创造的两项使命。"总之，参加科学城高峰论坛的中外专家，都对大西安科学城寄予了诸多的厚望和期盼。

西咸新区的科学城，不仅让西安硬科技的各路大军，有了一个更新更大的根据地，更为大西安的建设蓝图，增添了一朵绚丽多彩的科学之花。

第六节　西安硬科技的中科院

西安是中科院在全国的重要基地，中科院有多家重量级的单位驻扎西安，是西安硬科技的特别力量。其中的中科院西安光机所，2015年2月15日习近平主席前往视察，曾给予了高度的评价。在西安2018年硬科技十大新闻事件中，其中有两件就是来自于西安的中科院。

一件是中科院西安光机所承担的国家重大科研装备研制项目"高性能条纹相机"研制成功，并于2018年5月22日通过了国家验收，而且是百分之百的中国自主知识产权。条纹相机代表了当前世界光电技术的最高水平，是西方国家对中国严格封锁的尖端技术。按照中科院西安光机所条纹相机工程中心副主任田进寿的话来讲："普通的相机最多只能记录两千秒分之一的运动过程，而条纹相机则可以记录一千万亿分之一秒的运动过程。一颗子弹从眼前飞过，普通相机根本无法记录，但它对于条纹相机来说，就像静止在眼前一样，整个运动过程都能够实时精确地记录下来。"条纹相机的研制成功，打破了西方世界对中国的国际垄断，且各项指标均达到或超过了国际领先水平。

中科院西安光机所

西安的硬科技2018年十大新闻事件中中科院的第二大新闻是：2018年11月23日，中科院的"西安科学城"项目在西安高新区正式启动。西安科学城占地19.93平方公里，主要围绕西安硬科技八路军的光电芯片、智能制造、新型能源等产业优势，打造世界一流的科技研发新高地和硬科技的先导区。中科院西安分院的院长赵卫现场表示："中科院的西安科学城，将全面服务于西安打造全球硬科技之都，为西安建设丝路科技创新中心和综合性国家科学中心奠定基础。"

中科院的科学城落户西安，不仅更硬了西安的硬科技，而且更硬了西安人的腰杆子。

第七节　西安硬科技的孵化器

什么是硬科技的孵化器？硬科技的孵化器就是专门孕育、生成硬科技和硬科技企业的硬科技之母。

西安作为中国唯一的硬科技之都，不仅拥有自己强大的硬科技实力，而且吸引了大量的外来硬科技群体，更有西安的硬科技孵化器，在源源不断地创新，源源不断地孵化，孕育出了一批又一批扎根西安的硬科技企业。这个硬科技的孵化器，就是西安的中科创星科技孵化器有限公司，它的创始人及合伙人就是西安硬科技概念的创立者朱磊博士。

中科创星是2013年由中科院及西安光机所联合社会资本发起创办的。是中国首个国家一站式硬科技创业投资孵化器，拥有近百亿的孵化基金。中科创星的宗旨是引进全球范围硬科技领域高端创业领军人物，孵化有行业颠覆性技术的领跑型企业。其范围涵盖了西安硬科技八路军所有的八大硬科技领域。

如果你不了解中科创星在全国业界的地位，请看它获得的荣誉；如果你不了解中科创星都具体做些什么？请走进它的科研园区。

中科创星是国家科技部评定的"国家优秀级（A 类）科技企业孵化器"；是首批"国家专业众创空间示范基地"；先后 7 次被《新闻联播》专题报道；先后 14 次登上央视荧屏；先后 130 余次被中央级媒体采访宣传；与天宫五号、长征五号科研团队共同荣获了"2016 年度中国科技盛典"科研创新团队；2017 年被中国投资年会评为了"中国最佳投资机构第九名"、"中国最佳军工投资领域前十强"；自 2013 年成立起，共投资孵化出硬科技企业 300 余家，引进海外高端创业团队 100 多个；习近平主席、李克强总理都先后视察过中科创星。而且，西安的"全球硬科技大会"就是中科创星全程策划的。

当你走进中科创星的科研基地，走进中科创星的成果大厅，那诸多的神奇、诸多的前所未闻、诸多的不可思议，你会感觉你穿越在了科幻世界，长时间地难以回归。听景不如看景，若有兴趣，不妨走上一趟，身临其境地感受一下，什么是硬科技？什么是硬科技的孵化器？

设在西安高新区的中科创星硬科技孵化园

有了硬科技的孵化器，还怕没有硬科技？还怕没有硬科技的企业？只怕西安这个"硬科技之都"到时候还能不能有足够的容纳空间。

第八节　西安硬科技的记录仪

2010年,西安提出了硬科技的概念,2017年,西安召开了全球硬科技的首届大会。但众所周知,在此之前西安并不是没有硬科技,而是西安的硬科技现实存在在先,硬科技概念提出在后。是西安原有的但未曾取名的硬科技庞大群体,才触发了西安硬科技概念的提出,才认定了西安硬科技之都的现实。

西安硬科技的发展,西安硬科技之都的形成,是经历了长时间的积淀,长时间的创新发展,是一步一个脚印扎扎实实走过来的。西安硬科技辉煌的历史,闪光的脚印,都详细地记录在了中国科技发展史的典籍之中。

但是,西安的硬科技是如何发展的?西安的硬科技之都是怎样打造的?人们都想有一个深入全面地了解。是的,其实人们的想法和西安市的想法不谋而合。2017年11月,中视媒资联合国内顶级的纪录片团队,精心策划的大型纪录片《硬科技之都》在西安正式启动。

2019年10月30日第三届全球硬科技大会在西安召开

电视纪录片共分为了八集。纪录片将采访全球硬科技领域的知名专家；将约见百余家中外硬科技的领军企业；将向大众全面普及硬科技的概念、展示硬科技的技术；将带领人们全景式地感受西安硬科技的八路军，感受西安硬科技现在和未来；全景式地回放西安硬科技之都的创新之路、回放西安硬科技的强大魅力。让西安的硬科技走向世界，让世界的硬科技融入西安。

一部西安硬科技发展的纪录片，就是一部西安硬科技发展的记录仪。它对西安硬科技的经典回放，把硬科技西安的顽强打拼、大胆创新、勇攀高峰，全面地、真实地展示给了中国，展示给了世界。

西安的硬科技，遍布了西安的东西南北中，遍布了西安的高新区、经开区、航空城、航天城、科学新城、兵工基地、无人机基地、硬科技小镇以及各顶级高校、各大牌医院——好一个中国唯一的硬科技之都，到处皆有硬科技，满城尽见"八路军"！

第六讲
西安 中国最密的高速公路枢纽网

高速公路仍然是公路，之所以叫高速公路，纯粹是为了区别于普通公路。在中国，谁的高速公路历史最早？是西安；谁的高速公路时间最长？也是西安；谁的高速公路网络最密？还是西安；谁是中国高速公路的最大枢纽？仍然是西安。西安的高速公路起源于公元前200多年的秦王朝，辉煌于如今21世纪实现中国梦时期的大西安。

第一节 公元前的大秦直道 使西安成为中国高速公路的鼻祖

公元前的大秦帝国，拥有诸多世界第一的伟大工程：五尺道、都江堰、秦皇陵、阿房宫以及威震全球的万里长城。但同样为秦始皇伟大创举的"秦直道"，了解的人却相对较少。然而，人们绝对不可以小看，因为，这个秦直道，就是人类最早的快速干道，就是世界高速公路的开山鼻祖。

"秦直道"又称"秦驰道"，直道代表了弯道少，驰道代表了速度快。当然，秦直道的宽度也远远超过了普通道路，比现在高速公路有过之而无不及。当时大秦帝国的主要外患就是大漠以北的匈奴强敌，为了彻底的震慑匈奴，达到对匈奴的快速投送兵力、快速运送物资、快速进击匈奴，公元前的221

年，秦始皇不惜动用国库巨资，抽调兵力30万，耗时两年半，专门开出了一条直指匈奴国门的大秦直道。

大秦直道总长700公里，宽达30~60米，可并行八马大车13辆。从当时的大秦之都咸阳城起始，穿越陕甘蒙三省，途径15个县市，逢山翻山，遇河越河，直接通达内蒙古包头以北的阴山地区。整个700多公里的直道，全部用黄土、白灰、沙子的三合土相间夯实，与现代建筑基础的处理方式一模一样，不怕雨淹，不怕雪浸，直到2000多年后的今天，仍然坚硬无比，犹如水泥一般。

内蒙古境内的秦直道遗址

所有介绍秦直道的资料，几乎都用"堑山堙谷"即挖山填谷来描述其工程之难。秦直道的工程之难，难到令人难以想象。直道所过之处，至今仍然地势险恶，人迹罕至，真不知那翻山越河，攀崖填沟的秦直道是如何建成的？且不说其工程的难度堪比万里长城，单就其当时精确的大地测量技术，能够在如此辽阔复杂的地域完成如此浩大的工程，绝对令人哑口无言，叹为观止了。2000多年前的秦代在没有任何机械的情况下，单凭苦力，在这半山半丘的荒原上，仅仅用了两年半的时间，就完成了700多公里长，50多米宽的车马大道，其工程如此之艰，速度如此之快，规模如此之恢宏，选线如此之精准，实乃是世界筑路史上的亘古奇迹。

大秦帝国对匈奴的两张王牌，如果说横贯东西的万里长城是一面坚固的盾，那么南北纵向的大秦直道则是一杆锐利的矛，直插匈奴的命门心窝。大秦直道建成后，秦军的千军万马三天三夜便可风驰电掣地从秦都到达匈奴边境，秦军的军需辎重三天三夜便可风雨无阻地从秦都运至阴山前线，迫使了匈奴"远遁大漠不露头"，实现了秦汉"不教胡马度阴山"。

大秦直道，不仅是一条国防战略的高速路，而且是一条中外交往的友好路。王昭君沿此直道出塞和亲；蔡文姬沿此直道回归大汉；丝绸之路因河西走廊受阻之时，中外使节、巨商大贾均是绕行"直道"而往返于西域与长安之间的。从秦汉到三国，从隋唐到北宋，大秦直道始终是国家的战略快速干道，使用时间长达1000多年，之后因国都东移，大秦直道才随之废弃。

大秦直道不仅路直路宽速度快距离远，而且秦汉两朝还在沿直道两边，相隔一定的距离布局修建了诸多功能齐全的驿站和邮馆，专门为过往的车辆行客提供全套的食宿服务。如今，世界各地都有四通八达的高速路，都有漂亮温馨的服务区，但是，人们可否知道？世界上的高速路、高速路边的服务区，都是从两千多年前的大秦帝都、2000多年后的今日西安发源而来的。

如今，以"世界第一条高速公路"为背景的电影《大秦直道》，已于2017年12月起在全国影院正式上映，中国两千多年前的高速公路已在电影中情景再现，一展雄姿。

第二节　九零年的西临高速　让西安跨入中国高速公路的前三

西安虽然早在秦代就拥有了世界上第一条"高速公路"，但是，在宋代之后直至20世纪80年代，在长达一千多年的时间里，世界的发达国家都后来居上，先后建起了自己的高速公路，而中国这一为世界创造了高速公路的国家却一直无缘与高速公路再度相见。高速公路在宋代之后的中国，彻底地销声匿迹、无影无踪了。

80年代初期，中国的改革开放如日中天，同时也催生了"路"的名言："要想富，先修路"，路能生出金银，路能运来财富。而作为路中之王的高速公路，其对经济推动的巨大作用，则使中国的不少省市纷纷摩拳擦掌，提出了各自高速公路的兴建计划。名言也随之与时俱进，变成了"要想富，先修路，要快富，修高速。"

西安是国际旅游名城，世界级的文物胜迹数不胜数。尤其是兵马俑，几乎所有的外国元首、政府首脑都要把兵马俑列入自己访问中国的必要行程。然而，西安到临潼兵马俑的公路却是车人共用，混合而行，道路拥挤，速度缓慢，秩序混乱，交通不畅。严重影响了中国、影响了西安的国际形象。

1985年7月，陕西省委书记白纪年亲率交通厅长专赴国家交通部，申述理由，表达意愿，呈报陕西修建西安至临潼高速公路的具体规划。而当时，中国的大江南北还没有一条高速公路。敢于人先的西临高速能不能获批？陕西方面打了一个大大的问号。

然而，天遂人愿，西安的运气特好，瞌睡了就有人来送上枕头。就在白纪年到北京交通部之后的仅仅两个月，新加坡总理李光耀来到西安，专程前往临潼参观兵马俑，途中同样遭遇了长时间的拥堵。此行深深触动了李光耀，极大地刺痛了陕西省。回到北京后，李光耀直接向当时中国的主要领导人建议："西安兵马俑不愧为世界的奇迹，民族的骄傲。但是，兵马俑的路实在不能与之匹配，应该尽快修建西临高速"。

外国元首的话可谓中肯到位。对此，国家领导高度重视，并要求交通部尽快研究此事，尽快拿出方案专题汇报。得，其实好事并不多磨。如此一来，陕西方面有要求，外国元首有建议，国家领导有指示，三大要素，一拍即合：西安西临高速的方案很快就得以正式批复。并列为了国家"七五"计划的重点项目，并获得了招商银行的 5000 万元贷款，并成了中国仅有同期建设的三大高速公路的龙头项目之一。

中国第一批建设的三大高速公路分别是：上海至嘉定的沪嘉高速，1988 年 10 月 31 日建成通车；沈阳至大连的沈大高速，1990 年 8 月 20 号建成通车；西安至临潼的西临高速，1990 年 12 月 27 日建成通车。三大高速公路，都是双向 4 车道，都是全封闭全立交，都是国家"七五"重点项目，都是戴着通车典礼的大红花走进 20 世纪 90 年代的。

西临高速公路的建成，不仅极大地提升了西安的交通硬件，而且树起了中国整个西半部高速公路的一面大旗。更重要的是，成了全国高速公路仅有的三大龙头之一，与上海、沈阳一同承担起了引领中国高速公路从无到有，从有到多，持续发展的历史使命。

第三节　中国的西部开发　助推了西安高速公路的领先

中国的西部大开发，是 2000 年 10 月中共中央为了加快我国的西部发展，实现东部西部共同富裕而制定的国家大战略。西部大开发，说白了就是要为西部提供资金、提供政策、提供机遇；就是要全力缩小东西部的固有差距，防止东西部差距的继续扩大；就是要扶持西部、倾斜西部，让西部追赶东部甚至超越东部。我们整天总说西部西部，但西部究竟都包括哪些省份呢？中央给出了西部大开发的西部的范围，给出了享受西部大开发优惠政策的省份：包括西南的重庆、四川、云南、贵州，西藏；包括西北的陕西、甘肃、青海、宁夏、新疆；包括华北的内蒙古、华南的广西，共 12 个省、市、自治区。西部的面积占到了全国的 71%，但西部的人口只占到了全国的 27%，人口少面积大，蕴藏着难以估量的发展潜力。而此时，地处中国东西交汇之点的陕西，就成了西部开发的桥头堡，西安，就成了西部开发的排头兵。

陕西人素来性格豪放，素有敢冲敢闯的精神。而陕西人敢冲敢闯的精神却总能给自己带来好运，却总能在关键之时就会有好事降临。陕西梦想已久的西部第一条高速公路西临高速，碰巧遇上了新加坡总理李光耀的临潼堵车；陕西雄心勃勃的高速公路建设宏图，又幸运地遇到了中国史无前例的西部大开发，为陕西高速公路的全面腾飞，提供了千载难逢的大好机遇。

要想富先修路，要快富修高速。西部大开发，国家的高速公路规划中，将有八条重要干线要从陕西通过；陕西的高速公路规划中，将在15年内实现"三纵四横五辐射"。有了国家的大力支持，加上陕西的敢冲敢闯，陕西的高速公路"一年千里"，突飞猛进，成了当时陕西吸引全国眼球的最大亮点。

请看陕西高速公路十年的辉煌数据（2000年—2010年）。以2006年为例，陕西全省完成高速公路总投资260个亿，名列中国西部12个省区第一，进入全国所有省区的前六。以2007年为例，陕西高速公路突破2000公里，位列西部第一，全国第三。以2008年为例，全国高速公路完成总投资3330亿，陕西为352个亿，占到全国的10%；全国在建高速公路14000公里，陕西为1300多公里，占到全国的10%；全国已建成高速公路3600公里，陕西为400多公里，占到全国的12%。西部大开发的前十年，也即2010年底，陕西规划应在15年内也即2015年前实现的"三纵四横五辐射"，已经提前初具轮廓、大显成效。

再看陕西高速公路十年的中国第一。仅仅十年，陕西的高速公路不仅实现了量的突变，更创出了质的飞跃。2003年8月22日通车的榆靖高速，是中国的第一条全沙漠高速公路，填补了中国沙漠高速的空白；2005年11月23日合拢的延安洛河高速大桥，是中国的最高桥梁，是亚洲的第一高桥；2009年5月28日通车的秦岭高速隧道，全长18公里，隧道之长，是中国之最、亚洲第一、世界第二；2007年9月30日通车的西汉高速，全长259公里，穿越整个秦岭主山脉，山大沟深、地形复杂、桥洞最多，被称为中国高速公路的难度之首。这些高路的之最、中国的第一、亚洲的领先，都是在陕西西部大开发的前十年创造出来的。

说到此，也许会有人要问，本讲的题目是西安，本节的内容却全是陕西，是否文不对题？不，没有西安，就不会有陕西高速的领先！因为，以上不论是国家高速的连霍、沪陕、京昆、福银、包茂，不论是沙漠高速的开创、亚洲高桥的第一、世界第二的长隧，以及中国难度最大的高速公路，等等，统统都要到西安汇集、并线、分流或始发，统统都是西安2015年前规划中的"三纵四横五辐射"的组成或延伸部分，统统都是以西安为核心交汇编织成网的。

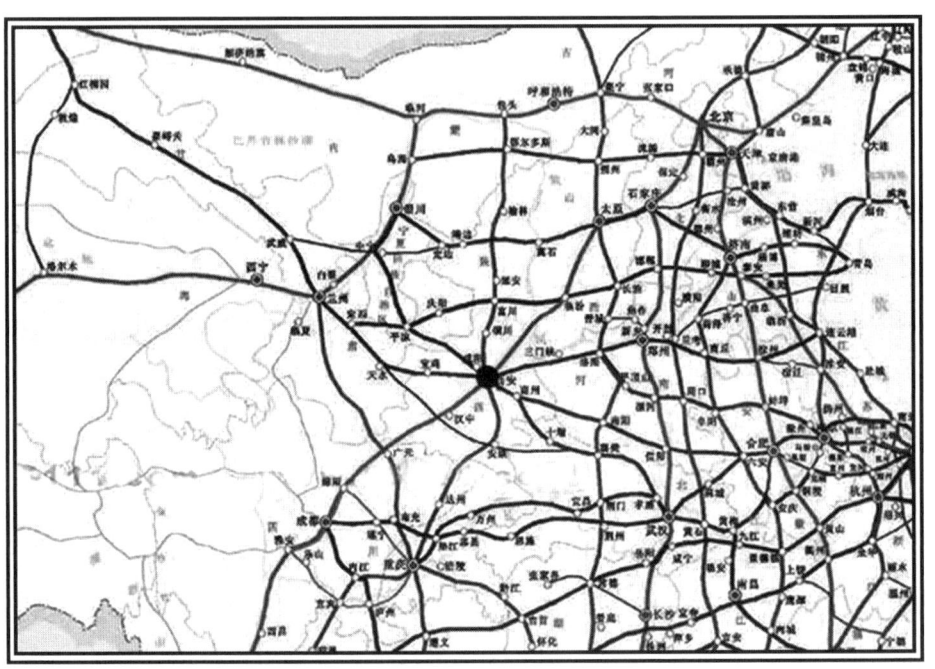

截至目前中国高速公路网唯一的一个米字就在西安

第四节　中国的最大陆港　加密了西安高速公路的网络

港口的核心功能是物流，物流的核心业务是运输。海港的运输靠的是水运；陆港的运输靠的是陆运；陆运的形式只有两种，公路和铁路。而公路货运，方便快捷、程序简单，在陆运比例中远远大于铁路，是铁路货运量的七倍以上。所以说，有内陆港的城市，高速公路一定相对发达，否则，也不会被国家批复为中国的内陆港。

设立内陆港，最重要的一点，就是为了打通陆上的国际通道，开通陆上的国际货运铁路。目前，中国已有30多个不同区域的城市开通了至欧洲及中亚诸多国家的国际班列。但是，所有国际班列出境中国的通道却仅仅只有三条：最大的一条是承担我国中西部地区国际班列出境的西部通道新疆的霍尔果斯；第二条是承担我国华北地区国际班列出境的中部通道内蒙古的二连浩特；第三条是承担我国东部沿海地区国际班列出境的东部通道东北的满洲里。但三条通道，比例悬殊。根据《华商报》2019年12月7日的报道，中国七成以上的出境货物都是从西部的霍尔果斯来出境。而这七成以上从霍尔果斯出境的国际班列都是要在西安的港务区进行集结编组后才能正式上路的。

翻开中国的铁路地图，便可一目了然。西安作为中国版图的最中心、作为东西部的分界点，西安以东包括西安在内的铁路纵横交错、密密麻麻；而西安以西，通向新疆、通向国境的，却只有一条孤零零的铁路长线，那就是一直向西延伸的陇海铁路。

看了地图，顿觉感慨。原来，西安的交通地位如此的关键：中国的大多国际班列出境，包括长沙的、武汉的、郑州的、义乌的、重庆的、成都的，以及东部的"襄西欧"、"徐西欧"、"蚌西欧"、"冀西欧"，等等，都要直接先到西安，统一汇集、重新编组、统一搭乘西安中欧班列的长安号，然后才能进入陇海铁路的西兰线，才能一直向西驶向新疆的霍尔果斯。根据《华商报》的报道，2019年12月24日，中国最东南的城市厦门市，其首列中欧班列的"厦西欧"（厦门—西安—塔什干）从厦门东孚站隆重发车，这是继襄西欧、徐西欧、蚌西欧、冀西欧等诸多通过西安的中欧班列开行之后，西安的长安号在中国东部"朋友圈"的再度扩大。厦门中欧班列通过到西安内陆港的集结，仅全程时效即可节约3天以上。作为"海上丝绸之路"与"陆上丝绸之路"交汇点的厦门市，和作为丝绸之路起点城市的西安市相联合，借助西安陆港的枢纽和交通优势，为厦门本地以及华南地区联络中亚提供了物流通道的新选择。同时也标志着西安的内陆港已经在全国织线成网，已经成了中国中欧班列的集结中心。"

如此格局的形成，那么，没有内陆港的地区呢？没有出境通道的城市呢？没有搭上各地国际班列的大量货物呢？难道就不能出境了吗？就不能进行国际贸易了吗？不不不，无须焦虑，这个问题可以在西安得到解决。人们都知道，西安是中国第一个的国际内陆港，是中国最大的国际内陆港，同时，又有内陆港中国最大的公路港，西安现代化的、设施齐备的、规模宏大的内陆港资源，完全可以为以上诸多的"没有"解决所有需要解决的问题。而且办法很简单，走公路、上高速，大型货车直开西安，直奔西安的内陆港，直奔内陆港的公路港，在货物出境的大本营、在西安国际港务区，办理一切需要办理的出境问题。

如此一来，车需要路，路需要车，车带动了路，路带动了车。让西安增建高速公路的胃口更大了，让相关城市拓展高速公路的愿望更强了，两相情愿、一拍即合。而这些选择不同连接线路的高速公路，都有着共同的特点，那就是朝着一个目标——向西安汇集。

形势的急速发展，其实西安早已料到，2005年已经实现的"三纵四横五辐射"高速公路规划，也早已变成了"三环六交叉十二辐射，外加十八条联络线"的新目标。通车里程，不低于6000公里，完工时限2021之前，目前已经全面实现。形成了全国最为密集的高速公路枢纽网。

第五节　独有的战略地位　决定了西安高速公路的中国最密

不知从何时起，人们习惯把一个城市高速公路交汇的密集比喻为"米"字形，能达到"米"字，在中国来说，那是极为罕见的。因为公路的"米"字，需要有四条直线、八个朝向，意味着来自全国八个方向的四条高速公路要同时在一个城市进出交汇穿叉。凭什么？你有多重要？能让国家的四条高等级交通大干线都在你的城市里集合？

不知从何时起，人们又习惯把一个城市高速公路交汇的更为密集比喻为"蛛网"。那一条条的高速公路有纵向的、有横向的、有放射状的，而且还有环行的。把"米"字和"蛛网"作以对比，不难看出，蛛网比"米"字更密。因为，它不仅有和米字相同的纵线、横线和斜线，更有多重环绕的大环线，把这数条纵横斜线，进行经纬编织，使之线路更稠更密指向更多。如果说米字形极为罕见，那么想成为蛛网，则绝对是百里挑一了。

一个城市要想形成国家高速公路的米字，必须具备一个条件：如果在一张纸上要写一个大大的米字，那他一定会写在正中间。比如英国的米字旗，任何人都能看出来，"米"字写在长方形的正中间，而米字四条直线的交叉处，则是在长方形中心的最中心。说白了，要想国家的高速公路在自己的城市形成米字，那这个城市必须要在国家版图的国之中心。若要再想进一步形成国家高速公路的蛛网，则条件更为苛刻。不仅要在国之中心，不仅要先形成米字，而且周围还要有大片的平原，要像前边所说的能够形成大环线，而且是高速公路的大环线，是不止一圈的大环线，是要和米字形的多条高速公路有机融合的大环线。这才是名副其实的高速公路蜘蛛网。

那么，在目前的中国，有几个城市具备米字的条件，具备蛛网的条件呢？又有几个城市形成了国家高速公路的米字，形成了国家高速公路的蛛网呢？让我们按最新的中国国家高速公路网的信息，分别对各不同的沿线城市作以具体的对比。请注意，对比的标准，只计算过往的高速线路，不计算作为终点站的高速线路，因为到终点站的高速线路，只有进没有出，少了一条辐射线。

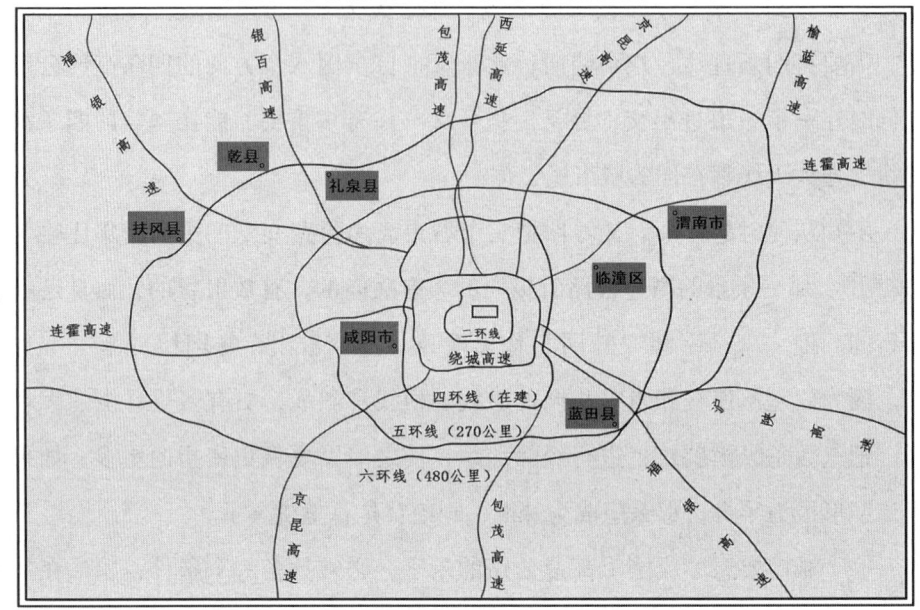

西安高速公路的蜘蛛网

中国国家高速公路网的规划由三部分组成，第一是首都辐射线共有7条；第二是南北纵向线共有11条；第三是东西横向线共有18条，简称"71118"网，共计36条线。36条国家级的高速线，覆盖了中国所有的300多个大中城市。其中涉及两条高速线路交汇的城市共有8个，分别是广州、杭州、郑州、兰州、南昌、南宁、济南以及呼和浩特，如郑州有京港和连霍两条高速通过。涉及3条高速线路交汇的城市有6个，即重庆、南京、合肥、贵阳、太原和石家庄，如重庆有包茂、兰海和银昆；石家庄有京港、京蓉和长深。涉及4条高速线路交汇的城市只有两个，即天津和武汉。天津有京沪、京台、长深和荣乌；武汉有京港、沪渝、沪蓉和福银。而涉及5条高速线路交汇的城市，全国只有独独一个，那就是中国版图中心的西安，同时拥有京昆、连霍、银百、包茂和福银，5条中国长距离的高速大线，都在西安交汇。5条高速连进带出10条线；再加上从南而来的沪陕高速，再加上从北而来的延西高速、榆蓝高速，西安四周共伸出了13条的高速辐射大线；若再加上陕西省内"三纵七横六辐射"的十多条省级高速，仅仅一个西安市，四周延伸出了二十多条国省级的高速路；与西安四条并网的大环线交叉环绕，把二十多条放射状的高速路又串成了一个个的大环线。进入了环线，就可以进入西安的所有高速；进入了环线，就可以通向全国的各个省份。构成了中国罕见的、西安最大的承东启西、迎南送北、纵横环绕、贯通全国的高速公路"蜘蛛网"。

人人都明白高速公路是双向的，有进就可以出，有出就可以进，多了一条线，就是多了两条路。如此密密麻麻、四通八达的高速网，不论你是西安人还是外地人，不论你是到本省还是去外地，只要坐进汽车，只要关上车门，敢问路在何方？"路"，它就在你的车轮之下。

1990年，西安高速公路的中国前三；西部开发，西安高速公路的中国领先；2022年，西安高速公路的网络最密。拥有以上优势，西安依靠的是啥？依靠的是西安的积极努力，依靠的是国家的政策支持，而最最重要的，依靠的就是西安独有的特殊地位——中国的国之中心。

第七讲　西安　中国最大的高速铁路枢纽站

上一讲说的是"西安中国最密的高速公路枢纽网",这一讲则说的是"西安中国最大的高速铁路枢纽站"。其实,说西安高速铁路枢纽站是中国的最大,主要是为了与西安高速公路枢纽网是中国的最密而对应。但需要强调,现实中的西安高速铁路枢纽站不仅是中国的最大,而且是亚洲的最大!此最大,绝不是信口妄言,而是有数字为证。更重要的是,西安独有的战略地位,还将使中国最大的高速铁路枢纽站与中国最密的高速公路枢纽网公路铁路一起,长久地、没有任何时间概念地"保留"在中国的西安。

第一节　中国高铁枢纽站　国家规划核定全国只有八个

回顾中国高速铁路发展史,从2008年建成第一条高速铁路京津城际高铁,到2018年底全国高速铁路运营里程2.9万公里;从一开始的时速250公里到2009年底的运营时速394公里。中国高速铁路在短短的九年时间创出了世界的四个之最:高速铁路世界发展最快;高速铁路世界在建规模最大;离速铁路世界运营时速最高;高速铁路世界运营里程最长。而这个最长,是个令人震惊的最长,它占到了全世界高速铁路运营总里程的三分之二!

在此，顺便强调一个概念，高速铁路专指客运铁路，不包括客货混运，更不包括货运线路。中国国土面积大、城市分布广、人口数量多，铁路客运在中国其运力与客流的矛盾尤为突出。十多年前，恐怕人人都体验过火车票难买、车难上、上车没有座、过道难插脚的艰难旅程。而高速铁路，给中国的铁路交通带来了一场颠覆性的大革命。从 2008 年第一条高速铁路通车到 2018 年年底，高速铁路已经覆盖了全国所有的直辖市、各省省会、50 万人以上的城市以及 50% 以上的县城。高铁多、网线密、站点稠、速度快，已成为了中国高速铁路的最大特色。

有了密集的高铁线路，有了众多的高铁车站，自然要形成高速铁路的枢纽中心。何为高速铁路的枢纽中心呢？铁道部门的解释为：在高速铁路网线中，有数条干线铁路交汇或衔接于一个城市，由一个核心客运站和几个配套客运站以及各站间的联络铁路线等组成的铁路客运综合体。枢纽站一般均为全国的或省区的政治、经济、文化中心或重要的工业基地及水陆联运中心，是不同区域地理上的中心城市。

2005 年，根据刚刚起步开建的中国高速铁路，国家编制了《中国铁路"十一五"规划》，其中核定了中国六大铁路枢纽性客运中心，即北京、上海、广州，武汉，西安、成都。与此同时，还核定了全国十大区域性客运中心，分别为哈尔滨、沈阳、济南、郑州、兰州、南昌、福州、昆明、南宁、乌鲁木齐。2008 年，根据形势发展，在新编制的《中国中长期铁路网规划》中，国家又对中国铁路六大枢纽性客运中心进行了调整，重新核定为中国八大铁路枢纽，在原六大枢纽中心的基础上新增加了重庆和郑州。调整后的中国八大铁路枢纽为：北京、上海、广州、武汉、西安、成都、郑州和重庆。

但 2008 年国家在编制《中国中长期铁路网规划》时，中国的八大枢纽站大都未建设完工，直至 2010 年后，各大城市高铁站才相继建成并投入使用。一经公布数据、一经全面对比，人们方才发现，西安的高速铁路枢纽站西安北站竟然放出了一颗卫星，成了中国的最大、成了亚洲的第一！大大地出乎了人们的预料。不过，细细想来，西安的第一、西安的最大，虽然出乎人们的预料，但却一定会在国家的预知之中。因为，任何一个枢纽站，都要在国家高速铁路建设规划的大盘子中进行统筹考虑，其建设方案不会不经过国家相关部门的审定和批准。

然而，全国八个铁路枢纽站，西安北站的全国最大、亚洲最大，人们不明白，究竟大在了什么地方？大出了什么数据？

西安高铁北客站

第二节 西安最大枢纽站 大在了西安的轨道站台最多

怎样才算最大？不同行业有不同的界定标准，行业不同，"大"的概念也各不相同：酒店的大小，比的是客房的多少；医院的大小，比的是病床的多少；学校的大小，比的是学生的多少；图书馆的大小，比的是藏书的多少；而火车站的大小，比的则是道轨站台的多少。哪个车站的道轨站台最多，哪个车站的规模无疑就是最大。站台和道轨是衡量火车站大小最有说服力的唯一标准。

铁路车站，不仅与诸多行业"大"的概念不同，重要的是铁路车站与其他行业项目建设的概念更为不同：任何一个城市想要建一个酒店，不须申请上报，建多少客房随便你建，至于有没有人来住，由市场决定；想要建一个医院，同样不须申请上报，设多少个病床随便你设，至于看病的人有多少，由医疗水平来决定；想建一个图书馆，更不须申请批准，藏书多少随便你买，至于有多少人去看书借书，由读者来决定。但是，在铁路车站的建设上，这个"随便"却根本不存在。任何一个城市，从一开始要不要设一个车站？车站建在何处？建设的规模大小？统统都不是地方的意志，而是由国家铁路的发展规划，由国家规划的铁路路线来统筹决定的。特别是全国的铁路枢纽站，那更是要看是否是区域的政治、经济、文化中心以及战略地位等多重因素而综合考量才能最终布局定位的。

为什么说道轨与站台是铁路枢纽站大小的唯一衡量标准呢？道理很简单，车站道轨多，说明停的列车多；车站道轨多，说明连的线路多。而车站道轨多，又直接决定了车站的站台必须也要多，而且必须是一条道轨，配套一个站台。如今的人们，谁没有坐过高铁？谁没到过高铁的枢纽站？那密集的道轨，密集的站台，密集的天桥通道，一个通道，通向一个站台；一个站台，分出两个台面；一个台面，对应一条道轨。而且，所有的站台上空，都有大型的显示牌，标明了站台的序号，从"1"开始连续排列，一直到若干为止。

现在让我们回到本节的主题，"西安最大枢纽站，大在了西安道轨站台最多"。国家2005年核定了全国六大铁路枢纽站；2008年调整增加为八大铁路枢纽站；最后还出现了中国十大高铁枢纽站的车站名单。其中对各站内容的介绍虽然略有不同，但始终的一个硬指标——站台和道轨，不管是哪个版本，包括各站的官网宣传资料，其数据都统统一样，毫无差异。

看一看网上对中国十大高铁枢纽站的介绍，有突出地理位置的，有突出占地面积的，有突出建筑面积的，但站台和道轨的数据却谁也回避不了。十大高铁枢纽站站台和轨道的排序从后到前，依次分别为（在此仅指高铁枢纽站，不包括普高混合站）：天津西站13站台24轨道；北京南站13站台24轨道；成都东站14站台26轨道；长沙南站13站台28轨道；南京南站15站台28轨道；广州南站15站台28轨道；杭州东站15站台30轨道；上海虹桥站16站台30轨道；郑州东站16站台32轨道；最后是西安北站，是中国高速铁路枢纽站中站台最多、道轨最多的枢纽站，站台达到18个（2个侧式，16个岛式），道轨达到34道！

要确认一个高铁站站台和道轨的多少，最简单的办法级就是：一看车站上空站台牌子的序号，一共是多少个站台台面，一个序号即代表了一条道轨；二看车站候车大厅检票口的序号，一共是多少个检票口，一个检票口同样代表了一条道轨。而且每个检票口的电子显示屏都显示了该检票口所通行的车次。看一看西安北站候车大厅的检票口，其序号不多不少正好34个。

西安北客站B1—B34检票口，刚好对应了西安北客站的34轨道

西安北站，18个站台34道道轨，当然也同时决定了西安北站站场规模的中国最大。在全国所有的高铁站中，在"六大""八大""十大"枢纽站中，其最大，不与谁并列，也不是"之一"，而是独此一家。因为，其他的枢纽站，从没有超出过16个站台，从没有超出过32道道轨。西安最大枢纽站，中国亚洲的最大，站台道轨的最多，不是西安的自封，而是由国家高速铁路规划网中的线路布局决定的。

第三节　西安最大枢纽站　大在了西安的高铁线路最密

西安高铁枢纽站的18个站台34道道轨，其建设全部都是有的放矢，是与中国高铁网中的线路相对应的，否则，再多的站台和轨道也只能是个摆设。星星围着月亮走，高铁紧跟枢纽站，中国最大的高铁枢纽站，其拥有的高铁线路理应也是中国最密的。

中国有句成语叫作"四通八达"。若顾名思义，"四通"就是四条道路交汇一地，"八达"，就是一地可达八个方向。两通只能实现四达，三通只能实现六达，只有四通才能实现"八达"。才能达到一个真正的米字。四通八达的"米"字，是一个现代城市交通发展的最高境界。

2008年，《中国中长期铁路发展规划》提出了"四纵四横"，2016年调整为"八纵八横"。在中国南北长5500公里，东西宽5300公里的辽阔国土上，分别开通了纵八条、横八条的高铁长线，谁能成为中国高铁的米字交汇？对全国众多的城市来说，形成了极为强大的诱惑力。然而，虽然八纵八横，全国拥有16条高铁线路，但是，大江南北，全国还拥有数十个省会以上的城市，要说形成两通四达，或许并不太难；要说形成三纵六横，或许还有很小的可能；但要说想形成四通八达的米字，让全国八纵八横16条高速铁路中的4条都在一个城市交汇集中，可想而知，有几个城市能够达到？

"米"字再稀少，但总是会有的。2016年，国家公布的《中国高速铁路八纵八横示意图》为各条高铁的走向布局、停经城市、交汇节点，给出了最终的定位。其南北的八纵分别为：沿海通道、京沪通道、京港通道、呼南通道、京昆通道、包海通道、兰广通道以及京哈—京港通道；东西的八横分别为：绥满通道、京兰通道、青银通道、陆桥通道、沿江通道、沪昆通道、厦渝通道、广昆通道。八纵八横示意图，把中国各条高速铁路、把中国各个节点城市以及二者之间的走向结合，表现得清清楚楚、一目了然。

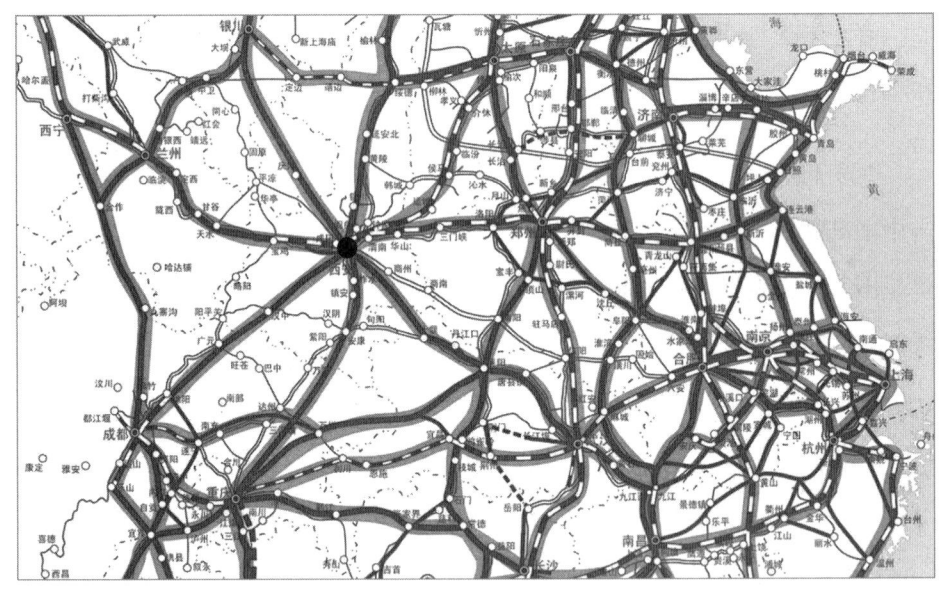

西安米字高铁图

面对中国高铁的八纵八横示意图，任何人不用刻意找，不用数线路，不用辨别城市的名字，只要随便一看，便会目光聚焦：一个笔划规矩、字形逼真的米字就大大地"写"在中国版图的中心，其米字交汇的中心点，就是位处中国版图中心最中心的陕西西安。

中国高铁的八纵八横示意图，如果继续往下看，还会发现，在西安的右边，还紧挨着一个小米字，那就是河南的郑州。西安和郑州是中国版图东西中轴线上最重要的两个中心城市，是整个中国仅仅两个形成了四通八达米字形高速铁路的枢纽城市。

在示意图中，西安米字形八条线路的通达，按逆时针顺序分别为：西安至连云港、至太原（北京）、至包头、至银川、至兰州（乌鲁木齐）、至成都、至重庆、至武汉；郑州米字型八条线路的通达分别为：郑州至连云港、至济南、至北京、至太原、至西安（兰州）、至重庆、至武汉、至合肥。两个米字，一西一东紧紧相连，占据了中国高速铁路大网的最核心区域。

西安和郑州虽然是中国仅有的两个米字形高铁枢纽城市，但两个城市的米字形也有着相对的不同：西安的米字大、郑州的米字小；西安米字的线路长，郑州米字的线路短。另外，西安还有一条中国早已规划的西安至合肥的线路，因沿途个别站点未能最后敲定而未被列入"示意图"。这是西安的第五条高速铁路。

中国八纵八横示意图中的高铁线路，并不是全部都已开通运营，一部分仍然正在建设之中，但最终完工时限则是2030年前。而西安，就在最近几年，剩余的两三条线路都要建成通车。届时，西安的高铁，将达到"五通十达"；将形成"米"字字形多一画；将成为中国独领风骚的高速铁路路网最密的枢纽城市。

第四节　西安最大枢纽站　得益于西安红火的旅游城市

高铁是专门为人的出行而设计建造的，是纯粹的客运铁路。高铁在中国的出现，彻底地颠覆了国人的出行理念，爆满了中国的旅游市场。从2008年中国的第一条高速铁路建成通车，到2010年的仅仅两年时间里，根据相关城市的统计，各地的游客接待量，都出现了前所未有的大井喷。这一井喷，让高铁系统始料未及，让旅游景区手忙脚乱，让地方政府欣喜若狂，而让其他传统的交通行业则纷纷瞪大了眼睛：天哪，"狼"真的来了！

"狼"不仅真的来了,而且一来就是势不可挡,一来就是铺天盖地,一来就是占领市场,一来就是再也不走了。试想,以西安到北京为例,飞机1个小时50分钟,高铁4个小时20分钟,但若加上飞机两头的耗时在内,所需的时间几乎相差无几。而比票价,飞机是高铁的3倍;比舒适,飞机明显劣于高铁;比安全,一个在天上,一个在地面,是典型的天地之差。若把其他交通工具再与高铁相比,完全可以说,统统都是相形见绌,根本没有可比性。迟来的高铁,一经亮相,就轻松夺取了交通领域的"大哥大"。

高铁对交通行业的冲击,不仅引起了世界的极大震动,也引起了学界的极大关注,连篇累牍的论文,都在分析研讨中国的"高铁效应"。不论文章的观点是什么,但却都共同认定了一个事实:高铁以自己的快速度、短时间、低成本、高舒适,彻底地颠覆了国人的出行理念,不仅挖走了航空公司、普通火车、公路大巴、自驾私车的大量客源,更重要的是,还催生了一支全新的、庞大的客源队伍——因高铁的诞生而为高铁、为自己"寻事找事"的出行群体。

这些选择高铁的客人们,包括那些"寻找事由"的出行群体,其出行的目的都是什么呢?对此,相关部门作过专门的调查,其60%以上的乘客,竟然都是外出观光旅游的。如此一来,偌大的群体,既然是冲着高铁而外出旅游的,那么,偌大的中国,哪个城市最"美"?哪个城市最值得一去呢?于是乎,千年古都的西安、美食大城的西安、名胜古迹最多的西安、旅游门类最全的西安、城市古今特色辉映的西安、旅游性价比最高的西安、到一个城市顶到其他十个城市的西安,自然而然,就成了全国高铁旅游的首选之地!

自从西郑、西太、西兰、西成等高铁相继开通之后,不论是黄金周、不论是小长假、不论是遇周末,高铁旅游的"井喷",让西安就没有消停过,各个景区皆因高铁而爆满。2017年12月9日,西成高铁开通的第一个周末,适逢西安汉武帝时开凿的、大出杭州西湖两倍的、全国最大人工湖的昆明池盛大开园,大量的高铁游客,蜂拥西安昆明池。好一个千军万马的大阵仗:把景区挤了个水泄不通,把餐馆吃了个饭菜两空,把厕所排了个一条长龙,把垃圾箱塞了个满满登登,把工作人员忙了个手脚并用。上演了一场"西安笑迎成都客,川人聚庆昆明池"的旅游大戏。

西安的大牌景区天天都是如此地拥挤不堪(图为西安兵马俑拥挤的场面)

旅游需要高铁的强力推动,而高铁更需要旅游的客源支撑,二者是互为作用、相互依存的关系。西安是中国独有的中心城市、西安是中国最火的旅游名城,应该在中国高速铁路的大舞台中扮演何样的角色?这一点毋庸置疑,国家的高层领导、国家的相关部门、国家的交通精英,一定都会用自己战略的双眼,都会用自己科学的布局,去绘制中国的高铁蓝图的。

"家有梧桐招凤凰"!人们相信,西安中国最大的高铁枢纽,西安中国最火的旅游名城,能形成今天的布局定位,,二者无疑有着必然的因果关系,而且必将继续携手并进、继续共创辉煌。

第五节 西安的国之中心 决定了西安必然的交通枢纽

这里所说的"国之中心",不是国家的政治中心,也不是国家的经济中心,而是国家地理中心。国之中心有广义的,也有狭义的,广义的中心是中心区,狭义的中心是中心点。中国的"中心区"很大很大,而中国的"中心点",在960万平方公里的国土上,只有中国版图东西南北地理最中心的大西安。

"中国的地理中心",除过西安,还有不止一个的城市也在打这个旗号。此说法究竟对与不对呢?说的都不错,因为中国的面积太大了,中国的"中心"太多了,谁也没有规定这一个具体的"中心"范围。但正因为中心有广狭义之分,故中心和中心的概念也大不相同。谁都认为王府井是北京的市中心,但王府井在北京的中心和天安门在北京的中心显然大不一样,因为一个是中心区,一个是中心点。西安打出的"国之中心",不是中心区,而是中心点!这个说法,如果有人存在质疑的话,西安还有国之中心的最终佐证:即中国的"大地原点"就在西安,中国的"中心坐标"就是西安,整个中国的国土测量,统统都是以国家确定的"西安坐标"为中心进行测绘定位的。

本节的题目是"西安的国之中心,决定了西安永远的交通枢纽",说完中心,再来说枢纽。交通枢纽和地理中心是紧密关联的,不是地理中心,就成不了交通枢纽。一个城市如果沿海,如果沿边,哪怕这个城市再重要,到这个城市的公路铁路再多,那也不是枢纽,只能叫作终点。因为这个城市身后是大海、是边境,不能使到此的公路铁路再行延伸,不能形成东来西往、北进南出的穿越交汇,不能让已成的交通线路再向外辐射发挥更大的效益。而且,即便是地理中心,区域的地理中心只能形成区域的小枢纽,而只有国家的地理中心,才能形成国家层面的大枢纽。

翻开中国地图,西安独有的位处便可一览无遗:论东西,它在中国东西的中轴线上;论南北,她在中国南北的中心点上。而且,还恰恰处在了中国

第八篇章　西安国之中心的战略中心

东西部的界限分别之处。西安以东叫东部（也称中东部），西安以西称西部。东部城市密，西部城市稀；城市越多，中心越多，多中心，反而就成了没中心。但西安，既处中国的中心点，又处东西的结合部，而且是独此一家，别无选择。故东西南北的重要交通线路，必然都要在西安多线交汇、辐射全国。

搜一搜中国的高铁大网，看一看中国的高铁主线：从中国最东到中国最西的陆桥高铁；从中国最北到中国最南的包海高铁；从中国东北方到中国西南角的京昆高铁；从中国东南角到中国西北方的福银高铁，一律都要汇集西安、穿越通过。这四条中国最重要的、距离最长的、跨度最大的、直纵直横的、斜向对角的高铁大线，以西安为枢纽，画出了一个覆盖整个中国版图的大"米"字。试想，如若西安地处东部稠密的城市群之中，如若西安位于富庶发达的沿海地区，那么，这个全国最大的高铁米字，这四条全国最长的高铁线路，怎么可能会不按大走向而专门绕到东部或沿海去集中通过呢？毫无疑问，是西安中国独有的"国之中心"，决定了西安中国最大的高铁枢纽。

位于西安西咸新区的中国"大地原点"基准塔楼

761

西安的国之中心是历史赋予的,西安的交通枢纽是版图决定的。只要西安的城市没有迁,只要中国的国土没有变,只要中国还有公路、和铁路,中国的国之中心就一定会在西安,中国的交通枢纽就一定绕不开西安。

西安有中国最密的高速公路枢纽网,西安有亚洲最大的高速铁路枢纽站,有了这一公一铁两个"高速"的引领,无疑给西安的发展注入了"高速"的动力,为西安的赶超插上了"高速"的翅膀。人们相信,古代中国的唐长安,在不远的将来,一定会传承为今天中国的大西安。

第九篇章

西安 与时俱进的城市地位

当今中国城市的地位，是由各种各样的因素综合决定的，包括了城市的战略区位、文化底蕴，以及城市的规模、人口、经济、科研、教育、交通、影响力等等。但以上的城市"规模、人口、经济、科研、教育、交通、影响力"等，都是可以通过人为因素改变的，而唯有其中的"战略区位"和"文化底蕴"，一个是与生俱来，一个是历史赋予，是根本无法以人的意志为转移的。对于西安来说，中国有一句名言："给中国200年，可以造出一个纽约；给美国2000年，也造不出一个西安。"西安是一个不可复制的城市！正是西安这不可复制和不可改变的先天优势，助推了西安在新中国成立后的各个不同时期都有幸取得了以上各项可以人为改变的后天优势，赢得了不同时期均令人羡慕的城市地位。

第一讲
中国第三个国际大都市定位西安

国际化大都市，是城市化进程中的城市皇冠，是世界各国的大城市始终都在竞逐的目标。大千世界，国家林林，但各国的不同国情，决定了各国城市化进程的不同结果。在中国，国际大都市虽然是所有大城市甚至包括中等城市在内的梦寐以求。然而，中国不仅是一个人口大国、国土大国、经济大国，更是一个城市大国，每个城市特别是大城市都在国家整个规划的大盘子中有着各自不同的布局定位，任何一个城市的定位确立，都必须要有国家的战略考量来支撑。

第一节　中国大城市的分布与中国国际大都市的定位

中国拥有960万平方公里的陆地国土，东西约5200公里，南北约5500公里。其中按经济板块来划分，分为了东部、中部、西部3个经济地带；按地理区域来划分，分为了东北、华北、华中、华东、华南、西南和西北7个大区；按行政辖区来划分，又分为了除港澳台之外的31个省、市、自治区。

中国是城市大国，是世界上城市最多的国家，拥有各个层级的城市600多个：有县级市，有省直属的副厅级市，有统辖多县的正厅级市，有正厅级的省会城市，有副省级的省会城市，还有虽不是省会但却是副省级的计划单列市，还有最早曾经为大区所在地的中央局城市，还有仅仅四个的正省级直辖市。整个计算下来，地厅级以上的城市，全国就有340多个，而省会以上的城市包括直辖市，包括副省级的计划单列市在内其总数则达到了36个。

虽然按经济板块中国分为了东部、中部、西部3个"经济地带"，但如果按中国版图的几何地理来划分，呈现出的只是东部和西部的两大部分，而且特点明显：东部的城市明显稠密，西部的城市明显稀疏，而东稠西密的分界点，即是中国国之中心的西安。在这里，让我们来比较一下如此"东部"与"西部"的相关概念。

首先，看一看"东部"与"西部"的国土面积。中国陆地国土共960万平方公里，若按暂不包括港澳台的行政区划看，中国东部包括东北、华北、华东、华中、华南5个大区的全部21个省市自治区，五个大区面积占到了全国陆地国土的47％；中国的西部只包括西南、西北两个大区的10个省市自治区，两个大区面积却占到了全国陆地国土的53％以上；而大西北的西北大区仅有3个省两个自治区，其面积就占到了全国陆地国土的31.7％。

其次，看一看"东部"与"西部"的城市布局。东部的5个大区包括了3个直辖市，8个副省级的省会城市，19个地厅级的省会城市，以及全国仅有的5个非省会的副省级计划单列市；但西部的两个大区，只有一个直辖市，只有西安、成都两个副省级的省会城市，以及7个正厅级的省会城市；而占到全国国土31.7％的大西北，则仅有一个副省级的省会城市。很显然，中国近代长期形成东西格局，东重西轻，极不平衡！

第三，再看一看中国的国际大都市。国际大都市，按照国际上通常的认定，是指那些具有超群的政治、经济、科技、文化等实力，且有着强大的地域辐射功能，并和全世界诸多国家发生着多个领域的交流关系，拥有着广泛世界影响力的国际性城市。在中国，国际大都市都无疑当数北京和上海。2001年，国务院正式批复了《上海市城市总体规划》，认定上海为

"国际大都市";2005年,国务院正式批复了《北京市城市总体规划》,认定北京为"现代化国际都市"。并对两个城市未来的建设发展提出了明确的要求。

中国幅员辽阔,东西差异较大。国际大都市很重要的一点,就是要有强大的辐射带动功能。而上海和北京,虽然一个在南,一个在北,但都处于中国的东部,甚至东部的边沿,对于遥远的西部来说,很显然,其辐射难免有些鞭长莫及。

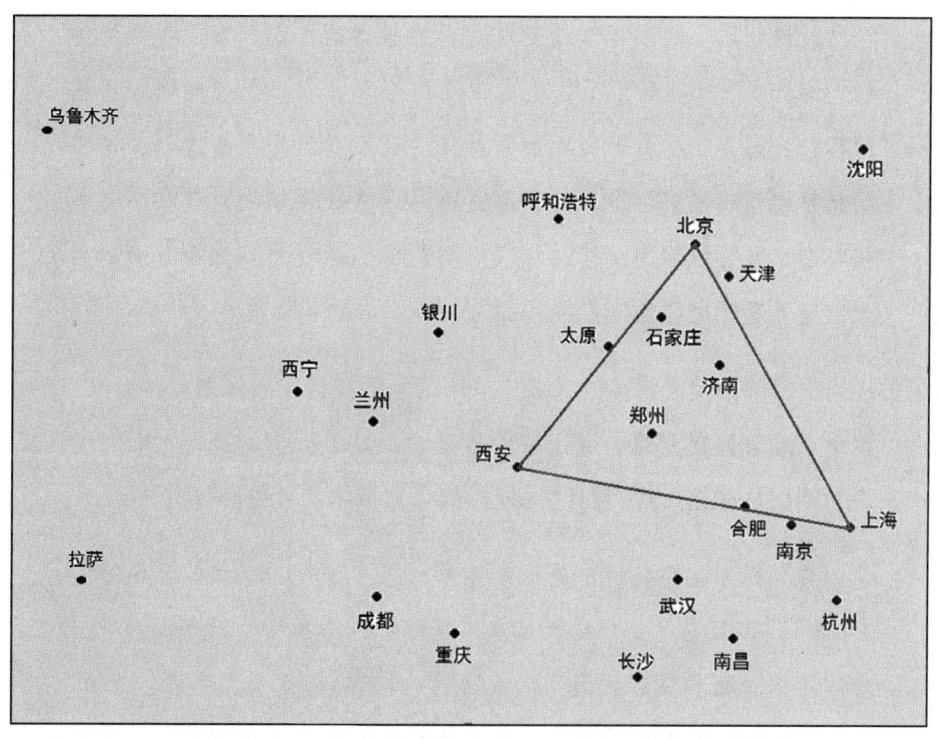

国之中心的西安在地理上与北京和上海形成的三角之势

第二节 2009年国家正式认定西安建设国际化大都市

2009年6月中旬,陕西省政府收到了一份来自于国家发改委的文件,文号为(发改西部 [2009] 1500号),文件名称是《关于印发"关中——天水经济区发展规划"的通知》,下发的单位是陕西省人民政府、甘肃省人民政府及国务院有关部门,落款时间为2009年6月10日。文件主要内容为:

> 关中——天水经济区(以下简称经济区)地处欧亚大陆桥中心,处承东启西、联接南北的战略要地,是西部地区经济基础好、自然条件优越、人文历史深厚、发展潜力较大的地区。为了进一步促进该地区的发展,我们会同有关方面,研究制定了《关中—天水经济区发展规划》(以下简称《规划》),经报请国务院同意,现印发你们,请认真贯彻执行。下边还有一段相关的要求:在《规划》实施过程中,国务院有关部门要加强对经济区发展的指导和支持,两省要相互配合、密切协作,及时沟通协调,抓好《规划》落实。要加强与国家有关规划的衔接,对《规划》实施情况进行跟踪分析,重大问题要及时向国务院汇报。

最后还附上了国务院已批复的《关中——天水经济区发展规划》的全文。

这个《通知》的到来,对于陕西省来说,是个大大的利好,而对于西安市来说,则更是喜从天降。在《规划》的第三章第二节明确写道:

> 构筑经济区的空间发展框架体系,即"一核、一轴、三辐射"。"一核":即西安(咸阳)大都市,是经济区的核心,对西部及北方内陆具有引领和辐射作用。"一轴":即宝鸡、铜川、商洛、杨凌、天水等次核心城市作为节点,依托陇海铁路和连霍高速公路,形成西部发达的城市群和产业集聚带。"三辐射":即核心城市和次核心城市依托向外辐射的交通干线……向北辐射带动陕北延安、榆林等地区发展;向西北辐射带动陇东、平凉、庆阳等地区发展;向南辐射带动陕南汉中、安康和甘肃陇南等地区发展。

在第三章第三节的"核心城市"一段中,则明确提出:

> 要加快推进西（安）咸（阳）一体化建设，**着力打造西安国际化大都市**，把西安建设成国家重要的科技研发中心、区域商贸中心、区域金融中心、国际一流旅游目的地，以及全国重要的高新技术产业和先进的制造业基地。

以上《规划》表述明确：西安国际化大都市，不仅是要"打造"，而且是要"着力打造"！

2009年国务院对于西安国际化大都市的定位，在全国引起了热烈的反响，国家为什么能在北京上海之外的几十个大城市、特大城市中如此地钟情于西安？其实，毫不奇怪，只要认真研读《关天经济区规划》，你就会发现，国务院对于西安的战略考量，全部都体现在《规划》的一字一句当中。

第三节 2018年国家再度重申西安建设国际化大都市

从2009年到2018年，连续十年的时间，整个中国发生了翻天覆地的变化，中国的城市也得到了飞速的发展。特别是西安，因有国家建设国际化大都市的目标，因有国家"一带一路"战略的机遇，因有国家级西咸新区的成立，西安的城市发展更是一日千里、亮点频出。与此同时，国家根据新形势下中国城市发展的需要，又先后出台了十大"国家级城市群"的《发展规划》，确立了多个不同区域的国家级中心城市，形成了中国特大城市新一轮的国家定位。

所谓"城市群"，按相关的解释是，在特定的区域范围内云集了相当数量不同、类型不同、规模不同、等级不同的城市。以一个或数个特大城市为核心，依托一定的自然环境和交通条件，建立相应的联系机制，共同构成一个相对固定的城市联合体。而"国家级城市群"则是国家层面的战略体现，是在全国的城市集群中具有主导地位的、跨省跨区的、高度城市化的城市集团。

从 2005 年起，国家先后出台的十大国家级《城市群发展规划》，包括了《京津冀城市群发展规划》《长三角城市群发展规划》《珠三角城市群发展规划》《长江中游城市群发展规划》《成渝城市群发展规划》《中原城市群发展规划》《关中城市群发展规划》《哈长城市群发展规划》《北部湾城市群发展规划》《海峡西岸城市群发展规划》，等等。同时，根据相关城市群的发展规划，国务院又在此基础上进一步精选确立了包括西安在内的北京、上海、天津、广州、重庆、武汉、成都、郑州等九个国家级的"中心城市"。

十大国家级城市群发展规划中涉及西安的是《关中城市群发展规划》。该《规划》涵盖了陕西、甘肃、山西三省的 12 个地级以上城市及 40 余个县市行政区，即陕西省的西安、宝鸡、咸阳、铜川、渭南、杨凌以及商洛市的商州区、洛南县、丹凤县、柞水县；山西省的运城市（除平陆、垣曲两县）、临汾市的尧都区、侯马市、襄汾县、霍州市、曲沃县、翼城县、洪洞县、浮山县；甘肃省的天水市，以及平凉市的崆峒区、华亭县、泾川县、崇信县、灵台县和庆阳市的全市区。总面积 10.71 万平方公里，常住人口近 4000 万人。

2009 年出台的《关天经济区规划》，2018 年出台的《关中城市群规划》，时隔整整十年，让我们再来看一看，十年后的 2018 年国家对关中城市群唯一的核心城市大西安又是怎样定位的呢？在《关中城市群规划》的第三章第三节即"优化城市规模结构"一节中是如此表述的：

> **建设西安国家中心城市**。加快西安中心城市建设步伐，加强西咸新区、西安高新区国家自主创新示范区、西安国家级经济技术开发区等建设，强化面向西北地区的综合服务和对外交往门户功能，提升维护西北繁荣稳定的战略功能，打造西部地区重要的经济中心、对外交往中心、丝路科创中心、丝路文化高地、国家综合交通枢纽。保护好古都风貌，统筹老城、新区发展，加快大西安都市圈立体交通体系建设，形成多轴线、多组团、多中心格局，**建成具有历史文化特色的国际化大都市**。

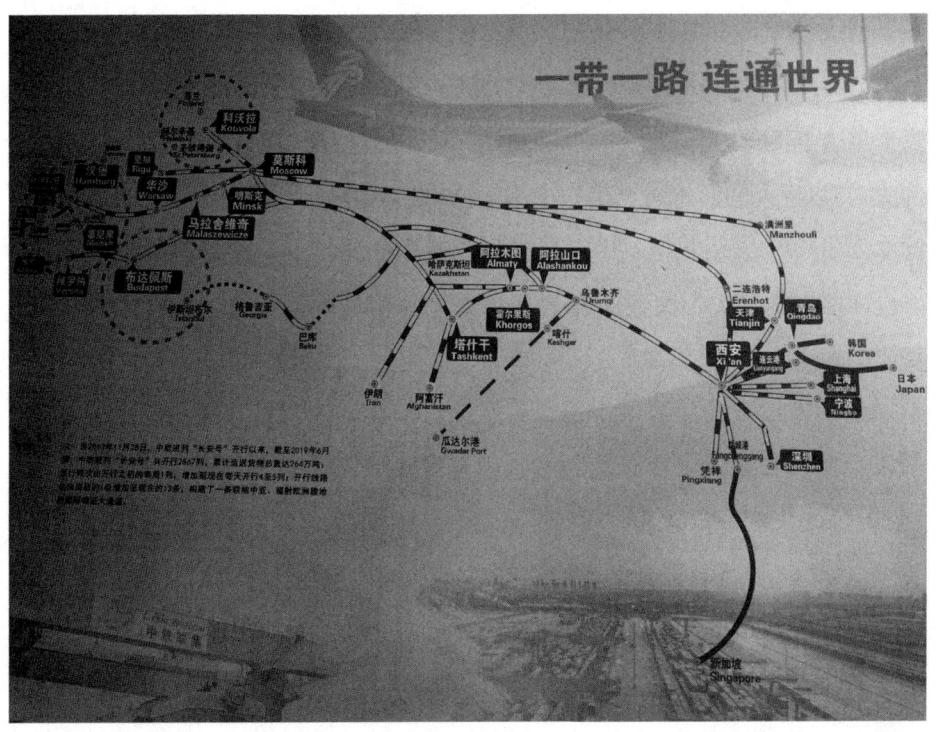

中国"一带一路"西安联通世界（摄自国庆70周年陕西成就展）

《经济区规划》说的主要是经济区，《城市群规划》说的主要是城市群。然而，后来国家诸多的《城市群规划》和之前国家诸多的《经济区规划》一样，除过北京上海和西安，国家再也未曾对任何一个城市做出过任何"国际化大都市"的认定和确立。有过的则是对不同城市群的不同核心城市，做出了"国家中心城市"的最新定位。而唯独对于西安，既有中国九大"国家中心城市"的定位，又有中国三大"国际化大都市"的定位。而且，在2018年的《关中城市群规划》中，国务院则是在最新定位了西安"国家中心城市"的同时，又再度重申了西安"国际化大都市"的国家定位。特别是在《城市群规划》中对"核心城市核心功能"表述的一段文字，更是以"国家中心城市"的定位而开头，以"国际化大都市"的定位而结尾的。

在中央电视台的专题片《西安2020》中，中国城市规划研究院的副院长杨保军针对西安如此说道:"二十年三十年,你只看到GDP的增长你排在第几位,这样有可能你把你的定位就定偏了,你要放在历史的坐标上来看,在三千年这个历史的坐标上来看,你就会发现,西安有着别人无法取代的文化价值。"以上说的话绝对正确!中国定位的三个国际化大都市,一个是中国的首都、政治中心的北京,另一个是中国最大的城市、经济中心的上海,第三个也许首先就是从中国数千年的历史来定位,选取的正是中国的千年大都、文化中心的西安。

第二讲
中国第四个"双科中心"花落西安

双科中心,即"综合性国家科学中心"和国家"科技创新中心"两个中心的简称。2023年元月14日,中央电视台新闻联播首家报道了国家"双科中心"花落西安的重大喜讯。与此同时,西安政务媒体的《西安发布》、陕西省政府的《政府工作报告》也分别官宣:西安获批建设综合性国家科学中心和国家科技创新中心,成为继北京、上海以及粤港澳大湾区后全国第四个获批建设"双科中心"的城市和地区,标志着西安的科技及创新迈向了高质量快发展的新阶段。对此,西安人奔走相告。"西安与时俱进的城市地位",国际化大都市是国家对西安城市综合发展的目标定位;而"双科中心"的落地,则是国家对西安科技实力贴上的最新标签。

第一节 两个"中心"概念的提出及发改委的名词解读

"综合性国家科学中心"的概念出自于2016年12月国务院印发的《国家重大科技基础设施建设"十三五"规划》;"科技创新中心"的概念则出自于同年5月国务院发布的《国家创新驱动发展战略纲要》。国务院两个"中心"的提出及相关规划的同时出台,标志着中国科技创新大变革的序幕正式拉开。

那么，两个中心也即综合性国家科学中心及科技创新中心的内涵分别都是什么呢？对此，国家发改委在对"十四五"规划《纲要》的"名词解释"中作了如下解读。

"综合性国家科学中心，以高水平大学、科研院所和高新技术企业等深度融合为依托，布局建设一批重大科技基础设施、科教基础设施和前沿交叉研究平台，组织开展高水平交叉前沿性研究，产出重大原创科学成果和颠覆性产业技术。综合性国家科学中心汇聚和配置全球创新资源，打造自由开放的制度环境，有利于塑造国际科技竞争优势。"通俗一点说即是：综合性科学中心就是有强大的基础科学实力，是出国家高端的、重大的、有颠覆性的科研成果的地方。

国家发改委专门发布了对"两个中心"的名词解释

"国际科技创新中心，是创新资源密集，科研实力雄厚，成果辐射范围广泛，科技创新文化先进，科技基础设施健全，支柱产业具有国际化、高端化、多元化特征且在全球价值链中处于主导地位,以科技创新作为核心发展动力的城市或地区。国际科技创新中心是全球创新网络中的重要枢纽和节点,对全球科技发展具有较强影响力。从我国实践来看,国际科技创新中心建设以综合性国家科学中心建设为重要载体,肩负着推动重要区域率先实现创新驱动转型、引领带动我国高质量发展的重任,是重要的原始创新高地和新兴产业策源地。"通俗一点说即是:科技创新中心是创新资源密集地,是要将科研成果转化成真正的应用实践,为中国的经济发展、国防建设提供领先性的科技创新服务。

对于以上两个中心的建设和实施,该《规划》和《纲要》也做了明确强调:"建设多个服务国家战略需求、设施水平先进、多学科交叉融合、高端人才和机构汇聚、科研环境自由开放、运行机制灵活有效的综合性国家科学中心和科技创新中心。充分利用先进的信息技术,开展设施建设和运行机制的改革探索和先行先试,形成世界级重大科技基础设施集群,成为全球创新网络的重要节点、国家创新体系的基础平台以及带动国家和区域创新发展的辐射中心。协调综合性国家科学中心内的有关单位承担国家重大科技任务,发起大科学计划,推动实现重大原创突破,攻克关键核心技术,增强国际科技竞争话语权。"以上两个中心的建设确立,并同时出现在五年后国家的"十四五"规划《纲要》中。

不难看出,以上不论是名词解释,不论是规划论述,都彰显了一个要点:决定建设综合性国家科学中心及科技创新中心城市,是中国实施国家创新驱动发展战略的必要举措,是国家创新体系建设的重要组成部分,是着眼于新百年目标坚持科技自立自强的重大战略决策,是国家科技资源配置与区域发展战略双向协同的最新顶层设计,将为中国构建新发展格局提供战略支点,为推动中国高质量发展提供动力源泉。而最终谁能成为其中某个"中心"的拥有者,无疑将会对全国所有的科技强市形成极大的、前所未有的诱惑力。

第二节　西安是全国五大"国家科学中心"之一

毋庸置疑，综合性国家科学中心的确立和建设，可将所在城市纳入国家重要科技体系，可以招徕和汇集中外科技精英，可以布局和建设一批重大科技基础设施，可以优先获取国家重要的战略科技资源，从而进一步提升自己的城市地位，强化自己的国际科技竞争力。这对于一个城市来说，的确是一个莫大的利好。事实证明，面对综合性国家科学中心的建设确立，诸多城市都在争先恐后、竭尽全力、抢抓这一机遇。

建设"综合性国家科学中心"及"科技创新中心"，是2016年国务院在《国家重大科技基础设施建设"十三五"规划》和《国家创新驱动发展战略纲要》中提出的，而紧随《规划》及《纲要》出台后的仅仅不足一年间，全国即有不少城市上报申建。2017年，上海和合肥两市先行一步分别获批。而当时有意申建并在积极运作的还有北京、深圳、成都、西安、武汉等多个城市。

2018年至2020年期间，北京与深圳申请创建综合性国家科学中心并先后获批。不过，遗憾的是，深圳与北京有所不同：北京是以北京的名字获批的，但对深圳的创建国家则是以"粤港澳大湾区"的名字定位的。而在此期间，就全国而言，提出申建并在各自的"十四五"规划中列入了建设综合性科学中心的，又新增了南京、杭州、重庆、济南、沈阳、兰州、青岛等诸多城市。如此一来，不包括已获批的上海和合肥，申建综合性国家科学中心的城市已达到了十多个。

2020年11月27日，中国共产党陕西省第十三届委员会第八次全体会议正式通过了《中共陕西省委关于制定国民经济和社会发展第十四个五年规划和二〇三五年远景目标的建议》。其中，即有陕西省委提出的"着力推动西安综合性国家科学中心建设"的具体内容。在做了相关充分准备的两年后，陕西省政府将《西安综合性国家科学中心创建方案》上报了国家相关部委。

2023年刚一开年，在举国落实党的二十大各项任务之时，在西安正在部署新的一年工作之际，国务院对西安综合性国家科学中心的创建方案正式批复！至此，西安有幸成为了全国仅有的五大"综合性国家科学中心"，也即：北京、上海、粤港澳大湾区，以及合肥与西安。五大中心，其中包括了两个直辖市、两个省会城市，还有一个作为城市群的大湾区。

西安高新区是全国重点建设的六个世界一流高新区之一，

是中国中西部经济体量最大的高新区

其实，要说西安获批综合性国家科学中心，应该是意料之中的事。人所共知，不论是西安的高校数量、高校质量，不论是西安的科研院所、科研成果，不论是西安的国防工业、国之重器，以及西安的航空航天、生命科学、光电芯片、信息技术、人工智能、智能制造、新型材料和新型能源等八大硬

777

科技，都位居中国前列。其整个城市的科技实力，一直以来都是仅次京沪的中国第三，更是中国同时拥有以上硬科技八大产业的唯一城市。

第三节　西安是全国六大"科技创新中心"之一

前边已经说过，"国家科学中心"要有领先的基础科学实力，主要是出科研成果的；而"科技创新中心"则是要创新资源密集，主要是转化科研成果应用于实践的。中国的科技强市，都有各自不同的科技优势，对于申建国家"科技创新中心"这一机遇，必然会多方出动、全力争取。

早在2017年，长沙就提出了建设国家科技创新中心的目标，2021年还发布了《关于加快建设国家科技创新中心的实施意见》；之后，又有南京、杭州、南昌等城市在各自的《十四五规划》中提出要"争创国家区域科技创新中心"；2022年，郑州也提出了"全力打造国家区域科技创新中心"的目标；还有早已成为"国家科学中心"城市的合肥，也提出要在"十四五"期间继续打造具有重要影响力的科技创新策源地，争创国家科技创新中心……而作为中国科技强市第一梯队的西安，当然，更不会放过这个机遇，也是提出创建国家科技创新中心的城市之一。

然而，尽管雄心勃勃提出创建的城市很多，但国家规划的"科技创新中心"毕竟数量有限。从2016年起止2022年底的六年多时间，全国获得批复的仅仅只有五家，即北京、上海、粤港澳大湾区、成渝双城经济圈和2022年4月获批的武汉。对此，西安人普遍着急，因为西安能不能获批科技创新中心，决定了西安能不能成为中国的"双科中心"。西安究竟有没有创建要求？西安究竟报没报创建方案？西安的"双科中心"究竟会不会幸运而至？西安诸多的各级媒体都在积极地关注着。

同样是2023年的新年伊始，同样是疫情防控放开的第一个元旦之后，喜讯终于传来，西安市创建国家科技创新中心的方案正式获得国务院批复。西安终于成为了全国六大科技创新中心的城市和地区之一。六大科技创新中心的北京、上海、粤港澳大湾区、成渝双城经济圈（成都重庆），以及武汉和西安，覆盖了整个中国的华北、华东、华南、西南、华中和西北的六个大区。

西安创建国家科技创新中心的批复，并不是偶然，更不是运气，完全是自己的实力决定的。按照行业惯例，评估城市的科创实力主要有以下三大指标：一是技术合同交易量（成果转化后的项目交易）；二是技术合同交易额；三是经费投入的强度（占GDP比例）。依据科技部2022年发布的《2021年度全国技术合同交易数据》及全国各地科研经费投入数据相关统计，2021年1至12月底，技术合同交易量如下：西安交易量65684项，仅次于北京的93563项，排名全国第二，上海36450项排名全国第三；技术合同交易额如下：西安2209.49亿元，排名全国第四；仅次于北京的7005.65亿元、上海的2545.49亿元、和广州的2338.10亿元；经费投入强度如下：西安科技经费的投入占GDP的5.18%，排名全国第三，第一为北京占比6.35%，第二为深圳占比5.49%。在全国科技投入强度排名中，上海排名第四占比4.21%，其他相关城市的武汉排名第九占比3.51%，成都第十占比3.17%，广州第十一占比3.12%，重庆第十二占比2.16%。

用以上科技创新城市的评估指标来对比全国六大科技创新中心的名单，足以看出，西安以及其他全国五大科技创新中心的城市和地区，都是以自己的科技实力、科技实绩来说话的。

第四节　西安是全国三大"双科中心"城市之一

事实证明，西安没有让诸多的各级媒体失望，西安没有辜负一千多万市民的殷切期盼。西安最终获批的不仅仅只是一个"中心"，2023年1月14日，中央电视台重磅发布：西安综合性国家科学中心和国家科技创新中心的两个"中心"双双获批！

其实，陕西省上报西安综合性国家科学中心及国家科技创新中心的两个创建方案，几乎是同时上报的，也几乎是同时获批的。不过，相对于诸多城市的激烈竞争，西安的策略是不露声色、抓紧实施、把握时机、稳扎稳打。2018年2月，西安开建丝绸之路科学城；2020年11月，陕西省提出创建国家科学中心和科技创新中心最初方案；2022年11月，陕西省委省政府新闻办联合举办新闻发布会，首次公布西安争创"双科中心"的方案上报国家；2023年元旦刚过，上报方案后的仅仅两个月时间，西安创建国家科学中心和创新中心"双双获批。至此，国家"双科中心"的桂冠，终于如愿以偿地戴在了西安市的头上。

中央电视台新闻联播对西安荣获"双科中心"的报道

截止2023年1月，在全国同时拥有综合性国家科学中心及国家科技创新中心"双科中心"的仅仅只有四家：即北京、上海、粤港澳大湾区和西安。不过，客观的说，粤港澳大湾区与北京、上海、西安有所不同，大湾区不是一个城市，而是一个国家早已确立的城市群，包括了广东省的广州、深圳、佛山、肇庆，东莞、惠州，珠海、中山、江门以及香港、澳门两大特别行政区等11个不同区域的不同城市，是整个粤港澳大湾区在共同承载这个"双科中心"。但中国的四大"双科中心"，作为独立城市的其实只有北京、上海和西安三家。而身为"双科中心"三大城市之一的西安，这是近年来继京沪西三城共享中国三大国际化大都市的城市定位后，西安又一次与北京上海两大巨头三城同伍，共享中国三大"双科中心"的城市荣光。

那么，"双科中心"对一个国家来说究竟有多重要？对一个城市来说究竟有多重要呢？从国外经验看，诸多科技大国和发达国家都有国家科学中心，都有科技创新中心，而这诸多国家的诸多"中心"都为各自国家的科技进步，做出了至高至上的巨大贡献。从国内形势看，中国目前正处于科技进步大跨越的新时期，正在推进科技创新驱动发展的新战略，而中国的"双科中心"，则是中国基础科学研究和科学技术创新并重的国家王牌，是产出重大原创科学成果和颠覆性产业技术的资源宝库，是推进科技进步跨越和科技创新驱动发展的国家动力，是中国科技强国、科技强军、科技赶超世界的国家中心！

而西安之所以能够成为中国的"双科中心"，完全是当之无愧、实至名归：西安是中国最大的航空工业基地，是中国最大的航天产业基地，是中国国防工业的汇集中心，是中国仅次北京的科研重镇，是中国排名第三的高校基地，是中国唯一的硬科技之都；西安航空工业的科研和产能占到了全国的四分之一，西安航天产业的科研和产能占到了全国的三分之一，西安国防工业的科研院所占到了全国的三分之一；西安的国家重点实验室、世界知名企业研发中心、各类精英人才、各类两院院士的数量，均位居全国各大城市前列；西安有诸多中国唯一的顶尖科研机构，西安研发出了诸多诸多赶超世界的国之重器……以上西安科技实力的具体展示，本书在第七、第八篇章分别都有过专篇专讲。

第五节　西安全国双中心唯一"一肩挑"的丝路科学城

不论是全国的五大综合性国家科学中心，还是全国的六大国家科技创新中心，其所在城市和地区无一例外按要求都必须要有一个或数个国家认可的核心承载区。当然，它必须是所在城市科技研发的聚集地，必须有强大的国内外影响力，必须不断产出国家高端的、重大的、有颠覆性的科研成果或转化项目。必须要围绕国家的战略需求，具备科学设施高端领先，基础科研实力雄厚，科技转化平台先进，创新能力突出超前，科技人才高度集聚，成果转化灵活高效，制度环境高度开放，是各类科创的活跃区和各类科学要素的集群中心。同时，又必须在大科学装置和国家实验室、研究投入与核心技术、高端科技人才与科技创新生态系统等方面仍然有着较大的提升空间。然后才有资格成为国家两个中心分别的核心承载区。用老百姓的俗语来说就是：你要有国家认可的金刚钻，才能揽国家交你的瓷器活。

根据国家批复的综合性国家科学中心和国家科技创新中心文件，两个"中心"中各城市的核心承载区分别如下：先看综合性国家科学中心——北京的承载区为北京怀柔科学城；上海的承载区为上海张江科学城；粤港澳大湾区的承载区为深圳光明科学城；西安的承载区为西安丝绸之路科学城；合肥的承载区为合肥高新区。再看国家的科技创新中心——北京的承载区有四个，分别为海淀中关村科学城、昌平未来科学城、怀柔科学城、亦庄经济技术开发区；上海的承载区为上海浦东新区；粤港澳大湾区的承载区有三个，分别为深圳光明科学城、广州南沙科学城、东莞松山科学城；西安的承载区仍然为西安丝绸之路科学城；武汉的承载区为武汉东湖科学城；成渝经济圈的承载区分别为西部科学城成都区和西部科学城重庆区。以上内容如下列图表所示。

五大综合性国家科学中心和六大国家科技创新中心及核心承载区一览表

综合性国家科学中心	所在城市核心承载区	国家科技创新中心	所在城市核心承载区
北京	北京怀柔科学城	北京	海淀中关村科学城 昌平未来科学城 怀柔科学城 亦庄经济技术开发区
上海	上海张江科学城	上海	上海浦东新区
粤港澳大湾区	深圳光明科学城	粤港澳大湾区	深圳光明科学城 广州南沙科学城 东莞松山湖科学城
西安	西安丝绸之路科学城	西安	西安丝绸之路科学城
合肥	合肥高新区	武汉	武汉东湖科学城
		成渝经济圈	西部科学城（成都区） 西部科学城（重庆区）

如果细看以上图表，不仅可以看出中国两个"中心"分别的所在城市和承载区；也可以看出全国四大"双科中心"分别的所在城市和承载区；更可以看出一个特别之处：即全国四大"双科中心"所在的四大城市和地区，其中的北京、上海、以及粤港澳大湾区三家，所属的国家科学中心和科技创新中心两个"中心"的承载区名称不同，也即各自的两个"中心"分属两个或两个以上不同的承载区。如上海国家科学中心的承载区是上海张江科学城，而上海科技创新中心的承载区则是上海浦东新区；如北京国家科学中心的承载区是北京怀柔科学城，而北京科技创新中心的承载区则分别是北京的中关村等四个科学城；如粤港澳大湾区国家科学中心的承载区是深圳光明科学城，而粤港澳大湾区科技创新中心的承载区则分别是深圳广州和东莞三个城市的三个科学城；唯独只有西安一家，其两个"中心"都是一个共同的承载区，

即中国最大的科学城——西安丝绸之路科学城（简称丝路科学城）。

西安丝路科学城不仅是中国四大"双科中心"之一西安市的核心承载区，同时更是中国四大"双科中心"的城市和地区中唯一一个双科中心"一肩挑"的核心承载区。西安丝路科学城之所以能够承担起这个全国唯一的"一肩挑"，就在于她有这个国家认可的"金刚钻"，就在于她能够独立揽得起国家交给的这个"瓷器活"。

西安丝路科学城位处中国建设六大世界一流高新区之一的西安高新区，是西安高新区"一核双廊三片区"中的丝路科学城片区。按照媒体的报道："作为西安高新区承上启下、继往开来的核心板块，丝路科学城将依靠强劲的创新能力和经济活力，以具有全球影响力的硬科技创新高地，彰显中国气韵的'一带一路'国际科学交流中心、秦创原科技转化大平台和西安建设综合性国家科创中心的核心支点为定位，建设绿色智慧的未来理想城。

丝路科学城规划面积高达220平方公里，是全国最大的科学城。按照"一城三区十组团"的空间功能布局："一城"即丝路科学城；"三区"即丝路科学城的中央创新区、生态文创区、硬科技产业区；"十组团"即在三个片区之内，依靠生态廊道和现状雄厚的产业基础，形成科技金融、国际社区、生态文创、科学中心、科教创新、汽车产业、光电子产业、生物医疗绿色装备、新能源新材料和智能制造等十个产业组团。

在此前提下，按照西安综合性科学中心的"一核两翼"，按照西安科技创新中心"一核一圈一带"的总体构架，建设西安"双科中心"核心承载区。以科学城原有设施为依托，以西安的"硬科技"特色为先导，打造"科学、科创、产业、服务"的四大圈层，构建"基础研究—应用研究—成果转化—项目包装"的全链条创新体系。西安丝路科学城按照"一年见雏形、三年出形象、五年成规模、十年立新城"的战略目标，到"十四五"末，达到1万亿经济规模，聚集人口50万；到2035年，经济规模突破3万亿，聚集人口达到150万，成为西安经济发展的主引擎，成为世界科技前列的双中心。

中国的第四个"双科中心"花落西安，是西安城市地位不断进取的重要体现！而从新中国建立之日起，西安的城市地位一直都是与时俱进的：西安曾经是全国首批五个中央直管的计划单列市之一，曾经是全国六大区六大中央局所在城市之一，之后又是全国十大副省级省会城市之一，再后又是全国九大国家中心城市之一，再之后又是全国三大国际化大都市之一，2023年又成为中国四大"双科中心"的城市和地区之一。虽然可喜可贺，但从七十多年的城市履历来看，这只是西安城市地位与时俱进的又一个里程节点，这只是西安科技实力专业领域的又一次国家认定。而西安诸多得天独厚的城市优势，无疑将会继续伴随着古老而又现代的西安，在民族复兴的征途上，为西安不断地增光添彩，让西安不断地焕发青春，给西安不断地注入动力，使西安不断地与时俱进！

第三讲 西安城市地位与时俱进的八大优势

若论GDP，西安在中国的排名不算超前，但这GDP不超前并不代表西安没有超前的城市实力。西安历来都是中国最大的国防产业中心，是中国仅次京沪的科研教育基地，西安为国家做出了大量的、赶超世界的国防贡献，这些都是地方GDP不予涉及的部分。西安城市地位的与时俱进，主要靠的不是GDP，主要靠的是自己的"综合实力"。西安靠的是中国独一无二的华夏根脉，靠的是无与伦比的历史底蕴，靠的是丝绸之路的古今焦点，靠的是独具优势的科教军工，靠的是无以替代的战略区位，靠的是外国元首的情有独钟，靠的是世界四大古都的独特身份，靠的是西安在全世界强大的国际影响力……西安以自己独有的"八大优势"，完全可以让西安建设国际大都市底气十足、信心满满！

第一节 西安是华夏文明之源

"西安是华夏文明之源"，这是国家给出的概念。国务院在《关天经济区规划》中明确要求西安："要溯源寻根、传承创新，要留住文化根脉，彰显中国元素。"就是西安这块皇天后土，诞生了辉煌世界的华夏文明，且发扬了文化根脉,且光大了中国元素。

先看百万余年的"蓝田猿人"。远古时期,人类的先祖即在这里繁衍生息。1964年,中科院考古所在西安的蓝田发掘了猿人遗骨化石,经测定,时间为163至115万年之前,比此前的"北京猿人"早了最起码50万年,被国际组织认定为"蓝田中国猿人"。更重要的是,蓝田猿人的头盖骨是世界上现存最早、最完整的猿人头骨,极其极其珍贵。

150多万年前的西安蓝田猿人遗址

再看6000年前的"半坡遗址"。半坡遗址于1953年由中科院考古所发掘,遗址面积高达5万平方余米。经测定时间距今6000年以上,是黄河流域典型的原始社会母系氏族公社村落遗址。国家级的西安半坡遗址博物馆规模壮观、珍藏稀有,是中国第一座史前遗址博物馆。

三看4700年前的"黄帝都邑"。2008年在西安高陵杨官寨发掘出的大型城市遗址,面积达80万平方米,相当于40个足球场的大小。经测定时间距今大约5000年，极有可能是当时黄帝的都邑所在，是中国最早也是同期规模最大的"城市"。该遗址被评为"中国十大考古新发现"并位居榜首，把西安的建城史，甚至建都史推到了5000多年以前。

四看华夏民族的"华夏"源自西安。中国人都称自己为华夏儿女，外国人都称中国人为华夏民族。本书前边已经讲过，中国最早有文字记载的"华夏"即出现在3000年前的西安。西周的文献书籍《尚书·周书》中记载："华夏蛮貊，罔不率俾"，意思即为，不论是中原的华夏民族还是边远的少数民族，没有不顺从大周王朝的。在此，华夏一词即为当时西周民族的自称。

五看中国国名的"中国"在这里诞生。在陕西宝鸡的博物馆里，珍藏着一件西周都城的宫廷青铜器"何尊"，其腹内共122个字的铭文中赫然镌刻着"宅兹中国"四个字，中国中国，中央之国，原来，中国的名字即由此诞生而来！这是迄今为止中国历史上首次出现的"中国"一词，也是最早中国国名的文字记载。

若要再向外延伸，扩大到古长安城的京畿方圆、距西安市一小时的车程范围：向北还有华夏始祖的黄帝陵；向西还有炎帝故里的炎帝陵；向东还有中华民族的父亲山华山；偏北还有中华民族的母亲河黄河；紧靠着华山的潼关县，还有传说中女娲在此抟土造人的女娲山。

泱泱大中华，千古大西安。华夏文明在这里起源、奠基并走向世界，华夏儿女无不拥有这块皇天后土上的根脉。外国人对中国历史的崇拜，最感兴趣的就是这一点。

第二节　西安是中国古都之最

"西安是中国古都之最"，指的是西安在中国历史上建都朝代最多，建都时间最长。对于城市建都的多少和时间，按照学术界计算王朝的标准有八条：

第一，必须要有明确的国号；第二，必须要有明确的帝王，第三，必须要有明确的都城名字；第四，必须要有都城在当今城市的所处位址；第五，必须要有相应的"中央"机构；第六，必须要有统辖的国土和行政分支；第七，必须是历史文字明确记载的朝代和都城；第八，以建朝时确立的都城为准，以"中央"机构的所在地为准，不包括"陪都"，更不包括巡幸之"都"。

按照以上的计算标准，西安的建都朝代有不同的专家给出了不同的结论：有 13 朝之说，还有 15 朝、16 朝、17 朝之说。依照 13 朝之说，西安建都朝代有：西周、秦代、西汉、新莽、东汉（汉献帝）、西晋、前赵、前秦、后秦、西魏、北周以及隋代和唐代。而 15 朝之说是再加上了更始和赤眉；16 朝之说是再加上了黄巢的大齐；17 朝之说是再加上了李自成的大顺。然而，西安市的官方宣传只选择了最少的"13 朝古都"，这也是中国古都学会发布出来的最客观的权威概念。很显然，西安市不仅取掉了其他四个不足四年的短期政权；也未计入西安作为数百年"陪都"的大小朝代；更不会计入杨官寨轰动全国极有可能的"皇帝都邑"。

中国历史上定都西安的 13 个朝代相关情况一览表

朝代	都城名称	现今位置	起 止 年 份	先后历时
西周	丰镐	西安市长安区	从公元前 1046 年周武王元年到公元前 770 年周平王东迁洛邑	276 年
秦	栎阳、咸阳城	西安咸阳两地	从公元前 383 年秦迁都栎阳到公元前 207 年秦朝灭亡	178 年
西汉	长安	西安市未央区	从公元前 202 年刘邦立汉建都长安到公元 8 年王莽推翻西汉	214 年
新	长安	西安市未央区	从公元 8 年王莽新朝建立到公元 23 年新朝灭亡	15 年
东汉	长安	西安市未央区	从公元 190 年汉献帝迁都长安到公元 195 年离开长安	5 年
西晋	长安	西安市未央区	从公元 313 年晋愍帝在长安称帝到公元 316 年匈奴攻克长安	4 年
前赵	长安	西安市未央区	从公元 319 年前赵光初二年到光初十二年即 329 年	12 年
前秦	长安	西安市未央区	从公元 351 年到 385 年	34 年
后秦	长安	西安市未央区	从公元 386 年到公元 417 年	32 年
西魏	长安	西安市未央区	从公元 535 年西魏大统元年到公元 557 年被北周取代	22 年
北周	长安	西安市未央区	从公元 557 年北周建立到公元 581 年隋朝建立	25 年
隋	大兴	西安市区	从公元 581 年隋朝建立到公元 618 年唐朝建立	37 年
唐	长安	西安市区	从公元 618 年唐朝建立到公元 904 年朱温胁迫唐昭宗东迁洛阳	289 年

13朝古都！要知道这不仅仅是西安官方以及中国古都学会对外宣传的概念，更是早在10年前就在国务院文件中出现的国家认定。2009年，由国家发改委制定由国务院审核批复的《关天经济区规划》即明确表述：这里是"华夏文明的重要发祥地，是著名丝绸之路的源头，也是13个王朝古都所在地，拥有大量珍贵的历史文化遗产和丰富的人文资源"。中国有"四大古都"之说，有"六大古都"之说，也有"八大古都"之说，甚至还有"十大古都"之说，但国家在诸多的《经济区发展规划》中，在诸多的《城市群发展规划》中，却唯独只对西安提出了关于"古都"方面的发展要求和明确强调了"13朝古都"的特定概念，不能不让人为之一震。我们相信，作为发改委制定、国务院审定的国家文件，其中的每一句话，绝对都是在深思熟虑、反复斟酌、认真考证的情况下才会最终写入文件并确定文件出台的。

国家认定了西安的13朝古都，国人认定了西安是中国建都朝代最多、建都时间最长的城市。而对中华文化最为痴迷的日本人，则直接由其国家电视台担纲，拍出了88分钟长的专题纪录片《西安——永远的都》，是日本把西安的"古都之最"以日本独有的表现方式全景式地展示给了整个世界。

第三节　西安是古代世界中心

国际大都市可以有多少个，但世界中心只有一个。如今，谁是世界中心？大多国家都会说是美国的纽约，纽约是如今世界上最具代表性的国际大都市，是全球最大的城市，是联合国的驻地，云集了大量的外籍人口，比例高达16%以上。而在唐代，谁是世界中心？是中国的长安。长安是1000多年前世界最具代表性的国际大都市，是全球最大的城市。虽然当时世界没有联合国，但当时长安有各国尊崇的"天可汗"，形成了世界空前未有的万国来朝。长安是全世界第一个达到百万人口的超大城市，千年之前的长安外籍常住人口就高达 10 万以上，各方面都不逊色于现在国际大都市的世界标准。

高度开放的长安城，吸引了潮涌般的外国人：有受到大唐皇帝恩赏来长安做官的各国英杰；有向世界超级大国献贡朝拜的各国使节；有蜂拥丝绸之路起点贸易从商的各国富豪；有与大唐长期作战最终集体归顺的外国将军；有来世界文化圣地学习交流的外国学者；有专来世界最大城市定居落户的外国移民……

魅力无限的长安城让这些有头有脸的外国人来了都不想走。外国的使者出使大唐，喜欢长安、留在长安，一直在长安活到 95 岁；外国的王储因国内动乱，客居长安，最终不想回国老在了长安；大唐的死敌突厥可汗，被俘后爱上长安，连同家人一生都留在了长安；外国传教的高僧，来到长安后方知天外有天，一学就是四十年；日本的遣唐使，求学长安，功成名就后不思回国，一生到老做的都是长安的官；更有那些外国的客商，在长安赚了大把的钱，随之置地买房、收集古董、娶妻成家，变成了长安的永久市民……凡来过长安的人，人人都纳闷："大唐长安城，满街尽胡人"，谁也分不清这是在中国还是在外国。

长安城的世界中心，长安城的国际大都市。虽然已经成了过去，但是如今中国要实现中国梦，要建设新的国际大都市，西安理应是必然的选择，因为，她 1000 多年前就是唯一的世界中心，她有国际大都市的基因，她有国际大都市的传存，她有国际大都市的文化底蕴，她有因曾是"世界中心"而形成的如今巨大的国际影响力。

第四节　西安是丝绸之路起点

丝绸之路，东起中国的"长安"，西至欧洲的罗马。而丝绸之路在西汉，不仅是丝绸之路，更是文化之路，战略之路。丝绸之路的开通，贡献了中国的创举,输出了大汉的文明。从此之后,各国的使者和商队,争先恐后、络绎不绝,蜂拥来到大汉都城的长安,学习取经、交流贸易、建立关系、朝贡示好。丝绸之路,不仅让中国普惠于世界各国,更使大汉威名远扬,誉满世界,让世界的"辞典"、让各国的人民,从此出现了一系列的大"汉"名词:汉人、汉语、汉字、汉学、大汉民族、大汉帝国,等等。但最让世界难以忘怀的,则是大汉的"长安",一个令人们充满梦幻般向往的国际大都市。

丝绸之路,是一个已经改变了世界的大汉战略,它是古代中国对古代世界的伟大贡献。而如今的"一带一路",则是一个正在改变现代世界的中国战略。它是迄今为止世界上最为宏大的经济开发合作计划,将惠及亚欧非60多个甚至近百个沿线国家,全称为"丝绸之路经济带"及"21世纪海上丝绸之路",它是现代中国对现代世界的伟大贡献。

古代丝绸之路,西安不仅是起始点,而且是开创者;今天的"一带一路",西安更是承古起今、肩负重任。西安地处中国欧亚大陆桥的中心点,西端连着阿拉山口,连的是陆上丝绸之路,东端连着连云港,连的是海上丝绸之路,一肩两挑、陆海互贯。更何况"欧亚经济论坛"的永久性会址设定西安,作为地处欧亚大陆桥中心点唯一的特大城市,正值国家建设国际化大都市,此时的西安市,即便不想"国际化",恐怕也由不了她自己。

第五节 西安是中华文化之都

在中国,哪个城市是中华文化之都?你问中国人也许说法不一,但你若问外国人,几乎回答相同:那一定是中国的西安。中华文化博大精深,无形有形,但只要你进入了西安,你即进入了中华文化的海洋。随时都可以感受和触摸,无处不在、处处都有!

在西安,踏脚之处都是宝库:一铲铲出了一个半坡遗址;一画画出了一

第九篇章　西安　与时俱进的城市地位

个秦兵马俑；一锹挖出了一缸宫廷珍宝；一镐刨出了一坛西汉美酒……西安的地名都是历史，大学习巷、小习巷，不是西安人学习的场所，而是1000年前专门让外国人学习中国礼仪的地方；西安的美食都是文化，不论是肉夹馍、葫芦头、还是老鸹脺，都有自己的历史故事；北京京剧的票友，大多都是北京的市民，而西安，中国戏剧鼻祖的秦腔，是3000万陕西人都在吼唱，是农村五六岁的小孩都能上台表演；西安人的土话都是古汉语，骂人不用"滚蛋"，而用的是"避远"，吐了一地用的是"吐"，而吐他一脸则用的是"唾"；西安是中国道教、佛教的朝圣之地，中国道教有两大教宗，其中有一大教宗的祖庭就在西安，中国佛教有八大教宗，其中六大教宗的祖庭都在西安；"南方才子北方将，关中的黄土埋皇上"，西安13朝古都的76个皇上，除了一两个回不来的，全部都埋在了西安，连武则天也不能例外；西安周秦汉隋唐的遗存遍布西安，让你天天游天天腿痛；来西安旅游的外地人外国人打问西安人：西安都有哪些名胜？西安人的回答是：西安遍地都是名胜，只看你要看啥？我再为你细说；西安的中华文化是世界东方文化的"辞典"，日本天皇有史以来第一次到访中国选择西安，其目的竟然是专到西安的碑林，

中国佛教六大教宗祖庭所在的西安六大寺院

专查日本的年号，最终不虚此行，在浩如烟海的碑文中查出了自己作为日本天皇的年号"平成"。

国家主席习近平在美国参观西雅图林肯中学时向师生们介绍说："看数千年的中国到西安，看五百年的中国到北京，看一百年的中国到上海。"偌大的中国，习主席点名的恰恰就是中国的三个国际化大都市。习主席叫外国人到西安看的是什么？当然看的就是中国的灿烂文化，看的就是中国的千年大都。

第六节　西安是世界旅游大城

西安是中国的旅游名片，是世界的旅游大城。不到西安，不知道中国历史的厚重，不看西安，不知道中华文化的灿烂。西安作为中国历史最久的古都名城，数千年的历史积淀，十多个朝代的历史传承，形成了中国体量最大、类别最多、格次最高、保存最好的旅游资源。有奇迹类的、有远古类的、有古城类的、有宫殿类的、有皇陵类的、有遗址类的、有古塔类的、有寺庙类的、有地宫类的、有温泉类的、有风景类的、有生态类的、有山岳类的、有湖河类的，还有博物馆院、有书法碑林、有影视基地、有非遗演艺、有美食街区，等等。中国共有150个旅游类别，而西安一个城市就占有了89个。以上的资源品牌，其中有诸多都是世界级的旅游经典、誉满全球的旅游大牌，诸多都有自己的全国第一或中外独有。

在中国，每个城市都有自己的旅游资源、旅游品牌。在中央电视台天天都有层出不穷、五花八门的旅游广告，有的以省为群体联合推介，有的以城市为品牌集体宣传，有的以景区为单位独自广告，总之不惜重金、频繁播出。然而，有谁曾经见过西安、见过西安的景区打过广告？作过宣传？人们对其中的原因不得而知。其实，原因很简单：第一，西安的名胜数量太多，根本宣传不过来；第二，西安的名胜名气太大，根本不用打广告；第三，西安的名胜有中外大量的义务宣传员,从平民百姓到国家元首,从中国媒体到外国媒体,从来对西安的宣传都是不遗余力。特别是诸多的外国元首对西安的宣传做出了巨大的贡献,其言其文其行动,鸣惊四海!且不断通过中外的重要媒体传遍全球,让西安在整个世界更加耀眼。

2018年4月,"世界文化旅游大会"在西安隆重召开。会议决定:从本次大会起,"世界文化旅游大会"的会址永久性落户西安,让千年之后的古都西安又成了世界旅游的聚焦中心。

第七节　西安是科教军工重镇

衡量一个城市的地位和实力,GDP并不是唯一的标准,特别是所有军工领域研发生产的军品都不在地方GDP的统计之内。而西安则是中国著名的科教军工重镇,是中国最大的军工制造基地,它虽然使西安的GDP少了一部分,但却有力地提升了西安的城市地位和实力。世界上衡量国际大都市的十大要素是:政治中心、经济中心、第三产业、地理优势、文化优势、交通优势、教育优势、科研优势、制造基地以及城市规模,而这十大要素几乎都是西安的优势。在此仅把西安的高校资源、科研实力以及制造基地再作以简单地概括。

西安的高等教育,其高校的数量、实力、重点、类别在全国仅次京沪,排名第三;西安的科技资源、科研机构、科研人才,在全国仅次京沪,排名第三;特别是西安的军工研发实力,在全国仅次北京排名第二。

中国兵器工业集团在全国共有21家科研院所,其中除北京拥有3家外,其它的上海、重庆、成都等11个城市各有1家,共计14家。而总共21家中的剩余7家,除一家设在紧邻西安的咸阳外,其他的6家则全部都设在了西安,几乎占到了中国兵工集团所有科研院所的将近1/3。另外,中国兵工集团在全国仅有的两个兵器工业管理局其中一个即设在西安（另一个在重庆），且在西安建有规模宏大的"中国兵器西安科技产业基地"。

中国航天科技集团在全国共有8大研究院，每院又都有各自的下属研究所。除其中的航天一院、五院、九院、十一院4个院设在北京、航天七院和八院设在上海和成都外，另外两个分别研发制造固体火箭发动机、液体火箭发动机以及导弹发动机的航天四院和航天六院则都设在西安，还有专门研制卫星的航天五院唯一的一家"分院"西安分院，还有航天科技九院共下辖6家研究所的其中两家研究所也都设在西安。两个研究大院、一个五院的分院、两个九院的研究所，西安的航天工业，足足占到了中国航天科技集团八大研究院的1/3。

中国航空工业集团在全国共有研究院所27家。其中北京7家；上海、洛阳、襄樊各2家；另外的8个城市各有1家，共21家；而中航工业27家科研院所的剩余的6家，统统都设在西安。而且，西安的6家院所全部都是中航工业的顶级院所：有中国唯一的飞机设计研究院；中国唯一的飞机鉴定试飞院；中国唯一的飞机强度研究所等。按照中航工业集团的说法，其1/4的科研配置、固定资产、从业人员、工业产值都聚集在西安。

至于其他三大军工产业的"中船重工集团""中核工业集团""中国电科集团"，同样在西安设有多家科研院所和生产单位，且都占到相当的比例。另外，还有并不属于十大军工集团但其科研则大多为国防服务的中科院西安光学精密机械研究所，同样为中国国防重大任务做出了重大贡献。

另外，西安是中国汽车工业的重要生产基地，中国乘用汽车的比亚迪、吉利、开沃、宝能4个汽车集团都在西安设有生产基地。特别是中国重型载重卡车的龙头企业"陕汽"其总部，其生产基地都设在西安。陕汽制造的超大型载重军车连续参加了1984年的国庆35周年大阅兵、1999年的国庆50周年大阅兵、2009年的国庆60周年大阅兵、2015年的庆祝抗日战争胜利70周年大阅兵以及2017年的中国人民解放军建军90周年大阅兵。在2019年10月

1日的国庆70周年盛世大阅兵中，陕汽军车又一次荣耀登场，分别在信息作战、无人作战、后装保障、战略打击四个模块所属的七个方队中，共有67辆重型军车载着各种大型国防重器浩浩荡荡驶过天安门广场，是全国同行业中唯一连续六次参加国家大阅兵的重型军车生产企业。

上述西安的高等教育、科研实力、军工制造三大方面，涵盖了国际大都市标准的教育优势、科研优势、制造基地三大标准。而且在中国除了北京和上海，没有哪个城市可以再超越。

第八节　西安是承东启西支点

三足鼎立，中国在最需要国际大都市引领的大西部立下了一条"腿"。然而，中国的国际大都市，不仅仅是一顶华丽的皇冠，作为相较于北京上海具有特殊意义的中国第三个国际大都市，西安要承担的角色、要肩负的重担则是多种多样的。其中无以替代且任重道远的"承东启西的战略支点"，即是国家赋予西安最特殊而又最艰巨的任务。

由于历史的原因，中国形成了长期以来的东部发达、西部落后，东部富裕、西部贫穷，这一发展极不平衡的东西格局。地区贫富的差异、民众收入的悬殊，这已经成了中国历届政府都要面对的重大课题。新中国成立之后，中央政府持续不断地对西部地区的教育、科技、文化、卫生以及基础设施进行了大量的投资建设。其中最大的举措即是2000年实施的"西部大开发"，把对西部的发展支持，缩小东西差距的决心，提升到国家战略的高度。为此，中央专门成立了"西部开发领导小组"，并由国务院总理亲自挂帅担任领导小组组长。国务院的相关文件中明确强调："实施西部大开发，加快改变西部面貌，关系经济发展、民族团结、社会稳定，关系地区协调发展和最终实现共同富裕，是实现国家第三步战略发展目标的重大举措。"

在史无前例的西部大开发中,西安的地位举足轻重、无以替代,她既是西部开发的桥头堡,又是西部开发的排头兵,为西部开发做出了重大的贡献。时隔十多年之后,中国的西部大开发仍在继续,而更大的"中国梦"蓝图又已绘出。但是,着力发展中国西部、尽快缩小东西差距,仍然是"中国梦"的头等要事。无疑,在实现中国梦的伟大战略中,在发展西部、缩小东西差距的具体操作中,西安所处的国之中心,西安所处的东西部结合之处,西安作为丝路起点的千古大都,以及西安作为中国的科技、教育、军工制造的重要基地,必然还是一个举足轻重、无可替代的战略角色。

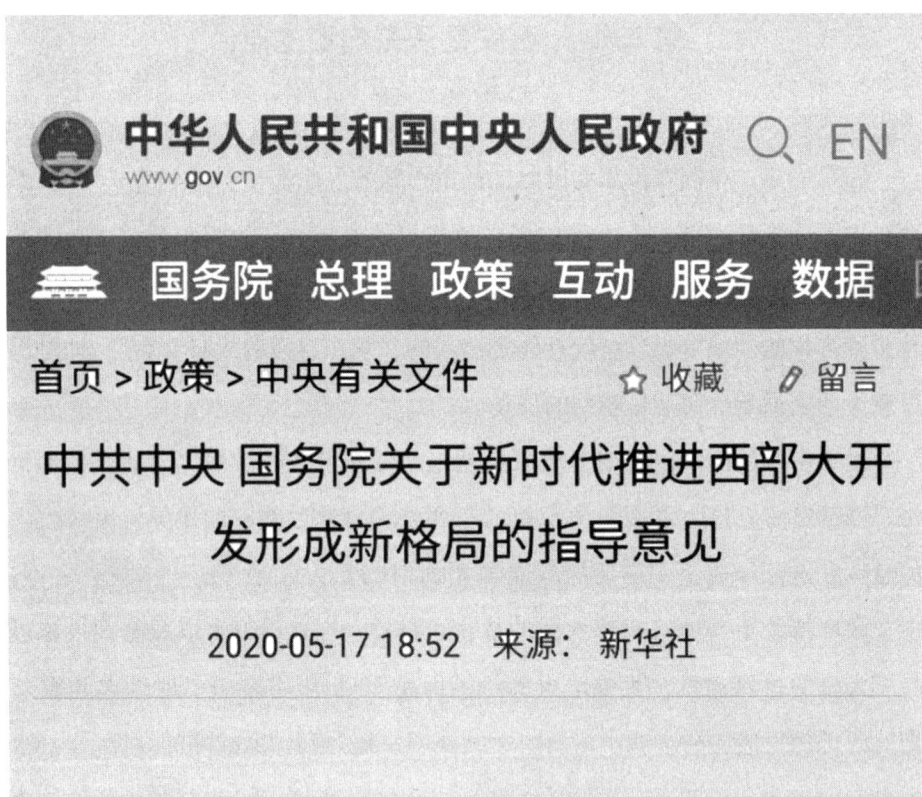

2020年《中共中央国务院关于对新时代推进西部大开发形成新格局的指导意见》

2009年,国家在《关天经济区发展规划》中明确指出:"西安地处欧亚大陆桥中心,是承东启西、联接南北的战略要地。"以及西安是"**关天经济区**

的核心，对西部和内陆地区具有引领和辐射带动作用。"时隔10年后的2018年，国家在《关中城市群发展规划》中又明确表示："**西安要加快以下定位上的突破：向西开放的战略支点！立足古丝绸之路起点，发挥区位交通连接东西、经济发展承东启西、文化交流东西互鉴的独特优势**。"以及"西安向西开放的战略支点作用进一步显现，东西互动、南北协调、引领西北、服务全国的开发开放格局进一步形成，开放型经济向更广领域和更高层次迈进。"

如果对以上两个《规划》的相关论述进行重点概括，很显然，无非就是两大要点：一点是针对西安的定位，即："向西开放的战略支点"；另一点是赋予西安的重任，即：东西互动、南北协调，对西部和内陆地区（而不是仅对西北）具有引领和辐射带动作用。"

着力发展西部经济，尽快缩小东西差距，是中国的一项长期战略，更是实现"中国梦"的重要组成部分。而西安被国家定位为这一战略中承东启西的"战略支点"，这应该是西安有幸成为中国第三个国际大都市重要的原因之一。

八大优势，最具西安个性。作为继上海、北京之后国家确定建设的第三个国际化大都市，西安离上海、离北京显然还有很大的差距。不过，西安当然也知道，西安和上海北京有所不同：按照国家《规划》的要求，西安是在"建设国际化大都市"，是在"着力打造国际化大都市"，是按《规划》"建成具有历史文化特色的国际化大都市"。对此，西安始终不张扬、不宣传，而是一直都在按目标默默做事，埋头追赶，加快速度。对于西安的飞速发展，2005年日本国家电视台拍摄的88分钟专题纪录片新丝绸之路之《西安—永远的都》在片中如此说道："西安建设的速度，是日本不可想象的速度……都城虽然迁移到了北京，但比起智慧的积累，这个古都还绝对不会输给别人。"日本人的纪录片，从头到尾充满了对古都西安的无限怀念和眷恋。然而，如今的西安拥有的并不仅仅只是"历史文化特色"，西安的八大优势各领风骚。建设西安的国际化大都市,重塑丝绸之路的"东方之都",是国家战略的考量,是民族崛起的需要,是国际社会的期盼,也许它更是大西安再度辉煌的历史轮回。在这里我用一首小诗为《西安所以然》第九篇章"西安与时俱进的城市地位"来结尾:共步华夏五千年,周秦汉唐各为先。古城新城两辉映,中华文脉一脉传。八路大军硬科技,米字高速指天边。丝路驼铃声重响,国际都会今又还。

第十篇章

西安 幸福自豪的西安市民

　　西安人外出旅游，当人们知道是西安人时，经常会立即有所反应——有的说：西安好呀！西安是旅游名城，有兵马俑、有大雁塔、有古城墙；有的说：西安好呀！西安是美食之都，有羊肉泡、有葫芦头、有肉夹馍；还有的说：西安好呀！西安是世界四大古都，我去过，真是一座独具魅力的城市……2018年，西安市全年吸引人才达到80多万，其中60%以上是学历落户，15%以上是行业人才。这些人选择西安的目的，有的是冲着西安的城市，有的是冲着西安的胜景，有的是冲着西安的美食，有的是冲着西安的文化，有的是冲着西安的科研，还有的是冲着西安对个人事业的发展潜力……总之，每个人喜欢西安，都有各自不同的喜欢取向。然而，西安人对西安的喜欢，则是包罗万象、无所不有，而且说起来底气十足，有论有据，成篇成章。

西安最中國
來了還想來

第一讲 西安市民的交通出行 优势尽显

在中国的诸多城市,都有各自相对的交通优势,其中包括了水运、航空、公路和高铁,还包括了市内交通的地铁,甚至还包括了市内交通的公交。但是,很少有哪个城市能像西安,以上的类别,除过水运之外,所有方面都有它的优势,而且,有的是全国之最,有的名列全国前茅,还有的是全国的独一无二。西安的交通出行,不论是单项,还是综合,总体来说都是位处全国前列,这是西安市民的第一大自豪。

第一节 西安的航空机场 世界机场五十强

世界机场五十强!听起来口气委实不小。但是,它确实是世界机场五十强!西安是世界公认的"新丝路的新起点",是"一带一路的聚集地"。然而,在目前交通条件的现状下,世界各国到西安,只有坐飞机,但坐飞机到西安,只有到西安的国际机场——西安咸阳机场。而肩负重任的西安咸阳机场,在一带一路实施后,其软实力、硬实力都是日新月异、一年一大变,而且是后劲强大,势不可挡。

一看近年来西安咸阳机场的全国位次。2017 年,西安咸阳机场的旅客吞吐量在全国十大机场中排名第八，而旅客吞吐量的增速则位居十大机场的全国第一；2018年，西安咸阳机场的旅客吞吐量在十大机场中上升一位，排名全国第七，超越了原为全国第七的上海虹桥机场，且货邮吞吐量的增速，也夺得了十大机场的全国第一；2019年，西安咸阳机场的旅客吞吐量继续位列十大机场的全国第七，而货邮吞吐量的增速，则仍然继续位列全国的第一。

二看近年来西安咸阳机场的世界排名。2017年，西安咸阳机场在全球航空权威服务机构SKYTRAX发布的《世界最佳机场100强》榜单中排名第45；2018年西安咸阳机场在《世界最佳机场100强》榜单中排名第38；2019年西安咸阳机场在《世界最佳机场100强》榜单中排名第44；2020年西安咸阳机场在疫情中表现得更为亮眼，一举获得该榜单排名第11名。在全球数千家各国机场的整体排名中，西安咸阳机场连续四年位居世界机场前50强之内。

三看近年来西安咸阳机场的通达航线。2018年，西安咸阳机场通航国内线路240多条，覆盖了全国所有的省会城市和重要旅游城市；通航国际线路69条，连通了32个国家的70多个世界航空枢纽和著名旅游城市。2019年，西安咸阳机场新增国际客运航线19条，国际航线累计达到88条，通达全球36个国家、80多个主要航空枢纽和重要旅游城市，其中通达"一带一路"沿线20多个国家和地区的著名城市43个。与此同时，国内航线也在不断拓展网络，不断增加热线，根据官方媒体报道的第三方权威机构评估结果，西安咸阳机场的国内航线通达能力已经高居于全国机场的首位。

最后再看近年来西安机场的三期扩建。西安在一带一路中无可替代的战略地位，让整个世界都聚焦在了如今的大西安。西安机场现有的运力已经远远不能满足形势的需要。根据国家对西安要求的"构建'丝路贯通、欧美直达、互连五洲'的国际网络新格局"的具体目标，西安机场于2020年7月正式动工实施了规模宏大的"第三期改扩建工程"。该工程总投资471.4个亿，是西安有史以来投资量最大的单体工程项目，也是全国机场投资量最大的改扩建工程项目。西安机场的三期扩建，共新建三条跑道、115个机位、一座超大型航站楼，2025年正式投入营运。在这里，需要重点强调，西安机场的三期改扩建，在我国现有的大型机场以及正在新建、正在改扩建的大型机场硬件对比中（不包括远期规划），将创出一个全国第五，一个全国前三，一个全国第二，两个全国第一！全国第五是整个机场的占地规模；全国前三是同时拥有四条跑道，仅次上海浦东机场以及北京新建的大兴机场；全国第二是新建的T5航站楼70万平方米的建筑面积，仅次北京大兴机场70.8万平方米的航站楼；两个第一即，机场同时拥有四座航站楼和总投资471.4亿元的改扩建均是迄今为止全国所有机场改扩建工程中航站楼数量及投资总额的最大项目。

以上将西安咸阳机场的全国位次、世界排名、通达航线、三期扩建都说了，但唯一还有一个非常重要的问题没有说，那就是所有乘飞机的人最为关注的问题，又是所有机场都无法避免的问题——飞机航班的误点！而西安咸阳机场一花独秀，在"飞常准"《中国大陆3000万级以上机场准点率排名榜》中，2018年、2019年连续两年独占鳌头，排名全国第一！在"飞常准"最新的2019年12月《亚太地区大中型机场出港准点率TOP榜》及《全球大中型机场出港准点率TOP榜》的排名中，西安咸阳机场双双夺魁，排名亚太第一！全球第一！

"非常准"2019年中国大陆3000万级以上机场准点排名

排名	三字码	机场	实际出港航班量	出港准点率	起飞平均延误时长（分钟）	级别
★1	XIY	西安咸阳	169768	81.31%	24.94	4000万级
★2	CKG	重庆江北	155989	79.92%	24.24	4000万级
★3	KMG	昆明长水	177103	79.02%	25.96	4000万级
4	CAN	广州白云	233396	78.50%	26.87	7000万级
5	SHA	上海虹桥	134289	78.21%	26.71	4000万级
6	CTU	成都双流	179052	78.10%	28.44	5000万级
7	PVG	上海浦东	232903	74.55%	28.63	7000万级
8	SZX	深圳宝安	171927	73.71%	32.72	5000万级
9	PEK	北京首都	286246	70.83%	31.43	亿级
10	HGH	杭州萧山	132917	66.76%	37.43	4000万级
11	NKG	南京禄口	109611	64.06%	41.74	3000万级

第二节　西安的高速公路"米"字枢纽多三画

什么是交通枢纽？相关解释说得清清楚楚，交通线路的交叉即为交通线路的枢纽。能够成为国家交通线路中的"米"字形的交通枢纽，是全国每一个城市的梦寐以求。

对于高速公路来说，一条线路通过一个城市，那只能是一个"一"字，没有任何交叉；两条线路通过一个城市，即可形成一个"十"字；三条线路通过一个城市，则可写出六道"笔画"；而若有四条线路同时在一个城市汇集，方可构成一个"米"字。"米"字形的高速网络，不仅是四条线路的交叉，而且是八道"笔画"的辐射，那是国家高速公路路网的最高级别，是极难得到的！

然而，正如前面所说的，高速公路的路网，只要有交叉，不论是两线的交叉、三线的交叉，还是四线的交叉，不分层次，统统都可称之为"枢纽"。这些高速公路不同层次的枢纽，全国各地的所有城市，都曾经费尽心机、全力争取，都想成为国家路网中的枢纽。即便争不到大枢纽，中枢纽也可以，实在不行，争得一个小枢纽，对于地方经济的促进，也是一个不小的收获。但是，中国有着960万平方公里的辽阔国土，南北长5500公里，东西宽5300公里，遍布着300多个大中城市，各个城市都在极力争取，不要说想要争得一个"米"字，即便是三线交叉、两线交叉又有多大的概率呢？

两条线路的交叉即可称为枢纽，《国家高速公路路网》中国共有的36条高速线路，全国所有的300多个大中城市几乎没有到不了的地方。但是，在这300多个各类城市中，两条线路的交叉也只有8个城市；三条线路的交叉则更少，仅有6个城市；四条线路的交叉最为稀缺，只有两个城市。这两个城市的四线交叉，也即人们最为羡慕的"米"字形，它是中国高速公路的大枢纽！但是，"米"字形仅是四线交叉，是八道"笔画"的辐射，而地处中国国之中心的大西安，共拥有六条贯通全国的高速大线在这里交汇集中，即连霍、京昆、包茂、福银、沪陕和银百，减去沪陕高速只到西安不再通过的一"画"射线，其呈现出来的是个什么样的字形呢？那不是字，那是十一道"笔画"的辐射！虽然不成"字"形，但它却比"米"字形足足多出了三道"笔画"，也即不同方向的三条长长射线。中国36条的国家高速，覆盖了300多个大中城市，唯有西安一家，汇集了六条线路，占到了国家高速线路的六分之一，是中国高速公路独一无二的枢纽中的最大枢纽！

西安的六条国家高速，再加上自有的四环三纵七横多辐射的地方高速，形成了西安独有的"承东启西、迎南送北、纵横环绕、贯通全国"的高速公路蜘蛛网。进入西安环线，即可进入西安的所有高速公路。西安人若开车外出，不论你去全国的哪个城市，只要上了汽车，进入环线，盯紧路牌，看准出口，一脚油门，即可把你送到你所要去的高速专线。

第三节　西安的高速铁路"中国之最"有四个

西安不仅是中国高速公路的最大枢纽，也同样是中国高速铁路的最大枢纽，而且，这两个最大，都不带"之一"。最大的枢纽，当然要有自己的最大之处，西安最大的高铁枢纽，还拥有四个全国高铁领域相当一个时期之内都难以超越的中国之最。

一是西安的高铁枢纽，拥有线路全国最密。中国的高铁规划先有2008年的"四纵四横"，后又有2016年的"八纵八横"，再后又演变成了实际上的"八纵九横"。在中国《八纵八横高铁大通道示意图》中，全国的各条高铁线路、各个节点城市以及二者之间的走向结合，都表现得清清楚楚，一目了然。面对《示意图》，西安人一定会先找西安市，但密密麻麻的高铁网，在你还未找到西安之前，一个字形逼真的大大米字，即抢先进入了你的眼帘，这时你再顺着"米"字去找交汇点，呵！原来交汇点就是位处国之中心的大西安！

然后再向外延伸对比，才知道这就是全国唯一的高铁大"米"字，四大高速铁路，八条辐射长线，同时在西安汇集交叉，占到了全国八纵九横共17条线路的几乎四分之一。

二是西安的高铁枢纽，线路距离全国最长。西安的高铁，不用说线路的长度，仅仅从高铁图中大米字引出的条条长线即可看出。北看内蒙古的包头，南看海南岛的海口，东看江苏的连云港，西看遥远的大新疆，不论是纵线还是横线，都是中国的最边沿，都是跨越整个版图的顶级长线。若要说说距离的远近，京昆高铁将近3000公里，包海高铁3000公里以上，而横贯版图东西的陆桥高铁，长度则高达3580多公里，是中国距离最长的第一大高铁。

三是西安的高铁枢纽，高铁车站全国最多。五年后，西安将有五个火车站，即"四主一轴"。有原有站，有改扩站，有新建站，分布在西安的东西南北中。除过位居中心的西安火车站，其余的东西南北四个站，全部都是高铁站，而且都是大型高铁站，都是西安的门面站。在全国范围来对比，一个城市的高铁站，大多只有一个站，最多达到两个站，三个站的极为罕见，而同时拥有四个高铁站的，全中国恐怕也是罕见的。

四是西安的高铁枢纽，枢纽车站全国最大。火车站的大小，占地面积和建筑面积都是看不出来的，最能直观衡量火车站大小的就是站台和轨线的多少。车站通过的线路密，车站来往的火车多，站台和轨线当然就多，高铁车站更是如此。全国十大高铁枢纽站，其他九大站的站台和轨道，最少的是11站台20轨线，最多的是16站台32轨线。而西安的北客站，是18站台34轨线，而且轨线的序号标牌就高挂在候车站台的头顶，任何人一眼即可看见。西安北客站，不仅是全国最大的高铁枢纽站，而且是亚洲最大的高铁枢纽站。

西安的高铁能有四个"中国之最"，纯属因果关系：高铁线路的全国最密，高铁线路的全国最长，这是原因；高铁车站的全国最多，高铁车站的全国最大，这是结果！否则，车站建得再多，车站建的再大，那是为谁而建？总不能都成了摆设。

第四节　西安的地铁线路　纵横交错十条线

西安修建地铁，可谓想法很早，但是动手太晚。1972年，当时的西安市相关部门即打算效仿北京地铁，拆除西安城墙，沿城墙的沟壕基线建设首条西安地铁即西安环城线，且方案已得到当时市省两级的批准，可最终由于城墙保护的原因而被否决。如今，西安地铁虽然不是全国的最多，但对于西安市民来说，并不意味着它不是全国的最好。

1993年，西安市开始编制《地铁建设规划》，提出了修建四条地铁线路；2002年，《西安市城市轨道交通规划》正式出台，规划了修建六条地铁线路；2006年4月，《西安市快速轨道交通建设规划》通过了建设部的专家组评审；2006年9月，《西安市城市快速轨道交通建设规划》，经过了国务院的正式文件批复（2006—2015年）；2006年9月29日，西安地铁的首条线路——2号线北客站至会展中心区段开工建设；2008年10月30日，西安地铁1号线试验段金花路站开工建设；2011年9月16日，西安地铁2号线通车运营。至此，西安即成为了西北地区第一个拥有地铁的城市，并从此一发而不可收，一条条线路，陆续开通运营，陆续动工建设，陆续获得批准，成了全国地铁城市的一匹黑马。

西安地铁，截止2019年9月，已有5条线路即1、2、3、4号线及机场线开通运营，西安已经成了当时全国拥有5条以上地铁线路的十大地铁城市之一；到2020年，西安除正建的线路之外，5号线、6号线以及通往临潼的9号线开通运营；2021年，通往全运会会址的14号线，开通运营；2023年，16号线开通运营。自此，西安的地铁运营已经跨上了十条线路的台阶；到2025年前，还将还开8、10、15号线，共计达到13条线路。而且，根据有已有的规划，到2025年之后，西安的轨道交通还会持续增加，达到24条线路，作为国际大都市的大西安，也将会被轨道交通满满覆盖。

西安地铁的数量，目前在全国并不那么领先，但西安地铁起步晚而发展快,且正在突飞猛进,追赶超越。同时,西安地铁不断开拓创新,在整个地铁的规划建设当中,特别是在车站整体的形象展示上,融入了汉唐风采、融入了丝路文化、融入了古都特色,形成了中国地铁唯西安独有的一站一标志、一站一文化、一站一氛围。达到了硬件设施全国一流,软件建设个性尽显,实现了中国地铁的全新亮相。

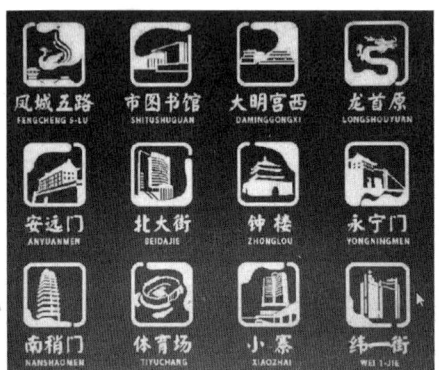

西安地铁站的一站一标志、一站一文化以及半坡地铁站的半坡文化

第五节　西安的地上公交　全程只要一块钱

以上西安的交通出行,所说的都是最大、最多、最高。而本节要说的,则是恰恰相反,是西安的全国最低:西安的城市公交,在所有省会以上的城市中,其票价,18年来一直都是全国最低最低的。

如今,全国各大城市公交车的车票计价,不外乎两种方式,一种是"一票制",一种是"分段计价"。一票制和分段计价差异悬殊:一票制是全段一个价,不论你坐多远,票价均为普通车一元整,空调车两元钱;而分段计价的起步价,即相当于一票制的全票价,且路途越远,票价越贵。分段计价的标准,有些城市是以公里为基数,如10里以内一元起价,10公里以上每5公里增加一元;有些城市是以站点为累加,如10个站一元起价,10站以上,每

5 站增加一元钱等等。普通车如此,空调车则另行加价。

一票制和分段计价,对于普通市民来说,当然是一票制的线路越多越好。在各省会以上的大城市中,一条公交线动辄就是几十站,一票制全线坐完仅仅只需要一块钱。更何况,只要是一票线路,绝对是刷卡线路,而只要是刷卡线路,大多都有刷卡优惠。然而,一票制的线路越多,公交企业的利润就越少,故各个城市在对一票制和分段计价线路的划分上都相对畏手畏脚、小心慎重。不少城市在一票制的线路长短上都打了折扣,有的是 15 公里以内的线路实行一票制,有的是 20 公里以内的线路实行一票制,反之,超过 15 公里、超过 20 公里一律划入分段计价的线路范围。同时,在刷卡打折的优惠上,各个城市也多有不同,优惠不一,有六折的,有七折的,还有八折的,更有九折的。以至于打九折城市的市民大发感慨:一块钱的票价,优惠一毛钱,还不如不优惠。其实,还真有个别的城市,刷卡丝毫不优惠,实行 IC 卡,纯粹只是为了减少一个售票人员,纯粹只是为了无人售票而服务的。

而在西安,则把一票制的线路及刷公交卡的优惠几乎拓展到了最大范围。不论公里远近,不论站点多少,除过远郊县和极个别的特殊线路之外,凡是西安市公交总公司下属公司的营运线路,凡是西安市公交总公司参股公司的营运线路,不论远近,包括四十多个站点的公交线,包括一直通到秦岭脚下的公交车,一律都实行的一票制,一律都使用的"长安通",一律都优惠的打五折——普通车刷卡五毛!空调车刷卡一块!只要持有"长安通",只要上车刷了卡,任何人都可以坐完全程,而且连续长达 18 年,一直未曾改变,一直没有涨价。

西安市的前市长在接受媒体采访时说道:"西安市的经济发展在全国不是最好的,但西安市的公交票价在全国却是最低的。"西安市公交总公司的负责人在对媒体介绍时曾说:"西安市的公交车,票价全国最低,这一点人们都可以从网上查询。刷卡优惠打五折,全程只要一元钱(普通车只需五毛钱),可以保证,全国再没有低过这个票价的。"

西安四个品牌的纯电动公交车全部都是西安自产的

2019年3月出台的《2018年度全国主要城市交通分析报告》显示，西安市的公交出行，全国比例最高，这其中，公交票价的全国最低，不能不说它是一个非常重要的原因。全国最低，虽然低的只是区区的几毛钱，但乘坐公交车的人，则大多都是普通的平民百姓，是低收入的人群。几毛钱低的不是钱，更重要的是，它温暖了广大市民的心。

乘坐西安公交，还有一个明显的感受：不论是哪条线路，搭眼一看，车辆都是清一色的新车。坐在车内，再也听不到隆隆的响声，闻不到汽油的异味，司机的身旁，再也没有了那不断散发着热量的发动机。这是在西安建有生产基地的比亚迪、吉利、开沃、宝能中国四大电动车的巨头，为西安大多公交线路都换上了纯电动的崭新大轿车，让西安一举成了中国的"新能源汽车之都"，成了城市电动公交的中国排头兵。

第六节　西安的国之中心　东西南北路最短

周秦汉隋唐，古代中国的主流朝代都在西安定都，看中的究竟是什么？除了是战略要地，除了是天府之国，剩下最为重要的就是国之中心。在这里，总揽全国的东西南北，政令可以最快送出，军队可以最快到达，皇帝出巡全国路途相对最短，各地到京朝拜，也是公公平平，距离都是半个中国。如今，虽然西安早已不是京都，但中国的版图未变，西安的国之中心未变，全国东西南北最远的城市，对于西安来说，都是相对距离最短的城市。

翻开《中国地图》，看一看全国省会以上大城市的分布，南边最远的是海口，东边最远的是上海，北边最远的是哈尔滨，西边最远的是乌鲁木齐。在这里，我们进行一个简单的对比：全国所有的大城市都可参与，参与城市分别在《中国地图》中找出一个距离自己城市最远的中国城市，然后再和西安与这个城市的距离进行对比。其结果毫无悬念，不论有多少个城市参与对比，参与者与这个城市的距离，都绝对要远于西安与这个城市的距离。

不妨沿着西安周边省份的重要城市，在《中国地图》上作以具体比较：包头距离最远的城市是海口，而西安比包头与海口的距离要近得多；银川距离最远的城市也是海口，而西安比银川与海口的距离也要近得多；成都距离最远的城市是哈尔滨，而西安比成都与哈尔滨的距离要近得多；重庆距离最远的城市也是哈尔滨，而西安比重庆与哈尔滨的距离也要近得多；武汉距离最远的城市是乌鲁木齐，而西安比武汉与乌鲁木齐的距离要近得多；郑州距离最远的城市也是乌鲁木齐，而西安比郑州与乌鲁木齐的距离也要近得多。如果再从《中国地图》的中心向外延伸对比。昆明距离最远的城市是哈尔滨，而西安比昆明与哈尔滨的距离要近得多得多；南京距离最远的城市是乌鲁木齐，而西安比南京与乌鲁木齐的距离同样也要近的多得多。以上的对比结果，无须怀疑，那都是一个圆点一个圆点用尺子在地图上量出来的。

西安咸阳国际机场 2025 年投入运营的 T5 航站楼与中国最大的
航站楼北京大兴机场航站楼的建筑面积同为 70 万平方米

"西安的国之中心,东西南北路最短。"早在 2015 年,西安就曾经对外宣布:西安地处国之中心,西安咸阳国际机场三小时之内的航程,即可覆盖全国所有省会以上城市和重要的旅游城市。这一点,中国任何一个城市目前都无法做到,除非民航飞机提升了速度。三小时覆盖全国各大城市,给西安人创造了这样的机会:早上八点上飞机到乌鲁木齐参加庆典午宴,下午六点即可返回西安,下午七点即可坐在家中吃上了西安的自家晚饭。

西安的国之中心,东西南北路最短。路短的不仅仅只有飞机,还包括了高速公路,还包括了高速铁路,以及西安市民"国之中心"的心理距离。

"西安市民的交通出行全国领先",在本讲已经讲了机场、高速、高铁、地铁、公交,但唯独未讲"云轨"。西安的云轨是全国首条大型的公交线路,是西安市民期盼已久的出行工具。比亚迪在西安设有云轨车辆厂、云轨轨梁长、云轨配件厂，据悉均已实现了生产能力，首条27.5公里的云轨示范线也早已动工建设。但是，由于云轨是"新生事物"，之前国家并未有相关的政策规定，当云轨问世后，2018年国家发改委才出台了相应的文件，将"云轨"纳入了需要国家发改委审定批准的项目范围，故西安的云轨建设目前已经转入履行报批的相关程序。截至2021年，西安云轨终于获批。2022年已重新开工。2023年，西安的云轨将会让西安市民乘坐"空客"上下班，将会让西安市容多了一道风景线，将会一举改变西安市的城市交通大环境，形成只有北京和上海极少数城市才拥有的立体化综合交通新格局。

第二讲
西安市民的医疗资源 同比一流

西安宜居不宜居？人们选择的不仅仅是历史文化，不仅仅是城市环境，不仅仅是教育科技，不仅仅是名胜美食，也不仅仅是个人的发展前景，这些都是对生活质量的追求，而唯有医疗资源，则直接关系到人们的生命健康，是一个硬杠杠的硬道理。谁都想自己所住的小区，附近就是一座三甲医院，那等于给自己的人生旅途购买了一道永久性的健康保险。为什么人的身体出现不适，都要往大城市跑，冲的就是大城市的大医院，冲的就是大医院的大专家。而作为大西安的广大市民，多少年来都充分享受到了这一点：西安的医疗资源，"三甲"多、名院多、中国的顶尖医院也有，完全不需要远跑北京和上海。

第一节 中国的三甲医院 西安人均全国领先

"三甲"医院是中国医院分级管理中的一个等级。现行医院的分级管理共分为了"三级六等"，即按级可分为一二三级，按等每级又可分为甲、乙两等。医院的这个级别，不是部、厅、处、科的行政级别，而是对医院的硬件、软件以及服务的功能、医疗水准的综合评定。

其实，在1995年前，中国医院的等级并不是"三级六等"而是"三级十等"。虽然级别仍是一二三级，但不同的是每个级别则分的是甲乙丙三个等次，特别是随后又在三级的"甲等医院"之上，再增加了一个"特等医院"。是2011年卫生部的《医院评审暂行办法》对之前的三级十等进行了修订，才变成了现在的三级六等。不过，从1995年文件中出现特等医院的那时起，到2011年文件中特等医院的被取消，长达16年，在全中国还未曾出现过任何一例的特等医院。毫无疑义，"三甲医院"它就是中国医院中的最高级别、最高等次！

医院等级的评定每四年一次，且不搞终身制，全部动态化管理。其中三甲医院的评定条件最为苛刻，而且都是指标说话。整个评审，按照1000分的标准逐项打分，100多个具体的项目指标，诸多专家背靠背的打分评判，三甲医院的总分必须达到900分以上，否则，哪怕是只差一分，任何人都爱莫能助。近十年来，三甲医院一直是中国医院的最高级别，是大型医院的金字招牌，就连中国最牛的北京301解放军总医院，挂的都是"三甲"的牌子。能成为三甲医院，是全国所有大医院的不懈追求，谁都想与中国最顶级的"301"为伍，拥有一个与之相同的三甲名号。

目前，全国的三甲医院已经达到了1 400多家，包括了综合医院、中医医院、专科医院和部队医院。从总体分布来看，不得不承认，大部分的三甲，除过直辖市，都集中在各省的省会城市。毋庸置疑，哪个城市拥有的三甲医院多，哪个城市市民享受的医疗条件当然就要好得多。

西安的三甲医院多不多，关键是要拿到全国范围作以比较。根据原国家卫计委数据库的数据统计并公布，截止2017年12月底，全国各省市的三级医院（不包括中医医院和部队医院）共计1151家。其中三甲医院705家，三乙医院198家，其余均为未定等的三级医院。虽然以上数据是以各省市自治区为单位而统计列表，但我们把各省省会城市的三甲医院单独提出来，和四个直辖市一起进行城市之间的比较，其三甲医院的数量多少排名如下：第一位是北京30家，第二位是上海24家，第三位是广州21家，第四位是天津17家，第五位的就是西安市，三甲医院16家。从以上排名即可看出，西安虽然位列中国第五，但第五的概念大不一样——排名最前的一二三是中国拔尖的北上广，西安紧挨的第四位，是老牌的天津直辖市，而西安作为一个西部的省会城市，其优质的医疗资源，能够紧随中国的"北上广天"，西安理当虽"后"犹荣也。

2017年全国三甲医院的数量西安排名第五，但因当时国家医院统计归口原因并未包括中医医院和部队医院，2018年，国家卫健委全国三甲医院的统计涵盖了综合医院、专科医院、中医院和部队医院等所有的三甲医院。根据《中国卫生健康统计年鉴2019》以及各大城市卫健委数据，截至2018年的12月31日，全国共有三甲医院1 442家（此后再未见到过国家卫健委对各年度三甲医院数据进行专门发布）。其中排在西安之前的城市共有5个，分别是北京54家，广州35家，上海32家，天津31家，重庆31家，西安为29家，位列全国第六，再后是武汉和成都，分别拥有27家。

西安民营三甲医院的长安医院

西安的29家三甲医院名单如下：空军医大的西京医院、唐都医院、口腔医院；西安交大的附属一院、附属二院、口腔医院；部队所属的三二三医院、四五一医院、武警总队医院；陕西省属的省人民医院、省肿瘤医院、省中医研究院、省妇幼保健院、省结核病防治院；西安市属的市第一医院、市第四医院、市第五医院、市第八医院、市第九医院、市中心医院、市红会医院、市中医医院、市儿童医院、市精神卫生中心、市结核病胸部肿瘤医院；西安医学院的附属一院、附属二院以及民营医院的高新医院、长安医院。以上的三甲医院，只要在网上输入医院名字，即可显示出"中国医药信息查询平台"给出的三甲认定。

医疗资源是否优越？最常见的对比就是以"人均拥有"来计算，人口基数越大，人均拥有的比例越小。截止2018年年末，西安市的常住人口为1000.37万人，29家三甲医院，平均35.48万人拥有一家。再看看其他城市的人均比例：北京常住人口为2154.2万人，平均39.1万人拥有一家；广州常住人口为1499.4万人，平均39.4万人拥有一家；天津常住人口为1559.7万人，平均50.3万人拥有一家；上海常住人口为2423.8万人，平均69.3万人拥有一家；至于紧随西安之后的武汉和成都，由于近年来实施的区划归并，其常住人口都比西安高出了许多；而重庆的人口基数最大，常住人口达到了3102万人，"人均拥有"超过了100万人以上。也许因为三甲医院数量的动态变化，也许因为各方统计时间的相互不一，致网上不同的版本对各城市三甲医院数量的列举，多少有着一点小小的差异，有些甚至把三级医院都说成三甲医院。本书虽然不敢保证自己这一数据百分之百的准确无误，但不论哪个版本，西安的排位变化都微乎其微，而人均比例更是几乎不受影响。以此计算，西安35.48万人平均拥有一家三甲医院，其比例居于全国城市的领先水平。

第二节　中国的"百强医院"　西安数量全国第四

截至2020年底，中国的三甲医院已经达到了1580多家。正因为中国的三甲医院之上再没有了特等的等级，拉不开档次，故一千多家的三甲医院，才都挤在这一个等次。那么，谁才是优中最优呢？难道再没有进一步的区分排名吗？有，当然有，中国三甲医院的最优，就是众多众多三甲医院中的"中国医院100强"。

每年中国都有两个人们最为认可的"中国百强医院排行榜"，一个是复旦大学医院管理研究所的排行榜，简称"复旦版"；另一个是中国医学科学院信息研究所的排行榜，简称"医科院版"。但不论是复旦还是医科院，在两个版本评选出的"中国百强医院排行榜"中，西安均有五家医院连续多年荣耀上榜，分别是空军军医大学（四医大）的西京医院、唐都医院、口腔医院以及西安交通大学的第一附属医院、第二附属医院。在此，我们仅按复旦版的排行榜进行对比：2020年11月出台的中国医院100强，西安上榜数量为5家，与同为5家医院上榜的重庆、武汉并列全国第四。排在前三的城市，仍然是拥有三甲医院数量最多的三个城市：北京、上海和广州。其中，第一位的北京，百强医院21家；第二位的上海，百强医院17家；第三位的广州，百强医院共8家。再看一看复旦版2019年11月2018年11月分别出台的两年百强医院评选结果，西安百强医院的数量排名仍然是并列全国第四，只不过2020年与西安并列全国第四的城市有所不同罢了。

复旦版的医院排行榜，早在2010年8月就开始发布，是中国最早也是中国首次进行的医院排行榜，直至2020年11月发布的2019年排行榜单（复旦版是次年11月发布上一年的榜单），已经发布排行榜单连续11年；医科院版的医院排行榜，从最初的2014年开始发布，直至2020年年底发布的2020年排行榜单（医科院版是当年底发布当年的榜单），已经发布排行榜单连续6年。以上两家的医院排行榜，评选办法各有不同：复旦版的排行榜主要借鉴美国《最佳医院排行榜》的评选办法，其榜单品质主要取决于专家库数千名评议专家的权威性和敬业精神；医科院的排行榜，则主要针对医院的科技投入、科技产出以及学术影响进行评选。但是，不论是复旦版还是医科院版，两家的医院排行榜，在目前都是圈内圈外普遍认可、共同期待、可以信赖的中国医院排行榜。

连续 11 年的复旦版医院排行榜，连续 6 年的医科院医院排行榜，不论两个版本各采取什么方法评选，评选的角度有何不同，西安的百强医院，在两家排行榜中的上榜数量，都是年年维持不变。复旦版的排行榜连续 11 年，去掉最初两年只有 50 强、80 强的排行榜单，共发布百强医院的排行榜连续 9 年；医科院版的医院排行榜连续 7 年，去掉最初 2014 年只有 50 强的排行榜单，共发布百强医院的排行榜连续 6 年。而西安百强医院的上榜医院，在复旦版 2011 年至 2020 年的排行榜中，连续 9 年，年年不变，年年 5 家医院上榜；在医科院版 2015 年至 2020 年的排行榜中，连续 6 年，年年不变，年年 5 家医院上榜。而且，西安五家上榜的百强医院自始至终，一直都是空军军医大学的西京医院、唐都医院、口腔医院以及西安交通大学的第一附属医院和第二附属医院。

西安交通大学第一附属医院

第三节　西安的西京医院　连续七年全国第五

上一节只讲到中国的百强医院，西安共有5家医院荣耀入榜，而且从开始到如今一直都同时稳居在中国的两大"百强"榜单之内，但始终没有说明，各家医院在各个年度分别都在两个榜单中各是什么位次？更丝毫没有提及大名鼎鼎的西京医院在全国的百强医院中是个什么概念？作为西安人，他们最想要知道，自己引以为自豪的家门口的百强医院，尤其是西京医院，如果外地朋友打问起来，他们该如何向人家介绍？如何向人家"嘚瑟"。好，在本节，我把西安的五家百强医院在两个排行榜中的排位情况以及西京医院的全国概念，简明扼要，一一道来。

不过，在此还需要说明一个问题，上节曾讲到在对比西安百强医院的上榜医院数目时，排除了两个版本的排行榜各自最初仅有一次的50强和80强的年度榜单。之所以排除50强和80强两种榜单，并不是西安的医院排不进50或80之内，而是百强医院数量的对比，只能在百强医院的榜单内对比。50强、80强与100强对比，没有同比性，更没有可比性。

医院的硬件、软件、医术、科研以及行业的影响力，是长期以来的实力积累，是短时间内难以改变的。西安的百强医院，影响其每年排位波动的，主要是当年的科研产出，故虽有变动，但不会大起大落。在复旦版百强医院排行榜2011年至2019年连续9年的排名中，以及医科院版百强医院排行榜2015年至2018年连续4年的排名中，我们按照年份的从先到后，榜单的先复旦再医科院，对比一下西安五家上榜医院在全国百强医院中各年的位次动态。西安交大一附院两榜中的位次分别为：65、73、71、59、59、49、51、48和40、35、33、32；西安交大二附院两榜中的位次分别为：83、89、94、90、91、91、74、82和80、85、82、87；空军医大唐都医院两榜中的位次分别为：71、59、61、61、71、74、73、88和78、91、92、99；空军医大口腔医院两榜中的位次分别为：57、71、63、60、84、94、94、99和59、51、53、52。

剩下最后亮相的即是空军医大的西京医院，其位次说起来最为简单，记起来也最为好记：除过医科院的排行榜中是4、5、5、8之外，在复旦版从2011年到2020年共10年的榜单中，除其中两年排名第7外，一年排名第八外，连续7年一直排名全国第五。

中国级别最高的医院，是三甲医院；三甲医院的优中之优，是中国的百强医院；百强医院的强中之强，是中国的十大医院；而十大医院的精中之精，则是前边的1~5名。西安的西京医院，就是中国医院的精中之精，而且几乎是年年稳居第五，年年精中之精。

空军军医大学附属第一医院的西京医院

全国"十大医院"，百强中的强中之强，其名单几乎年年不变，全国人民都应该知道十大医院都有谁？因为它与人们的健康长寿息息相关。从2011年全国排出"百强医院"后，"十大医院"的排位依次为：第一是北京的协和医院；第二是四川大学的华西医院；第三是解放军的总医院；第四是上海交大的瑞金医院；第五是西安空军医大的西京医院；第六是上海复旦大学的中山医院；第七是上海复旦大学的华山医院；第八是北京大学的第一医院；第九是北京大学的人民医院；第十是武汉华中科技大学的同济医院。随后，时间不长，就在第二年的2012年，广州中山大学的附属医院挤掉了北京大学的人民医院。从此之后，复旦版的中国十大医院，即被这十家医院连年垄断，从未更换。只不过，十大医院后5名的排名位次，年年变化，不是这个落后，便是那个越前。而十大医院前5名的位次，则是连续10年，几乎年年如此，维持不变。

如今，中国医院的三级特等早已取消，但是，如果国家再次设立三级特等的医院等级，那么，毫无悬念，中国的"十大医院"，一定是全国首批的"特等医院"！

第四节　西安的口腔医院　全军唯一口腔医院

中国的大型口腔医院，几乎全是国有的，没有民营的；而国有的大型口腔医院，又几乎全是各个大学的附属医院。哪怕有的口腔医院名字未叫附属，而叫的是×××市口腔医院、×××省口腔医院，但是，只要翻看它的医院介绍，它一定是哪所大学的附属口腔医院。凡有附属口腔医院的大学，要么是独立的医科大学，要么是合并了医科大学的综合大学，然而，你想一想，一个省能有几所医科大学？一个城市能有几所医科大学？因此上说，在全国范围，除了北京和上海，几乎所有的大城市，充其量也不过只有一家公立的、大学附属的口腔医院。

但是，在诸多的城市中，西安则有所不同，西安同时拥有两家附属于大学的口腔医院，而且是响当当的著名大学：一家是地方大学的西安交通大学口腔医院，另一家是军队大学的空军军医大学口腔医院。虽然，军医大学全国还有几家,但是要知道,空军军医大学的口腔医院,是全军军医大学唯一的口腔医院,其他军医大学附属医院的口腔科也许很好,但都没有单独设立的口腔医院,只有其附属医院的口腔专科。西安拥有的两家著名大学的附属口腔医院,而且都是三甲医院,使得西安口腔医院的椅位、床位总数,一直都处于全国的前列。

在此仅仅侧重讲一讲空军军医大学(第四军医大学)的口腔医院,也即空军军医大学的第三附属医院。复旦版的医院排行榜,每年对专科医院的排名,同样是年年不空。从2009年到2017年,排行榜不间断地从全国所有的大型口腔医院中,排出了全国的"十大口腔医院"。空军军医大学的口腔医院不仅入榜"十大",而且排名靠前,位列第四,而且是从2009年的第一年,到2020年的榜单止,连续12年,一直排名全国第四,一直稳居此位不变!

空军军医大学口腔医院也即附属第三医院

排行榜的排名还是其次,最重要的是,空军医大的口腔医院还拥有全国的一个唯一,全军的两个唯一。全国的一个唯一是:全国迄今为止唯一口腔医学界国家科技进步一等奖的获奖医院；全军的两个唯一是：全军唯一的口腔医院，全军唯一的口腔医学研究所。全军、全国最好的口腔医疗设备、顶级的口腔医疗精英，大多都集中在空军军医大学的口腔医院。

"牙好，胃口就好！……"十多年前的这则电视广告人们至今记忆犹新，胃口好了，生活才会有滋有味。西安市民守着家门口中国著名大学的著名口腔医院，守着全军唯一的、最好的军队大学口腔医院，不知西安市民作何感想，特别是周边省份的人，对此是非常羡慕的。

第五节　西安的顶尖医院　中外首例连连不断

西安拥有的医疗资源全国一流，国人羡慕，虽然也有国家"偏爱"的因素所在，但更重要的原因是，西安医院的医疗硕果频频惊现、源源不断，诸多的中外第一，轰动了中国，惊艳了世界。

西安的顶尖医院，不仅是西安的"顶尖"，而且是中国的"顶尖"，而且部分领域在世界也是领先的！

先说西安空军医大的三家附属医院。截至2020年之前，先后共有百余项重大成果，实现了世界的、中国的或首例或第一或仅有，创出了全球医疗领域尖端手术的"中国品牌"。空军医大"世界首例"的医疗成果，虽然在前边《中国享誉中外的四医大》专讲中已经讲过，但讲到此必须还要涉及。我就把那些通俗易懂的医学案例在这里再次重复一番，而且仅仅是空军医大"世界首例"一小部分：世界首例"坑面女"造脸术；世界首例"缺面男"补脸术；世界首例"垂面男"移脸术；世界首例母女子宫移植术；世界首例人工器官移植术；世界首例猪猴异体肝移植术；世界首例十指全断离再植手术；世界首例心肝肾联合移植术；世界首例体外再生骨移植术；世界首例改良机器人心脏术；世界首例4D打印乳房再造术；世界首例重组合异种骨移植术；世界首例机器人活体小肠移植术；世界首例生物激光脊神经治疗术；世界首例两人异位劈裂式肝移植术；世界首例完全体内全腹腔镜自体肾移植术；世界首例锁骨肩胛骨3D打印假体移植术；世界首例3D打印人工骨四肢缺损修复术……数不胜数，每一例都在世界医学领域产生了巨大的影响。

西安空军军医大学第二附属医院唐都医院的"世界首例医疗成果情况说明会"

再说西安交大的一附院、二附院，仅仅举两个典型的病例：

2016年，西安交大第一附属医院接诊一个因车祸致右侧耳朵完全缺失的患者，因局部皮肉组织严重缺损，根本在原处无法进行新耳的再造。患者几经辗转慕名来到西安交大一附院，随之不久，一个神话般的传奇在此诞生。该院曾经创造出世界第二例、亚洲第一例的换脸专家郭树光教授，精心为患者制定了"造耳移植"的三期手术方案：第一期先在患者右胳膊上埋置皮肤扩张器，定期注水扩张；第二期取患者的自体软骨雕刻成耳朵骨架，埋进右臂已扩张的皮下，让它长成耳朵形状；第三期再将右臂上已长好的耳朵移植于头部，同时把移植的新耳与患者颈部、面部诸多的血管一一接通，然后再进行外观上的修复美容。如此精工，整整半年，一场医术与艺术完美结合的

"移花接木"终于完成：种在胳膊上的耳朵，完全活在了人的头上！魔术般的手术，天方夜谭般的故事，一举震撼了所有国内外的同行专家。

西安交大的第二附属医院，同样是在 2016 年，接诊了一例罕见的新生儿肿瘤病例。婴儿刚刚出生即出现呼吸困难，经过 CT 检查，发现患儿肺部有一巨大的肿瘤，仅仅只有 50 厘米长的新婴，肺部瘤体却大到了 10 个厘米！经初诊医院诊断治疗，病情不断加重，出现呼吸衰竭，生命危在旦夕。同样是几经辗转慕名来到西安交大二附院。二附院的李鹏教授深知，要救患儿，只有切除病瘤。但是，手术面临了前所未有的"三小三大"：即患儿的身体小、胸腔小、空间小；而手术的瘤体大、难度大、风险大！然而，奇迹照样在西安交大的附属医院中发生：李鹏教授带领团队采用胸腔镜微创手术，采用精准肺段连同病体的切除，不仅手术圆满成功，而且保住了患儿的正常肺体组织。按照媒体的报道，该手术的患儿年龄之小、肿瘤体积之大、技术难度之高、参照病例之少，且采用的是胸腔镜的微创技术切除，这在目前国内国外的医疗文献中还从未有过相关的成功报道。

以上的尖端成果，为何都是 2018 年之前的病例？是的，这是因为医学手术的成功，需要时间的验证。2018 年后的医学成果，哪怕当时再为完美无缺，但还需要时间、患者、生活的综合检验。故再成功、再轰动的病例，在此也一概不予涉及。

医院特别是著名医院的硬件、软件、医术、科研以及行业的影响力，是长期以来的实力积累、社会验证，且通过连续多少年的稳定排名，不同医院的不同档次已经得到了普遍的认定，这是短时期内难以改变的。虽然全国每年仍有医院的排名，但每次相对的微小变化仅仅只是受到当年重要医疗成果的影响，对于老百姓、对于就医的患者来说，这是影响不了医院整体综合实力的。

2020 年 11 月，由中国科学院城市与竞争力研究中心和中国科学院郑州研究院联合最新制作的《中国 2020 年国家中心城市指数报告》正式对外发布，其中把中国医疗资源的重要中心城市定位为了三个档次，即"国家医疗中心""国家重要医疗中心""国家潜在重要医疗中心"。其中"国家医疗中心"只有一个，即首都北京；"国家重要医疗中心"共有5个，即上海、广州、西安、南京和成都；"国家潜在重要医疗中心"共有8个，分别是杭州、天津、济南、重庆、沈阳、长沙、哈尔滨和郑州。按照该《报告》的数据排序，西安排在了"国家重要医疗中心"的第三名，排在了所有医疗中心城市中紧随北京、上海、广州之后的全国第四名。

西安市民的医疗资源，中国一流，其实它服务的不仅仅是西安市民，更多的则是全国各地的患者，甚至不乏国外慕名而来的病人。特别是西安的顶尖医院，特别是整形整容、面部损伤、五官残缺、四肢异变、骨骼重创、器官移植、重度烧伤，以及心外、胸外、消化、皮肤、风湿、病理、普外、超声等等数十种的专科强项，都是中国级、世界级的医疗水准。《媒体看军大》的记者，走进空军医大西京医院的重要科室采访，发现住院病人高达90%以上都是来自西安以外的，70%以上都是其他省份的。就连远在欧洲被诊断为需要截肢的意大利患者，根据本国骨科研究所的推荐，也专程来到中国西安的西京医院，最终在西安保住了自己右腿。看来，西安国之中心的"东西南北路最短"，方便的不仅是西安人的出行，同时，也大大方便了外地人慕名到西安来的求医看病。

第三讲  西安市民的子女高考 利惠多多

如今的中国社会，任何一个家庭最最重要的事情之一，就是子女的教育。不论是幼儿园，不论是学前班，不论是小学、中学和高中，还有什么重点班、火箭班，每个孩子的从小到大，各个阶段的教育，尽管都非常的重要，但冲刺的最后一个目标，无一例外，都是高考！北京和上海，国人都在羡慕，羡慕什么？羡慕北京上海的高校多、名校多、顶尖学校也多。其实，国人羡慕的并不是京沪的城市，而是京沪的市民，因为，只要持有京沪的户口，子女的高考即可以"近水楼台先得月"！其市民高考中的利惠，人人心知肚明。然而，人们在羡慕京沪的同时，也忘不了西安，只要有上高中的学生其家长都知道，西安是中国仅次京沪的第三大高教基地。西安市民的子女高考，同样也是近水楼台，利惠多多！

第一节 西安高等院校多 数量质量位居全国前茅

任何在西安上过大学，包括早前毕业的大学生、刚刚毕业的大学生，还在上学的大学生，以及全国各地正在读书备战高考的高中生，都有一个共同的概念：西安的高等院校多。但是，西安究竟有多少所高校？有多少老重点？

第十篇章　西安　幸福自豪的西安市民

有多少211？有多少985？有多少双一流？说实话，不要说是外地人，即便是西安人，不作深入统计，能够具体说清说全的，还真的不是很多。

关于西安高校的具体情况，在前边第七篇章《西安得天独厚的高校基地》专篇中已经以九个单讲的篇幅介绍的非常具体了，在这里，仅就西安高校总体的数量、质量以及在全国所处的地位再做一个不同角度的简单论述。人们都明白，光知道西安有多少高校没有意义，关键是要知道全国有多少高校？西安占到了多少比例？关键是要知道其他城市都有多少高校？西安与其他城市的对比结果！就像高中的学生考试，多少分并不重要，重要的是：他是全校的多少名？这才是人们通常最为关心的。

2020年7月，教育部公布了截至2020年6月30日前经过资格审定的全国本科高校共有1258所；2017年12月，中央军委公布了经过军改整合后的全国军队高校共有43所。这是至今中国时间最近、最具权威的官方高校名单。地方和军队高校加起来总共1301所，分布在全国的300多个大中城市。其中高校数量最多的十大城市，即占有了381所，而拥有50所以上的城市只有两个，即北京和西安！在此，我们再重温一下全国高校十大城市的名单及排名：北京74所排名第一，西安50所排名第二，武汉49所排名第三，上海41所排名第四，南京和广州各为37所并列第五，天津34所排名第七，成都30所排名第八，杭州29所排名第九，重庆和沈阳各28所并列第十。从以上排名可以明显看出：作为第一的北京，与其他城市的距离拉得很大；作为第二的西安，则以50所高校的数量独占了一个档次。西安以一个省会城市的身份，在中国所有的城市中，排在了全国的第二，这即是西安高校的"数量"在全国的地位概念。

数量占先，而质量究竟如何？这是大量的学生和学生家长对西安的高校最为关心的第二个问题，也是西安市民最愿意反复听到的关键问题。西安高校的质量，在全国来看，当然不能和北京上海来比，但文化教育科技，作为西安最长的长项，绝不光有数而没有质量！这一点务请关心西安的人们和广大的西安市民大可放心。相关的资料有着清楚的记载,从1959年到2017年,国家先后共进行了九次公办本科高校不同形式、不同名称的"重点"评定:其中先后有四次名为"全国重点"的高校评定;先后有两次名为"211工程"的高校评定;先后有两次名为"985工程"的高校评定;还有最新最近的2017年名为"双一流大学"的高校评定。时间跨度长达60年,先后九次重点评定的大考验,作为全国重点高校数量第二的西安市,无一例外,连续九次,每次"重点"的数量都同样位列全国的第三,而且,同样是和北京上海一起位列前三,站在了全国高校城市的最前列。

不少人都会再问:西安的高校数量为什么能够如此之多?西安的高校质量为什么能够如此之强?西安的高校实力为什么能够紧随北京上海之后?回答以上的三个问题,其实还是一句话:因为,西安和北京上海一样,都是中国的"三大高等教育基地"之一。

第二节 西安高等院校多 诸多名校中国西安仅有

国家当初把中国唯一的交通大学从上海迁往西安,把中国诸多重要的高校从东部迁往西安,再加上西安本身的文化根基,使西安有幸成了中国西部唯一的高等教育基地。国家之本意,不仅是重要高校搬迁中国腹地的安全问题,而且还有辐射西部、带动西部高等教育的发展问题。现在看来,西安的高等教育不仅辐射了西部,而且辐射了中部,就是东部也概莫能外。因为,太多类别的高校都是按区域布局,你有我也有,但西安高校中的诸多名校,则是实实在在的全国唯一,使得不论是西部、中部以及东部的高考学生,只要想上某些方面的学校,就必须来到西安,在西安上学深造。

西安的西北工业大学,还有军队高校的空军工程大学、武警工程大学、火箭军工程大学,以及军队政法领域的国防大学西安分校,等等,都属于此类学校。特别是各大军种的"工程大学",是各大军种诸多高校中的最高学府。中国军队共有包括武警在内的六大军种,即陆军、海军、空军、火箭军、战略支援军以及武警部队。六大军种的工程大学除三所分别在北京、南京、武汉各有一所外,另外三个军种的工程大学,统统都集中设在西安。以上的高校,都是中国的名校,都是中国的唯一,在全国范围再没有任何的可挑可捡。

西安的西北工业大学当属首例。中国国防工业的四大支柱,分别为航空、航天、航海和兵器,布局到全国的高校中,有专门航空方面的,有专门航天方面的,有专门航海方面的,有专门兵器方面的,还有著名的航空航天二合一的大学。但航空航天航海加兵器三航合一、四位一体的工业大学,在全国所有高校中,只有西安的西北工业大学独独一所。虽然校名既不带"航"字,也不带"国防",但鲜为人知,中国诸多的国防尖端都是从西工大的校园走出,她是中国唯一的全能国防工业大学,是某些国家最为"关注"的中国国防工业大学。

西安三所军队军种的工程大学,翻开学校介绍,每所学校都是所属军种的中国唯一:中国的武警高校,所有学校都是"学院",所有学院都是专业学院,唯独只有西安的"武警工程大学",是中国唯一的武警部队综合性工程大学;西安的"火箭军工程大学",从更名前的"二炮",到更名后的火箭军,一直都是该军种所有高校中唯一的一所大学,更是中国唯——所培养战略导弹部队指挥人才和技术人才的综合性军队高校;西安的"空军工程大学",军改时合并了多所空军专业院校,其内设学院几乎涵盖了空军所有高校的专业领域,是中国唯——所集工、集文、集管、集法、集军于一体、大而全、多而精的综合性空军工程大学。

西安市民的高校资源,不得不让人为之眼馋,不仅有仅次京沪的高校数量,不仅有仅次京沪的高校质量,而且还有诸多要上学必须来西安的独门学校,让西安市民的子女高考,令人羡慕、利惠多多!

第三节　西安高等院校多　本地考生选择范围大得多

作为国家重要的高等教育基地，不但在高校的数量质量上要有领先，而且在高校的专业领域上也一定会具有优势。因为，西安位处中国的西部地区，涵盖辐射带动的不仅仅只是一个省，而是一个相当大的区域范围。

西安的高等院校，除过北京，拥有全国最多的类别。由于西安是新中国建立初期国家的直辖市之一，是全国六大行政区之一的中央局驻地城市，本身就布局了门类相对多样的高等院校，再加上特定时期国家从东部迁入的各类高校，再加上军队布局在西安的众多军校，再加上新时期国家对西安高校的政策倾斜，使得西安的高等院校门类众多，量大面广。

归类一下，不包括西安交大、西北工大，也不包括西北大学等综合性的文科大学，更不包括各个大学的所有内设学院等，仅仅只按公办本科高校名字的分类。西安高校的类别，有工业的、有农业的、有科技的、有军工的、有建筑的、有石油的、有公路的、有航空的、有电子的、有邮电的、有纺织的、有轻工的、有外语的、有美术的、有医学的、有理工的、有音乐的、有体育的，有政法的、有财经的，还有西安的理工大学，陕西的理工学院、传统的师范大学，学前的师范学院，以及军校数量全国第二的军种的工程大学、军队的军医大学、军委的政法学院、空军的飞行学院、边防部队的边防学院，等等。仅仅粗略统计，西安的公办本科高校最少达到了20多个类别。而其他城市的高校，按照学校的专业名字，究竟有多少个类别，任何人随便查一查，就可以对比出来多少的概念。

对于西安备战高考的考生来说，西安高校的类别再多，也涵盖不了所有的类别，但也许能够满足大多考生的要求。如果你想当作家，那百年名校的西北大学就是最好的选择；如果你擅长体音美，那西安体院、音院、美院样样不缺；如果你想成为IT生，那西安的电子科大处于全国领先地位；如果你想科技报国，那西安西工大的三航一体即是全国的唯一；如果你想上军队高校，那全军六大军种除了海军和新成立的战略支援军，四大军种的军校西安统统都有；如果你想上顶级名校，那中国九校联盟的西交大也许不会让你受了委屈……

如果你对西安的高校认识还有些不到位，这里仅按类别举上几个小例：中国音协主席的赵季平毕业于西安音院的作曲系；中国文学奇才的贾平凹毕业于西北大学的中文系；西安交大诞生了数百名的两院院士；空军医大创出了近百项的中外第一；西北工业大学的毕业生几乎掌控了整个中国的"三航"领域，众多领先世界的国之重器的总设计师，统统都是西工大的毕业生。

西安的高等院校，不仅量大类多，而且名校荟萃。西安有中国"九校联盟"的西交大；有中国"三航合一"的西工大；有中国电子名校的"西军电"；有中国享誉世界的"四医大"；有中国"农大双星"的西农大；以及三大军种的最高学府空军工大、武警工大、火箭军工大等等。如此之多之优的高校资源，为西安市民的子女高考，不仅提供了少有的近水楼台，不仅提供了太多的选择机会，而且还有更关键的利惠，每年都被西安市民在不知不觉中所专有享用。

第四节　西安高等院校多　本地考生录取比例高得多

几乎所有人人生的第一个阶段，毫无例外，都在为着一个共同的目标而奋斗，那就是一步一步地知识积累，上小学、上中学、上高中，以冲刺最后一个目标——全国高考。不论最终考得如何？不论最终上的大学怎样？反正，在这个人生目标的追求上，谁都绕不开，谁都避不过，谁都要去拼一拼。上大学不仅能够决定一个人的前途，甚至能够改变一个人的一生。然而，同样是人生目标的追求，只要你是西安人，从一开始，你即拥有了先天的优势，因为，西安全国领先的高校数量、西安全国领先的重点大学，将会年年为西安、为陕西提供比其他省份多出许多许多的招生指标，让西安的考生、陕西的考生享有比其他省份的考生多出许多许多普通大学、重点大学的上学机率。

仅举例看一看西安几所双一流、985、211重点大学2018年在陕西及全国各省的招生指标分配情况：

西安交通大学，计划招生4350名，其中在陕西招生1064名，剩余的3266名指标数量不同的分配在全国除港澳台之外的30个省级行政区。分配指标100名以上的省有13个；100名以下的省有15个；50名以下的省有7个；其中最少的1个省只有8个指标。3266名指标，30个省份来分配，若按平均数字来计算，西安交大除过陕西，在全国的招生指标每省平均为108名，而陕西省一省的招生指标即为1064名。

西安西北工业大学，计划招生3373名，其中在陕西招生798名，剩余的2575名同样有多有少地分配在30个省份中，如山东为187名，湖南为125名，辽宁为57名，福建为43名，海南为18名、最少的一个省只有6名。按照平均数字计算，西北工业大学除过陕西，在全国的招生指标每省平均为85名，而陕西一省的招生指标即为798名。

再看西安电子科技大学，是教育部直属高校，是全国仅有的两所一本电子科技大学之一，是全国赫赫有名的电子科技领军高校。2018年计划指标5520名，其中陕西指标1192名，剩余的3881名指标分配各省，其中100名以下的有12个省，最少的只有仅仅4名。按照平均数字计算，西安电子科技大学除过陕西，在全国的招生指标每省平均为129名。129与1192，其比例与交大、西工大的比例几乎相同。

再看西安的长安大学，即原来的西安公路学院，是教育部直属高校，是亚洲第一所专门培养公路交通高级人才的专门高校，被誉为全国公路交通领域的黄埔军校。2018年计划指标5890名，其中陕西指标1420名，剩余的4470名指标同样分配各省，其中最多的省份390名，最少的省份只有10名。按照平均数字计算，西安长安大学除过陕西，在全国的招生指标每省平均为

149 名，仅占到了陕西 1420 名招生指标的大约十分之一。

西安的 211 大学长安大学

从以上西安几所全国著名高校 2018 年招生指标在陕西、在全国的数量来看，西安交大的指标，是各省平均数的 108 与陕西省 1064 的数量之比；西北工业大学的指标，是各省平均数的 85 与陕西省 798 的数量之比；西安电子科大的指标，是各省平均数的 129 与陕西省 1192 的数量之比；西安长安大学的指标，是各省平均数的 149 与陕西省 1420 的数量之比。四所大学的招生指标，分配给陕西一省的数量，分别都达到了全国各省平均数量几乎高达 10 倍的比例。

再接着看一看西北农大、陕西师大以及西北大学的指标概念。西北农大是教育部直属高校，是全国众多农林大学中唯一与中国农业大学一起被誉为"农大双星"的双一流大学；陕西师大是最早教育部直属的 211 重点高校；还有 211 高校的西北大学则是抗战时期全国仅有的两所"联合大学"西北联大、西南联大之一的百年名校。以上三校，在陕西与全国各省的平均招生指标比例中，都达到了 10 倍以上。特别是百年名校的西北大学，2018 年招生计划为 3250 名，其中陕西占去了 1391 名，而分给全国各省的平均指标只有 61 名。

61比1391，陕西一省的指标即达到了全国各省平均指标的22倍还要多。

西安的211大学西北大学

西安的211大学陕西师范大学

话说到此，一定会有人质疑：在全国范围内，凡是设在各省各市的所有高校，只要是面向全国招生的，所分配的指标都是本省优先，都是比其他各省要多得多，陕西的做法并无太大的特别之处。是的，情况的确如此。但是，这恰恰就是问题的关键，关键是要看一看这些高校都是怎样的高校？留给本地的指标究竟都有多大的含金量？对本地的考生究竟都有多大的吸引力？西安共有部属高校7所，而全国还有不少的省会城市甚至整个省份，至今连一所部属高校还都不曾有过。况且，每年的高校招生，全国各地都会出现许多因生源不满，需要二次降分再录的"补录"学校。试想，这样的学校即使给本省留出再多的招生指标，又能有多大的吸引力呢？

如此一来，西安作为一座历史悠久的文化古都，拥有全国数量第二的高校，拥有全国数量第二的军校，拥有全国数量第三的名校，拥有这数十所高校统统都高出全国各省平均数量十倍之多的招生指标，如此优越的高考资源，让西安市民占尽了先机、享尽了利惠，怎能不使各地的人们而为之深深羡慕呢？

第五节　西安高等院校多　本地考生免费上学指标多

人所共知，上大学是要花钱的，而且花的钱还不会很少。不少的贫困家庭甚至还需要政府的扶持，但是，即便是政府再扶持，也不可能让你分文不掏。西安的高校，是谁给的特殊政策？竟然对本地的考生还能免费上学？而且，竟然还有免费的"指标"？

其实，要说这个特殊政策，并不是西安市的政策，更不是哪个高校的政策，而是国家的统一规定，而且人人都知道，而且少数城市也都有，在此只是逗了一个小小的乐子。这里所说的免费高校，其实就是军队的军校；这里所说的免费指标，其实就是军校的招生指标，因为中国所有的军校，上学都是费用全免的。只不过，西安的军校数量远远多于其他城市，陕西的军校指标远远高于其他省份，才有幸让西安、让陕西的人民享有了全国仅次北京的、大量的、免费的军校指标。

2017 年中国军改后，全国共有军校 43 所，涉及了包括武警在内的六大军种。43 所军校分布到全国各省，北京数量第一，拥有 7 所，西安数量第二，拥有 6 所；北京、西安两市的军校加起来，占到了全国军校总数的 33.3%；其余的 30 所，3 个直辖市占去了 7 所，7 个非省会的城市占去了 8 所；再剩下的 15 所，还有 27 个省会级的城市，还有 300 多个地市级的城市，想一想，要有多少个城市才能够再平均一所军校？

西安的军校不仅量大，而且格次较高。全军共有 43 所军校，其中的大学只有 13 所，其他的 30 所一律都是学院以及士官学校。而西安一家就占去了 13 所大学中的 4 所大学；全军共有六大军种，其中只有六所军种的最高学府工程大学，而三大军种的工程大学都设在西安；全军共有三所军医大学，而其中最叫响的一所，空军军医大学同样还设在西安；另外军队最高学府的国防大学，虽然校本部设在北京，但国防大学政治学院仅有的一个分校校区，则也设在了西安。对于西安来说，它当然也是西安的又一所军校，这也就是前边已经讲过的西安的六个半军校其中的那个"半"字的概念。西安的六个半军校，占到了整个全国43所军校的高达七分之一。

军队院校的免费，是国家对于投身国防有志青年的关怀体现：第一，上了军校，不掏任何学费，进校即为参军；第二，上了军校，吃穿全部包揽，伙食营养搭配，军装英姿飒爽；第三，上了军校，不仅不用掏钱，而且还发津贴，零用开销，绰绰有余；第四，上了军校，不用考虑就业，按军种分配，毕业即工作，且一律都是无缝对接。

西安中国唯一的解放军陆军边海防学院

报考军校，一直都是大多考生的优先选择，而报考西安的军校，则更是优秀考生的追求梦想。但是，在千千万万的"军考"大军中，西安的军校考生，无疑将会更是利在其中——近水楼台先得月。

西安市民的子女高考，西安市民都知道：如果你的目标是北京的清华北大，是上海的复旦、交大，那当然都没有在西安。但是，如果你还达不到以上高校的要求，那么，西安的高校几乎都可以达到你的要求。不论是九校联盟，不论是卓越联盟，不论是985工程，不论是双一流大学，不论是国家最高级别的副部级高校，不论是军队大学的十大军校、五大重点、三个211、三个军种的最高学府，以及包括了国家老牌的体院、音院、美院在内的20多个高校类别，等等，西安不仅是应有尽有，而且是群星竞艳。更为重要的是，西安的考生，若报考西安的高校名校，将要比报考外地的高校名校，其录取的机率一定会高出了许多。

第四讲
西安市民的旅游名胜　比比皆是

西安的旅游资源，数量大，门类广，名胜遍布，大牌众多，中国的唯一、世界的独有比比皆是。特别是"一带一路"的不断深入，让西安在整个世界名气更大，旅游更火，为西安带来了巨大的收益和美誉。如今，全中国、全世界的游客，都对西安充满了向往，充满了期待，充满了一种难以抑制的冲动，不分淡季旺季，纷纷从四面八方蜂拥西安。与此同时，不仅西安市赚得盆满钵满，而且，作为西安的市民，也是惠在其中，赢在其中。有的赢在了里子，有的赢在了面子，有的赢在了预想之中，还有的则是完全赢在了自己的意料之外。

第一节　西安遍地是名胜　扎堆成片处处都有

西安遍地是名胜，并不是西安人的杰作，它是老祖宗留下来的遗存。作为中华民族的脉源之地，作为周秦汉唐的辉煌大都，作为一带一路的全球焦点，西安拿什么来向世界展示？理所当然，就是这遍布西安的名胜古迹，就是这各具特色的旅游大牌。

有一位《中国旅游报》的记者，曾经对西安可供游览的历史遗存、景观名胜作过一次较为详细的统计，总共多达800余处，虽然涵盖尚有欠缺，但也足以惊艳中外。记者由衷地发出感慨：西安的名胜景观，若要一个一个地逐个游览，一个一个地仔细观赏，至少需要半年的时间！并且，还不包括那些名目繁多的非物质文化遗产。

遍地名胜的西安，形成了独有的五大特色，把西安牢牢地刻在了不同类别中外游客的记忆之中。

第一是西安的旅游名胜，扎堆成片——与大多城市有所不同，西安的旅游景区不仅量大，而且稠密集中，连成一片。仅仅其中的曲江旅游区就包括了一大唐文化广场、三大唐遗址公园、两大唐遗址湖泊、一座唐皇家御园、一条唐不夜天街：分别为大雁塔唐文化广场、唐曲江池遗址公园、唐城墙遗址公园、唐寒窑遗址公园、唐皇家曲江池、唐皇家芙蓉湖、唐皇家御园的大唐芙蓉园、唐盛世天街的大唐不夜城，以及一家秦代的秦二世皇陵景区。而且以上的一大、三大、两大、一大、一大及秦二世陵等九大景区，都是门对门、背靠背、手牵手地紧连在一起，走出这一家，即进另一门，根本不需要坐车。

第二是西安的旅游名胜，连片不断——西安的旅游名胜不仅扎堆成片，而且是连片不断，曲江旅游区仅仅只是其中的一个片区。除过曲江片，西安还有更多更多分布在不同方位的旅游片区：有临潼片、长安片、灞桥片、蓝田片、秦岭片、渭河片、钟鼓楼片、回民街片、古城墙片、大雁塔片、阿房宫片、大明宫片、昆明池片、楼关台片、世博园片、白鹿原片、飞机城片、农科城片，以及享誉中外的各类经典博物馆，以及覆盖整个大西安的大片大片的皇帝陵……而且，每个片都有诸多的不同景区，每景区都有诸多的不同景点。

第三是在西安旅游，没有了上车的睡觉——人们常常戏言如今的旅游模式："上车闲的睡觉，下车忙的尿尿，景点只顾拍照，回家一问什么都不知道"。而在西安旅游，则叫人好不习惯。尿尿时倒是很忙，到景点也在频频拍照。但不同的是，照人照的很少，更多的则是照物，照的是千古的遗存，照的是经典的介绍，照的是历史的辉煌，照的是民族的骄傲……至于转点，基本上没有了睡觉的时间，一是景区都相对很近，有的无须坐车，要坐车的也是时间很短，根本没有睡觉的机会；二是你还一直陶醉在景区的意境中完全没有恢复，然而，仅仅稍许，又到了一个另外的景区，甚至还来不及尿尿，你又要立即转换思维，匆匆进入一个全新的环境。

第四是在西安旅游，吃饭也是旅游项目——西安的回民街，对于中外游客来说，那是如雷贯耳，任何团队到西安，不可能不到回民街。而回民街不只有吃，更重要还有看，看回民街的奇异街景：那近千种的西安美食，看得人眼花缭乱；那极具诱惑的吆喝之声，听得人心里发痒；那千奇百怪的操作技艺，令人不由得不停下了脚步。吃着的游客，一个个不顾吃相，百人百相；看着的游客，一个个馋相百出，直咽口水；而这时，站在外圈看着这些吃客、看客的游客，几乎个个都瞪大了眼睛，喉头都在动，嘴唇都在动，连呼吸都明显地加快了速度。再看看站在一边的导游，手拿团旗，面带微笑，频频点头地观赏着自己团员的经典表情——到回民街的每一个导游，想要的都是这样的效果。而以上的场景，在西安的永兴坊同样每天都在上映。

第五是在西安旅游，精神震撼频频出现——所有人到西安旅游，不震撼，不可能！并且不是偶尔震撼，而是频频出现。无论是西安碑林全球仅有的书法圣殿，无论是半坡遗址不可思议的远古文明，无论是兵马俑世界奇迹的地下军阵，无论是长恨歌千古绝唱的皇帝爱情，无论是古城墙国宾迎接的中华一礼，无论是唐乾陵炮轰药炸的屡盗不成，无论是大雁塔玄奘取经的惊世壮举，无论是大明宫中国独有的保护工程，无论是历史博物馆旷世奇品的万年遗存，无论是盛唐天街古今辉映的大唐不夜城……以上西安旅游的极品，无不都是中华文明的经典代表，无不都是中国历史的世界奇迹。

一位到西安旅游的深圳大学教授如此评价西安："到西安旅游，才使人知道了什么是历史的厚重，什么是旅游的愉悦，什么是精神的震撼。"其评价，不仅深刻到位，而且让人悄然心动。

第十篇章　西安　幸福自豪的西安市民

第二节　西安免费景区多　星罗棋布个个经典

如今的各个城市，或多或少都有免费景区。而西安的免费景区与众不同，它不是传统上的绿地公园，堆一些假山，植一些树草，蓄一块水面，起上一个好听的名字，就是一个免费的休闲公园。西安的免费景区，不仅多，不仅稠，不仅规模大，不仅档次高，而且都是历史的元素，都是文化的经典，都是西安千古大都的不同展示。在这里，传统上的绿地公园一律不在要说的范围之内。

西安世博园

西安白鹿原影视基地

西安"诗经里小镇"

西安汉城湖景区

西安的免费景区，有的是历史留下的原版文物，有的是历史遗迹的旧貌新颜，虽然还有不少新建的免费景区，但几乎都有着厚重的文化底蕴和显赫的历史存在。而且，西安至高无上的历史地位，让西安的免费景区量大面宽、星罗棋布、名目繁多，而且，东西南北，区区片片，不留空当。

报一报西安并不全面的免费景区，看它像不像相声演员口中的长长"菜单"：大明宫、兴庆宫，汉城湖、燕鸣湖，曲江池、昆明池，广运潭、桃花潭，兴善寺、广仁寺、青龙寺、水陆庵、城隍庙、湘子庙、回民街、永兴坊、袁家村、环城公园、大唐西市、诗经小镇、周至水街、大唐不夜城、西安世博园、钟鼓楼广场、长乐园公园，大雁塔南广场、大雁塔北广场、小雁塔博物院、八路军办事处、西安航空博物园、陕西历史博物馆、影视基地白鹿原、西安事变纪念馆，以及亚洲第一的大喷泉，以及唐城墙遗址的大公园……把整个西安市覆盖了个彻彻底底。

以上的免费景区，虽然不用掏钱，但绝不是滥竽充数，大多是让人流连忘返的经典景区。听一听它们的名字，就知道了它们的分量。其中有的是国家重点文物保护单位，有的是国家4A5A的旅游景区，有的是国家唯一的旅游品牌，有的是世界少有的特色景点。凡是涉及历史的景区，都有历史，都有典故，都有文献的记载，就连最具现代形式的大雁塔亚洲第一的音乐喷泉，其演映的内容也都是一幕一幕的历史故事，一幅一幅的大唐画面。

免费景区是地方政府为市民提供的社会福利。也许我了解的相对不够，不知道其他城市的免费景区是否能够有西安的如此之多？是否能够有西安的如此经典？建议所有的西安市民，外出旅游都可以留意留意，留意你所到过的省会城市、旅游城市，其免费的景区究竟是个什么情况？其免去的费用究竟都有多大的价值含量？然后再回来对比对比自己的西安，西安市民对此都会有一个明晰的概念结果。

西安市的免费景区，与其他城市相比，究竟有多大的含金量？西安市民最清楚。在西安的免费景区，西安市民不仅仅只是休闲娱乐，更多的则是历史的回忆、文化的享受、精神的陶冶。

第三节　外国姑娘嫁西安　西安的旅游名胜红娘牵线

西安的旅游名胜，不论是免费的还是花钱的，大多都是经典，而经典的大多，又都是大牌。西安的旅游名胜对于中外游客来说，那是百闻不如一见，一见不如一游，一游则难以释怀。而对于西安市民来说，西安的旅游名胜则是西安市民手中的金牌，功能多多、用处多多。不管是否有意去用，保不准什么时候就会为你赢得毫无前兆的人生意外。本节所说的"红娘牵线"，只是西安旅游名胜诸多功能中的其中一项。

2016年8月，一位西安小伙在机场为两个韩国朋友送行时，一口流利的英语引起了一位金发女郎长时间的关注。当西安小伙送走韩国朋友正欲返身离开时，没想到这位外国姑娘径直站到了他的面前，拦住了他的去路。先用生硬的汉语问了声"您好"，再用纯正的英语说了句"Hello"，然后则开门见山直接用英语一字一板地作了一长串的自我介绍。原来，外国姑娘名叫杰米，欧洲荷兰人，是阿姆斯特丹一所大学的在读硕士生，利用假期来中国旅游，首站即选在了西安。杰米姑娘快人快语，直言不讳地向西安小伙提出请求：在欧洲就听说西安人热情好客，自己中文生疏，在这里有些寸步难行，真诚希望西安小伙能够提供帮助，在周六周日的时间带领自己游览慕往已久的兵马俑、古城墙以及其他的西安名胜。作为回报，自己将在归国后邀请西安小伙到欧洲旅游，并为西安小伙承担所有的费用以及全程陪同。说完，一双满怀期待的眼睛一直紧紧地盯着西安小伙，等待着他的回答。

西安小伙名叫王鹏（化名），在当地一家外资企业供职。面对突如其来但真诚求助的外国姑娘，没有丝毫的思想准备。然而，杰米姑娘的一句"听说西安人热情好客"，让本就热情好客的西安人没有了任何可以推辞的理由。王鹏二话不说，一口答应，并当场谢绝了杰米所许的日后的所有回报。随之即开车把杰米直接送到了杰米早已预定的酒店，然后约好时间，于第二天的上午8时从酒店大堂出发，直奔旅游目的地。

短短的、但却忙碌的周六周日两天时间，西安的小伙带着欧洲的姑娘先后游了兵马俑、游了华清池、游了古城墙、游了大明宫，更在晚上看了亚洲第一的大雁塔喷泉、逛了流光溢彩的大唐不夜城。

很快，两天过去了。这时，人们最关心的一定是，两天之后谁来陪同不会中文的杰米姑娘游完西安呢？其实，人们的担心统统都是多余的。两天之后，西安的王鹏索性一连请了十天假，继续陪同欧洲的杰米，游览了钟楼和鼓楼，游览了碑林和半坡，游览了乾陵、汉阳陵，游览了大唐芙蓉园，游览了历史博物馆，而且还登了秦岭和华山，还吃了回民街和永兴坊，还看了长恨歌和皮影戏，最后还观赏了国内国外都难得一见的古今辉映的西安夜景。在西安，这一整套的游娱吃看，让第一次到中国来的欧洲姑娘彻底地拜倒在了西安的胜景之下。

然而，在西安的整个旅游结束之后，杰米姑娘对西安的王鹏居然没有任何的感谢之语，反而提出了另外的要求，让王鹏大感意外："王鹏，你——能向我提出求婚吗？"啊！天哪！这莫非也是西方人的文化，她虽然先有爱意，但她不向你首先示爱，而是明确地要求你，要求你向她提出求婚！

再后的情况大致就是如此：杰米兑现了承诺，邀请王鹏到欧洲，王鹏也如约成行，来到了杰米的家乡。但是，王鹏这并不是去欧洲旅游，而是去拜见同样是外国人的岳父岳母。

西安的旅游名胜，虽是意料之外，也是情理之中，旅游牵线，名胜作证，成就了一桩远隔欧亚的跨国婚姻。

第四节　同学聚会选西安　西安的旅游名胜最大选点

南京的某大学1997年毕业的一个班，20年之后的2017年，该班其中的一位同学事业有成，已经成了当地小有名气的大老板。该老板向全班共计36

名同学（包括3名在国外的）发出了"20年后再相聚"的同学聚会倡议。并说明，实在是他太想念同学们了，故承诺，除过各自来回的交通费用外，在聚会城市的所有住宿、吃饭、旅游、娱乐等费用均由他全部承担，时间暂以五天五夜的计划安排。只不过，在哪个城市相聚？由大家在群中投票，少数服从多数。总之，要选出的是最有特色、最富情调、最值得同学们共同远道而去的一座城市。

聚会的倡议一经发出，得到了所有同学的一致赞成。首先感谢老板同学为大家提供机会，感谢老板同学为大家慷慨解囊；其次，仅仅三天，投票结果出炉：36个投票人，投票结果居然惊人的相同，其中有30个人选择的都是同一个城市——西安。当然这其中也包括了唯一一位家在西安、工作也在西安的西安同学。而且，每个投票同学都写出了自己投票的理由，归纳一下，大概有以下六点：第一，西安是中国唯一的世界古都；第二，西安是最具特色的旅游城市；第三：西安的名胜古迹最多；第四，西安的旅游门类最多；第五，西安的美食名吃最多最好；第六，西安位居全国中心，对于哪个城市的同学前往，距离都相对公平、相对方便。同时，大家一致建议，时间可定在七月左右，具体日期则交由老板同学最后敲定。

聚会的人数及日期一经决定，这位老板同学忘不了西安还有一位西安的同学，是他大学时一个宿舍的上铺舍友，比他小两岁。于是，老板同学就以老兄的身份给这位老弟下了"指示"：聚会活动的所有西安前期事务以及聚会开始后的一切活动，均由这位西安同学来安排。总之，老板同学是聚会掏钱的组织者，而西安同学则是聚会城市的东道主。

至于西安同学聚会的整个热闹经过，这里无须作以详述。反正游了个前所未有，吃了个酣畅淋漓，玩了个地覆天翻。而作为东道主的那位西安同学，则像西安的名胜一样，一直都是聚会中的焦点，一直都是大家最为羡慕的同学。

聚会结束了，但同学们却都恋恋不舍，有的还流下了真情的泪水。很明显，不舍的其中，既有 20 多年的同学之情，更有短短五天的西安之恋。大家纷纷感慨：如果还有下次的再行集会，如果还让同学们继续投票，下次所投的城市，一定还是没有玩够的西安。

第五节　外国元首访西安　西安的旅游名胜品质独特

前边已经讲过，西安先后共有 260 多位外国首脑到访，这在全国除过北京和上海，绝对再找不到第二家！

外国元首到访中国，除过首都北京还访问了其他城市，这大多都是中国的安排，少数才是客人的要求。而到访西安的国家元首，则几乎都是客人的要求：点名要访问西安！点名要首站西安！点名想看一看中国的西安究竟是个如何的独特？

那么，西安究竟是什么吸引着这些眼观四海、足遍五洲的外国元首呢？人所共知，那就是西安诸多的名胜古迹，诸多的旅游门类，诸多中国甚至世界独有的历史遗存。试想，这么大的世界，只有在中国，只有在中国的西安，才能看到的人类文明，身为在任的各国总统、总理、国王、首相，谁不想借访问之机能够一睹为快呢？谁能知道自己卸任之后，是否还会再有如此的机会呢？

260 多位外国首脑到访西安，都是有名有姓、有年有月、有历史的记载，在此仅仅列出极小极小一部分的名单：有美国的总统卡特、里根、尼克松、克林顿，有法国的总统密特朗、萨克奇、希拉克、马克龙，有日本的天皇明仁、首相竹下登、村山富市、大平正芳，有英国的女王伊丽莎白、首相卡拉汗，有德国的总统约翰内斯·劳、总理默克尔，有新加坡的总统纳丹、总理李光耀，还有俄罗斯的总统普京、土耳其的总统居尔、印度的总理莫迪、意大利的总理钱皮、巴西的总统罗赛夫、秘鲁的总统托策多、捷克的总统克劳斯、澳大利亚的总督杰弗里，以及古巴的主席、朝鲜的主席、黑山的总理、斐济的总理、加拿大的总理、马来西亚的总理，以及葡萄牙的总统、阿根廷的总统、墨西哥的总统、伊拉克的总统、菲律宾的总统、柬埔寨的总统等等等等，你来我往，前赴后继。

外国元首的频频到访，不仅直接扩大了西安的中外影响，抬高了西安的国际地位，而且还为西安带来了诸多的重大变化：越南总理范文同参观陕西省博物馆，促进了陕西历史博物馆的新馆建设；新加坡总理李光耀参观兵马俑致西安有了中国第三的高速公路；美国总统克林顿参观西安城墙首享大唐天下第一礼，使西安城墙的入城仪式更加尽善尽美；印度总理莫迪访问中国首站西安，让中国在西安开启了史无前例第一次国家元首的"家乡外交"……

世界遗产，丝绸之路的重要遗址，西安唐代的小雁塔

西安独特的旅游资源，让外国元首纷纷热访西安。虽然每个人的爱好取向各有不同，但无论是冲着西安中华文化的脉源，还是冲着西安品质独特的名胜；无论是冲着西安丝绸之路的遗存，还是冲着西安浩如烟海的文物，总之，毫无疑问，今后来西安的外国元首只会越来越多、越来越频，人们都可以拭目以待。

第六节　亲朋好友来西安　西安的旅游名胜最撑脸面

西安的旅游名胜作为西安市民手中的金牌，功能尽显：在外上学谈对象，西安的旅游名胜是最大的优势；外地上班交朋友，西安的旅游名胜是一谝如故；生意合作谈项目，西安的旅游名胜是敲门话题；亲朋好友来西安，西安的旅游名胜是待客首选，且每次都为西安市民撑足了脸面。

家住西安高新区的张先生，四年前曾接待了他的准亲家，远从千里之外的安徽某市专程来西安为自己的女儿"看家"。张先生夫妻二人陪着准亲家夫妻二人在西安游览了整整三天，虽然是跑马观花，但在张先生的引领下，观的花多，观的花精，观的花特别，让从未到过西安的亲家天天赞不绝口，天天感慨不断。临走之时，握着张先生的手，一连说了六个：好！好！好！好！好！好！难怪自己的女儿，当初从西安毕业，坚决不回老家，坚决要留西安，现在看来，女儿的选择完全正确，西安的确是一座叫人一见钟情的迷人城市。

无独有偶，四年之后，张先生再一次接待了来自安徽同一个城市的客人。不过，这次不是张先生的亲家，而是张先生亲家的亲弟弟。其儿子学习成绩优秀，来年即要参加高考，常听嫁到西安的姐姐夸奖西安"遍地是名胜，处处皆景观"，故有心报考西安的大学。这次全家不远千里来到西安，就是专门考察西安学校的。张先生夫妇和儿子儿媳四个人共同陪客人除参观了交大、西工大、西安电子科大等高校之外，同样在西安游览了整整三天，其结果，同样是天天赞不绝口、天天感慨有加。唯一不同的是,临走之时,本次西安之行的核心人物、张先生亲家弟弟的独生儿子,却说出了一番令所有在场人都惊诧不已的豪言:明年我一定要考上西安交大,毕业后我一定要留在西安工作,工作后我一定要把房子买在大雁塔的周围,到时候我一定会把我的爸妈接到西安。我要让我们全家,天天能见大雁塔,天天能看大喷泉,天天能游曲江湖,天天能逛不夜城,天天都能像所有的西安人一样,生活在这如诗如画的风景名胜之中。

孩子的一番真情表白,激动的是爸爸妈妈,而自豪的则是作为东道主的张先生一家。只知道西安的名胜会让人如痴如迷,但从来还未曾想过,西安的市民会如此的令人羡慕!

摩洛哥驻华大使阿齐兹·梅库阿尔及夫人在西安旅游,一眼就看中了这里的"虎头帽"

客人回家的第二天,张先生即收到了来自亲家的大段微信,对张先生的热情接待,对张先生的精心安排,对张先生在西安给自己侄子前所未有的精神动力,均表示了深深地感谢。同时,也为张先生的全家包括自己的女儿在内作为西安市民的一员,而感到了由衷的高兴和自豪。

2019年12月,中央电视台著名主持人康辉在接受媒体采访时说道:"西安是所有中国人都应该去看的城市"。西安的旅游名胜,已经成了西安的符号,任何到过西安的,或从未到过西安的人说起西安,必然都会说到西安的名胜。其中那些诸多的世界独有,中国之最,历史经典,文化精粹,等等,虽然对于大多的中外游客来说都是中国的旅游大牌,但对于西安的市民来说,则都是司空见惯、习以为常。因为它们早已与西安市民的生活融为了一体,哪怕牌子再大、身价再高,但它们永远都是西安市民的"家庭后花园"。

第五讲 西安市民的美食名吃 三餐尽享

西安的美食名吃，吃之不尽、数之不清，50多个大类，2000多个品种，其中还包括了诸多的中华名吃、非遗美食。任何一个到西安的外地游客，哪怕你是专门来品吃的，若要想吃遍全西安的美食，你也得需要最少一年的时间，对于哪个游客来说，这恐怕都是不可能做到的。但是，西安市民则不同，他身处西安，家住西安，他有无限的时间，可以去吃美食街，也可以去吃小吃店，可以上马路边的小摊点，也可以待在家中自己做。总之，西安的美食名吃，西安市民是顿顿不重，天天换样，每天每顿都在不知不觉地享用着。

第一节 西安的美食名吃 西安人大街小巷如影随形

西安的2000多种美食名吃，有的经营于餐馆，有的风行于家庭，有的介乎于二者之间。而经营于餐馆的美食名吃，除了跻身西安各大美食街的部分之外，绝大多数都分布在西安市不计其数的个体餐馆中。这些各具特色的大小餐馆，被外地游客统称为西安的小吃餐馆，而西安市民则把它们视作了自家的第二厨房。不计其数的西安小吃餐馆，汇集成了不计其数的西安小吃街，遍布在不计其数西安居民小区周围的街街巷巷。

西安已有回民街、永兴坊、大雁塔、顺城巷等诸多不同名称的美食街，那么，西安的"小吃街"与西安的美食街究竟有什么不同呢？西安的小吃街与西安的美食街相比，其最大的不同即在于：小吃街主要对的是市民，美食街主要对的是游客；美食街都在旅游区，小吃街则淹没在街街巷巷中。若要与外地的美食街相比，西安的小吃街具有如下的五大特点。

第一，西安小吃街，有房必有街。自从2009年西安被国家确定为中国第三个国际化大都市的建设城市之后，前后十年，西安的城市建设日新月异。不论是高新区、经开区、航天新城、曲江新区，还是全市范围的各个区域，新型建筑不断涌现，民生项目雨后春笋。特别是大量的城中村改造，由于西安人的生活特点，每个小区在设计时都要刻意地开辟街道，多设街道。故而使得所有的安置项目，只要有房，就会有街；只要有街，就会有商；只要有商，就会有门面房；而只要有门面房，租房的几乎都是开餐馆的。

第二，西安小吃街，餐馆密度高。去年，网上爆出了全国各个省级行政区的代表性美食榜单，一省一个品种。其中高达28个省市都是鸡鸭鱼羊等各种大菜，只有6个省份例外。而陕西上榜的则是大名鼎鼎的羊肉泡，是纯粹的面食小吃。经营各省的大菜，只能开饭店、开菜馆，但开饭店、开菜馆需要的地方相对较大，而一条小小的街巷，能开几家饭店？能开几家菜馆？但西安的小吃则不同，一个小餐馆仅仅需要一间的门面，一条300多米的小街，最少可以容纳一百多家餐馆。西安不计其数的小吃街，让西安的小吃餐馆一街两行，独占了市场。

第三，西安小吃街，一店一专营。人所共知，开饭店、开菜馆都是一店多营、以菜为主，对的主要是群餐而不是个体。哪怕菜馆的名菜名气再大，试想，有谁会一人进店单独去吃一条"××鱼"？单独去吃一只"××鸡"？再还有，开饭店开菜馆同菜系是要拉开距离的，短短的一条小街巷，不可能同开两家川菜馆，同开两家湘菜馆……而西安小吃街的小餐馆，则刚刚相反：小吃品种对的就是一人一份、单人单吃，餐馆经营更不需要相互回避、拉开距离。你开一家羊肉泡，我开一家葫芦头，他开一家老鸹腥，还有谁家的baingbiang面，谁家的肉夹馍，谁家的灌汤包，等等，那是越多越好。更何况，所有餐馆，都是一间门面即可，都是一个品种单营，而且是一家挨一家，一户连一户，扎堆成片，集群经营，互不相同，各打各的招牌，各卖各的品种，谁和谁都不存在任何竞争。

第四，西安小吃街，全在家门口。西安各处的小吃街，其街道是为西安人而建，其餐馆是为西安人而开，一切都是围绕西安人而考虑的。小吃街大多都设在各个居民小区的外围周边，出门即到，扭头即有。以我所在的小区为例，外围的四条大街小巷，除正门外的大街有饭店、菜馆外，其他的三条小吃街巷，距离近的一百多步，距离远的二三百米，出了大门，数分钟即可到达，但却遍布着高达300多家的风味餐馆，而且都是清一色的西安小吃。

第五，西安小吃街，市民后厨房。大门外边的小吃街，清一色的西安小吃，丰富多样，应有尽有，对于西安任何一个小区的任何一个家庭来说，都是一次厨房的"革命"。只要不想做饭了，只要下班太晚了，只要厨房的东西不够了，只要想吃什么什么了……都可以是一句话："走，出去吃。"于是，全家出动，直奔门外的小吃街。小区里的人几乎都成了各个餐馆的常客，甚至有的老主顾一进餐馆的门，不用报吃啥，吧台都会主动地给你打好饭单。你爱吃什么？你想吃什么？老板心里都记得清清楚楚。

小区的小吃街，惯馋了孩子的嘴，惯懒了家里的人，惯得让小区的男女老幼都离不开小区外的小吃街。

第二节　西安的美食名吃　西安人出门在外个个恋家

按说，如今的世界都已经全球化，西安的美食早已经走南闯北、漂洋过海，遍布了中国和外国，西安人在哪里何愁吃不到西安的美食？其实不然，人们都明白，美食不是工业产品，虽然传入了外地，虽然也受到了外地人的喜爱，但是由于诸多的原因，它的配料、辅材、做法、甚至主材，都会不同程度地出现差异，当然也就影响到了它的口味。相对于西安人来说，它已经变了模样。西安人吃西安人的饭，当然最能吃出来它正宗不正宗。

西安人外出旅游，包括国内国外，少则不过五七天，多则也超不过半个月，时间并不算长。但是，西安人不行，他对吃，耐不过这十天半月。每次出门，几乎都要带上救急的食品。西安人对于吃，说挑剔吧，他很挑剔，说好打发吧，他也很好打发。陕西十大怪中有一怪是"油泼辣子一道菜"。外出旅游，简单一点的西安人都会准备一瓶上好的油泼辣子，如果外边的饭还能随口，油泼辣子即可成为一道菜；如果外边某一顿饭根本不能习惯，西安人即会想办法买来两个馒头，夹上自己的油泼辣子，这时，它又变成了西安人的一顿饭。按西安人的话来说，那即是"蒸馍夹辣子，一口半拉子"，十分地顶硬解馋。

西安名目繁多可以携带速食的地方名吃

更有年龄大的西安人不怕麻烦，还带上了西安的锅盔、西安的石子馍、西安的咸甜麻花、西安真空包装的各种小吃。有的在旅游车上即可食用，有的在吃饭桌上即可补充，哪怕是遇到没有任何食欲的饭菜，也可以回到酒店，冲上回民的油茶，泡开速食的饸饹，比起那团餐天天如一的糙米饭菜，起码对得起自己胃口。

以上所有这些，当然都是权宜措施，为的都是那十天半月的旅游时间。这就是西安人的心态，没有旅游想旅游，旅游了又怕饭不可口。玩的时候啥都不想，吃的时候直皱眉头，眼前晃动的老是西安那各种各样的美食小吃，只想尽快完成旅程，尽快回到西安，过上自己想吃啥就吃啥的正常生活。

恋家的不仅仅是外出旅游的西安人，还有在外上学的、在外工作的、已经结婚在外成家的、跨国派到世界各国的。只要是西安人，和其他人恋家的概念都不一样，西安人在外的恋家，所恋的不只是自己的父母，不只是自己的家人，所恋的还包括了母亲那无所不能的厨艺，以及那吃之不尽、忘之难却的西安美食。

凡是西安人，不论外出时间的长短，只要是回到西安，特别是回来休假还要走的，一定会有专门的计划：第一天吃什么？第二天吃什么？第三天吃什么？什么时候去回民街？什么时候去永兴坊？什么时候去大雁塔的北广场？他都安排得满满当当。哪怕是在家仅仅只有一两天，那西安的羊肉泡、葫芦头、肉夹馍、biangbiang面，必然会紧凑地安排其中，绝对不可以轻易放过。

生活在西安的西安人，其生活与西安的美食已经不可分割；离开了西安的西安人，只旦回到西安，上街品吃一定是自己的必然计划；就连从外地回来的小孙子，也会不停地缠着要去吃甑糕，缠着要吃柿子饼，缠着要吃豌豆黄……西安的美食，对几乎所有的西安人来说，无论人在不在西安，无疑都是拴着他的心，勾着他的魂，要想不恋家，那是根本不可能的！

第三节　西安的传统家庭　老婆都有十八般厨艺

西安数之不清、吃之不尽的美食名吃，仅仅用十八般厨艺来形容，只怕还真是小词大用了。西安传统家庭的"老婆"，包括上一代的老婆，包括上上一代的老婆，要说做它个一百多种的饭食，那随便都是小菜一碟。

西安的小吃在外被人称之为美食，但在西安的家庭，它其实就是普通的家常便饭。会做如此的"家常便饭"，西安传统家庭的传统老婆，早在结婚之前就已经具备了这样的厨艺。按照过去的老传统，女孩子的厨艺是找婆家的重要资本，所以，西安传统家庭的老婆，其厨艺都是从娘家的妈妈、她爸爸的老婆那里学来的。

西安家传厨艺的猴耳朵及各样配菜

西安的老婆做饭，特别是上一代的老婆，那的确是一门令人自豪的技艺。除过席面上的大菜，只要是家常的蒸煮、煎炸、闷烩、烙烤、擀扯、炖包，等等，那都是上了锅台，样样能来。看起来只是家常便饭，但不论是在和面的程序上，不论是在配菜的切法上，不论是在调料的使用上，不论是在火候的把控上，不论是在关键环节的诀窍上，都有着一套严格的操作讲究。就连平常人们认为最简单的油泼辣子，都根本不是想象中的那么简单。

西安的油泼辣子，辣面不能用太细的，用油只能用菜籽油，其他的油根本激不出来辣椒的香味。热油时要先给锅内的油中放入少许的花椒、大料和茴香；然后用大火热油直至冒烟；然后再关火冷却，再捞出调料；然后再将大约一半的热油泼入碗中的辣面之上；此刻只听"刺啦"一声，然后再给已泼油的辣面上滴进几滴香油；再等待五六分钟，让油与辣椒充分融合；然后，再把剩余的另一半菜油二次加热、二次浇上热油；直至最后，所有的辣椒统统都浸泡在了红油之中，油泼辣子方告成功。这时，你先看一看，再后尝一尝，那碗里的油泼辣椒一定是色艳、味浓、辣香！如若仅仅只是简单的热油泼在辣面上，对不起，那绝对成不了陕西八大怪中的一道菜。

西安老婆的厨艺究竟如何？反正总会为自己招来诸多的"不速之客"。西安北郊徐先生的家即是如此：

上大学的女儿，叫来了自己的湖南同学，专吃妈妈做的烫面饼，一个只有90多斤重的姑娘，连饼连菜，一顿饭竟然吃了8个；儿子在本市的武警当连长，带着自己江苏籍的指导员一同来家专尝西安的"猴耳朵"，指导员胃口大开，连汤带水，一口气吃了满满3大碗；徐先生在房地产公司上班，曾领自己同公司的好友到家，品尝过老婆最为拿手的"茄子蒸肉"。没想到朋友回公司后一句无意的赞扬，竟然为徐先生招来了一大串公司的客人：先后有项目经理、有技术总监、有副总经理，还有带着夫人的公司老板，一个一个都是外省籍的人。每人来了都提着一瓶好酒，而点名要吃的都是徐先生老婆曾经做过的"茄子蒸肉"。

第四节　西安的风味餐馆　老板都是资深的吃家

全国各地都把爱吃的人称之为"吃货"，这是一种美称，绝无丝毫的贬义。不过，对于西安人的爱吃，还可以再分为四个层次：一是馋嘴，二是嘴馋，三是吃货，四是吃家。四个层次，虽然只是一字之差，但是概念多有不同。西安人从小都让妈妈的美食惯成了馋嘴，长大后大多的都上升到了"嘴馋"。馋嘴是见了美食都想吃，而"嘴馋"，在陕西话中还有嘴很"厉害"的意思，凡是所谓的西安小吃，到了他的嘴里，一口就能吃出正宗不正宗，一口就能吃出缺了什么少了什么，一口就能吃出毛病出在哪个环节。而"吃货"与"吃家"同样有所不同，吃货只是遍吃美食、广品美食；但吃家则是连吃带品带研究，是"吃"字带上了"家"字，是对美食、对地域、对市场、对受众人群进行综合研判的研究型的美食家。

在西安，是吃家的不一定都开餐馆，但开餐馆的几乎都是吃家，而且还都是资深的吃家。这些西安的小吃餐馆，大多都是夫妻店，老公老婆也大多都经历了小时候的馋嘴、长大了的嘴馋、中年后的吃货，直到最终熬成了经营型的吃家。

西安小吃餐馆的老板，对西安的名吃美食见得多、吃得多，对西安人的胃口喜好摸得透、把得准。西安人爱吃啥？想吃啥？咋样吃？都在这些西安吃家的掌控之中。

西安小吃餐馆的老板，知道西安人饭前喜欢"小品"，故每个餐馆都备有各种凉菜，花样众多、自己挑选，愿喝酒的有啤酒，不愿喝酒的有"冰峰"；西安羊肉泡的老板知道西安人吃羊肉泡不爱汤多，掰的馍都是"碎若蜂头"，故羊肉泡馆子打的都是"以馍定汤"，为的就是让煮馍的师傅认准谁是西安人；西安的biangbiang面馆知道西安人吃面最讲究，故馆子里的面有长面、有短面、有宽面、有窄面，还有揪成面片的，各样齐全，看你还有什么挑剔的……

每到夏日的晚上，西安的小吃餐馆都会收起白天的经营，大都卖开了夜市的烤肉。这时，人们一定会发现，在全国通行的粗签子、大肉块，像糖葫芦一般的大烤串，在西安全都变成了细细薄薄的小串串。签子只有牙签般的

第十篇章　西安　幸福自豪的西安市民

粗细，肉片只有两三毫米的薄厚。西安的餐馆老板都知道，西安人吃烤肉、喝啤酒，吃的是夏日的情调，喝的是夜市的气氛，大肉串稍稍几串填饱了肚子，下边坐到这小摊上再该干啥？西安人需要的，就是这小小的肉串，一串肉、一口酒，一口酒、一串肉，慢慢地吃，消停地喝，一直可以品到12点！但也许人们还不知道，西安这独有的小肉串，就是西安这些"吃家老板"因人而异、因地而异，专为西安人量身定做出来的。

西安的烤肉串都是又细又薄的小串串

第五节　西安的美食名吃　西安人顿顿轮换不重花样

按照中央电视台《外国人在中国》电视片中的介绍，西安回民街拥有各种西安美食近千种！但这近千种只是一个回民美食街，西安还有那诸多的汉民美食街，还有那遍布全市的大小小吃街，还有那千千万万的市民家庭厨房。

2000多种的西安美食，数不胜数，没有人能够说得完，没有人能够吃得全。虽然有不少的本地人、外地人、中国人、外国人，包括各类吃货，包括中外游客，都曾想实现这一目标，但最终都知难而退，只留下了一个美好的愿望。

作为西安的市民，对于西安的美食名吃，虽然也是说之不完、吃之不全，但西安人近水楼台先得月。不计其数的西安美食、西安名吃，西安人的一日三餐则可以做到顿顿轮换，不重花样。

在西安，诸多的家庭主厨，包括本地的奶奶、本地的外婆，都有一个共同的感受：每到做饭的时候，不知道想吃什么？不知道该做什么？其实，这并不是她会做的东西太少，而恰恰是她会做的东西太多，只是到了做的时候，反而总想不起来该做什么？

对此，我朋友的家庭处理的最好。朋友的老婆经常会问："中午吃啥饭？"朋友对老婆的厨艺那是无可挑剔，总是一句话："随便，你做啥我吃啥。"然而，每当老婆报出了一个饭名，朋友总是说："哎呀，前段时间刚吃过嘛。"但作为家庭主厨的老婆，天天做饭、顿顿不空，此时却再也想不出什么什么。天长日久，几乎天天如此顿顿如此，朋友老婆最怵的，不是每顿饭的动手做饭，而是每顿饭的动脑想饭。不过朋友总有朋友的高招，他召开了一个家庭会议，参加会议的人有：作为吃家的丈夫，作为主厨的老婆，还有作为吃货的儿子、儿媳，还有正在上学的馋嘴女儿。会议的议题只有一个：大家都来回忆，回忆曾经在家里都吃过啥饭，然后汇总起来写成一个"饭谱"。这个饭谱虽然叫作饭谱，其实它是一个家用饭名的大"辞典"，让做饭的人做饭时不用再动脑筋，只需在"辞典"上搜索查找，哪个未吃吃那个，哪个想吃做哪个，方便极了。

此"饭谱"全家人轻松制成，其内容共分为了十个大类，近200个品种，并印成了彩色塑封，挂在自家厨房的门后。其中包括了不少在市场上根本吃不到的家厨美食：水疙瘩、红肉煮、麻食泡、蒸芝卷、拨刀面、老鸹片、面辣子、锅扒子、炒甑糕、烫面饺，等等。每天每顿做饭，凡吃过的均做记号，不再重复。从此，让全家人两三个月内都可以天天吃新、顿顿换样。

制作饭谱，虽然在西安只是少例，但更多的西安市民，家中都有能做善变的吃货老婆，门外都是一街两行的"第二厨房"，稍稍走动即可来到久负盛名的美食街区。西安的美食名吃，对于西安人来说，可谓到处都有，随时可吃，一日三餐，餐餐尽享。

第六节　西安的美食名吃　西安人招待外客春风得意

西安人招待外客的两大金牌，一个是旅游名胜，另一个即是美食名吃。"西安的美食名吃，西安人招待外客春风得意"，这个让西安人春风得意的，不仅包括了西安美食本身的独特魅力，而且还包括了西安美食为西安书写了西安美食一次一次招待外客的珍贵记录。

张学良将军在西安用葫芦头"招待"蒋介石；贺龙元帅在西安用羊肉泡招待英国元帅；周恩来总理在西安用羊肉泡招待尼泊尔国王、越南主席；陕西省政府在西安用饺子宴招待美国总统等诸多外国首脑……北京的四通集团在西安开会，会上的西安凉皮迷倒了众多客人，使得该集团老板一次性定购500份凉皮直发北京；贾平凹先生在西安用葫芦头招待广东客人，客人"初见大惊，以为胃不可受，勉强食之，顿觉鲜香，遂不要命。"……最典型的莫过于习近平总书记与国民党主席连战在北京的历史性会面，习总书记专门用西安名吃的"三大件"羊肉泡、肉夹馍、biangbiang 面设"家宴"在北京进行接待，让连战夫妇倍感亲切，如同久违了的亲人家宴相聚，共叙亲情，承担了其他美食名吃无可替代的特殊使命。

对于热情好客的西安市民来说，用西安美食招待客人，那不仅是家家司空见惯，而且还是人人乐此不疲。外地客人只要到了西安，只要上了西安人的"道"，不论是男是女，不论是凡人名人，在诸多大名鼎鼎的美食面前，在主人不辞劳苦的盛情之下，大多的客人都会"束手就擒"，改变了自己的饮食理念，突破了自己的食量标准，甚至改变了自己的西安行程。特别是慕名西安美食而来的外地姑娘，既怕胖了身体，又难抵御诱惑，但在西安小伙《吃胖了你就别跑了》的真情歌声中，视美如命的姑娘，最终也会放弃了自己的防线：吃吧，索性把胃交给西安的美食，索性把人留给美丽的西安。

西安的美食可以让客人改变理念，还可以让客人改变行程。不论是旅游团的、自驾行的、同学聚会的、洽谈项目的以及想要征服西安美食的。只要到了西安，都会发现自己留给西安美食的时间太短。对此，凡在西安有亲戚、有朋友的，大多都会电话联系。回民街、永兴坊、顺城巷等，都可以自己去吃，而那些遍布在全西安街街巷巷的特色餐馆，如果没有西安人的引导，外来的客人那是很难摸到地方的，这时的客人，都会根据西安朋友的回复做出决定：要么延长在西安的时间，要么专辟时间下次再来。

八个国家的驻华使节在西安吃 biangbiang 面，个个吃得干干净净（图源永兴坊）

西安人招待外地客人，虽然旅游名胜是必需的，美食名吃也是必需的，但不同的是，西安的名胜客人看了之后，留下的是精神的震撼，留下的是永久的纪念；而西安的名吃，客人一旦吃过，留下的则是严重的"后遗症"，想起来就会口舌生津，抽机会就想再来西安解馋。而作为东道主的西安市民，每一次的接待，自始至终都是满面春风、春风满面。然而，也许这只是个开始，也许在一段时间之后，关系特铁的客人即会发来"红包"，劳烦西安人为他寄出西安人曾经带他吃过的西安美食。而且，事实证明，这种劳烦还将一直地持续下去。

　　西安市民的美食名吃，三餐尽享。在这里再次重申，数之不清、吃之不尽的西安美食，有的聚集于美食街区，有的独营于小吃餐馆，有的遍布于流动摊点，还有的深藏于城乡家庭。特别是千千万万的家庭厨房，那更是西安美食的藏龙卧虎之地，既有适合于餐馆对外经营的批量化美食，又有适合于家庭精工细做的手工性小吃，更有诸多从未在市场上出现过的家传厨艺经典杰作……让西安人一直从小吃到大，从大吃到老。民以食为天，幸运的西安人得天独厚、得天独优，千年积淀的饮食文化，历朝历代的美食荟萃——中华名吃何其多，尽在日日三餐中！

第六讲 西安市民的休闲健体 资源独特

如今，全国各地的城市公园，早已不是几十年前外地游客来此的必游项目了，而变成了本地市民休闲健体的专用之地。休闲是为了活得更滋润，健体是为了活的更长寿，休闲健体已经成了人民生活极其重要的一个组成部分，而公园建设也成了各个城市的民生工程、幸福指数的衡量标准。但当你站在全国的角度，关注到了这一点，对比过了这一切，你便会惊喜地发现：西安市民休闲健体的场所，资源多样、门类独特，而且个个都是西安的旅游名胜！绝不仅仅只是绿地池水的普通公园。对于自己独特的拥有，也许西安市民并未能够深切的感受，不过这很正常，用一个不恰当的比喻，这大概就是苏轼的名句所在："不识庐山真面目，只缘身在此山中"。

第一节 环城公园水围城 打拳跳舞入仙境

在中国，叫环城公园的公园，并不是只有一家，但真正能够像西安一样环城的环城公园，那绝对是只有一家。西安的环城公园，不仅仅是环城而建的公园，而且是五环一体的城市综合景观带，是中国唯一的立体环城公园。

西安的环城公园，周长16公里，是全国仅有的几个谓之环城公园中周长最长、规模最大的环城公园。西安的环城公园是真正的环城公园，它是实实在在地环绕一座古城，而且是全国唯一一座完整保存下来的千年古城。说西安环城公园是五环一体，是指它环城的城墙、环城的林带、环城的景区、环城的城河、环城的城巷，环环相套；说西安环城公园是立体环城，是指它由水面、岸街、林带、景区、城墙构成的五个层次，高低不同。特别是环城公园西半部的环城西苑，一层一层的美景与城河对岸高耸的城墙隔河相望，形成了一个古今辉映的景观河谷，极富特色、极具情调。

在环城公园跳舞的大妈们

环城公园的美景，西安人百看不厌，前边我已经讲过，在这里我也是百讲不烦，再重复几句。细观河谷的两侧，从低到高、错落有致、层层叠叠、五彩相映：有亲水长廊、有景观亭阁、有跌水瀑布、有喷泉音乐、有名贵树林、有湖光山色、有民俗雕塑、有园林小品、有沿河商街、有休闲会所。还有西安环城公园全民健身示范园区，是被国家体育总局作为向2008年北京奥运会献礼的"中国全民健身示范工程"。梁思成的愿望,在西安不仅得到了实现,而且更为立体、更为丰富、更为超出了梁思成的构想。

西安环城公园环绕的是西安市最中心的西安古城。每天的早晨、每天的黄昏,都是环城公园最热闹的时候。四面八方的西安市民从东西南北的各个入口进入公园,跳舞的、打球的、习拳的、练剑的、唱歌的、吼戏的、画画的、下棋的,还有打陀螺的、甩响鞭的、抖空竹的、吹黑管的……以及相当多的青年人、中年人、老年人,专门赶到环城公园,围着古老的城墙快行暴走的。

这时,如果有人高居城墙之上向下观看,他一定会被深深陶醉,整个西安的环城公园,人在画中动,城在河中行,动静交融传神,高低层层相映,完全是一幅图画中的图画,不是清明上河图,胜似清明上河图。

第二节　皇家温泉比比是　沐浴尽在御汤中

在古代,温泉被称之为"汤",在如今,只有历史悠久的温泉,才会有史书记载的"汤"的概念。温泉中含有多种的矿化成分,泡温泉不仅可以扩张血管,促进血液循环,而且可以加速新陈代谢,有效缓解疲劳。更重要的是,还能够治疗相关疾病,美白软化肌肤。故而,从古到今,温泉都受到了各类人群的广泛青睐。

但是,泡温泉要想达到一定的效果,必须要连续坚持一段时间,偶尔的一次两次只能是泡个新鲜,或是回味一下感受。故而远离温泉的人们难以具备这个条件,正因为如此,多少年来,全国各地都在深挖井,广勘探,大肆发掘温泉资源。虽然不是百发百中,虽然花了不少的资金,但终使诸多的城市、地区如愿以偿,拥有了自己的温泉。然而,偌大的中国,诸多的温泉,哪里的温泉最受追捧呢?这一点也许有人清楚有人不清楚:中国的温泉再多,有6000多年历史的只有一处；中国的温泉再多，供多朝皇帝专享的只有一处；中国的温泉再多，被命名"中国御温泉之都"的只有一处；中国的温泉再多，被全国温泉专家誉之为"中国温泉文化发祥地"的只有一个。以上的四个"只有"，指的就是西安，就在西安的临潼。

西安临潼的温泉，有着6000余年的温泉利用史，有着3000余年的皇家御汤史，更因唐明皇和杨贵妃的爱情故事而驰名海内外。不过，西安的皇家"御汤"，除了西安的临潼，还有西安的汤峪。汤峪距西安市中心仅仅不足40公里，整条峪道都是温泉，故历史上称之为"汤峪"。汤峪在唐代即建有皇家汤池五座，被唐玄宗赐名为"大兴汤院"。唐代之后，都城东移，汤峪则成了官民共享的洗浴场所，并且是八方慕往、千年不衰，素有"桃花之水值千金"的美谈。

西安的温泉，在古代的地位是皇家温泉、皇帝御汤，在现代的地位则同样是千里挑一、全国首选。新中国成立之后，国家、军队、地方先后都在西安建起了诸多的温泉疗养院。在此不说陕西地方的，仅说国家和军队的：有铁道部的疗养院、煤炭部的疗养院、二机部的疗养院……还有航天工人疗养院、电力工人疗养院、建筑工人疗养院、石油工人疗养院……还有陆军疗养院、空军疗养院、兰州军区疗养院、新疆军区疗养院、西藏军区疗养院，等等。凡能到此疗养的，都是劳动模范、先进人物、部队功臣、科技精英，总之，都是为国家做出重要贡献的。北戴河的疗养院多，冲的是北戴河秀美的大海，西安市的疗养院多，冲的就是西安市独有的皇家温泉。

改革开放后，西安的临潼、汤浴以及邻近两地的其他西安地区，吸引了诸多的国内外企业，先后建成了大量的温泉酒店、温泉度假村、温泉洗浴中心，等等，其建设从高端到平民，从传统到新潮，应有尽有，投资者所要的都是西安温泉"皇家御汤"的赫赫大名。

丰富的温泉御汤，大量的温泉浴场，给西安市民的养生美颜提供了极大的方便。凡有条件的、有需求的，或在温泉周边买了度假房，或者在温泉景区租了农家乐。只要到了星期五,大多都会拖家带口、集体出动,全家人泡上一天温泉,过上两天周末,缓解疲劳、享受快乐。西安人的泡汤,已经成了西安人的生活——皇家温泉比比是,沐浴尽在御汤中。

第三节　沿山峪道一串串　爬山赏景两方便

健身是人们生活中的一个重要组成部分,而爬山则是健身中的一个重要组成部分。大多的青年人、中年人都喜欢爬山。西安人对爬山的爱比起外地人有过之而无不及,因为西安人有山,有太多可供选择的山,为西安人的爬山创造了得"山"独厚的有利条件。

西安的山多,但西安并不是山城。西安位处的是一望无际的关中大平原,但西安地理的独特就在于,位处的是平原,背靠的是大山,而且背靠的是中华龙脉的大秦岭,背靠的是大秦岭的核心段。整个秦岭在陕西境内共有72条峪道,仅西安境内就占有了41条,且一条一条都纵向并列在大西安的身后,距市区只有短短二三十公里的距离

从西安出发,直接向南,不论坐公交,还是自驾车,都会驶入西安的环山旅游公路。东西横向的环山旅游公路把南北纵向的41条峪道全部串联在了一条公路线上,除少数已成为正式景区的峪道外,大多的都可以随便进入,信马由缰。

41条峪道的名字离奇古怪:有大峪、小峪,有黑峪、赤峪,有甘峪、涝峪,有泥峪、滑峪,有汤峪、洋峪,有曲峪、斜峪,有沣峪、库峪,还有天子峪、太平峪、抱龙峪、紫阁峪,还有扯破李世民龙袍的"扯袍峪",等等。虽然各条峪道的名字离奇古怪,但都有不同的山势,都有不同的美景。不管你走进哪一条峪道,都是原模原样,不带雕琢的奇峰、异石、俏崖、断壁、龙潭、瀑布、道观、庙宇。只要进入大秦岭,不仅是在爬山,而且是在游景。

41 条不同的峪道，随便你是攀爬性的健身，随便你是探险性的驴友，在这里都可以得到完全的满足。

条条峪道连西安，对于这些也许有些人不以为然，但是如果和那些诸多的不靠山、不沿山、没有山的城市来比较，想要找一个登山的地方，即便是离开本市，甚至出省，恐怕也难以找到像西安这样就在城市后院的 41 条各不相同的峪道了。

第四节　登上主峰观秦岭　脚跨南北分界点

在西安攀登秦岭的庞大群体中，包括了西安的市民，也包括了慕名而来的外地客人。在这个群体中，不论是驴友、骑友，还是一般的登山者，若要想让自己的秦岭之攀更具价值，更富纪念意义，那么，他们选择的无疑都是这一条线路——进入沣峪，一直向南，登上秦岭主峰，直奔秦岭峰顶。

秦岭峰顶能有什么？前面已经讲过，秦岭是中国地理的南北分界线，是长江黄河的中国分水岭，而长达 1000 多公里的大秦岭，这个中国最特殊的界碑，就在西安的沣峪，就竖立在沣峪秦岭主峰的最顶端。在这里，你可以唯我独大：眼观众山皆小！脚跨中国南北！留下你在全国任何地方都不会再有的特殊纪念。

沣峪内的秦岭登顶，极具挑战性，可以是步行，也可以是骑行。步行的有专门的大巴，到一定的地点下车后，跟随领队沿山间的小路步行登山，直至峰顶分水岭的界碑。如果是骑行，那一定是高水平的，因为这条骑行线路一直被广大骑行者称之为"骑友的国考"。所指的即是从沣峪口沿 201 国道向上直至分水岭大约 34 公里的爬坡公路，其海拔爬升 1595 米！骑友们在此段公路骑行无论花费多长时间，只要骑到分水岭的界碑，都是该骑友难得的殊荣，都可以平视国际上公认的"环法、环意大利、环西班牙"三大自行车比赛的高难度山路赛道。

不论步行骑行，开车的另当别论，只要到达分水岭，虽然每个人都是气喘吁吁、精疲力尽，但每个人又都是两眼放光、精神焕发。那庄严的秦岭中线界碑，那形象的"江河分水岭"精美雕塑，那一南一北的"长江水系"、"黄河水系"八个金色大字，让太多的人都会心潮澎湃、浮想联翩。然而，想是想，但不容多想，需要赶快排队！此时，任何人都会站在界碑之前，双脚各跨南北，双手高举头顶："耶，我在中国的分水岭！"，一副豪情满怀的纪念，永远留在了秦岭的峰巅。

秦岭是西安人民的后花园，是大自然对西安人民的恩赐，中国的南北分界点只是其中的一部分。而秦岭给予西安人民的远远不止于此，西安人对秦岭的每一次登临，每一次都会有着同样的感受：感谢大自然、感谢大秦岭——如此厚爱大西安。

第五节　夏季避暑不远走　南山民居吃住游

中国的南方热北方冷自然生成，但南方的热可以热到没有冷冬，没有严寒；而北方的冷，则冬季寒冷但夏季照热，特别是近些年，热起来甚至比南方还热得更甚。西安也概莫能外，和全国大多的北方一样，夏季酷热难耐，30多度已属正常。伏天的避暑已经成了相当多数中国人的生活必须。

避暑自古都有，但几乎都是到外地避暑。古代不少的皇帝都为自己专门建有避暑的"夏宫"，最典型的要数大清王朝，耗费巨资建起了避暑山庄。但却远在辽宁、内蒙古交界的承德，与北京故宫的距离还有300公里。

而西安则自具避暑胜地。因有大自然的恩赐，西安身后的大秦岭即终南山就像一座巨大的制冷工厂，直对西安的数十条峪道，条条峪道树木茂盛，条条峪道河水清清，条条峪道犹如风筒。致秦岭的山脚之下，秦岭的山峪之中，夏天的温度比西安市区低出了许多！而且是越往南越凉，越向里越冷，盖着被子睡觉是非常普遍的事情。

如此的功能西安早在千年之前就已具备。唐代之时李世民即在南山（即秦岭）脚下建起了避暑山庄"常宁宫"。同为皇帝的避暑山庄，承德与西安的最大不同即在于：承德是清朝皇帝的夏宫，是远离京城，是整个朝廷要在夏天搬到承德去办公；而李世民的避暑山庄常宁宫，就在长安城的城外（今西安市长安区神禾塬旁），距大唐的皇宫宝殿大明宫仅仅只有二三十公里的距离，完全可以是哪天热了哪天去，哪天凉了哪天回，大可不必搬宫动朝、兴师动众，在避暑之地整整待上一个夏天。一直到了国民党时期，常宁宫照样是避暑胜地，成为了蒋介石在全国少有的避暑行宫。

如今秦岭的山里山外，各条峪道的深峪浅峪，包括常宁宫的增建项目，遍布着各式各样的避暑民居。最多的还是老百姓的住宅改建成的民居，有单间房子、有两间带套、有多室多厅，有独院别墅，还有别具情调的新式窑洞。最便宜的二三十元一天，最贵的一天也不过百十元钱，且一律都是带厨带灶、带锅带碗，冰箱、洗衣机一应俱全，目的就是让避暑的客人能在这里居家过日子。而这些民居避暑的温度，在西安最热的时候，可以比市区低出十好几度，白天最高25，夜晚则超不过18度。

不计其数的南山民居，已经普遍成了西安市民度夏的夏宅。夏宅不仅凉快，而且身处森林公园之中，出门即是山，出门即是水，出门即是森林，出门即是风景。清新的空气，天然的氧吧，能住能吃能玩能游能享受！最主要的是仅仅个把小时的车程，就在西安的后院，热了就来，凉了就回，甚至可以从这里直接出发上下班，广受西安人的欢迎。《华商报》曾经有过报道，南山根的一家民居，其经营的油泼面一天竟然就卖出了近千碗！根据相关单位的统计，到南山民居租房度夏的西安市民每年已经达到了10万人左右。按度夏者的话来说即是：一脚油门几十里，温度迥异两重天！

终南山脚下蒋介石西北行宫的"常宁宫"大门

第六节　雁塔广场度周末　逛完广场看喷泉

西安有许多让市民流连忘返的地方，大雁塔广场就是其中的一个典型，西安人度周末，常常选择的就是大雁塔广场。

人们都知道，大雁塔广场有亚洲最大的音乐喷泉，但亚洲最大的音乐喷泉并不是大雁塔广场的全部。大雁塔广场是中国最大的唐文化广场，其中包括了雁塔西苑、雁塔东苑、雁塔南苑、雁塔南广场、雁塔北广，以及全国规模最大的人物雕塑群，以及全部仿唐建筑的雁塔商贸区和雁塔美食街等多个板块，整个占地1000多亩，亚洲第一大喷泉只是大雁塔北广场的主要景观。到大雁塔广场度周末，西安人从来都是不急不忙、消消停停，必须先要在广场的其他板块逛足、游完、览尽、吃饱，在重新感受了大唐文化之后，再来观赏这亚洲最大的音乐喷泉。

西安人观赏大雁塔的大喷泉，每一次的观赏都给人陶醉，都让人自豪；

每一次的观赏都叫人欲罢不能，都令人流连忘返。然而，让西安人自豪的，不只是亚洲第一的大喷泉，而是整个大雁塔的大广场，包括了大雁塔广场之内所有的中国之最和西安独有！

西安人看大雁塔，看大喷泉，看大雁塔的大广场，百看不烦，百来不厌。反正既能吃，又能玩，既在市中心，又有地铁站，老人小孩都愿来，全国游客都爱看。西安人在大雁塔虽然只是休闲，但却是爱在其中，情在其间。

第七节　城墙上的马拉松　世界没有西安有

马拉松，世界各国都有，都在不断地举办赛事。不过，人人皆知，所有的马拉松都是在公路上进行的。但是在中国的西安，却把马拉松一举捧到了"空中"，创出了一个前所未有的"城墙上的马拉松"！而且还是国际城墙马拉松！而且还是一年一届年年不空！为西安竖起了又一块中国唯一、世界没有的国际品牌。

城墙马拉松并不是有城墙即能举办。国家体委对于"城墙马拉松"有明确的要求：第一，必须是完好包砖的城墙；第二，必须是全线贯通能够环绕；第三，城墙的一圈必须要有相当的长度；第四，也即最重要的一点，城墙顶上的净宽最少不能低于10米，否则容纳不了几千人的马拉松队伍以及相关服务工作需要的空间。而西安城墙，则是全中国唯一保存完整的大型都市城墙，既全部贯通，又能够环绕，还是现存的周长最长的城墙，特别是城墙的顶宽，路面达到了15米以上，可以并行六辆汽车。很显然，不说在中国，即便在世界，也只有西安的城墙才能满足以上的要求，是唯一能够举办马拉松比赛的大型城墙。

不得不承认西安人的创新能力和预判能力。西安的城墙国际马拉松大赛，从1993年的第一届开始，每年一届，至2020年已经不间断地举办了26届，而且年年名额爆棚，届届圆满成功。很早以前，西安城墙国际马拉松就已获得了中国田协的 A 类赛事认证；已被国家体育局、国家旅游局评为了"全国旅游十佳精品赛事"；已成为了由国家体育局直接主办的国际性田径比赛。2020 年 10 月 24 日的"第 26 届西安城墙国际马拉松"，参赛的共有 4000 名运动员，分别来自包括中国在内的 28 个国家和地区，其中，相当多的赛手都是连续数届赶赴西安参赛的。

宽若公路的城墙顶正在进行西安独有的城墙马拉松大赛

每年的大赛结束，媒体都会采访运动员，当问到那些外来的赛手为何选择到西安参赛时？不论是国外的还是省外的，所有的回答几乎一样：一是冲着城墙马拉松的世界独有；二是冲着西安千年古都的中国唯一。在问及比赛后是否马上返回？大多人的回答都是：不，还要专门前往回民街，去品吃慕名已久的西安美食。

当然，城墙上的马拉松，西安人的热情最高。诸多的西安"马友"如此表示：城墙马拉松，是西安的城墙马拉松，西安人不参加谁参加？能不能拿到名次并不重要，重要的是，西安人一定要为西安的城墙马拉松摇旗呐喊、鼓劲加油！

第八节　不夜城的夜生活　难分大唐和今天

西安的大唐不夜城，紧连着西安的大雁塔广场，两个都是西安中国享有盛誉的"盛唐文化体验地"中的重要组成部分。西安市民凡是来到大唐不夜城的，几乎全都是从大雁塔广场过来的，凡是从大雁塔广场过来的，几乎全都是刚刚看过晚场音乐大喷泉的。

西安的大雁塔广场是西安盛唐文化体验地中的唐文化广场，西安的大唐不夜城是西安盛唐文化体验地中的盛唐天街，它是盛唐文化体验地中最具唐味的地方。西安市民从大雁塔广场到大唐不夜城，从唐到唐，就是要更深地感受盛唐的氛围、玩味唐街的唐韵，故不玩个尽情尽兴，不玩个满天繁星，那是不会轻易罢休的。按照西安人通常的程序，看过大喷泉后，下午的餐饭已经耗空，这时的第一要务就是先填饱肚子，然后再与大唐不夜城打一场夜不归家的持久夜战。

夜晚的大唐不夜城，大多到此的客人都会不由自主地被迅速唐化。整个盛唐天街，天唐地唐：两侧的房屋，全都是金碧辉煌的唐式宫殿；街心的景观，全都是大唐君臣的巨塑群雕；舞台上的节目，全都是唐音唐韵的各种表演；商肆里的店主，全都是唐衣唐帽的古装打扮；就连站在街边纹丝不动的陶俑，也全都是真人假扮的唐代卫兵；就连吹拉弹唱的演员，也全都是大唐崇尚的胖姐胖妹……如此的场景，伴随着流光溢彩的灯火，伴随着传统叫卖的吆喝，伴随着悠扬动听的唐音，伴随着不知不觉的穿越，放眼观望，天街里的火树银花与夜空中的满天繁星已经浑然一体，整个1.5公里长的大唐不夜城,全部都笼罩在了盛世大唐的氛围之中。

西安的大唐不夜城,被誉为了世界唯一的中国唐人街。唐人街的唐风唐韵,在这里被唐化的不仅仅只是外地的客人,更多的则是西安的市民。"梦回长安",比起在高档剧院观看的高级演出,西安市民在这大唐不夜城的夜境中,梦得更快,梦得更真,梦得更远,醒得更慢。

大唐不夜城,时空在这里与游客交错

"西安市民的休闲健体资源独特",感受最深的莫过于跟着儿子女儿居住在外地的西安市民。这些人儿女未成家之前长期生活在西安,享惯了西安诸多独有的优越。如今当了爷爷奶奶、当了外公外婆,跟着儿女住在一个全新的城市,这里有没有秦岭的公园?有没有皇帝的温泉?有没有避暑的民居?有没有跑步的城墙?有没有大雁塔的唐广场?有没有唐人街的夜生活?……然而,所有这一切统统都没有,让西安人倍感失落。但是,这些话还不能在外边对人说,只能在儿子女儿跟前发唠叨。而儿子女儿的回答倒是又简捷又干脆:不是我们所在的城市不够好,而是像西安这样的城市太少了。

第七讲
西安市民的醉美西安　知足常乐

　　《西安所以然》共计10大篇章75讲433节，其中每一篇章的每一讲甚至每一节，都是一个单独的选题。其选题选取的原则，不仅是西安在全国各个领域最值得夸耀的亮点，而且几乎全是西安在全国的中国之最、中国第一，或中国独有，最少也要位处中国的前列。反之，哪怕是同样令人羡慕的西安"长项"，哪怕是全国著名的"几大之一"，几乎都不会收录在本书的范围之内。本讲是10大篇章中第十篇章的最后一讲，在此，咱们把"大概念"换成小话题，谝一谝大西安"平平常常的西安事，知足常乐的西安人"。

第一节　西安的生活用水　秦岭山泉

　　生活用水是人们日常生活中最重要的必需品，不是之一。粮食不好可以外购，食品不好可以外购，其他生活必需品不好了都可以外购，但随时都离不开的生活用水绝对无法外购，也不可能长期外购。一个城市的生活用水，不论水质优劣，都将和这个城市的市民，一生一世地陪伴一辈子。

　　水质的好坏，有先天的水源因素，也有后天的污染问题，污染可以治理，而水源的水质不佳，则相对难以改变。不少地方的生活用水，长期以来喝水口感不适，泡茶破坏味道，洗脸皮肤发硬，洗衣服洗不干净，洁白的毛巾用不了几天就会发黄，盛水的容器短时间便会结成厚厚的水垢。虽然有些并不能影响饮水的安全，但"口感"将会让你的生活改变了应有的味道。

一个城市的水好不好？不用仪器检测，普通人就能判定：在西安打了8年工的外省人吴某，在家用水壶烧水，不到半年壶内一圈就结成了一厘米厚的水垢，而在西安，一个水壶连续用了6年，壶壁竟然光光堂堂，还是原来的模样。外地的游客在喝了西安的自来水后，不免都会眼睛豁然一亮：哇！西安的水真好喝，甘中带甜，简直就像农夫山泉！

是的，的确如此。西安的水甜绝对是甜，但它不是农夫山泉，而是秦岭山泉，是真真正正秦岭深处的原生泉水。有人说西安人天天喝的矿泉水，这话一点不假，根据国家测定，西安的自来水，在不经过废旧管道污染的情况下，完全可以直饮，是全国最好的自来水！

西安的自来水水源自于秦岭深处的黑河水库，是西安历史上最大的引水工程，被誉为"20世纪的都江堰"。该工程开工于1987年，完工于2004年，整个工程耗时长达16年，投资高达40亿。40个亿！那不是现在，那是二三十年前的40个亿！从水源地的黑河，到西安市的水厂，长达140公里的距离，全部用的都是地下暗管，以保证原生态的秦岭山泉不受任何污染，直接引入西安水厂，然后再进行相关复杂的程序处理。

至于西安自来水的测定结果，根据相关机构的公布，远远高于国家制定的新版《生活饮用水卫生标准》。其实，该新版"国标"早在2006年就已颁布，其要求严、起点高，基本实现了与世卫组织、与欧盟等先进国家的水质标准接轨同步。其中最大的变化就是检测指标从原来的35项一举增加到106项。由于跨度太大，需要过渡时间，故国家确定从6年后的2012年7月1日开始全面执行，而且是强制性地全面执行。然而，早在2009年，西安的水质就已经全部达到标准，并顺利通过了国家认证。而且，国家规定三类水质即可饮用，而西安黑河的水达到了一类水质，比国家规定的饮用水质高出了两个等级；而且，国家规定出厂水质的合格率达到 95% 即可，而西安水厂出厂水质的合格率则稳定在 100%，比国家规定的合格率高出了 5 个百分点。按照认证单位的话来说："西安的自来水，在全国所有的一二三线城市中都属于极其优质的自来水！"

西安秦岭深处的黑河水库

第二节　西安的汽车让人　温情暖心

长期以来，在城市里过马路，人们都有一种恐惧心理，那些发生在十字街口、斑马线上的人车事故，让人们谨小慎微。即便是行人的绿灯通行之际，因为还会有转弯的车辆。即便是人行横道的斑马线上，也因为没有红绿灯的指示，会让所有的行人都不约而同地绷紧了神经，四面张望，唯恐有一辆"旁若无人"的汽车呼啸而来。人怕车，怕就怕在了这本应安全但却并不安全的斑马线上。

斑马线上的人车交汇，看似小事，实则大事，因为它是任何一个城市市民都躲不开、绕不过的日常生活。然而，在西安，人怕车早已成为了过去，从2017年前即开始实施的"车让人"，已经形成了西安一道亮丽的城市风景。

在西安，本地人、外地人都能看到，几乎每条马路的斑马线前，地面上均写有"车让人"的三个大字，以提示所有的大小车辆：在西安，车是要礼让行人的！并明确规定，车辆若遇红灯，必须停在距斑马线的两米以外，要给横过马路的行人留足心理上的安全空间。车让人针对的是进入城市的全部车辆，但西安从西安的公交车、出租车、公务车带头做起、率先垂范。如果哪个车没有按规让人，不仅要在交通管理的框架内扣分罚款，而且还要将该车的违章通报发送到车辆车主的所在单位，而且还要将该车的违章摄像曝光在街头的大屏幕上。叫不让人的车辆、司机，既受处罚、又丢脸面。

西安街头拐弯的汽车都在等待行人通过斑马线

所谓亮丽的风景线，毫不夸张。在西安的每一个十字、每一个没有红绿灯的人行横道，你都能够看到，不论是公交车、出租车、私家车、拉货车等，只要前方行人进入了斑马线，哪怕并没有走到路中间，哪怕与先到斑马线的车辆还有一段距离，但凡遇此种情况，所有的车辆必然都会缓缓停在斑马线以外，等候行人过来，等候行人通过。特别是公交车，一整车的人，可以专等一位缓步而行的老人，可以专等一个推着童车的妈妈，包括那些边走边吃的上班一族……这时的场景，旁观的人一定会被感动：行人于心不忍，停步摆手让司机先走，而司机一脸微笑，连连示意让行人先过，当双方的目光对视在一起之时，彼此的心里都涌起了一股暖流，既温情又暖心。每次的结果，都是行人匆匆地加快了步伐，都是司机微笑着目送行人一直走过了马路。

此情此景，每每遇到，作为在场的西安人无不都会产生油然的自豪，而若遇有外地客人在场，则许多人都会拿出手机，照下这对于西安人来说天天皆是如此的温馨场景。

第三节　西安的厕所革命　城市驿站

厕所，是城市建设中最典型的良心工程，它不仅是城市文明的窗口，它更是百姓民生的体现。"厕所革命"最初由联合国儿童基金会组织提出，中国从2015年起开始推行，仅仅短短几年，西安即大见成效，一举成了全国厕所革命的标杆样板。

2017年5月27日，西安市荣获"全国厕所革命综合推进先进单位（城市）"；2017年12月20日，西安市再获"全国厕所革命优秀城市奖"。以上两奖，评奖的范围，都是全国所有的300多个大中城市；而两奖获奖的名额，都是只有仅仅的10个城市。西安厕所革命的成就，不仅被中央电视台的重要栏目进行了连续不断地宣传报道，而且被国家旅游局的领导、被国际旅游组织的官员多次视察，多次给予了极高的评价。其中国际旅游联合会的副主席孙双西先生在参观了西安的公共厕所之后，大发感慨："参观了西安，我已经够惊喜了，没想到参观了西安的公厕，给了我更大的惊喜。由于工作的原因，我造访过世界上很多城市，西安的厕所，毫无疑问可以同欧洲最干净的厕所相媲美，说它是中国最干净的厕所也毫不夸张。"

2018年3月30日，西安又有了厕所革命的大新闻："世界厕所革命工作大会"在西安曲江宾馆召开，参加大会的有新加坡、英国、美国、韩国、日本和中国的专家学者，以及来自北上广深等62座城市的300多位城市管理精英。大会期间，西安市公开宣布：到2020年，实现每平方公里不低于6所公厕的目标（国家要求每平方公里为3所），为中国的厕所革命树立排头标杆，为世界的厕所革命打造"西安样板"。

西安厕所革命的特色，是厕所见创新、厕所见温情，是厕所革命充分体现了市民的幸福感。西安的城市公厕，不仅密度高、数量多，而且一类公厕占比大，而且西安厕所革命的创新版——诸多的"城市驿站"精品公厕陆续亮相在西安街头。

西安团结南路与科技路十字西南角的公厕驿站

仅以西安市科技路与团结南路的十字为例，一个十字四个角，其中的三个角都设有星级公厕，相互距离最远的不超过300米。而这三个星级公厕中，就包含有一个"城市驿站"的精品公厕，一楼是公共厕所，二楼是城市驿站。若要问什么是"城市驿站"？进去看看你就会知道：有微波炉、电磁炉、饮水机、血压计，有图书报纸、急救药品、雨伞象棋、手机充电，甚至还有空调、冰箱、电视机、投影仪等等。来往的市民游客以及辛苦的环卫工人，任何人都可以先在一楼"方便"，再上二楼随便，特殊人群还有"第三卫生间"，而且都是各取所需，都是"坐"享其成。如此的公共厕所，不要说没有见过，恐怕连听也从未听过。

第四节　西安的环卫管理　人性个性

最近几年，我跑全国各地的频率很高，每到一个城市，我都喜欢看、喜欢问、喜欢比较，当然，都是围绕着西安这个主题进行的。期间，得出了诸多的结论，其中的一个结论即是：西安对环卫工人的管理，极具人性，又极具个性，而且是西安首创，是全国领先。

一是西安保洁工有温馨的用餐站——保洁工的经济负担普遍都大，几乎所有的保洁工都是从家带饭，且在街头凉饭凉吃。虽然西安有专门的保洁工休息室，但地方相对狭小，放不下吃饭的相关设备。而西安创立的公厕驿站，一楼二楼各司其责，二楼驿站的微波炉、电磁炉、电冰箱，主要就是为保洁工准备的。每到吃饭时间，驿站内几乎都是黄马甲的天下，连吃带谝，让西安的保洁工在全国率先有了一个马路边的保洁工之家。

二是西安保洁工有独特的工具箱——全国大多的城市，你所看到的保洁工都是每人一辆脚踏三轮车，车箱内无一例外都装着长长的扫把、黑黑的簸箕以及捡来的回收物品。虽然这样的三轮车特不雅观，但没有办法，保洁工的工具必须要随人而走。然而，在西安，这个情况早已成为历史，西安市专为自己的保洁工独创了一种坐凳形座椅形的工具箱，后来的大多都有靠背。既能放下保洁工长长的工具，又能塞进保洁工各样的"回收品"。而且是一举三得：不仅新设了马路边上的行人座椅；又杜绝了有碍观瞻的保洁专车；更让西安的保洁工人从此再不需要带着工具上下班。工具箱造型美观、装饰性强，且每隔80米左右即有一个，按段分配，专人专有。

西安马路边长长的保洁工工具箱

三是西安保洁工有漂亮的休息房——在大多的城市，保洁工的工间休息、中午休息，甚至吃饭，都是坐在马路边的道沿之上。同样，这种情况，在西安多年之前就已经不复存在，替而代之的则是，西安首创的环卫工休息室。就在马路两边，大约七八百米一座，三间房子，一明两暗，两边是床铺，中间是堂屋。环卫工休息室，是活动建筑，其古色古香、按段分配、各有其所，让西安的每一个保洁人员从此都不再流落街头。

西安保洁工的待遇，特别是工具箱、休息室，早在2013年前就已遍布街道，虽然得天独有，但创意不可能不让人学习。2019年3月份，网上就有消

第十篇章 西安 幸福自豪的西安市民

息报道：南方某著名的省会城市"数个保洁员工具箱亮相××街头，受到人们的广泛欢迎，而且还将继续增加。"观其照片，该工具箱的外观几乎和西安的一模一样。想一想，完全正常，说不定西安的保洁工休息室、西安的城市驿站+公厕，也都在某些城市已经悄然出现，不过西安人依然自豪：这，是西安首创，是西安先用，是西安引领了全中国。

西安马路边的保洁工休息室

第五节　西安的群众办事　跑腿最少

让群众事好办，少跑腿，已经成了如今中国各级政府的行动准则。国务院办公厅曾发文提出了严苛的要求：省市县政府涉及群众办事的30个高频事项要实现"最多只跑一次"。而西安市则又自加压力，对各部门各区县提出了进一步的要求：围绕行政效能革命作好各自的算术题：在最多跑一次的基础上再作减法；在30个事项的基础再作加法。力争实现"零跑腿，不见面"！

能不能做到零跑腿，不见面？西安市的要求掷地有声，声出即行，多措并举：第一，开通了全市政务的一网通办，只要能在网上办理的全部网上办理；第二，建立了为人民服务联系卡，群众只需一个电话，即可全部办理；第三，设立了基层为民办事代办点，凡能为群众代办的，一律由工作人员来代办；第四，干部下沉服务，直接沉到社区，上门办理相关业务；第五，列出零跑腿的事项清单，既让群众心中有底，又让群众监督执行。事实证明，五大举措，成效斐然。

如今，在西安办事，可谓新旧对比两重天。以前，许多许多需要反复跑路的办证事项，在现在的西安，仅仅一个电话，甚至就有专人登门为你办理。原来，想开一个餐馆，你要不计其数地跑食药、跑卫生、跑工商、跑税务、跑消防等多个业务部门，而现在的"不见面审批，零跑腿办照"，让你根本不用出门，一切都可办妥……

2018年，"支付宝"根据《十周年网上办事账本（2008—2017）》发布了"全国十大办事不跑腿城市"，西安市榜上有名！十大城市依次为：北京、西安、南京、合肥、上海、武汉、成都、杭州、广州和深圳。对此，中国人民大学国家发展与战略研究院研究员马亮认为："入选的十大城市主要在两个方面存有共性：一方面是这些城市在推进电子政务的过程中发展较快，有非常好的基础来进行行政服务的电子化、数字化和智能化；另一方面是这些城市的居民从平均收入、平均受教育程度，以及接受新事物的能力来看，都是相对比较超前的。"

专家的评价说得好，西安市在电子政务方面发展较快、基础很好；西安市民在受教育的程度、在接受新事物的能力方面都是比较超前的。按照主办方的话来说，在西安"超过七成的业务都可以网上办理"，而在全国，仅仅只有少数几个城市拥有如此的实力。

第六节　西安的古都大年　最最中国

西安是中国春节的始源之城，汉武帝元封七年（公元前104年）改年号为"太初"，并正式制定了以每年正月初一为岁首的《太初历法》，"春节"即从此而诞生。自此，丰富多彩的节庆活动即由京城长安开始传遍了整个中华大地，并一直传承至今。"千年中国看西安"，是西安对外打出的宣传，看什么？看的就是中国的辉煌历史，看的就是华夏的灿烂文化，当然也包括了这有着2000多年历史积淀的春节文化。

近年来，西安依托自身的独有优势，推出了独具创意的"西安年·最中国"春节品牌，为千年古都的春节大年赋予了全新的文化内涵。"西安年·最中国"一经推出，即引得了中国和世界的广泛关注！引得了《人民日报》、新华社、中央电视台、各地卫视以及诸多国外媒体高达120多次的追踪报道。按照媒体的评论，"西安年·最中国"的系列文化活动，"把传统与时尚交相辉映，把东方与西方同台亮相，把民俗与高雅融合呈现，把丝路与畅想完美结合，让整个西安城变为了春节节庆在中国当仁不让的第一主场。让中外游客蜂拥古城，在西安度过了一个别具一格、有滋有味、绚丽多彩、难以忘怀的中国大年。"

2018年的"西安年·最中国"，春节活动井喷爆棚，共有1269.49万中外游客来到西安过年，期间，酒店是满的，餐馆是满的，景区是满的，连厕所也同样都是满的。当年西安即被评为了"中国春节最火爆的旅游城市"，"春节假日大餐最丰盛最有年味的城市"，以及"全国最美夜景城市"，"全国最佳旅游目的地"的第一名城市。2019年的"西安年·最中国"，西安向全世界发出了"来西安过年"的热情邀请，精心推出了12大主题、41个分会场、251项不同类别、不同形式的系列春节文化活动，来西安过年的中外游客超过了1600万人。仅仅一个大唐不夜城，春节期间就接待了高达387.27万人的各方游客；仅仅大年初二的一天时间，就有45万人涌入了大唐不夜城的盛唐天街。45万人，相当于一天搬来了一个中等城市！大唐不夜城，被誉为了"全国最拥挤的旅游景区"。2020年，西安的春节活动更精彩，名称即为"中国年看西安"。

媒体提前透露的"西安年·最中国"2020年春节系列文化活动安排

"西安年·最中国"为什么会最中国？在这里听一听陕西电视台的采访。新华社的高级记者郝耀华在接受采访时如是说："春节文化经过了几千年的传承积淀，在春节文化的发源地，汉唐盛世政治文化中心的西安城，发育得最为完善，也最为集中。有了这样的积淀，西安搞'西安年·最中国'这样的活动，我觉得最有资格，也最有底气。""西安年·最中国"对外究竟有多大的魅力？在这里举几个中外游客的小例,：一是10多个外国驻华使馆的外交使节，慕名相约结伴而行，从北京专门来到西安，一定要亲感西安最中国、最特色的古都大年；二是黑龙江的一个旅游团，2018年春节来西安的只是一家三口，2019年春节则把原计划在海南过年的七大姑八大姨21人的5个家庭，也全部带到了西安过年；三是河南三门峡的李先生，2018年携夫人到西安过年，西安的城、西安的景、西安的吃、西安的年深深地打动了李先生夫妇。当二人得知西安刚刚颁布了引进人才的户籍新政时，迫不及待地在大年初四即赶到未央宫派出所咨询落户政策，随即就决定了迁户西安，随之即拿到了准迁证明，随后连自己的公司也搬到了西安。李先生既高兴又感慨地对记者表示："真没有想到，来西安过了个年，我们居然就过成了大西安的市民，而且办手续比买飞机票还要方便。"

"西安年·最中国"已经成了响当当的中国春节品牌，被千千万万的中外游客所热情期待。而作为西安市民，则既是"西安年"的主人，又是"西安年"的游客，既是"西安年"的剧中人，又是"西安年"的观赏者。

第七节　西安人对比全国城市　追赶超越优势独享

在网上经常会有人把西安拿出来和全国其他城市进行比较，和这个城市比，西安如何不足，和那个城市比，西安如何欠缺，最终得出的结论是：西安能够成为"什么"，凭的是什么？其实，别人在比较，西安人更在比较，西安人不是夜郎自大，西安人知道自己的优势，更知道自己的不足。正因为如此，西安人十年来喊出的口号即是"追赶超越"！首先是埋头追赶，其次再是奋力超越！

西安市的追赶超越，有先天优势，有后天优势。先天优势即前边已经讲过的：西安无与伦比的历史地位，西安辉煌灿烂的历史文化，西安改变世界的历史事件，西安独领风骚的千年古城，西安领先中国的高等教育，西安国之中心的战略地位，西安名冠中外的旅游大牌，西安誉满神州的美食名吃。而且，因为《西安所以然》选题的空间有限，诸多的西安精粹并未列入进来。

西安市追赶超越的后天优势，则是西安在中国崛起中独有的战略地位。在长三角，上海是唯一的龙头，再多的强市也无法取代；在珠三角，广州深圳毗连着香港，相互虹吸显而易见；在华北，有首都北京，连天津都难以引眼，更不要说其他的几个省会城市；在东北，沈阳、长春、哈尔滨再加上一个副省级的大连市，并驾齐驱，难分谁优谁次；在中部，武汉、郑州两个中心城市，各有所优，互不相让；在西南，"成渝城市群"双核心、双重点，重庆成都两强鼎立，平分秋色；而在占据了中国三分之一面积的大西北，在"关天经济区"、在"关中城市群"，西安都是毫无悬念的龙头老大，没有任何的竞争对手。再加之国家发展西部的大格局，再加之国家"一带一路"的大战略，早已把西安推到了中国的战略核心。发展西安、建设西安，是中国承东启西的需要，是中国国家战略的必然。中国确立建设的第三个国际大都市花落西安，就是一个最好的例证。

2018 年，又有一项重大的国家决定光顾西安。元月 23 日，国家"深改组"会议研究：为了给一带一路提供全球范围的法律保障，决定在中国设立两个"国际商事法庭"。偌大的中国，两个国际法庭，设在哪里呢？结果是：一个设在西安，一个设在深圳，一北一南分别解决陆上和海上一带一路的国际争端。无须怀疑，此举，必将大大提升西安整个城市的国际化水平。

新时期以来，西安市厚积薄发，先后获得了诸多的国内外殊荣。由于三年疫情肆虐，仅疫情前的 2019 年一个年头，除了前边列举过的内容，国际组织授予西安的称号还有："全球最具发展潜力新兴城市"，"中国国际营商环境标杆城市"，"中国最具投资吸引力城市"，"中国绿色发展和生态文明建设十佳城市"，"中国大陆最佳商业城市"排名前十，"中国最具投资潜力 50 强"排名第八，以及"世界 20 大最具活力城市"的全球第九、中国第一。国内机构授于的称号更多：有"中国十大国内旅游目的地"全国第一名，"中国最受欢迎的旅游城市"，"中国十大正能量城市"，"中国全面小康特别贡献城市"，"中国国内消费力前十强城市"，中国第七的"最受求职者欢迎城市"……多达 20 多个荣誉称号。这些都是西安市十多年来追赶超越结出来的累累硕果。

第八节　西安是全球宜居城市　醉美西安幸福常在

什么地方宜居？其实本身就是一个仁者见仁、智者见智的问题。有人说山水小城宜居，有人说长寿之乡宜居，还有人说中等城市宜居，但是，居住在那里的人并不是很多；不少人都说，大都大市不宜居，然而，人们却一窝蜂地往里挤，哪怕是高房价、高消费、高门槛，哪怕是漂在那里，一切都在所不惜。其实，城市宜居不宜居？关键看的是居住者的选择标准是什么。

就在2020年，美国的美世公司发布了《2019全球最宜居城市》的榜单，全世界共有231个城市入选，中国内地仅有包括北上广深在内的11个城市上榜。西安位列全球的第145名，位列中国共11个城市的其中第6。对此，西安人既高兴又淡定，因为西安人的理念是，能代表一个城市品质的，不光是宜居不宜居，更重要的还有着城市的"幸福感"，看广大市民幸福不幸福。

城市幸福不幸福？市民最有发言权。中国每年都有"全国最具幸福感十大城市"的调查评选，由新华社《瞭望东方周刊》、瞭望智库与中国市长协会共同主办，是目前中国最具影响力和公信力的城市调查推选活动。迄今为止已经连续举办了12年，累计9.98亿人次参与了公众调查和抽样调查，是以16大类50项幸福感指数为标准进行评选的。西安市共计上榜9次，而且，从2012年到2020年，连续9年，年年上榜，连续9年，年年都排在了"中国最具幸福感十大城市"中的1~5名。

殷秀梅演唱的歌曲《幸福在哪里》久唱不衰，但是，西安人给她改写了歌词：幸福在哪里？朋友我告诉你，它不在期待中，也不在睡梦里，它在西安人的生活中，它在西安市民的心窝里……短短几句歌词，唱出了西安人的心语。毫无疑问，西安人的幸福与自豪，只有真真正正的西安人才会感受得最深最深。

西安市民的醉美西安、幸福西安（2019年西安元旦城墙祈福跑）

西安好不好？西安人最知道。说西安，西安人可以说上一天一夜、两天两夜，三天三夜，甚至更多更多。贾平凹的散文《西安这座城》中有这样一句名言："大雁塔是一方印石，曲江池是一盒印泥，是无言的上帝把中国文化的大印放置在了西安。"而西安人即是这方中国大印的守印人！正是因为有了这方"大印"，西安才有了诸多的古往今来的惊世大作；中国一带一路的宏伟构想，才会成为一幅盖有中国大印的壮丽画卷。而且，这方大印还将围绕"一带一路"的不断深入，围绕中国文化的再度崛起，继续推出系列化的中国大作。每每想到这些，看到这些，西安人民不仅是深感自豪，更是深感幸福、深感满足矣！

结 束 语

《西安所以然》到此为止，10大篇章72讲已经全部讲完，落下了帷幕。"西安所以然"，之所以有其"然"，皆因西安的"所以然"；有了西安的所以然，才会有西安诸多的其"然"。对此，一定会有人问，你把西安说得千好万好，为什么不说一说西安的不尽人意呢？关于这个问题其实想一想也好理解。人们对一个城市的宣传，对一个单位的宣传，对一个个人的宣传，肯定宣传的只会是他光鲜靓丽的方面，而不会宣传他不尽人意的地方。因为这不是写年终总结，要一分为二，既要讲成绩，又要说不足。不过，若要说到西安的不尽人意，与其他的兄弟城市相比，西安不尽人意的地方当然也不少，需要向别人学习的仍然很多。找一找，首先是西安的GDP还走不到全国的前列；再找一找，是如今的西安冬季还有一定的雾霾；再找一找，西安的建设工地还是太多影响城市交通；再找一找，建设国际大都市，而西安的外国领事馆还显得有些数量不足；再找一找，又有人突然冒出来一句：西安的房价涨得太快，让人有些买不起房！其实，说到前边的不尽人意，人们都非常认同，但是，这些都是西安的"正在进行时"，都是西安"追赶超越"的最重要目标。唯有最后一点的房价，也许是因为人们出发点的不同而导致了不同的看法：有房的希望西安的房价攀升，无房的希望西安的房价降低。不过，人们不会不知道，一个城市的"身价"，一定是和这个城市的"房价"同步攀升的！而且，所谓的一线、二线、三线城市之分，其实最初就是房地产行业根据房价划出来的等级概念。西安好不好？看一看中央电视台拍摄的六集电视片《西安2020》，你自然就会明白。作为西安人，人人都会相信，也完全有理由相信，待到山花烂漫时，西安人一定会和自己的大西安一起，秀在百花丛中，笑在百花丛中。

后　记

当我为《西安所以然》76讲的最后一讲最后一节最后一段画上了最后的句号，我不由自主地喊了出来："哇，我终于写完了！"在长长地伸了一个懒腰之后，我没想到，我脑子里冒出来的第一个念头居然是：我想喝酒，我要好好地犒劳我自己！然而，很是遗憾，这时的家中只有我独独一人，妻子在北京，儿子、儿媳都在北京，虽然女儿人在西安，却因工作繁忙，当时还正在千里之外的上海出差，没有任何家人可以与我一起分享。但这谁都不怨，只怨我坚持要自己留在西安专心写作。不过这并不影响我的情绪，当时仅仅是上午十点多，我即揣上了半瓶"六年西凤"，独自一人走进小区后街的羊肉泡馆，挑了一个最靠边角的桌子，要了一荤一素的两个凉菜，把泡馍碗放在了菜盘的对面，占住了另一边的地方。我不想任何人来打扰，我要一个人慢慢地放松，静静地过渡，充分地享受我似梦非梦的喜悦。半斤白酒，两个凉菜，一碗三个饼的优质泡馍，我一个人吃完了，喝干了，而且一直品享了两个多小时。

《西安所以然》，80多万字，从2017年元月开写，到2019年11月收官，共计两年零11个月，一千多个日日夜夜，我不知道我是怎么熬过来的。也许我写作的效率太低，每一讲少则要写三稿，多则要写五遍，扳倒重写的例子更是太多。量一量写过的手稿，90厘米高的厚度，数一数誊写出来的定稿，1562页。再看一看因长期右臂伏案而一高一低的双肩；再捶一捶因久坐不动而时时麻木的大腿；再想一想秦岭峰巅瓢泼大雨的浇头灌顶（实地查看秦岭南北风水岭）；再忆一忆高速路上汽车爆胎的人生惊魂；更不要说写书写坏了自己的眼睛；写大了平平的肚子；写掉了多少头上的头发；以及那为了节省时间天天胡乱吃乱凑的一日三餐……想到这一幕一幕,我百思交集、感慨良多。

要知道,写这本书的最初,全家人一致持的是反对意见,因为她们知道我之前写书时所付出的什么代价,更知道我是一个看准事而不要命的"三郎"。然而,当我最终执意决定要写,并辞去了民营企业的工作之后,我很意外,全家没有一个人再站出来反对,而是像合计好了一样,各自都在默默地为我提供着诸多诸多的便利条件,给了我极大的精神慰藉。我深感:写好这本书,不仅要对得起我多年来的心中澎湃,更要对得起理解我支持我的每一个家人。

如何写好《西安所以然》?我给自己定出了"五个必须",至于做到做不到,但必须要尽全力去做:一是在选题上必须要视角独到、精选精挑,包括要提炼发掘西安在全国在世界的最优最好;二是在内容上必须要源于史实、尊重史实,重要信息及数据绝不主观臆断,绝不道听途说;三是在标题上必须要经典新颖,要语出引人,要一个标题就是一句亮眼的广告词;四是在写法上必须要切入独特、观点新颖、论理个性,用个性的论据去论证个性的观点;五是在语言上内容上必须通俗化、地方化、故事化,把所有的信息资料在这里都变成"故事",要让72讲的"讲",讲讲都是在讲故事、谝故事,要用"谝"的形式、"谝"的语言,去"谝"西安古今的方方面面。如果说最终并未全部达到这"五个必须",但我问心无愧,因为那只能怪我是眼高手低了。

在整个写作过程中,最令我心中不安的,就是以上第二点即信息的可靠性问题。虽然我慎之又慎,对每一讲每一节的重要资信都从源头上进行了严格把关,尽管从多家网站已查到了相关相同的信息,但大多的内容和数据我都要再经过现场核实、多方求证,这是在本书中费"力"最大的一个方面。为了核实"大秦直道"的遗址情况,我先后去过三个沿线的县市;为了核实基辛格五次到过兵马俑,我专门找到了兵马俑的相关部门;为了核实西安交大数年来"三大奖"在全国的排名,我先后四次到该校的校史馆查询;为了核实"大地原点"的数据以及其上级是中科院还是国土资源部,我专程到泾阳该单位的驻地去咨询和了解;包括高铁站的道轨数据,全国十大高铁枢纽站,而经我到场验证的城市就有七个,且最终验证的数据和我在相关网站上获取的数据丝毫不差……如此的调访和求证,在我四个月零二十二天的"外跑"中,除过插图的照相,几乎全部都是为"它"而跑!还有那秦岭峰巅瓢泼大雨的浇头灌顶,还有那高速路上汽车爆胎的人生惊魂,也全部都是因"它"而遭遇的!

写成一部书,每个人都有每个人的付出和辛苦,而每个写书人写书中的付出和辛苦只有写书的人自己才会知道,我也不例外,酸甜苦辣都尝过。但我还知道,为这部书做出贡献的人,并不仅仅只有我一个。如今,不仅书已出版,且已二版再印,但从构想到写成手稿,从手稿到敲成电子版,再从电子版排成印刷版,再从印刷版又变成了厚厚的上下部两本书,而这中间的一个一个环节,有诸多的人都为本书提供了支持,付出了劳动,使我自始至终都心存感激。在此,让我真诚地向他们表达深深的谢意:

感谢所有让我从不同渠道得到相关资讯的单位和个人;感谢有关博物馆、展览馆、重点高校校史馆为我提供帮助的领导和同志;感谢从头到尾一直为我鼓呼呐喊打气、给我灌"洋米汤"的各位朋友;感谢民主与建设出版社的总编及责任编辑,对本书的出版给予了一系列地支持和服务,提供了超出常规的审读和校改;特别要感谢两个人,一位是我退休后聘任我到民企上班的老板,陕西华夏建工集团的董事长侯开东先生,侯先生不仅在本书开写时即给予了我格外的关注,更在本书完稿后又对本书的出版及印刷全力支持、慷慨解囊,并把本书作为该集团的礼品书广泛宣传;另一位是《解放军报》的主编凌翔大校,虽然素不相识,但凌主编慧眼抬爱,对本书一见钟情、赞赏有加,在得知本书已经告罄的情况下,凌主编亲自策划主导,牵头北京喜阅时代文化公司具体合作操办,对本书进行了二版再印并市场推广,不仅达到了利益共享，且使本书经进一步完善后的修订新版及时面世。

任何时候说起本书，都不能不说我的家人，没有他们这部书几乎不可能完成。我的妻子武艳群，在我写作期间，不论是在西安，还是在北京，承担了本应由我们二人共同承担的全部工作；每次离开西安时，冰箱里总是塞满了各种各样刚刚做好的速食品，不同的保健药都一一摆在我的案前，一天几次，一次几粒，饭前饭后都要反复叮嘱再三；我写的每一讲每一节内容，不论白天晚上，首先都要用电话读给远在北京的妻子，听她的感受，听她的意见，听她对每一讲每一节的评判。她既是我的第一读者，又是我的第一"审官"；在我四个多月的"外跑"中，妻子因担心我开车的安全，专门从北京赶回西安，陪我一起巅跛，陪我一起跋涉，陪我一起承担本不该她承担的各种劳顿和风险。我的弟弟李文仪，承担了本书送出版社之前的全部校审，将近90万字的书稿，小到每个标点、错字、别字，大到每讲每节的所有内容，不分白天黑夜，一字一句极其认真，并提出了许多宝贵的意见。就连书中所写1891年出土的印尼"爪哇人"头盖骨，因打字时的指误打成了1791年，这一极不容易发觉的差错，在我弟弟眼中却都未能得以逃脱。如果没有相当的知识修养，如果没有极端的负责精神，这是根本不可能做到的。还有我的儿子李展、儿媳杨易、女儿李舸扬，每个人的工作都是忙上加忙，但本书的打字、排版，插图的编辑、相关的设计，以及许许多多电脑上我不大会做的辅助工作，他们都是兵分两地，全部承担，占用了不少的下班后，占用了不少的星期天，占用了诸多的睡眠时间……正是因为家人的充分理解和全力支持，才使我的写作时时都充满激情，付出得更有意义。如果说本书是枚军功章，那么，军功章上的另一半，无疑当属我的家人！我要把他们写在我永远的文字之中。

另外有一个问题需要在此说明。本书再版修订完稿的时间是2022年底，按理本书涉及的相关数据特别是年度性对比数据，也应截止在2022年底，但由于受三年疫情的严重影响，各地工作的受阻情况多有不同，不仅影响到相关机构年度评估的客观性，且部分数据也因此难以正常出台，故书中个别连续性的年度数据只能截止在 2020 年底甚至疫情前的 2019 年年底，而不能与本书的修订完稿时间同步，敬请广大读者理解。

最后要说的是，《西安所以然》虽然已经成书出版，包括二版再印，但因其内容资讯量大面宽、时间跨度长、门类领域多，再加之自己的才疏学浅，故我心中一直忐忑不安、诚恐诚惶，唯恐有舛误、有差错、有不足，唯恐埋没了西安的光辉。特别是西安有着不计其数的相关专家和学者，有着不计其数对西安知根知底、有研究有见地的老西安人，难免会有不同的看法和观点，对此，敬请谅解、包容和海涵，并诚恳希望能得到各位师者的赐教和斧正。如有可能，我将登门求教、专程道谢。

李文佑

2020 年 5 月后记于西安

2023 年元月修定于北京